前　言

长久以来，国内的政治科学研究进展缓慢，其中来自研究方法的不足阻碍了中国政治学走向国际的进程，削弱了中国政治学国际化的对话基础，当然，也迟滞了中国政治学本土化的诉求。

我将此称为研究方法赤字，并可以将其进一步分为两类，一是显性赤字，一是隐性赤字。前者在理工科等自然科学更为常见，比如一个具体的实验器械制作方法差距，往往会带来后续研究结果的天壤之别。而社会科学研究中的方法赤字更多是一种隐性赤字。其表现形式较为隐秘，往往不为研究者所重视。

这种研究方法赤字首先是体现在一学科发展的内核之中。如西方政治学在20世纪中期开展的行为主义革命与后行为主义革命，或21世纪初期政治学的"改革"（Perestroika）运动，这类西方政治学科的研究方法之争就表现出学科内部存在着严重的方法论赤字。通过借用其他学科方法试图弥补这类赤字的举措，又进一步导致政治学缺乏能够体现出其鲜明学科特征和学科属性的研究方法。我们所熟知的政治学研究方法包括借鉴社会心理学所谓的"行为主义运动"，继而又借鉴了人类学的"结构—功能主义路径"，再到模仿经济学专业的"成功之道"的数理模型和实验路径。所以，我们可以发现，政治学的研究方法知识更多是"借鉴性"而非"累积性"。

其次，这种研究方法赤字还体现在同一学科的不同国家中间。这包括不同地区、不同国家间或不同时期内政治学研究方法教育要求存在巨大差异。

比如乔纳森（Jonathan Parker）发现：在强调注重学科研究深入而非通识教育的北欧更加重视研究方法的学习，特别是定量研究方法，如荷兰、挪威等，而强调通识教育的国家如澳大利亚、加拿大等则相反。且当前北美地区大学对定量研究方法课程要求，相比新世纪初不是升高而是下降了。另外，这还包括不同地区学者在国际学术期刊上发表存在显著差异，如仅就性别而言，海瑟等（Heather K. Evans, A. Moulder）和玛丽等（Mary Stegmaier, Barbara Palmer, Laura van Assendelft）两个学术团队分别发现男性学者采用定量研究方法显著多于女性学者，而采用定性研究方法的女性学者则显著多于男性。

当然，虽然研究方法赤字存在于不同国家之间，但是不同国家不同的学术评价体系，以及不同的语言发表载体使这种赤字进一步地隐性化和固化，因为学者基于自身写作路径所撰写的作品依然在本国有较好的发表市场。如果不进行国别比较研究，学者自身而言很难深刻认识到不同国家之间存在的学科研究方法差异或差距。阿尔蒙德形象地指出："当今比较研究者的现状就像是独自坐在不同的桌子上，默默挑选不同的食物，互不交流——甚至不承认彼此一脉相承的背景"。这极大地阻碍了上文所述及的政治学学科国际化进程。

为了推进中国政治学研究方法的丰富度，不同学者近年来从不同角度做出了卓越的努力，而我也先后撰写系列论文并出版一本专著。这本译文集更是在之前努力下的进一步推动。希望本书能够为相关学习者、研究者和政治学爱好者打开一扇了解政治学研究最新发展和实践反思的窗户。

最后，本书的形成、文本选择和翻译离不开北京大学国家治理研究院院长王浦劬教授、中央编译局杨雪冬教授的指导和帮助。同时，三年来，中央编译出版社社领导多次过问书稿进展，并在翻译过程提供专业而富有建设性的宝贵意见，同时，贾宇琰副总编、朱瑞雪编辑、闻睿博士等出色的编辑工作和细致的校对过程，也最大限度地减少了本书的错误。

臧雷振

2018年2月于东京白金台

目 录
Contents

第一部分　定性研究方法及其新发展

政治学定性研究方法重要性及对其他方法论贡献
……………………………………………………［美］杰克·S. 列维 / 3

为什么历史（仍然）重要：城市政治分析中的时间和时序
……………………………………………………［美］乔尔·拉斯特 / 17

案例研究方法的五种误解及纠正
……………………………………………………［丹麦］本特·吕夫布 / 45

社会科学研究中的定性比较分析法：近 25 年发展及应用评估
……………………………………………………［比利时］阿克塞尔·马克斯
［比利时］贝努瓦·李候科斯
［美］查尔斯·拉金 / 63

定性比较分析：归纳性运用与测量误差如何导致可疑推论
……………………………………………………［瑞士］西蒙·哈格 / 79

第二部分　定量研究方法及其新进展

社会调查方法的现状：多元社会中挑战、困境和前沿
……………………………………………………［美］迈克尔·J. 斯特恩
［美］依派克·宾根
［美］唐·A. 迪尔曼 / 101

社会科学研究中的数据采集模式：现状与未来
……………………………………………………[美] 米克·P. 库珀 / 113

测量者困境：政治学数据跨国收集中的协调失灵
……………………………………………[墨西哥] 安德烈斯·施德勒 / 134

现代化的政治学：基于模型的研究路径
……………………………………………………[美] 凯文·克拉克
　　　　　　　　　　　　　　　　　　　　[美] 大卫·普利莫 / 153

政治学理论研究者的模型运用：语义陈述模型和形式化数学模型
……………………………………………………[美] 詹姆斯·约翰逊 / 175

第三部分　实验研究方法兴起及反思

政治科学中的实验方法
……………………………………………………[美] 丽贝卡·B. 莫顿
　　　　　　　　　　　　　　　　　　　[美] 肯尼思·C. 威廉姆斯 / 203

为什么要在欧盟研究中采用实验研究法
……………………………………………[丹麦] 朱莉·哈斯因·尼尔森 / 220

改善因果推论：自然实验的优点与局限
……………………………………………………[美] 萨得·邓宁 / 239

实验方法"黑箱"：艰难的中介效应探索
……………………………………………………[美] 唐纳德·P. 格林
　　　　　　　　　　　　　　　　　　　　[韩] 河相应
　　　　　　　　　　　　　　　　　　　[美] 约翰·G. 布洛克 / 254

实验室与田野实验结果一致性比较：社会科学实验方法评述
……………………………………………………[美] 亚历山大·科波克
　　　　　　　　　　　　　　　　　　　　[美] 唐纳德·P. 格林 / 265

第四部分 混合研究方法兴起与评估

什么是混合研究方法:社会科学研究新方法论运动界定
.... ［美］R. 博克·约翰逊
　　　　　　　　　　　　　　　　　　　　　［美］安东尼·J. 昂韦格布兹
　　　　　　　　　　　　　　　　　　　　　［美］丽莎·A. 特纳 / 291

混合研究方法对定量研究的优化和推动
.... ［美］安东尼·J. 昂韦格布兹
　　　　　　　　　　　　　　　　　　　　　［美］丽贝卡·M. 布斯塔曼特
　　　　　　　　　　　　　　　　　　　　　［美］朱迪斯·A. 纳尔逊 / 307

定性研究与田野实验的融合前景
.... ［美］伊丽莎白·列维·帕伦克 / 325

混合方法研究的批判性评估
.... ［比利时］米克·海威特
　　　　　　　　　　　　　　　　　　　　　［比利时］卡林·汉内斯
　　　　　　　　　　　　　　　　　　　　　［比利时］比·梅斯
　　　　　　　　　　　　　　　　　　　　　［比利时］帕特里克·昂格纳 / 340

政治学研究方法:个体主义和整体主义的协调
.... ［英］克里斯丁·李斯特
　　　　　　　　　　　　　　　　　　　　　［英］凯·施皮克尔曼 / 359

第一部分
定性研究方法及其新发展

政治学定性研究方法重要性及对其他方法论贡献*

[美] 杰克·S. 列维（Jack S. Levy）**

导读：伴随着自身在政治学研究中的蓬勃发展，定性研究方法对政治学其他实证研究方法带来程度各异的影响，同时也为其他实证研究方法视野的扩展做出巨大贡献。但这种贡献仅仅较多地存在于比较政治学及国际政治学领域，而对美国政治研究的影响却不那么深刻。本篇指出定性研究方法与其他定量等研究方法的区别被夸大，且学者所批评指出的有关定性研究存在的三个显著倾向也被夸大：过于怀疑定性方法对一般性概括的可能性；过于责难定性研究在理论生产中引入限制性条件；过于强调定性方法注重用多元视角观察社会现实等。

一、导语

定性研究方法已经在政治科学和其他社会科学分析中被广泛使用，比如，

---

* 编译自：Jack S. Levy, "Qualitative Methods and Cross-Method Dialogue in Political Science", *Comparative Political Studies*, Vol. 40, No. 2, February 2007, pp. 196 – 204. 同时适当增加部分译者评述和译者注。

** 杰克·S. 列维（Jack S. Levy），罗格斯大学（Rutgers University）政治学教授。

案例研究日渐风行。但当前学者多认为定性研究更多表现为如下特征：描述性、主观、不可复现、不可证伪、对因果逻辑不敏感，进而难以适应不断积累中的认识提升。萨托利（Sartori, 1970）对"比较政治学"中"无意识思考者"（unconscious thinkers）的譬喻，同样可以用于描述政治学界中的定性研究。

但最近十余年，我们不仅看到定性研究方法的巨大进步，而且它在实证研究方法中亦被自觉结合运用。① 较以往而言，定性研究学者更倾向于围绕明确的理论问题进行研究，同时，以此为前提，通过案例的选取及理论建构，使理论影响最大化。由于案例研究可发挥有益作用的观点正得到更为广泛的认同，并且，这种作用被认为不仅表现在历史（或叙事）描述上，也表现在理论的建构、发展和细化上，甚至可能在理论验证上都能有所裨益。我们同样可以看到定性研究方法与定量研究方法间日益融合，并且多重方法（或混合研究方法）使用的效用也逐渐得到学界青睐。

定性研究方法的进步，不同程度上推动了政治学其他实证研究方法的进展，尽管对政治学三大研究领域②的影响不尽相同。不同领域研究方法对方法论议题和元理论议题的敏感度存在差异，这也影响到跨方法交流的范围与研究实践。不同学者确认了这种差异的存在，分析它们对政治学科的影响，并致力于扩大跨方法交流的范围。不同学者对当前各自学科领域的学术发展水平进行了令人信赖的透彻分析，同时也推进了定量与定性研究方法论的运用。③ 但本篇仅展示一些当前对方法论的认知中具有普遍性的观点，本篇作者并不完全赞同过分夸大定性研究、定量或形式研究间差异的观点。

---

① 定性研究方法论上的进展，可能已经赶超了研究实践上的进展，因而定量研究与之的差距可能逐渐缩小。

② 在美国高校中，政治学的实证研究领域一般分为比较政治学、国际政治学、美国政治学等三大领域。——译者注

③ 此处指在2007年第二期《比较政治学研究》（Comparative Political Studies）曾经邀请多位学者对定性研究方法进行专题探讨。

二、定性研究方法与不同研究方法融合

学者皮尔森（Pierson）的文章指出，在各个不同学科领域中，定性研究方法的发展很不平衡，他认为在美国政治研究领域中定量研究方法居于更高的地位[①]，而定性研究方法被边缘化。由于两种方法之间的分歧，他也注意到了定性研究者与定量研究者之间缺乏持久沟通的现象。当定性研究方法在学界被边缘化同时，学术讨论也限于相互孤立的学科次群内，从而导致了方法论应用上的草率、自我认知的缺乏以及定性研究中缺乏高质量研究成果积累等诸多问题。当然，与此同时，定量研究由于缺乏吸纳定性研究方法的长处，也存在对文献材料、限制性条件、宏观结构以及变量交互作用关注的不足。

在美国政治学研究领域中，定性研究学者在数量和比例上均不如比较政治学及国际关系研究领域。而且应用于元理论建构中的定性研究方法也弱于实证比较研究，其中的跨方法交流也仍然较少。该领域中一些定性研究方法论的领军人物，也是统计学方法论者。例如盖瑞·金的《社会研究设计》引发了进行定性研究的浪潮[②]，亨利·布莱迪（Henry Brady）则致力于促进定性研究方法论与定量研究方法论的交流，而且布莱迪和科利尔（David Collier）编辑的论文集《对社会调查的反思》[③]也为这方面不同研究方法的交流做出了巨大贡献。

该领域的其他统计学方法论者同样促进了跨方法交流，因为定量研究与定性研究能够互相借鉴。学者克里斯托弗·阿肯（Christopher Achen）曾经探讨过案例研究方法在理论发展中所扮演的角色；学者拉里·巴特尔斯（Larry

---

[①] 美国政治研究领域中，定性研究文本出现的频率相对较低。Paul Pierson, "The Costs of Marginalization Qualitative Methods in the Study of American Politics", *Comparative Political Studies*, Vol. 40, No. 2, February 2007, pp. 146–169.

[②] Gary King, Robert O. Keohane, and Sidney Verba, *Designing Social Inquiry: Scientific Inference in Qualitative Research*, New Jersey: Princeton University Press, 1994.

[③] Henry E. Brady and David Collier (eds.), *Rethinking Social Inquiry: Diverse Tools, Shared Standards*, Maryland: Rowman & Littlefield Publishers, 2004.

政治科学分析的艺术——方法论的分野、实验及融合

Bartels）则认为金（King）等人的标准因果推断模型中存在理论不完备、过分乐观、处理测量误差欠妥等局限性；唐纳德·格林（Donald Green）也曾论及美国政治研究领域运用形式理性选择模型时的种种疏漏；诸如约翰·菲里基（John Ferejoh）等形式理论模型建构者，热衷于有关理性选择的元理论探讨，而巴里·温盖斯特（Barry Weingast）等学者的分析性叙事研究项目试图将形式研究方法与案例研究方法相结合。

然而，定性研究学者在促进跨方法交流上普遍建树不多，且对实证研究的影响也很小，而有关元理论及方法论的探讨，也并没有深入研究实践。对于定量和形式理论研究方法来说，这种现象早已属于常规科学①范畴，实践中学者不会重视元理论的探究，不过这也对美国政治研究领域的定性研究者产生相当的影响。当研究背离了一定领域中原有的研究模板时，学者便不得不为此构建后设性的辩护理由，这既是出于理性，也是为了掩盖领域内的争论。

皮尔森认为，与美国政治研究领域不同，比较政治及国际政治领域的研究中缺乏主导方法范式，却大量引用科学哲学文本。20世纪80年代中期的国际关系领域中，最常引用的科技哲学家是拉卡托斯②，因为他的科学研究证伪主义方法论提供了一整套评价社科研究的标准。因而拉卡托斯的方法可用定性与定量研究方法同时评价国际关系研究项目的进展。比较政治学领域的学者尽管对元理论议题十分关心，但并未过多关注评价标准，除了学者鲁斯迪克（Lustick）运用拉卡托斯方法对李普哈特（Lijphart）的协商民主的研究项目进行评价这一特例。

研究方法领域内的交流使学科中的不同研究路径进一步细分。例如贝茨（Bates）和莱丁（Laitin）等人在比较政治学中的民族志研究，促进了理性选择模型的建构，而理性选择模型、均衡观念、对理论设想与实际结论的实证研究以及系统性差异验证，也可用来修正学科理论。如在分析性叙事研究项

---

① 常规科学（Normal Science）是美国科技哲学家库恩（Thomas Kuhn）范式理论中的概念。在范式理论中，常规科学表现为科学在一定范式内的积累性的补充，而非意图创造新的理论。——译者注

② 匈牙利科技哲学家拉卡托斯（Imre Lakatos）的"精致证伪主义"（Sophisticated Falsificationism）认为，旨在推翻某一现存理论的一次性否决实验是错误的。——译者注

目中。① 在国际关系研究领域中，同样可以通过形式模型、案例研究与形式理性选择模型来指导历史案例研究，并且，国际关系研究领域中的大多数博弈模型都与计量分析有关，而案例研究中计量分析的运用也更为广泛。因此运用单一方法具有局限性，而这可以通过综合运用多种研究方法来弥补。

学者莱丁提出，在比较政治学和国际政治学领域中，形式理论、计量以及案例（或叙事）这三重研究方法可以综合使用，这一提议得到了比较政治学与国际政治学领域少数学者的响应。例如，广泛应用在国际关系研究领域的民主和平论研究项目（the interdemocratic peace research program），以及舒尔茨（Schultz）的民主危机中信息交流的模型；而比较政治学中的应用则有马雷斯（Mares）对欧洲国家政府与工会间博弈行为的研究；近来一些内战研究者，在运用形式理论研究的同时，也同时综合采取了计量及叙事的研究方法，这些都体现了不同研究方法的综合运用。

三、跨方法融合在案例选择中的应用

另外，跨方法交流的现象也表现在案例选择方法上。与二三十年前相比，当代国际政治及比较政治学者更倾向于运用理论标准来选择并评判案例，导致学者们在案例选取中出现了选择偏差②，无视案例因变量的多样性。例如在寻找有关战争起因的比较政治学研究案例时，仅仅研究战争最终爆发的案例而忽视战争没有爆发的案例，或是研究国际关系中的阻吓理论时，仅仅研究阻吓失败的案例。在比较政治学研究中，学者们也十分警惕案例选取中的因变量问题，例如，戈迪斯（Geddes）确信这样的问题在涉及革命、通胀以及经济增长的多个常见研究中同样存在。

现代学科研究中经常提到要防止因变量的刻意选择，不过对这一点的全

---

① 理论与例证之间的相互作用也是案例理论研究方法的核心要素。
② 有关选择性偏差问题，可以参见：臧雷振、陈鹏：《比较政治学研究中选择性偏差问题及其识别》，载《世界经济与政治》，2015年第4期。——译者注

盘接受也造成了一些问题。学者认为最好选择因变量相同的案例进行研究，而运用定性研究方法的研究也表明，相比基于密尔（Mill）法或"直觉回归法"的大样本计量研究或小样本跨案例研究而言，过程追踪与相关案例内分析更不易受案例选取偏差的影响。

可见，在研究中容易忽略未发生事件，因为研究已发生事件相对容易，同时，在政治科学中，更受关注的是冲击现存理论的既有事件。例如人们更愿意研究那些因为阻吓及情报工作失误而爆发的战争，而非被成功规避的战争。其实，未发生事件对理论发展及检验产生的影响并不小。① 而且根据研究逻辑，无论事件发生与否，都有必要解释事件发生中理论与事实的相悖性。②

另一个问题是独立个案的理论效用。③ 尽管案例研究推动了理论发展，但并不能对理论进行检验。而一些学者试图探究理论的精确预测是否仍然可能通过少数案例研究来进行验证。

单一研究案例可以对理论假说产生巨大影响。例如有关情报工作失误的文献所体现的那样，早在20世纪60年代，学界普遍相信战略奇袭情报是难以获得的：假如美国的情报充足，珍珠港事件就可以预知或避免。不过，学者沃尔斯泰特（Wohlstetter）的单一案例研究动摇了这个假说，认为早在袭击发生前，当局已获取大量有关情报却未给予重视。进一步的，威利（Whaley,1973）的研究也在某种程度上认同战略奇袭情报的可预见性，他所举的例子是苏联当局收集的情报真假混杂，导致了没有对1941年的德国入侵做出正确预测。

此外，案例研究也可以用来检验民主和平理论假说的必要或充分条件。通过研究"国家边界"案例中的一些细节，可用来挑战民主和平论假说。通常认为"共同民主"是双边和平的充分条件，可是这一点受到了民主国家间

---

① 利普斯曼（Ripsman）和列维（Levy）在国际关系领域应用这种案例选择逻辑，试图去探析在具备种种有利条件的情况下，20世纪30年代没有爆发预防性战争的原因。
② 研究未发生案例或"否定性案例"的问题，就是从无穷无尽的案例中选择研究案例。
③ 多数定性研究文本都在关注案例研究在理论建构与检验中的效用，但有人认为案例的理解，对案例研究本身也有促进作用。

爆发战争的单独案例的冲击，反而国家力量对比等与民主无关的变量而非民主国家本身的特性可能更适合解释民主国家间的冲突。上面的研究反映了案例研究方法的两种作用：深入分析单一案例，从而精细研究理论假说中的关键变量；对其中的因果机制进行探究。①

四、定性研究方法与研究设计

一部分定性研究学者也认为进行"最大相似"与"最大差异"式的案例研究设计，可以有效地检验理论命题是否正确。这种观点是基于概率统计中的贝叶斯视角，而且摆脱了计量方法的束缚，然而并不是所有的案例研究都能举一反三，并且理论预期决定了例证价值。如果某个特定案例与理论假说不完全相符，而且在数据上不能满足这个假说，那么对该理论正确性的信心即被动摇。与之相似的是，如果理论的预期认为该理论很有可能确证，而且如果数据都不支持该理论的话，那么理论会受到损害。当然，必须注意的是，这种推理的逻辑结构是非对称的。缺乏"最大差异"案例对理论正确性的支持，或是缺乏"最大相似"案例的支持，会对理论造成很大影响，而"最大相似"案例对理论正确性的支持，或"最大差异"案例的缺失，仅仅是为理论推广提供了一定基础。②

部分定性研究方法论者强调，"最大相似"及"最大差异"式的定性案例研究设计，无疑具有潜在效用。然而这种推理逻辑同样可以用于计量研究甚至实证研究，因为学者可以采取"最大相似"及"最大差异"的标准选取一小部分样本，而后运用传统的统计学方法来进行检验，从而区分出其中的

---

① 在民主和平论方面，重视外在效用的定量研究学者也为学科中关键理论的概念化提供了很好的思路，而重视内在效用的定性研究学者则更为关注理论概念的效用，这也正是多元研究项目的优势所在。

② 艾里逊（Allison）的古巴导弹危机研究也遵循了这种逻辑，这个危机属于"最大差异"案例，而在理性国家行为模型中却属于"最大相似"案例。"最大差异"式的案例研究设计是基于"辛纳屈推论"，即如果行为者在某一事件上采取这种行为，那么也会在其他事件上采取相同的行为，而"最大可能"式案例研究的设计与之相反。

支持例证与驳斥性例证。例如在计量研究的基础上,列维(Levy)和汤姆森(Thompson)认为过去五个世纪中的欧洲①可以作为强权均势理论中的"最大相似"案例,意为强权均势可以防止权势过分集中。不过,他们在研究中所得出的支持性例证仅是在表面上,而非真正增加了这一假说的可信度。

五、定性研究方法价值及本体论与方法论关系

案例选取也影响到了定性研究方法论者的研究趋向,这也拓展了理论问题所涉及的内容。相较于形式理论或计量模型建构者而言,定性研究者能够对少数案例的细节进行深入研究,更重视文本研究并且怀疑一般性的概括。因而他们更倾向于承认概念及因果关系的异质性,不过这限制了他们的研究视野,使得他们拒绝概念上的延伸,并且这些学者仅仅满足于因果推论中的分析单位同质性与人为制造所谓"有意义"的对比项。因此定性研究者更乐于建构理论中的限制性条件,而非构建更一般性的命题,而这印证了皮尔森对美国政治研究领域中定量研究对限制性条件不够敏感的批评。

虽然本篇同样质疑一般性概括,但理论简化同样存在突出问题。国际关系研究领域中的理论简化问题,最突出的例子是沃尔兹的新现实主义。该理论无视历史文化背景,对所有多边系统的行为模式进行了简单的一般性概括,而且发展出进攻性现实主义、防御性现实主义、新古典现实主义等理论分支。虽然这些分支中的理论简化现象相对较少,但是都宣扬了整体主义,而且试图减少理论运用的限制性条件。②

正如国际关系学界中定量研究与定性研究共同的整体主义理论定位一样,

---

① 总而言之,过去五个世纪的欧洲发生了什么,那就是不同主要强国之间权势地位的此消彼长,不断变化。——译者注

② 国内因素的思考,在防御性现实主义还是新现实主义中都占有重要地位,所以现实主义的普遍特征与结构主义背景没有什么关系。事实上,心理学模型多带有整体主义的色彩,而因为文化差异,个人的行为模式千变万化。不过心理学家仍然对感知过程、推理、记忆以及决策的实证研究结果做出普遍性假设。学者尼斯贝特(Nisbett)批评这种心理学主导研究范式,并认为东西方的思维过程存在着本质性差异。

定性研究与定量研究在限制性条件方面也发生了融合，例如列维和汤姆森对动态均势理论的分析。他们认为动态战略互动与海权系统完全不同，而均势状态与实现均势的努力并非是普遍存在的，这些核心假设可通过过去五个世纪以来的欧洲均势与全球海权系统的定量研究得到证实。

同样，比较政治学研究抛弃整体主义假说，以及强调研究背景重要性的特点都体现在计量经济模型中交互作用项的大量出现，例如学者马雷斯和克拉克的研究，在克拉克的研究中，证明了选举政治与宏观经济是紧密相连的，并且这一关系受中央银行的独立性、资本的流动性、外汇汇率的弹性以及其他一些变量的影响。

最近一些定量研究者的文章表达了对一般性概括价值的怀疑。他们认为应当抛弃掺有过多无关变量的大规模回归分析，而转向案例的某一特定层面，并限制对人为变量的使用。例如，学者阿肯认为研究者应当将观察结果进行有意义的分别归类，而非用线性回归方程与概率单位方程等庞杂的数学工具妨碍观察结果的有效整合。

一些定性研究方法论者也认为，在探究一般性概括在方法论研究中的定位与学者对这种定位的态度之间的关联时，也对探究学者如何看待方法论与本体论观点之间的关系起到了借鉴意义。学者霍尔（Hall）在文章中探讨了用方法论来匹配本体论的必要性，沿着他的思路，定性研究方法论者认为定性研究者的世界观比定量或形式研究者的世界观更为复杂。例如，皮尔森指出比较政治学者对世界复杂性的认识，他高度关注研究背景、因果关系的复杂性以及限制性条件。他认为，比较政治学学者已经被因果关系具有受环境影响的多样性的本体论所吸引。班纳特（Bennett）和艾尔曼（Elman）认为，社会现实的复杂性体现在路径依赖、临界值、交互作用、策略交互性、双向因果关系或反馈回路以及等效性或多效性等特征上，而且会影响到叙述的构建和验证。这些观点同样表现在2006年定性研究方法学会的T恤衫上，上面印着"生活是复杂的"来暗示定性研究方法对复杂性现实的解读能力。

其实，本体论与方法论之间的关系是复杂的，既包含了规范性叙述，又存在着描述性叙述，但与霍尔等人的规范性叙述不同，针对二者之间复杂关系的描述性叙述具有误导性。① 一是学者对研究方法多元化的重视，使得定性研究者的世界观不一定比定量研究学者更为复杂，从而使得不同的研究方法可以通过共同的本体论相互联系。② 二是正如国际政治研究领域中沃尔兹的新现实主义那样，定性研究者在理论运用上不比形式与定量研究者简单化。

其他的一些中层理论也值得考虑，如学者乔治（George）的国际关系阻吓理论模型，并不比连续不完全信息博弈中的子博弈精确平衡、马尔可夫精确平衡概念重复博弈中的非对称阻吓理论模型等"现代阻吓理论"来得复杂。再分配政治或比较政治学中选举竞争的形式模型的复杂性也应当考虑。博弈理论行为模型所包含的复杂运算，事实上已经远超单一学者的研究能力。③

定性、定量或形式研究者会从完全不同的视角出发来研究相同的基本现象，例如牵涉到定性研究与形式模型建构的路径依赖研究。因为不同学者所受学术训练的不同，导致了研究思路选择的差异；并且在计量研究方法中，能否在异径同果的研究模式中完整把握复杂因果关系的问题上同样存在争议，到底哪一部分学者对问题的理解更为系统且完整，还缺乏相关证据来印证。

理论对社会科学各层面的作用并没有在对本体论与方法论关系的描述性叙述中强调出来。采取一定本体论的学者的研究方法，取决于研究的最初目的，如描述现象、解释说明、给出预测或政策建议。定量研究与定性研究领域中的许多学者可能认为，全景式现实叙述更有可能接近实际情况④，然而对现实的解释说明又是另一回事。另一方面，多数形式或计量模型建构者构建

---

① 对这个假想的关系进行系统性验证首先需要学者更加关注复杂性的概念，而这一概念具有多重维度。

② 对定性研究方法与定量研究方法进行切割同样是有问题的，而且这也无法说明为什么有些研究方法被划为定性研究而不是定量研究的方法。而更好的思路应该是应用布尔（Boolean）方法及模糊集合法。

③ 之所以这些模型变得越来越复杂，是因为学者总是试图在此之中添加他们的理想、信息以及学识。学者们还想基于演进模型构建新的平衡概念，并且放弃了对理论模型有限理性假想的简化。甚至一些学者试图用运用混沌理论或其他非线性模型来解释政治生活的复杂性。

④ 历史学家更倾向于采用复杂的解释说明，试图将一系列事件作为一个整体，进而说明事物的相互联系，历史学的解释说明必须包含历史事件中的所有细节。

的理论模型相当简单。他们认为，衡量一个理论解释的重要标准是能否进行简化，这有利于理论解释的推而广之，也利于对其进行验证。① 不过，在给予政策建议时，最好不要对现实做出简化的条件性概括。

在大多数实证行为的理性选择模型中，学者没有必要坚持假设现实世界中人的行为是基于理性思考。弗里德曼（M. Friedman）的研究就属于这种假设，他着重强调理论预测的重要性，为此，理论模型中各种假设的叙述准确性可以放到第二位。

本体论与方法论关系中的另一个问题，即过于关注单一的研究方法，而忽视了对研究思路的拓展。许多结构主义学者认为尽管世界是复杂的，最为有效的研究思路是先建构尽可能简单的结构模型，然后用它解释尽可能多的现实变化，最后根据情况逐步将模型复杂化。不过，辛格（Singer）就对这种研究思路在"战争起因研究项目"中的运用表达了质疑。同样，现实主义学者对国际关系领域研究也可以如此加以叙述。现实主义学者在解释现实新变化时，融合了更多的理论变量来弥补沃尔兹新现实主义解释能力的不足。② 事实上，理论模型随研究项目进展的变化，并不一定意味着理论最基本的本体论发生了变化。

有人认为定量研究学者与形式理论研究学者建构简化模型，是因为他们将现实看得相当简单，而与之相反，定性研究学者会对现实做出复杂的理论解释。不过这个观点本身就是一种过度简化的元理论式说明，而且没有很好把握本体论与方法论之间的复杂关系。而赞同构建学科的本体论与方法论之间联系的学者，虽然意识到了认识现实的复杂性，但是从现实中抽象出要点的方法凸显了学界的潜在分歧。在相同的逻辑之下，大量定量与形式研究学者意图构建针对复杂现实的简化模型。

---

① 通常，简约性（parsimony）被认为是理论中而非现实中的特点，这种简化理论的思潮可追溯至14世纪的"奥卡姆剃刀"，即若无必要，勿增实体。

② 这包括更为精细的威慑概念、进攻—防御平衡以及其他相关的国内因素。

六、结论

诸多观点认为,定性研究方法的学科进展,对政治科学三大实证研究领域产生的影响程度互不相同。作者也在文中通过不同视角对这种观点加以说明,例如在美国政治研究领域占主导地位的定性研究者,虽然极力扩大同定量研究者的交流,但收效不大。而其他比较政治学及国际政治学中的定性研究者对有关方法论及元理论的探讨涉及更深,并对实际研究产生了显著影响。

本篇认为,学者们夸大了定性研究与定量或形式研究之间的某些差异。学者们常常将"最大相似"及"最大差异"式案例设计描述成为定性研究所特有,但定性分析中的案例选取与因果推论为什么不能运用同样的逻辑呢?实际上,学者们可以按"最大相似"或"最大差异"标准去选取研究样本,然后针对样本进行计量分析,最后再运用"最大相似"或"最大差异"式逻辑从样本研究中推导出结论。

同样,与定量及形式研究学者相比,定性研究方法论学者对一般性概括的怀疑态度要更为明显,并且更倾向于考虑理论的限制性条件。虽然国际关系研究领域中沃尔兹新现实主义是理论简化及概括的最明显例子,然而该理论及其现实主义分支都没有在主要的定性分析中考虑理论的限制性条件。不过学科中越来越多的定量研究者也开始考虑限制性条件,体现在研究中更多地运用的是交互作用项,而非完全加性模型。这同样反映在近来对学科前沿问题的分析中,出现了大量的回归分析与变量控制和更多的实证限制下的计量分析。

最后在本体论和方法论的叙述性关联中,本篇质疑定性研究学者的世界观比定量或形式研究学者更复杂的观点。许多形式理论或计量经济学的模型建构者会建构并检验相当简单的理论模型,并非因为现实世界的简单,而是因为他们对解释事实现象的兴趣大于对其进行叙述。同时,他们认同理论的简化解释的原因在于,这种理论解释既方便推而广之,也便于进行验证。值得注意的是,在社会科学的理论解释上,许多定性研究学者也持相同观念。

参考文献

Achen, Christopher H., "Toward A New Political Methodology: Microfoundations and Art", *Political Science.* 5 (2002): 423–450.

Bartels, Larry M., "Some Unfulfilled Promises of Quantitative Imperialism", In H. E. Brady & D. Collier (eds.), *Rethinking Social Inquiry: Diverse Tools, Shared Standards.* Lanham, MD: Rowman & Littlefield. 2004: 69–74.

Bates, Robert, *Markets and States in Tropical Africa.* Berkeley: University of California Press. 1981.

Bennett, A, and C. Elman, "Case Study Methods in the International Relations Subfield", *Comparative Political Studies* 40 (2) (2007): 170–195.

Brady, Henry E., & Collier, D., (eds). *Rethinking Social Inquiry: Diverse Tools, Shared Standards.* Lanham, MD: Rowman & Littlefield. (2004).

Collier, David, Mahoney, James, & Seawright, Jason, "Claiming Too Much: Warnings About Selection Bias", In H. E. Brady & D. Collier (eds.), *Rethinking Social Inquiry: Diverse Tools, Shared Standards.* Lanham, MD: Rowman & Littlefield. 2004: 85–102.

Collier, Ruth Berins, & Collier, D., *Shaping the Political Arena: Critical Junctures, the Labor Movement, and Regime Dynamics in Latin America.* Princeton, NJ: Princeton University Press. 1991.

Friedman, Milton, "The Methodology of Positive Economics", In M. Friedman (ed), *Essays in Positive Economics.* Chicago: University of Chicago Press. 1953: 3–43.

Geddes, Barbara, "How the Cases You Choose Affect the Answers You Get: Selection Bias in Comparative Politics", *Political Analysis*, 2 (1990): 131–152.

George, Alexander L. & Smoke, Richard, *Deterrence in American Foreign Policy.* New York: Columbia University Press. 1974.

Green, Donald, and Shapiro, Ian, *Pathologies of Rational Choice: A Critique of Applications in Political Science.* New Haven, CT: Yale University Press. 1994.

Hall, Peter A., "Aligning Ontology and Methodology in Comparative Politics", In J. Mahoney & D. Rueschemeyer (eds.), *Comparative historical analysis in the social sciences.* New

York: Cambridge University Press. 2003: 373 – 404.

King, Gary, Keohane, Robert, & Verba, Sidney, *Designing Social Inquiry*. Princeton, NJ: Princeton University Press. 1994.

Laitin, D. , "Ethnography and/or Rational Choice: A Response from D. Latin", *Qualitative Methods*, 4 (1) (2006): 26 – 33.

Levy, Jack S. , "Explaining Events and Testing Theories: History, Political Science, and the Analysis of International Relations", In C. Elman & M. F. Elman (eds.), *Bridges and Boundaries*. Cambridge, MA: MIT Press. 2001: 39 – 83.

Levy, Jack S. , & Thompson, William R, "Hegemonic Threats and Great Power Balancing in Europe, 1495 – 2000", *Security Studies*, 14 (1). 2005: 1 – 30.

Lijphart, Arend, *The politics of accommodation: Pluralism and Democracy in the Netherlands*. Berkeley: University of California Press. 1968.

Lustick, Ian S. , "Lijphart, Lakatos, and Consociationalism", *World Politics*, 50 (1997): 88 –117.

Mahoney, J. , "Qualitative Methodology and Comparatie Politics", *Comparative Political Studies* 40 (2) (2007): 122 – 144.

Mahoney, James, and G. Goertz, "The Possibility Principle: Choosing Negative Cases in Comparative Research", *American Political Science Review* 98 (4) (2004): 653 – 669.

Mares, Isabela, *Taxation, Wage Bargaining, and Unemployment*, New York: Cambridge University Press. 2006.

Pierson, P. , "The Costs of Marginalization Qualitative Methods in the Study of American Politics", *Comparative Political Studies* 40 (2) (2007): 146 – 169.

Sartori, Giovanni, "Concept Misinformation in Comparative Politics", *American Political Science Review*, 64 (1970): 1033 – 1053.

Schultz, Kenneth A. , *Democracy and Coercive Diplomacy*. New York: Cambridge University Press. 2001.

Singer, J. David, *Models, Methods, and Progress in World Politics: A Peace Research Odyssey*. Boulder, CO: Westview. 1990.

Whaley, Barton, *Codeword Barbarossa*. Cambridge, MA: MIT Press. 1973.

Wohlstetter, Roberta, *Pearl Harbor: Warning and Decision*. Stanford, CA: Stanford University Press. 1962.

为什么历史(仍然)重要:城市政治分析中的时间和时序[*]

[美] 乔尔·拉斯特(Joel Rast)[**]

导读:对路径依赖、政策反馈、时间序列,以及间断式发展 vs 渐进式变革(punctuated versus incremental change)比较等的学术研究,推动了对时间和历史因素如何转化为相应政治和社会后果的新讨论,并产生了新的理论洞见。本篇力图阐明历史因素在社会科学探究中的重要性。然而,这在很大程度上没有被多数的当代城市政治科学家所注意,他们更关注的是当前或是最近的研究议题,而非运用真正的历史方法。本篇检验了基于时间因素的特定因果机制,并展示它们在城市研究中的应用如何提升学者们对城市政治发展过程的认识。

一、导言

与 20 世纪 50 年代到 60 年代"行为主义革命"背景相类似,数十年前,

---

[*] 编译自:Joel Rast, "Why History (Still) Matters Time and Temporality in Urban Political Analysis", *Urban Affairs Review*, Vol. 48, No. 1, January 2012, 3 - 36.

[**] 乔尔·拉斯特(Joel Rast),就职于威斯康星大学密尔沃基分校(美国威斯康星州密尔沃基)。

社会科学研究中出现了所谓的"历史回转"(historic turn)。行为主义者推崇的是被他们视作更为严格的、仿自然科学的社会科学,研究的重点是人类个体行为而非结构或者社会过程。对调查数据的收集,运用日趋复杂的统计技术进行分析,曾经是更受青睐的研究方法。20 世纪 50 年代的"共识政治"以及对历史的感知在很大程度上是以美国经验为基础,因其兼备效率和目的性,对个体当前行为的关注是可以理解的。然而,20 世纪 60 年代的美国社会运动,尤其是越南战争和民权运动,引起了关于探讨政治与社会本质的新问题。在政治科学中,与当时多元的、非历史的主流观点相对,一种明显具有历史和建构主义导向的"新制度主义"出现了。诸如《美国政治发展研究》(*Studies in American Political Development*)、《政治与社会》(*Politics & Society*)、《社会科学历史》(*Social Science History*)、《政策历史杂志》(*Journal of Policy History*)和《历史社会学杂志》(*Journal of Historical Sociology*)等期刊为来自美国政治发展、历史制度主义、历史社会学和理性选择理论等领域的新一代具备历史意识的学者提供了发表平台。在社会学中,历史研究法通过美国社会学协会(American Sociological Association, ASA)在 1983 年成立的"比较与历史社会学"(Comparative and Historical Sociology)分委员会进一步确认其价值。在随后的 1990 年,美国政治科学协会(American Political Science Association, APSA)也创办了"政治与历史"分委员会。尽管历史研究法从来没能在战后社会科学研究领域占据主导地位,不过如今历史研究方法成果在社会科学的诸多领域中大量可见。

正如社会科学的其他分支那样,城市研究领域有悠久的历史学术传统。在两次世界大战之间,来自具有影响力的芝加哥学派的城市社会学家们设计了高度切合时代背景的案例来考察贫困问题、帮派活动、流动人口、移民文化和其他社会现象(见 Wirth, 1928; Zorbaugh, 1929; Thrasher, 1927; Anderson, 1923; Cressey, 1932)。"二战"后,行为主义政治科学家罗伯特·达尔(Robert Dahl)是对当时反历史情绪进行批判的几位著名行为主义研究者之一,并且继续在他的研究中使用历史研究方法,包括他基于纽黑文市的开创性研究《谁治理?》(*Who Governs?*)(Dahl, 1961)。与 20 世纪 60 年代到

70年代的社群权力争论相关的学者，也同样通过在某些情况下具备深刻历史性的案例研究来展开他们的论述。到20世纪80年代，新一代城市政治经济学家转向历史，借以解释在日益全球化的经济浪潮当中城市地位的变迁。这方面形成的关于城市制度的学术成果，包括克拉伦斯·斯通（Clarence Stone）开创性的成果《政治规制》（*Regime Politics*）等，同样频繁依赖历史性的考察来解释战后的城市治理模式。

尽管历史性研究有着这样的传统，然而现今在其他诸多社会科学领域中的历史转向，在城市政治科学和社会学的工作中都不甚明显。在过去的十年里，发表在《城镇事务评论》（*Urban Affairs Review*）和《城市与社群》（*City & Community*）杂志以及《城镇事务杂志》（*Journal of Urban Affairs*）上的文章很少真正运用历史方法。近几年在城市事务学会年会，以及美国政治科学学会和美国社会学会城市分会当中的年会论文集，也少有历史导向的研究成果。刊登在主要刊物和会议论文中的主导方法，是以调查和其他数据集为基础的大样本、截面研究（cross-sectional studies），还有关注现今或最近（very recent past）的案例研究。尽管最近几年出版了很多优质的历史方法主导的城市专著，然而这些作者们更愿意做一个历史学家而非具有自觉社会科学导向的学者。

正如保罗·皮尔森（2004）所观察到的，社会科学中的历史性解释可以采取多种形式。对于一些学者来说，历史主要是一种对经验材料或"数据"扩展了的蓄积，用以检验一些假定为跨时间有效的模型（Sewell, 1996: 246; Pierson, 2004）。就这种方法而言，在理性选择学者当中运用普遍：（历史的转向）主要是由寻找现实中不可获得案例的需求推动。在城市研究文献中，制度研究理论家（regime theorists）时常会采取这种方法。对其他学者而言，最有意思的是历史的特性而非其概括能力。就这种方法而言，在美国政治发展学者当中运用普遍，其目的在于发展对令人费解或是值得注意的历史后果的解释。正如皮尔森（2004）所称，这样的研究为我们理解政治和社会历史具有重要的帮助和意义。然而这样的解释，对于当今社会以及他们为类似情况所参照的经验而言并不总是清晰的。

政治科学分析的艺术——方法论的分野、实验及融合

历史研究的第三种路径——而这也是本篇所关注的——围绕时间和时序在解释社会和政治后果时的作用。信奉该传统的学者强调，一些社会过程需要在延展了的时间周期中来"发挥它们的作用"（work themselves out）。在这样的情况下，基于代表性证据的非时间性解释会产生不完整或不精确的结论。如克拉伦斯·斯通（Clarence Stone）的《政治规制》（Regime Politics），在关于战后亚特兰大的研究中要解释的一个关键问题，是一个商业主导的、有利于增长的制度，在少数族裔占多数的、社区运动强烈的城市中的存在。一个关注较短时间范围的截面研究或许产生与"权力的第三个面孔"① 论证相符合的证据（Gaventa, 1980；Lukes, 1974），亦即邻近行为体对治理安排的认同与其利益看似存在着的不一致性，或许会被诠释为某种意识形态操作的结果。然而通过关注较长的历史周期，斯通揭示了与制度保持一致是如何为反对团体创造实现特定目标的机会，使之调整它们长期以来的偏好，并且与城市的政治和经济精英达成和解。这样的认同是真实的，不是人为的。斯通的"社会性生产"（social production）权力模型，是城市规制理论的一个洞见，其检验的是由一个延展了的时间框架展开的政治发展过程。

当然，检验随时间演变过程的历史性研究并不是一个新鲜事物。卡尔·马克思、亚当·斯密以及其他现代社会科学的奠基者们都奉行这种方法，并且还得到了许多其他学者的效仿。然而在更近一段时间内学者们所关注的，是对那些可被用来更为准确地解释结果如何被时间进程塑造的特定因果机制进行检验与说明。例如，越来越多关于路径依赖和关键节点的文献指出，当今政治和制度所采用的形式在某种情况下是受制于在遥远的过去发生的看似偶发的事件。相关数量的政策反馈文献表明，仅仅将政策看作自变量的通常看法可能存在误导，因为政策会通过塑造政治行动者的偏好与能力来时常地修改政治格局。其他一些学者则更直接地关注历史事件的时间或相对于彼此影响的过程，强调结果如何由事件发生的顺序塑造（Pierson, 2000b；Hacker,

---

① 权力的第三个面孔，亦即"历史会自我重复吗？"（Will history repeat itself?）这一命题。——译者注

2002；Orren & Skowronek，2004）。

本篇将对这些机制和过程还有其他一些因素进行检验，并说明它们是如何用于促进我们对城市政治过程的进一步理解。特别的，我的关注点是城市治理方案，我将它定义为既是如同政策和制度那样的正式结构，又是如同制度和增长联盟（growth coalitions）那样的非正式结构。

二、基于路径依赖对城市发展变迁的解释

近些年来，少有话题比城市治理方案（urban governing arrangements）更受到城市研究学者的关注。在近几十年来，学者们关注了城市治理中商业和市民领袖的角色，并常常发现在治理决策制定过程中城市官员与商业和市民精英之间的密切联系（Stone，1989；Logan & Molotch，1987；Molotch，1976）。为什么城市治理方案要采用这样的形式呢？多元论者、马克思主义者，以及最近的制度研究者，纷纷从功能主义（Functionalist）角度来解释这一问题。功能主义的方法通过治理安排表现的功能来对其进行解释，不论是对政治体系本身还是对有影响力的行为体都是如此。多元论者将城市治理视为调和相互冲突的利益并转化到公共政策的场域。对于马克思主义者来说，城市治理包括了在冲突着的累积压力与合法性之间取得平衡的努力。制度研究者则将城市治理视为能够促进解决特定集体行动问题的多议题和公私伙伴关系（制度）的产物。持上述各种视角的学者经常会认为，无论是明确的还是含蓄的，治理方案表现的功能可以解释为什么存在这样的安排，以及为何采用现有的形式。[①]

功能主义的解释常常是有用的开端。假定治理方案的效应有助于解释其为什么仍然存在，也并非是不合理的。然而功能主义的说明时而受到批判，因为这意味着可以从制度或制度安排当下发挥的功能来推断其根源。有一点需要说明的是城市制度为城市中政治和经济精英的合作提供了一个稳定的结

[①] 在马克思主义的传统中，只有进化论学派是公开的功能主义者。

构，并且截然不同的是，制度作用的益处解释了它们为什么起初得以存在的合理性。功能主义者认为简单地"将制度的起源解读为制度在当下表现出的功能"是尤其令人生疑的（Thelen, 2004：36）。正如皮尔森（2000）所称，"我们需要返回过去并考察"，而不是猜想（制度）起源与现今影响之间的直接联系。

在最近几年中，寻求超越功能主义者对制度安排解释的学者们频繁地依靠路径依赖概念。依照广义的界定，路径依赖能简单地指出过去的进展对未来将会发生的事情所具有的影响。然而现今多数学者更为谨慎地应用这一研究方法。[①] 例如，马赫尼（Mahoney, 2000：507）将路径依赖定义为"特指那些由偶发事件启动的，具有决定性的制度模式或事件链锁的历史序列。"在这一概念中，路径依赖指的是一种时间序列，在这一序列中的结果（outcome）要追溯到遥远过去的关键选择点，或是"关键节点"（critical junctures）。这种论证在如此关键节点中可引申出多种轨迹。然而，一旦选择了一种解决方法（或者说"路径"），那么有助于复现新安排，并避免与最初选择相违背的正向反馈过程（positive feedback processes）就会被激活（Pierson, 2004；Levi, 1997）。这意味着即使并非被证明为最优的解决方案也会被"路径锁定"。经济历史学家已经用路径依赖的方法解释了诸如标准打字键盘和家用视频播放器这样的创新，是如何击败其他同类优秀产品而获得成功的（Arthur, 1994；David, 1985）。另一些人指出政策和制度的发展或许有类似的路径依赖特性（North, 1990；Pierson, 1994）。路径依赖提供了一个与功能主义路径相反的视角，它揭示的治理安排形式也许在很大程度上是由遥远的、与其现实功能几乎无关的历史事件决定。

路径依赖的视角将相当的关注集中在新路径的起始关键节点，因为这样的关键点通常与结果息息相关。通常地，关键节点是由打破现有安排的且为创新和改变提供机遇的某种分裂或危机所带来的（Collier & Collier, 1991）。与作用受限制的路径依赖的后续阶段相比，关键节点被视为具备开放性和偶

[①] 关于路径依赖的宽泛定义受到了学者的批评，因为这样的运用据说是会使概念丧失其应有的解释力和清晰度（见 Mahoney, 2000, 2001；Pierson, 2004）。

然性的时期,在这个时间段的初始事件可以产生长期影响。这样的动态时常由波利亚瓮(Polya urn)案例来解释(Arthur, 1994; Goldstone, 1998):想象瓮中有四个球,每个球的颜色不同,目标是每次从中随机选取一个球,并且用另外两个颜色相同的球来替换,重复下去直到填满。在最开始的几轮里,最终结果是不确定的。然而,数学概率确保了有一种颜色将很快占据优势,导致后面几轮的选择就会在一个均衡中稳定下来。在这个例子中,早期的事件是"被记住的"(Pierson, 2004:18)。这些事件不会随着时间而被消除或者消逝,反之早期的几轮远比之后的几轮对最后的结果起着决定性的作用。

并不是所有的历史性序列都存在路径依赖,只有那些结果可以被追溯到遥远的某一时刻的一些偶然事件才是,这些偶然事件不能被现存的社会或政治变革理论预测或解释(Mahoney, 2000)。例如,许多学者都认为当今城市制度的起源要追溯到20世纪40和50年代,那时候的低投资问题、白人大迁徙问题、不合规格的住房问题,以及下跌的房价都威胁着城市的未来。为了应对这些问题,商业领袖和市民领袖与城市官员联合起来以形成长期的工作伙伴关系,或曰"制度"(regime),以关注城市的再发展问题。在大多数城市,制度会在使其存在的危机发生之后持续很长时间。对于现今被认为是路径依赖的城市制度来说,必须声明的一点就是它们在战后城市危机中(或者其他别的时期里)的关键节点里有自己的起源,并且如果离开了那特定一连串的事件,治理安排将会是另一种不同的形式。否则,制度差异或许可以被理解为功能主义名词而非和某些类型的对城市治理问题的平衡解决方法一样的历史性术语。制度到底是不是真正的路径依赖,是一个需要进行逐一案例分析才能回答的问题。尽管商业参与治理普遍存在且形式多样,从特定时期具有特定目的的参与、与政府官员基于项目的联合,到城市制度持续的、多种议题的伙伴关系(DiGaetano & Klemanski, 1999)。在战后早些年发生的事件属于最后一种情况。缺少这些条件,商业领袖把相当的时间和资源贡献给一个综合性重建项目的动机就有可能变弱。战后的治理安排或许会有所不同,其影响延伸远远超出了战后时期。

当然,在关键节点中形成的治理安排不会自动地自我复现。据此,有关路径依赖的文献对随时间持续特定发展轨迹的机制予以特别关注。尽管学者们找到了几种这样的机制，但是那些对治理安排复现给予特别关注的研究也开始关注政策反馈。政策反馈指政策对随后发生的政治活动的影响。通常，截面数据研究总体上将政策视为政治过程的结果，不论研究的聚焦点是政策的实施还是其后续阶段。然而，关注政策随时间发展的学者指出了因果关系是如何双向运行，即政策同时表现为政治动员的成因和影响。政策通过部分地影响公民和利益集团的目标和能力来塑造政治过程，常常提供使特定动员形式产生的激励因素或资源。在一些案例中，自我巩固的过程发生在行为体从一个特殊的倡议中受益并因此自身力量得到加强的情况下，这个倡议要利用行为体被提高的地位去进行扩张（Mahoney，2000）。而倡议的扩张反过来会进一步增强行为体的力量，会增加他们进一步扩展的能力等等。当反馈过程按照这样的自我巩固模式进行，在关键节点出台的政策或许最终带来根深蒂固的影响。

政策可能会也可能不会激活这样的积极反馈循环，而且学者们也开始对这些政策方针的结果轨迹为什么是多样的进行解释。例如研究表明，在普适的、有财产审查（means-tested）的福利项目中，反馈效应是不同的。诸如社会安全、退伍军人法案等普适的项目，不仅给予受益人有价值的资源、提升他们作为有效的项目拥护者的能力，还能给他们传递有关公民权利和政治效能的积极信息（Campbell，2003；Mettler，2002）。通过尊重受益人，这样的项目传递出"政治游戏是公开、公平、可以胜利的"这样的信息，鼓励他们去捍卫自身利益（Mettler & Stonecash，2008：275）。相反，那些诸如家庭抚养子女补助等有财产审查的项目（以收入限额为条件的项目），并没有使其受益人受到动员或增强实力，因为这样的项目设计使他们承受着相当的纪律、监督和控制，并且让他们感觉到自身不能获益。有财产审查的项目不仅不能产生积极的反馈循环，反而还有可能引起政策参与的螺旋式下降。

政策反馈可以通过一些方式塑造政治生态，这些方式只有通过长时间的政治过程检验才能被理解。在一个对美国公平住房和社区再投资政策的质疑式研究中，马拉·西德尼（Mara Sidney，2003）揭示了《公平住房法案》

（Fair Housing Act of 1968）和《社区再投资法案》（Community Reinvestment Act of 1977）是如何激活对这些法律及其延展性政策的强烈拥护的。正如西德尼所观察到的那样，积极的反馈过程加强和延展了那些政策效能。同时，当激励机制成功地引导倡议者们在"由原始政策所创造的框架下"工作而不是寻求激进的变革时，原始政策设计中的特定缺陷也就变得不为人知了（Sidney，2003，151）。[①]

关于路径依赖或自我巩固反馈过程的案例已经在不同的城市背景中表现出来，尽管甚少有这样的研究关注城市的政策和治理。[②] 以路径依赖视角来研究城市政治过程是有前途的，然而这一概念并没有如一些学者们所称的那样被清楚地、有选择地应用。例如，帕拉斯和詹宁斯（Pallas & Jennings，2010）称纽约市2000到2005年小学每年平均开销保持稳定是路径依赖的依据。然而，他们并没有提出发现的路径类型是什么时候或者如何产生的。因此，难以确定他们所分析的那段时间当中的消费模式是否由引发自我增强过程的偶然事件所产生的——导致了路径依赖——或是否是完全不同的因果力量在起作用。例如，可以相信学校的开销是对某一地区社群人口变化的反映，然而因为这样的变化通常相对缓慢，并且支出形态"赶上"人口变化需要一定的时间，因此在对短期情况的分析中，学校支出会表现得稳定。不论观察结果的成因是什么，真正的问题是由于早期的路径依赖事件在对最终结果的决定之中会产生关键的影响，因此离开对早期事件的时间序列分析，任何有关路

[①] 例如，《公平住房法案》并不是为了实现社会融合而设计，而是为了给予黑人充足的资源进行更广泛的住房选择。尽管许多公平住房主张群体支持民族融合政策，自1969年开始扩展的《公平住房法案》并没有为实现这样的追求提供资源或激励（Sidney，2003）。

[②] 关于路径依赖的主张在城市地理和工业选址的文献中得到了很好的体现（见Martin & Sunley，2006；Bishop & Gripaios，2007；Wolfe & Gertler，2004；Marshall，2007；Batty，2001；Gordon & McCann，2000；Simmie，2004）。特定高新工业区例如硅谷、意大利北部省份艾米利亚罗马涅（Emilia Romagna）、德国的巴登—符腾堡州（Baden-Württemberg）的兴起和发展有时候会被描述为有路径依赖特性。在许多解释中，在这些地区出现的特殊生产制度（强调小公司之间的合作关系和规模经济的持续创新）被描述为偶发事件或引发自我巩固机制的历史"偶然事件"的结果（Piore & Sabel，1984；Sabel & Zeitlin，1997；Herrigel，1996；Scott，1988；Hirst & Zeitlin，1989；Pyke & Sengenberger，1992）。

径依赖的有说服力的论断都无法被提出。

路径依赖的观点也因未能详细阐明在关键节点发生的,导致制度或政策安排变得牢固的机制而受到抨击(Thelen,1999)。诸如政策反馈和自我巩固过程这样的概念,有时候会被用作现实解释的替代品,而不是工具。例如,在一项关于在六个欧洲城市的城市交通政策的研究中,皮弗雷格等人的研究(Pflieger et al. , 2009:1423)称:"现存的制度将会是持久的,随时间进行自我巩固。因此,由一个或多个制度所主导的决策系统,会倾向于持续,认可对过去趋势的复现。"关于新的制度安排是如何被复现的问题并没有得到正面的回答。即使当机制得到了更细致的解释时,学者们仍然将他们的大部分注意力集中在关键节点,而不是这些事件的历史遗产。[①] 在一个对 1989 年共产主义制度衰落后布拉格制度变化的深度分析中,霍拉克(Horak,2007)对民主化转型中政治领导的失败决策提供了一个有信服力的解释。他反对将制度视为均衡解决方式的理性选择视角,他提出在共产主义制度衰落的早期,布拉格复杂而不稳定的决策环境使政治领导者寻求简单的短期政策解决方案,而没有进行有可能产生更健全的民主机制的持久的战略性改革。然而,有关次优政策和制度如何、因何被复现,霍拉克的分析就不那么具有启发性了。例如,关于交通政策,他将城市交通项目中对于公共交通系统的忽略归咎于市民团体与公职人员之间的矛盾。然而,尚未明了为何市民群体对交通政策的方针的不满未能成功地推动交通政策的改变。弱的公私合作并不意味着政策惰性。

最后,在特定概念的运用未能促进对特定结果理论认识的情况下,关于路径依赖的论断有时候也被应用。例如,在一个关于卡尔加里市新畜牧饲养场发展的案例研究中,吉特尔和斯玛特(Ghitter & Smart, 2009:628)将位于卡尔加里东部的这个项目追溯到 1874 年加拿大太平洋铁路(Canadian Pacific Railway)有关于在城市的这一地区修建火车站的(偶然)决定,这一决定"设定了未来的工业发展位于何处"。本篇将这一系列事件链描述为路径依赖,因为修建火车站使得城市这一部分土地的利用方式不容易改变。尽管路径依

[①] 之前对帕拉斯和詹宁斯(Pallas & Jennings, 2010)案例的引用是这一模式的例外。

赖的论述是令人信服的，然而没有明智的人会得出此外的其他结论。在像这样的案例中，路径依赖更多地体现为一种标志，甚于对某事为什么按照某种方式发生的解释。政策和制度通常会比建筑和基础设施更容易改变。那些关于当下的政策与体系受制于遥远历史事件的深刻影响的论断，不如与之类似的关于建筑环境的类似论断在直觉上更能给人以正确的信念。

总而言之，恰当开展路径依赖研究必须至少做到两点。第一，它们必须将结果与过去的某类偶然分支点或者关键节点相联系。正如马赫尼（Mahoney, 2006, 134-135）所观察，对初始偶然事件的发现是重要的，因为诸如次优性（suboptimality）和不可预测性等路径依赖的一些独有特征，就"依赖于对意外和小事件的主张，还有对路径依赖顺序的喜好"。第二，关于路径依赖的研究必须详细解释假定关键节点的遗产是如何随时间而复现的。在有关治理安排的研究中，这典型地包括了对维持一个政策、一个制度，或是一系列制度安排机制的关注。重点是发现制度持久性并不意味着变化的缺失。而对于路径依赖的研究要讲述的并不是与关键节点事件相关并受其制约的发展"轨迹"（Pierson, 2004, 135; Thelen, 2003, 208-209）。例如，西德尼（Sidney, 2003）对《公平住房法案》的分析与路径依赖的解释相一致，因为对这项法案的修正，扩展和加强了联邦公平住房政策，而非对其进行重构。如果公平住房政策的延伸能够导致更具改进性的变化，那么这一案例不应作为路径依赖分析的理想选择。

三、时间序列

在路径依赖序列中，事件发生的先后次序是十分重要的。在一个序列中，早先发生的事件会比后发生的事件更加具有决定性的影响，即后发生事件影响要小一些。城市政治发展学者长期以来意识到事件或过程的时间序列会影响结果，而关注一段时间中某一时刻的特定变量价值的截面研究未能把握影响的具体机制。一个值得注意的例子是伊拉·卡兹尼尔森（Ira Katznelson, 1981）对劳工和社群政治的经典研究《城市堑壕》（*City Trenches*）。对于卡兹尼尔森来说有待解释的关键问题是，在欧洲得以发展的强力的社会主义、社会民主主义或是劳工党派，在美国为何是失败的。这一现象曾经被一些学者解释为由美国的自由主义传统和缺乏明显的阶级分化所导致的（Hartz, 1955）。然而卡兹尼尔森拒斥这样的说法，而偏向于更为纯粹的历史性解释。在卡兹尼尔森看来，使工业化国家的美国政治产生分化的，不是好斗的工人阶层的缺失，而仅仅是过于关注工作场所中的劳资纠纷。在（美国）国内，种族、宗教和地域认同问题占主导地位，是政治恩惠（patronage）而非集体层面的关切，将城市居民吸纳到政治当中。重要的是，这个特别的"城市堑壕"体系——其在工作政治和社群政治中划出了一条明显的分界线——是由几个关键事件发生的顺序所导致的。在美国，工业化出现在白人男性的投票权成为政治生态主要特征、公会活动受到国家相对温和对待的政治气氛当中。与此相反，19世纪欧洲工人阶级被排除在被剥削阶级垄断的公民权利之外，并且无权组织起来，因为民主化改革是在工业化的初期阶段之后出现的，19世纪欧洲工人的政治诉求针对的既是资本家也是国家，并因此产生了一个自觉的阶级导向。

艾米·布里奇斯（Amy Bridges, 1997）在她关于进步时代城市改革的研究中，对事件发生顺序进行了一个类似的论述，以解释为什么西南部的城市改革运动比那些作为城市改革运动的发源地的老工业城市更为成功。与卡兹尼尔森（Katznelson）一样，布里奇斯弱化了对作为推动因素的政治文化因素的关注。她认为更重要的，是两个关键过程的时间因素——即党派组织和工业化发展过程——以及它们是否发生在城市改革努力的前后节点。在改革先于党派组织和工业化发生的西南部，为改革者创造机遇的政治大亨，以及使选举人与政治机器相联系的恩惠的缺失，是东北部所不存在的。另外，在进步时代西南部城市中的落后经济状况，为偏好商业改革的改革者提供了有利的条件，这远远比工业化处于鼎盛期的东北部更为有利。

在上面两个例子里所提出的论断遵循着这样的逻辑形式：如果X事件在Y事件和Z事件之前发生，那事件的结果将会与它在Y事件和Z事件之后发生的情况下不同。而在另一些关注时间顺序的研究中，特定时间下多个事件或过程的交集决定利益的结果。在这样的事件当中，历史社会学者称之为"关键时刻"（conjunctures），根据事件发生的形式（其中关键时刻出现在不同的时间或是根本没有出现），结果会千差万别（Mahoney，2000；Aminzade，1992）。道格拉斯·莱伊（Douglas Rae，2003：11）在解释19世纪美国城市化发展时提出了一种论断。在莱伊称之为"城市创造的偶然事件"的理论中，他指出现存几个关键事件的交集导致了城市化最终采取的集中的形式。这些发展因素，包括作为制造业主要动力来源的蒸汽动力的发展，以及铁路在货物运输中的主导地位，都需要工业在中心地带的集聚。同样重要的是农业革命和相对开放的移民政策，它们一并创造出丰富的城市劳动力。根据莱伊的观点，"对于这个时间性的历史安排，没有什么是不可避免或是能够预测的：如果上帝或者自然会选择让同样的历史发生一千遍，也没有特别完备的理由来期待同样的顺序时常出现，或者总是出现"（Rae，2003：17）。

许多其他关于时间顺序和事件交集对重要结果产生影响的案例可以在城市政治的文献中被找到，而且这样的解释通常是有说服力的。不过，莱伊对作为历史"偶然事件"的多重次序集合的描述，指出了至少一个关于上述论断的潜在问题，也就是对这样产生的结果进行理论化是困难的。在莱伊关于城市发展的解释中，我们可以将引起19世纪美国城市化的每个单独过程进行模拟并加以组合，来假设其城市化形式。但没有预测自身观察结果的解释框架能够被建立起来，因为这些单独过程的集合纯属时间上的巧合。皮尔森（Pierson，2004）在讨论对"关键时刻"进行更普遍理论化的挑战时明确地指出了这一点。就一项特定研究的目标而言，莱伊的那种事后解释或许是充分的，但是任何这样的解释都不可能被用作预测未来的利益或者阐明其他社会过程。在"时间很重要"的见解之外，仍不清楚由此得到具体的教训到底是什么。①

另一方面，当能够建构一个使不同的时序过程以某种方式连接的系统时，就会有更多的机会来超越个体案例的独有特点，并将其发展为普适命题。正

---

① 见皮尔森（2004：56-58）关于对时间顺序和交集进行理论化的困难的额外论述。

如皮尔森（2004）强调的，路径依赖的视角提供了这样一种可能性：在这样的论证中时间性顺序起着关键作用。① 在一个路径依赖的序列中时间是重要的，因为最初的发展会不断自我巩固，反而被预先阻止的替代性结果（在某些案例中，会更令人满意）可能会成为真正的机会。在时序中较晚出现的发展或许远非那么重要。这种见解明显地体现在美国的医保政策发展和中美洲威权制度的出现所具有的分歧性研究中（Hacker, 2002；Mahoney, 2001）。通过致力于辨识和阐述造成历史时序中早期发展自我巩固的因果机制，诸如这样的研究都具备了共同的理论背景。事实上，在时间和时序的论证与对路径依赖和自我巩固过程的论证相联系的研究中的一个关键的优势，就是它们可以建立在彼此的基础上来产生一个更为广泛的研究项目。

在城市政治的文献中，笔者对密尔沃基市的研究，提供了一个在路径依赖序列中的事件次序对观察到的结果起决定性作用的案例（Rast, 2009）。"二战"之后，随着大多数城市开展了市区再开发项目，密尔沃基市却将其经济发展政策定向为围绕工业发展。该城市的新工业项目吸引了不同群体的支持者，他们的支持和投资行为使得城市进一步沿着政策反馈研究所描述的轨迹前进。在那一时期对工业路径的选择是两个关键事件偶然交集的结果，一是在1948年选出的社会党市长对商界的市区再开发目标不再关心，二是随后一年推进的联邦城市改造立法。在某种程度上，利用联邦政府1949年《住房法案》提供的资源，新市长实施了一个土地征用项目，这解决了工业扩展急需土地的问题。② 如果这两个事件——社会党市长和城市改造立法——未能如期产生交集，那么密尔沃基市的发展政策很有可能不会是它所呈现的这样。例如，如果选民在1948年选出了一个非社会党的参选人，则密尔沃基很可能就

---

① 皮尔森也将在理性选择理论下的序列论断视为关于时间顺序和交集的命题与假设的可能来源。然而，如他所说，对行为体"移动"的理性选择理论的强调，为理性选择视角可以有效解释的社会进程的范围设置了重大的限制（Pierson, 2004, 62）。

② 很大程度上由于这样的努力，密尔沃基市在1950年到1960年间得到了2500个制造业的工作岗位，而同一时期在大多数老工业城市工业已经开始衰退。例如，芝加哥在同一时期丧失了9万个制造业工作岗位（Rast, 2009）。

会跟从战后大多数城市所选择的发展路径开始市区再开发项目。因为密尔沃基在城市再发展的联邦资源变得容易获取的那个特定时间选择了社会党，市区再开发的可能性就被排除了。离开市政府与市区商业领袖的联合，这样的项目是无法继续的，而且新市长早就表示出对这一伙伴关系的厌恶。

密尔沃基市的经验对其他突出时间序列的城市治理研究会有着怎样的影响呢？在这个案例中值得注意的一点是，密尔沃基工业战略的机制一经启动便延续下去。商界和政府围绕工业政策的合作，时常假定了一个特设（ad-hoc）的角色，单独的开发商和土地所有者们围绕特定项目和城市一起开展工作，而后从政策场域中消失。相对那时其他地方由市区再开发所启动的有力制度而言，这样的伙伴关系颇为脆弱，更易发生冲突。最终，就建立对全球工业改变的本地回应而言，它们是基础薄弱的，而且到了20世纪80年代，密尔沃基竭尽全力来将其发展政策重新导向到城市中心。因此，密尔沃基市的经验说明了那些先行者们的长期前景是如何因案例而异。未来的研究或许会同时关注维持路径依赖顺序的机制，和西伦（Thelen，2000：103）所描述的"发展的组织形式和它出现的政治经济情境之间的'适应'"。这或许就更好地揭示了为什么有一些先行者能够将最初的优势转化为持续的成就，而另一些似乎随着时间推进而失去势头。

四、连续性和变迁

在对政策和工业发展的路径依赖解释中历史是重要的，因为当下的结果可以直接溯源到发生在遥远过去的偶然事件。不同于历史的重要性不如现实的权力格局重要的功能主义者或是特定的权利分布观点，路径依赖视角强调既有制度安排的"黏性"（stickiness）是由政策反馈和其他使政策和制度一经产生便成为自我巩固的机制所导致的。

路径依赖的视角遵循一种制度发展与间断平衡的变化模式相一致的逻辑。这种观点强调的是制度的长期稳定性，有时会被短期的开放性和偶然性所打断，为此就可能发生变化。有意义的变化很大程度上就是在这一时期内，因为制度革新终会触发反馈过程从而导致对新制度安排的忠实复现,直到下一个临界点(break point)的出现。正如西伦(2003:209)所描述,"言外之意是,制度一经创造,在面对某种外在冲击时,它要么维持,要么崩溃"。这个模式中的变化是突然的和非持续性的,包括对一系列政策或制度的完全替换。

制度发展的路径依赖方法提供了有关间断平衡的可靠经验证据,有效地吸引了对时间和历史塑造结果方式的关注。与此同时,路径依赖视角的特定短处也在文献中获得了不断增长的关注。特别是西伦(1999,2000,2003,2004)指出在路径依赖方法中对间断变化的强调,掩盖了政策与制度变化增量演进的重要方式,缺乏关注政策中断(breakdown)和替换(replacement)等形式。这种特性变化的出现,部分是由于新的治理安排的成形是一个政治竞争的过程,其中一个回合的失败者不一定必然消失。如西伦(1999:385)所提出,"他们(对新制度安排)的适应,可能意味着与制度的采用和复现完全不同的东西。"正如政策反馈概念经常表明的那样,相反可能包括将政策和制度用于没有为制度设计者所预见的新的、具有潜在颠覆性的目标的努力。重要的是,这样的发展通过让制度与政治经济条件的变化相一致,来使制度继续保持生命力。长期以来,渐进式变化为政策和制度的角色和功能带来重大转变,而这样的发展在很大程度上仍然在强调稳定性和制度复现的路径依赖视角的间断方法中不可见。西伦以及其他研究者对路径依赖概念的泛滥使用提出了告诫,认为变化会时常地以更为渐进的方式呈现。①

可以对当代城市治理理论进行类似的论述。例如,正如路径依赖视角那样,城市制度理论强调的是治理安排的连续性而非变化。在斯通对制度分析的表述中,制度改变是一个罕见的情况,因为制度具有路径依赖理论家所强调的那种自我巩固的特质。通过为围绕一组具体目标的资源聚集建立一个组织,制度在一个其他方面支离破碎的政策环境中创造了实现目标的机会。一旦建立,制度施加了这样一种引力作用,其中随着制度能力的提升,其吸引

---

① 间断的相对频数与渐进变化是文献中关于工业发展的一个争论点。从另一方面来论述,皮尔森(2000b:78)认为有理由相信路径依赖和自我巩固程序"在政治生命里广泛存在"。

新的参与者的能力也提升了。反抗对挑战的群体来说似乎是要付出代价的，而对制度则不然，因为不合作会导致与被排除在生产事业（productive enterprise）之外差不多的后果。斯通（Stone，1989：229）曾描述道，"那些结果指向的参与者，大体上会调整他们的议程来追求与那种情况相适应的机会；他们'顺应'而非致力于重组制度的长期斗争。"

特定的制度有强大的持久力。那么不足以导致制度变化的政治改变又是怎样呢？尽管当今的城市制度可追溯到战后时期，然而很少有谁能否认今天的城市治理方案与战后的城市治理方案在根本途径上大不相同。制度理论对"二战"后城市政策和制度连续性的解释，远比对其重大改变的说明更为有效。根据斯通的表述，被制度置于不利地位的行动者或许只有两种选择：要么"顺应"现有制度，要么就推动制度变革。然而，正如上文所指出的那样，行动者也可以在现有制度中推动政策的改变，从而会导致弱于制度改变，强于单纯的制度持续性的影响。通过将诸如间断（制度崩塌或更替）等重大改变而非渐进式变化加以概念化，像路径依赖视角这样的制度研究常常不能理解治理安排随时间演化的重要方式。

如何将城市政治发展的研究调整到可以更加有效地在城市治理方案中同时捕捉到变化和连续性呢？关于制度演化的历史制度主义和比较政治研究的近期文献给出了一些建议。在这些文献中，政策和制度不仅仅被看作是将行为引向既定轨道的限制条件，而且还是能为创造性的人类能动提供机遇的策略行动的资源。主要原因有以下两个。第一，正如上文提到的，新政策和制度的发展通常包括了在多种具备竞争性利益和不同目标的各个群体之间的谈判和妥协。立法的模糊性，是由顾及多种相互冲突的利益的需求导致的，而这样的模糊性可以被寻求重组政策或制度的行动者根据他们的目的和目标更为直接地利用（Schickler，2001；Palier，2005）。第二，即使立法的过程不是那么充满竞争，政策和制度仍将为战略行为提供空间，因为不会有一个能够提前预见其所有最终适用情况的规则被设计出来。政策和制度必然地包含着某种内建（built-in）的灵活性。马赫尼和西伦（2010：14）认为，在规则与对其的解释和实施之间的"弱点"（soft spots）是为持续的政治争论留下的空间，它们可以将制度引导到其设计者完全未曾预想过的方向。

不难找出由上述动因引起的城市政策和制度改变的例子，例如1949年联邦政府的《住房法案》开启了联邦政府进行的战后城市复兴。因其发起人的名字，《1949年住房法案》也被称作《瓦格纳—埃伦德—塔夫脱法案》（Wagner-Ellender-Taft Bill），这个法案在立法中存在相当的争议，以至于花了4年时间才获得通过。这个法案是主张公共住房一方与主张贫民窟清拆和城市再建设一方（主要是涉及房地产经纪人、营造商和其他商人的利益）的妥协。最终形成的法案中所具有的模糊性，是为了缓和关于将公共住房作为目的，或仅仅是作为贫民窟清拆和城市改造支持机制的悬而未决的利益冲突。地方制度制定最终倾向于后者，这个产出既不是法案的设计者预期的，也不是其所期望的。随着时间的推移，主要针对低收入者和城市工人阶级最低住房标准而出台的立法，就成为了以私人商业发展和中产阶级住房来取代贫民窟的政策工具。由于立法本身着眼于将公共住房作为目的，对政策执行时期的简略关注会产生战后初年的城市改造政策被严重误导的图景。

若正如在上面的例子中，转换性变革不仅是间断性的也是渐进式的，那么渐进式变化发生的机制是什么呢？马赫尼和西伦（2010）指出了四点：取代（displacement）、分层（layering）、转变（conversion）和流动（drift）。

取代，指用新的制度取代现存的制度，在间断平衡模式下，这样的过程可能显得生硬，但也有可能更为渐进地发生。例如，很多城市在20世纪早期引入制度改革，旨在消除政治机器（political machine）。然而政治机器通过成功适应新规则和制度的改革在几十年中仍然存在。取代是一个渐进的过程，在这一过程中现存体系的拥护者能够与新制度共存很长一段时间。

分层，涉及新规则对现存规则的添加，这是一种改变现有体系的稳定复现，并将其引导至新方向的方式。通常在行为体对现存政策或制度不满，但却没有实力取消它的情况下，就会出现分层。例如，相比于直接攻击公立学校体系这样一个政治上站不住脚的策略，择校项目的支持者们会转而建立一个直接与公立学校竞争的并行体系。到了大部分公立学校的学生转而择校的时候，公立学校体系的稳定复现就受到了威胁。

转变，指将政策或制度定向至新的目标、功能或是制度设计者未曾预想过的诉求。当行动者成功地利用《1949 年住房法案》的模糊性来强调对贫民窟的清拆甚于建立公共住房时，他们就是在进行制度转变。由于规则的解释与实施有着高度的自由裁量，转变的可能性就相应地增加。最后，当决策者有意的未将政策调整到与变化中的社会条件同步的状态时，就会出现**流动**。尽管人口的变化已经非常明显，而立法者仍然拒绝选区重划，这就是一个流动的例子。流动在很大程度上是看不见的，一个"没有决策产生"（nondecisionmaking）的行为，或许掩盖了政策与制度效应中的重大变化。

通过这样的机制，城市治理方案会以缺乏对现存政策、制度或权力结构的中断和替换的方式演进，然而也会导致随时间的累积变化，从而产生变革式影响。所有的这些并不意味着城市政治变化从未间断，也不是意味着路径依赖视角不适合审视城市政治进程。然而这表明学者在应用路径依赖概念时是有选择性的，并且展示出对城市治理方案的其他演进方式的一定敏感性。正如马赫尼（Mahoney，2010）称，更重要的问题或许不是变化的类型是间断的还是渐进的，而是**在什么样的情况下**，变化最有可能以其中一种形式或另一种形式来发生。这是一个甚少被理论或实践所关注的主题（见 Hall，2010），而且对城市政治发展的研究，以及在对有关路径依赖方法何时特别有前途，以及增量方法何时更为适用的假设进行发展和检验时会被证明是有用的。

那么城市学者会如何发展这一研究思路？尽管本篇篇幅不允许广泛地应对，但马赫尼（2010）提供了代表一个可能出发点的框架。① 根据马赫尼的观点，两个因素对决定变化更有可能是间断性还是渐进性是关键的——许可条件（permissive conditions）和生成原因（generative causes）。许可条件表示一个制度或其他体系中的"结构性弱点"（structural vulnerabilities），这会使

---

① 最近关于政策间断性和工业摩擦的研究提供了另一个可能的起点。例如，研究表明政治制度为集体行动增添更高的决定和交易成本的政策输出更有可能是间断性的（见 Jones, Sulkin, and Larsen, 2003；Baumgartner et al.，2009；Jones and Baumgartner, 2005）。

之"很容易受到快速的、大规模变化的影响"(Mahoney, 2010: 11-12)。生成原因是在特定条件下能够产生重大改变的诱因。生成原因与许可条件结合(或未能结合)的方式决定了可能产生的变化类型。例如,在一个煤气泄露的房间,点燃火柴就会引发一场爆炸。① 然而离开煤气泄露的条件,要打乱现状需要点燃很多的火柴(例如,通过制造烟雾来使这个房间不适宜居住)。当许可条件和生成原因同时存在时,变化就会是间断性的。当生成原因在许可条件缺失的情况下发生,变化就更有可能是渐进式的。

这一框架可以通过在城市情境中的应用被有效地延伸和阐释。例如,有哪种特定类型和形式的结构性弱点可以与城市政策和制度中的间断变化和路径依赖相联系?而且在渐进式变化的情况中,可以解释为什么生成原因有时会随时间而重复出现从而产生变革,而在其他的时候并非如此的关键因素能够被识别吗?这个问题是重要的,因为在缺少许可条件的情况下,生成原因必须反复出现以产生重大变化。在一个没有煤气泄露的房间里,点燃一根火柴不会以任何有意义的方式来打破现状。

尽管间断性和渐进式变化的路径在它们对变化进行概念化的方式上有不同,这两种视角都包含对将制度形式视为很大程度上从现有的权力格局和功能需要中分化出来的功能主义和权力分布视角的深切怀疑。尽管它们对制度进化是敏感的,但即使是渐进的方式也关注与当下结果**部分地**同遥远过去的关键节点相联系的积极反馈过程和锁定效应。从这个意义上来说,它们不能体现对路径依赖论证的完全抵制。② 正如西伦(Thelen, 2004: 296)所称,关键在于"明确体系的**哪些方面**正随时间而稳定地复现,还有哪些处于重新谈判中,以及为什么"。这样的努力需要真正的历史性分析,从而与发生在较长时间段的事件的过程和顺序相调和。

---

① 这一案例极大地借鉴了马赫尼的研究(2010)。
② 西伦(Thelen)将她对渐进式变化的研究描述为对路径依赖和自我巩固程序论断的一个"善意修正"(参见 Thelen, 2000: 102)。

五、方法论的启迪

考察随时间演进的社会过程，需要细致的案例分析，这通常是通过详细的过程追踪来进行。尽管这种方法有很多变体，但是最常用的过程追踪法符合乔治和班尼特（George & Bennett，2005：206）的"辨识中介因果过程的尝试——因果链和因果机制——在一个（或多个）自变量与因变量结果之间"的定义。这样的研究是理论指导下的叙述。它们辨识出的机制——诸如政策反馈或是制度转变——有助于解释相关利益结果是如何产生的，并且详尽地展示了这些机制如何在具体情境中发挥作用。从这个意义上说，过程追踪与非理论化的历史性叙述是不一样的，后者对历史性结果的解释通常受到可用研究案例的限制。利用过程追溯法的研究寻求的解释具有一定的可移植性。通过强调对理论和假设的检验，这样的方法轻而易举地就能经受起对案例研究"仅仅是在讲故事"的通常批判（Thelen，1999：372）。

过程追踪法对因果链和因果机制的关注是最强的，而大样本的定量研究则往往是最弱的。正如乔治和班尼特（2005）所称，大样本研究在决定因果**效应**的时候是特别有效的。也就是说，它们可以令人信服地说明，在大量案例中对一个或多个自变量的测量是如何与特定的结果相联系的。尽管好的定量研究会对通过假设解释变量来产生结果的过程进行详细说明，然而对于过程的观察常常在研究设计之外。由于运用过程追踪的案例研究可以使这样的观察更为直接，这样的研究可以在与理论检验和识别伪相关的问题上发挥重大作用。比如，过程追踪可以被用来确定诸如城市制度等特定制度的存在是通过功能主义或是用路径依赖方法为好。如果特定的历史过程能被认为是创造了一个新制度，并且使之随时间的推移呈现和保持一种特定的形式，那么路径依赖的方法就会比功能主义的方法更有说服力，**即使**这个制度目前是作为有权力的行动者（powerful actor）的有用功能。在这样的论证中，从启动一制度变迁过程的关键节点开始，细致的过程追踪对在产生最终结果的因果链中建立联系都是有必要的。论证随着叙述中的鸿沟或模糊性容许替代性解释的程度而削弱。

六、结论

  正如其他社会科学家一样，城市研究学者通过应用日趋复杂的方法论工具，及进行以变量为中心的定量分析，而取得了显著的进步。作为该领域研究中的另一个重要方法，案例研究持续地提供（主要）关于当代社会过程的有效经验发现和有价值的理论洞见。当这些方法继续占据城市研究文献的主导地位时，就会对皮尔森（2014：13）所谓的"社会世界宏大而缓慢变迁层面的研究"给予更少的学术关注。正如对城市政治和政治过程的当前研究那样，当研究的关注被局限在当前或者过去时，本篇所关注的长期过程在相当程度上仍然是不可见的。就像皮尔森（2004：79）在对现代社会科学标准更普遍的批评中所称，"在我们试图解释时，还有在我们寻求解释的研究中，我们所关注的是当下——我们寻找的是时间连续并且迅速发生的现象的原因和结果。在这个过程中我们错过了很多。有些重要的东西我们根本没有看到，而且我们又常常误解所看到的东西"。

  社会科学家出于不同的原因使用历史分析方法，而且这篇文章特别地强调了其中的一种。在对路径依赖、政策反馈、时间序列、间断式与渐进式变化的论述中，历史的作用不是那么重要，因为过去的事件只对自身产生作用，或者它们为当前理论提供了教训或作为其试验场。然而因为我们试图理解的特定结果可以通过一个延展开来的时间框架来解释，所以历史是重要的。就如皮尔森（2000a：264）所称，"在理论上重要的不是过去本身，而是过程随时间的展开"。总而言之，之所以历史很重要，是因为时间和时序是重要的。

  如果皮尔森与其他同时代的学者们关于时间和时序在社会科学研究中的重要性的认识确实是正确的，那么这种研究方法在城市研究文献中的缺乏，体现了理论与实践间的一个主要鸿沟。尽管对于城市研究学者来说，利用时间性过程的文献有很多好处，特别令人兴奋的一点是，在彼此的基础上建立的研究可以产生一个关于城市政治发展的合作研究项目。正如托马斯·库恩

(Thomas Kuhn)的著名论断：当一个学者共同体将注意集中在一个或者特定的理论问题或是一系列问题时，知识就会快速地进步。通过许多个体实践者积累的努力，受到广泛关注的学术范式得到了检验、阐明和细化，每位实践者都以不同的经验证据来应对范式呈现的难题。在学者之间的经验兴趣和关注点千差万别的对路径依赖和其他时间性过程的研究中也是如此，这有助于建立和完善一个富有生命力的研究传统，新的研究都建立在之前的研究之上。

城市政治领域似乎已经准备了一个类似的理论集聚点。越来越多的证据指出，作为特定历史现象的城市制度概念正在按照其常规发展。随着对制度和增长机器的研究兴趣减弱，而且在其周围没有可供联合的明显后继者，城市政治研究领域就变得日趋支离破碎。一个对城市时间性过程的研究项目不大可能在城市政治的文献中占据制度分析曾经拥有的那种主体地位，但是这将吸引一大批具有历史意识的城市学者，支撑他们行动的既是他们自身的经验兴趣，也是为获取更重要的理论发现做出贡献的期望。

关于时间性过程的研究项目的一个额外好处是，它为城市学者，特别是城市政治科学家以及社会学家提供了各自学科与其他领域的联系机会。在很久之前不那么使人惊讶的是，由城市学者引领的关于权力与民主的辩论占据了政治科学和社会学的中心位置。然而在近几十年来，随着城市学者的理论取向和问题与学术主流渐行渐远，他们的工作处在了学术研究相对边缘的位置，这导致了相当的焦虑和内省。有些人甚至将城市政治子领域描述为一个很少有观点能够"逃逸"，也甚少吸收这一子领域之外真知灼见的"黑洞"。关于城市时间性过程的研究项目，可以（也应当）吸引诸如历史制度主义、美国政治发展、比较政治、比较社会学以及理性选择等其他领域中的学术关注，而其中城市研究者的贡献当前甚少。相对于当前的多数城市研究情况而言，参与这种努力的城市学者会发现他们的工作与相当广泛的受众有关。发展出一种联合研究议程，并减少城市研究中排外主义的机会，对于历史和时间性导向的城市研究项目来说具有意义非凡的好处。然而最后我们应当转向历史，罗伯特·达尔（Robert Dahl）和克拉伦斯·斯通（Clarence Stone）等学者给出的原因是，因为我们希望解释的特定结果需要一个长期的参照框架，而非大多数城市研究学者的短期框架。在城市研究领域的文献中,历史性研究方法不必成为主导方法,这也不是本篇的论点。然而它应该与其他在文献中居于主导地位的方法论成果一样,充分地体现在城市研究的期刊和著作中。否则在实现这一点之前,我们依然会继续如皮尔森简要指出的那样"错过很多"研究机遇。如果我们要发展对一些社会和政治结果更有说服力的解释,就需要将时间与历史置于城市政治文献中更为中心的位置。

参考文献

Aminzade, R., "Historical Sociology and Time", *Sociological Methods & Research* 20 (1992): 456–480.

Anderson, N., *The Hobo*. Chicago: Univ. of Chicago Press. 1923.

Arthur, W. B., *Increasing Returns and Path Dependence in the Economy*. Ann Arbor: Univ. of Michigan Press. 1994.

Bridges, A., *Morning Glories: Municipal Reform in the Southwest*. Princeton, NJ: Princeton Univ. Press. 1997.

Büthe, Tim, "Taking Temporality Seriously: Modeling History and the Use of Narratives as Evidence", *American Political Science Review* 96 (3) (2002): 481–493.

Campbell, A. L., *When Policies Make Citizens: Senior Political Activism and the American Welfare State*. Princeton, NJ: Princeton Univ. Press. 2003.

Collier, R. B., and D. Collier, *Shaping the Political Arena: Critical Junctures, the Labor Movement, and Regime Dynamics in Latin America*. Princeton, NJ: Princeton Univ. Press. 1991.

Cressey, P. G., *The Taxi-Dance Hall*. Chicago: Univ. of Chicago Press. 1932.

Dahl, Robert A, "The Behavioral Approach in Political Science: Epitaph for a Monument to a Successful Protest", *American Political Science Review* 55 (4) (1961): 763–772.

Dahl, R. A., *Who Governs? Democracy and Power in an American City*. New Haven, CT: Yale Univ. Press. 1961.

David, Paul A., "Clioand the Economics of Qwerty. Am Econ Rev Pap Proc", *American Economic Review* 75 (2) (1985): 332–337.

DiGaetano, A., "Urban Political Reform: Did It Kill the Machine?" *Journal of Urban*

History 18. 1 (1991): 37 - 67.

DiGaetano, A., and J. S. Klemanski, *Power and City Governance: Comparative Perspectives on Urban Development*. Minneapolis: Univ. of Minnesota Press. 1999.

Gaventa, J., *Power and Powerlessness: Quiescence and Rebellion in an Appa-lachian Valley*. Urbana: Univ. of Illinois Press. 1980.

George, A. L., and A. Bennett, *Case Studies and Theory Development in the Social Sciences*. Cambridge, MA: MIT Press. 2005.

Ghitter, Geoff, and A. Smart, "Mad Cows, Regional Governance, and Urban Sprawl: Path Dependence and Unintended Consequences in the Calgary Region", *Urban Affairs Review* 44 (44) (2009): 617 - 644.

Goldstone, and A. Jack, "Initial Conditions, General Laws, Path Dependence, and Explanation in Historical Sociology", *American Journal of Sociology* 104 (3) (1998): 829 - 845.

Hacker, J. S., *The Divided Welfare State: The Battle over Public and Private Social Benefits in the United States*. Cambridge, UK: Cambridge Univ. Press. 2002.

Hall, P. A., "Historical Institutionalism in Rationalist and Sociological Perspective", In *Explaining Institutional Change: Ambiguity, Agency, and Power*, edited by J. Mahoney and K. Thelen. Cambridge, UK: Cambridge Univ. Press. 2010: 204 - 223.

Hartz, L., *The Liberal Tradition in America: An Interpretation of American Political Thought Since the Revolution*. New York: Harcourt, Brace. 1955.

Horak, M., *Governing the Post-communist City: Institutions and Democratic Development in Prague*. Toronto: Univ. of Toronto Press. 2007.

Katznelson, I., *City Trenches: Urban Politics and the Patterning of Class in the United States*. Chicago: Univ. of Chicago Press. 1981.

Kuhn, T. S., *The Structure of Scientific Revolutions*. Chicago: Univ. of Chicago Press. 1970.

Levi, M., "A Model, a Method, and a Map: Rational Choice in Comparative and Historical Analysis", In *Comparative Politics: Rationality, Culture, and Structure*, edited by M. I. Lichbach and A. S. Zuckerman. Cambridge, UK: Cambridge Univ. Press. 1997: 19 - 41.

Logan, J. R., and H. L. Molotch, *Urban Fortunes: The Political Economy of Place*. Berkeley: Univ. of California Press. 1987.

Lukes, S. , *Power: A Radical View.* London: Macmillan. 1974.

Mahoney, J. , "Path Dependence in Historical Sociology", *Theory and Society* 29 (2000): 507 – 548.

Mahoney, J. , *The Legacies of Liberalism: Path Dependence and Political Regimes in Central America.* Baltimore: Johns Hopkins Univ. Press. 2001.

Mahoney, J. , "Analyzing Path Dependence: Lessons from the Social Sciences", In *Understanding Change: Models, Methodologies, and Metaphors*, edited by A. Wimmer and R. Kossler. New York: Palgrave. 2006: 129 – 139.

Mahoney, J. , and K. Thelen (eds.), *Explaining Institutional Change: Ambiguity, Agency, and Power.* Cambridge, UK: Cambridge Univ. Press. 2010.

Mettler, Suzanne, "Bringing the State Back in to Civic Engagement: Policy Feedback Effects of the G. I. Bill for World War II Veterans", *American Political Science Review* 96 (2) (2002): 351 – 365.

Mettler, Suzanne, and J. Soss, "The Consequences of Public Policy or Democratic Citizenship: Bridging Policy Studies and Mass Politics", *Perspectives on Politics* 2 (1) (2004): 55 – 73.

Mettler, Suzanne, and J. M. Stonecash, "Government Program Usage and Political Voice", *Social Science Quarterly* 89 (2) (2008): 273 – 293.

Molotch, H. L, "The City as a Growth Machine: Toward a Political Economy of Place", *American Journal of Sociology* 82 (1976): 309 – 332.

North, D. C. , *Institutions, Institutional Change and Economic Performance.* Cambridge, UK: Cambridge Univ. Press. 1990.

Orren, K. , and S. Skowronek, *The Search for American Political Development.* Cambridge, UK: Cambridge Univ. Press. 2004.

Palier, B. , "Ambiguous Agreement, Cumulative Change: French Social Policy in the 1990s", In *Beyond Continuity: Institutional Change in Advanced Political Economies*, edited by W. Streek and K. Thelen. Oxford, UK: Oxford Univ. Press. 2005: 127 – 144.

Pallas, Aaron M. , and J. L. Jennings, "A Multiplex Theory of Urban Service Distribution: The Case of School Expenditures", *Urban Affairs Review* 45 (4) (2010): 608 – 643.

Pflieger, G. , V. Kaufmann, L. Pattaroni, and C. Jemelin, "How Does Urban Public

Transport Change Cities? Correlations Between Past and Present Transport and Urban Planning Policies", *Urban Studies* 46 (2009): 1421-1437.

Pierson, Paul, "When Effect Becomes Cause: Policy Feedback and Political Change", *World Politics* 45 (4) (1993): 595-628.

Pierson, P., *Dismantling the Welfare State? Reagan, Thatcher, and the Politics of Retrenchment*. Cambridge, UK: Cambridge Univ. Press. 1994.

Pierson, P., "Increasing Returns, Path Dependence, and the Study of Politics", *American Political Science Review* 94 (2000): 251-267.

Pierson, P., "Not Just What, But When: Timing and Sequence in Political Processes", *Studies in American Political Development* 14 (2000): 72-92.

Pierson, Paul, *Politics in Time: History, Institutions, and Social Analysis*. Princeton University Press, 2004.

Pierson, Paul, "Public Policies As Institutions", *Rethinking Political Institutions the Art of the State* (2006).

Rae, D. W., *City: Urbanism and Its End*. New Haven, CT: Yale Univ. Press. 2003.

Rast, J., "Governing the Regimeless City: The Frank Zeidler Administration in Milwaukee, 1948-1960", *Urban Affairs Review* 42 (1) (2006): 81-112.

Rast, Joel, "Critical Junctures, Long-Term Processes: Urban Redevelopment in Chicago and Milwaukee, 1945-1980", *Social Science History* 33 (4) (2009): 393-426.

Schickler, E., *Disjointed Pluralism: Institutional Innovation and the Development of the U. S. Congress*. Princeton, NJ: Princeton Univ. Press. 2001.

Sewell, W. H., "Three Temporalities: Toward an Eventful Sociology", In *The Historic Turn in the Human Sciences*, edited by T. J. McDonald. Ann Arbor: Univ. of Michigan Press. 1996: 245-280.

Sidney, M. S., *Unfair Housing: How National Policy Shapes Community Action*. Lawrence: University Press of Kansas. 2003.

Stone, C. N., *Regime Politics: Governing Atlanta, 1946-1988*. Lawrence: University Press of Kansas. 1989.

Stone, C. N., and H. T. Sanders, "Reexamining a Classic Case of Development Politics: New Haven, Connecticut", In *The Politics of Urban Development*, edited by C. N. Stone and

H. T. Sanders. Lawrence: University Press of Kansas. 1987: 159 – 181.

Stone, C. N. , and R. K. Whelan, "Through a Glass Darkly: The Once and Future Study of Urban Politics", In *The City in American Political Development*, edited by R. Dilworth. New York: Routledge. 2009: 98 – 118.

Thelen, K. , "Historical Institutionalism in Comparative Politics", *Annual Review of Political Science* 2 (1999): 369 – 404.

Thelen, and Kathleen, "Timing and Temporality in the Analysis of Institutional Evolution and Change", *Studies in American Political Development* 14 (1) (2000): 101 – 108.

Thelen, Kathleen, "Historical Institutionalismin Comparative Politics", *Annual Review of Political Science* 2 (2) (2003): 369 – 404.

Thelen, K. , *How Institutions Evolve: The Political Economy of Skills in Germany, Britain, the United States, and Japan.* Cambridge, UK: Cambridge Univ. Press. 2004.

Thrasher, F. M. , *The Gang*. Chicago: Univ. of Chicago Press. 1927.

Wirth, L. , *The Ghetto*. Chicago: Univ. of Chicago Press. 1928.

Zorbaugh, H. W. , *The Gold Coast and the Slum*. Chicago: Univ. of Chicago Press. 1929.

案例研究方法的五种误解及纠正[*]

[丹麦] 本特·吕夫布（Bent Flyvbjerg）[**]

导读：本篇考察人们对案例研究方法普遍存在的五个误解，即：相比实践知识认为理论知识更有价值；认为无法从个案（single case）进行归纳概括，因而个案研究无法对科学发展做出贡献；认为案例研究对提出假设最为有用，其他研究方法更适用于检验假设和构建理论；认为案例研究的求证过程中包含某种倾向性；认为难以通过太过具体案例分析进行理论总结。本篇将逐一解释纠正这些误解，并用库恩的观点进行总结如下：不经过大量深入案例研究的学科是难以产生系统性范例的学科，而没有范例的学科则是无效的学科。社会科学可通过大量优质案例分析的研究成果而进一步发展。

一、对案例研究的传统认知

在试图理解权力和理性是如何相互塑造并改变我们生活的都市环境时，

---

[*] 编译自：Flyvbjerg, B. (2006). Five Misunderstandings About Case-study Research. *Qualitative Inquiry*, 12 (2), 219-245。

[**] 本特·吕夫布（Bent Flyvbjerg），丹麦奥尔堡大学发展与规划部规划学教授。他曾经两次作为富布莱特访问学者（Fulbright Scholar）在加州大学洛杉矶分校、加州伯克利分校、哈佛大学访问。他也是位于佛罗伦萨的欧洲大学研究所（European University Institute）访问学者。

我第一次对深入的案例分析产生兴趣。显然，要理解上述如此复杂的问题，深入的案例研究是必要的。然而，同样明显的是，老师和同事一直劝说我放弃使用这种特别的研究方法。

"社会科学是归纳总结的科学，但你无法对个案进行归纳"，一些人如是说；有人则认为案例分析或许很适合初步的探索性研究而非用于完整的研究过程；也有人评论说案例分析是主观的，对研究者个人见解给予过多关注。因此他们认为，案例研究的合理性值得商榷。

《社会学词典》（*Dictionary of Sociology*）中对"案例分析"（case study）一词的完整解释如下，**案例分析**：指对于某类现象个案的详细考察检验，案例分析并不能为其他类型的现象提供值得信赖的信息，但可用于在研究初级阶段提出假设，这些假设将通过大量案例来系统地检验。（Abercrombie, Hill, & Turner, 1984：34）

这一对案例研究传统认识的陈述，并没有直接的错误，但却过于简单导致其具有很大误导性。案例研究是"对个案的详细考察检验"并没错，但认为案例分析"并不能为其他类型的现象提供值得信赖的信息"就错了。案例分析可以被用于"在研究的初级阶段提出假设"并没错，但将案例分析视为一种初级的探索性方法，视其为用于准备实际研究的调查、系统化假设检验以及理论构建则具有误导性。

根据传统观点，案例或案例研究方法本身并不具有价值，遵循著名的假说演绎解释模型，案例研究需要同假设相连系。马特·达根和多米尼克·派拉西（Mattei Dogan & Dominique Pelassy, 1990）对这一观点做出如下表述：只有在总体假设的基础上，才能有效地解释特定案例。其余则是不能控制，故没有用处。与之类似，之前唐纳德·坎贝尔（Donald Campbell）也抛弃了个案研究法。

随着研究的继续，我们发现在坎贝尔后期研究（如 Campbell, 1975）及其他类似成果中，可以将案例研究传统认识中的问题总结成五种过度简化的误解：

误解一：认为全面的、理论性的（独立于背景的）知识比具体的、实践性的（基于背景的）知识更有价值。

误解二：认为不能从单个案例中进行归纳，因此，案例研究方法不能为科学发展做出贡献。

误解三：认为案例研究对提出假设最为有用，但这仅是整个研究过程的最初阶段，而其他方法更适用于检验假设和理论构建。

误解四：认为案例研究的证明过程包含某种倾向性，亦即有验证研究者既有见解的倾向。

误解五：认为通常很难基于特定案例研究总结和发展一般命题和理论。

这五种误解表明对案例研究价值在理论性、可靠性和有效性方面的争论，亦指出作为科学方法的案例研究的相应地位。在下文中，我将关注这五个误解并逐个加以纠正。然而首先要概括案例在人类学习（human learning）中的作用。

二、案例在人类学习中的作用

我们要清楚案例研究的传统观点为什么存在问题，就需把握案例和理论在人类学习中的作用。这里列出如下两个观点：首先，案例研究产生与情境相依赖（context-dependent）的知识，就从谨守规矩的初级研究者到技艺精湛的专家的发展过程而言，这种学习是有必要的。第二，在对人类研究中，似乎仅存在与情境相依赖的知识，排除了认知理论建构的可能性。如果这两点是正确的，就会对案例分析的研究和教学的传统观点产生根本影响，进而明白传统观点的谬误。

人文科学的现象学研究指出，在成年人学习过程中，从初学者阶段理性分析使用受自然法则控制，到拥有熟练技巧后流畅表现存在质的飞越，即皮埃尔·布尔迪厄（1977）所称的"高手"（virtuosos），以及休伯特·德雷福斯、斯图尔特·德雷福斯（1986）所谓的"真正专家"（true human experts）。但实际上大多数人是赠送礼物、骑自行车或理解电视屏幕图像等大量有关日常社交、技术、一般智力技能的专家，而对于下棋、演奏交响乐或驾驶飞行器等某些特殊技能，只有少数可达到专家水平。

然而，任何专家的相似之处，是根据所在领域中几千个具体案例的直观知识来实现，即背景依赖性知识和经验是专业活动的核心。那些知识和专业技能也是作为研究、教学方法，或更广义的学习方法（案例分析）的核心。因此，有关学习过程的现象学研究强调了此方法和类似方法的重要性：只有当拥有分析案例的经验，初学者才能成长为一个专家。如果只用构成教科书和基于计算机的非背景依赖性知识和法则对人们进行训练，那么人们在学习过程中只能停留在初学者阶段。理性分析的局限是：在学生、研究者或从业者的专业实践中，理性分析并不能带来最好的成果。在教学情境下，精挑细选的案例分析有助于学生获得竞争力，然而非背景依赖性的事实和法则只能将学生领到初学者的水平。比如，几乎没有高等教育机构可以达到更高的引导水平，仅有哈佛大学等少数，其专业学院的教学和研究之所以都达到了很高水平，正是基于对案例知识是人文科学中心这一理解的重视（克里斯滕森，1987；克拉格，1940）。

所以，若将主导多数大学的知识讲授方式转变为案例学习，我们将收获良多。当然，这并不意味着削减规律性知识学习，这种知识在各个领域，尤其对于初学者非常重要。但将规律性知识作为学习的最高目标则是反向而行。学习过程的最高境界，就是精湛技艺和专业知识的取得，这只能通过从业者相关技能的个人经验得到。因此，老师在教学中除了运用案例法和其他经验方法外，在专业项目中能做对学生最有益处的事情就是帮助他们获得实用的经验，例如通过实习实践等工作。

对研究者来说，案例分析与现实生活的紧密相关和案例分析所提供的大量细节知识在以下两方面非常重要。第一，对于现实有细微差别观点的发展很重要。第二，研究者自身为了更好的进行研究，需要提高自身技能，在这一学习过程中，案例也非常重要。如果研究者希望将他们技艺提升到一更高水平，那么具体的、基于背景的经验对于他们来说，就像其他具体技能的专业学习一样该处于核心位置。与学习目标之间过大的距离和缺乏反馈容易使学习过程徒劳无用，在研究中则可能导致走进例行公事的学术死胡同，此时研究效果和用途就变得含糊而未经检验。案例分析这种研究方法可以对这种趋势进行补救。

与学习过程相关的第二个要点是,在社会科学中不存在,且也不可能存在预测性理论。社会科学从来没有成功诞生过宏观的、非背景依赖性的理论。而案例分析尤其适合生产出这种具体的、背景依赖性知识。坎贝尔在他以后的研究(1975)中得出一相似结论,解释了他的研究怎么会"与我之前对案例分析的武断轻视极度不同"。坎贝尔现在的解释在逻辑上很多方面类似于人文科学的现象学,他解释道:归根结底,一般而言,人类是非常有能力的认识者,而且对定性常识知悉不会被定量常识所取代……这并不是说这种常识般自然的观察是客观、独立或无偏见的。然而这却是我们所具有的特征,也是通往知识获取的唯一路径——尽管它是含有噪音、容易犯错、有偏见。

坎贝尔并不是唯一一个对案例分析的价值转变了看法的研究者。汉斯·艾森克(Hans Eysenck,1976)最初认为案例分析只能制造出传闻轶事,之后认识到"有时我们只需要睁开双眼然后仔细观察个案——并不是希望以此来证明一些东西,而是以此来希望学习一些东西!"由于"确定性"理论("hard" theory)的缺失,社会科学难以验证,然而知识学习却是可能。

对人类事务的研究还处在永恒的开始阶段,难以实现理论预测、一般性归纳和科学主义,本质上,我们只具有具体的案例和依赖于背景的知识。对于案例分析的五个误解中的第一个——全面的、理论性的(非背景依赖性)知识比具体的、实用的(背景依赖性)知识更具价值,于是就可以被以下理论修正:在人文研究中不存在预测理论和一般性归纳。于是具体的、背景依赖性知识比对预测理论和一般性的徒劳搜索更有价值。

三、作为"黑天鹅"的案例

对作为科学方法的案例分析来说,"人们不能在个案基础上进行归纳"这一误解是灾难性的。特别是社会科学中具有自然科学理想的研究者常持此观点,虽然其他研究者们也有可能持这种观点。如安东尼·吉登斯认为:"以传统的、小规模的实地调查人类学社区研究为例,本身不是归纳研究。但是研究根据一些数据进行就可以成为归纳研究,所以关于这些研究的代表性无可非议。"

研究者可以按照吉登斯描述的方式进行归纳,这一点是正确且有适当价值。但是不能断言这是研究的唯一方法,就像不能下结论称不可以从个案中进行归纳一样。这取决于所研究的案例和如何选取案例。

社会科学中,策略性选择案例将会增加案例分析的普适性。在约翰·戈德索普(John Goldthorpe)、大卫·洛克伍德(David Lockwood)、弗兰克·贝克霍夫(Frcouk Beckhofer)、珍妮芬·普拉特(Jennifer Platt)(1968—1969)关于"富裕工人"的经典研究中,他们可以寻找最有利案例来证明已经到达中等阶级水平的工人阶级融入了一个没有阶级身份和相关冲突的社会中,如果这个理论在最典型案例中被证伪,那么在普通案例中也最可能被证伪。下文将对这种策略性的案例选取做系统的讨论。

就案例分析、大样本、理论发现之间的关系来说,贝弗里奇(W. I. B. Beveridge)率先观察到社会科学领域里定量革命的重大突破:"从仔细的观察中获得发现比大样本数据提供的发现更多",当然,这并不能说明案例分析总是一种合适的、具有相关性的研究方法,也不是说随机抽取大样本毫无可取之处(在后面的结论部分也谈到了这一点)。方法的选取应当明确取决于正在研究的问题和研究背景。

最后,值得一提的是形式化归纳(formal generalization),无论是基于大样本还是单一案例,其都很大程度上被高估为科学进程主要源头。经济学家马克·布劳格(Mark Blaug, 1980)自称是一个假说演绎模型的支持者,他强调说尽管经济学家们嘴上说支持假说演绎法和归纳法,但在实际研究中很少实践所宣扬的这些。托马斯·库恩(1987)解释的更全面,科学最重要的前提条件是研究人员具备广泛的实践技能来进行科学研究。归纳法只是其中之一。在德语中,"科学"一词(Wissenschaft)的字面意思为"获取知识"。形式化归纳只是人们获取并积累知识的众多途径之一。一既定领域或是一社会中的某种知识不能被形式化归纳,不代表这种知识不能进入积累知识的收集过程。一个纯粹的、现象学的、不试图进行形式化归纳的案例分析在积累知识的过程中是有其价值的,并且经常通向科学创造之路。这并不是在批评对于形式化归纳的努力，因为这些努力尝试是科学发展根本且有效的方法，但不是唯一合法手段。

埃肯斯坦（Eckstein，1975）提出了一种平衡的观点，是关于在尝试用验证假说的方法进行归纳的过程中，案例分析扮演何种角色。他指出：比较法和案例分析是最终通向理论验证的两种可选方法，在这两种方法之间做出选择，很大程度上取决于随意的或是实用的考虑，而非逻辑性考虑……"案例分析易于出错而将其视为值得怀疑的，比较分析无错误所以因此受益"的想法是错误的。

离我们这个时代更近一些的是约翰·沃尔顿（John Walton，1992），他观察到与之类似的结论，即"案例分析有可能提供最好的理论"。埃肯斯坦观察到在他自己的领域，即政治科学中显著缺乏真正的理论，然而很明显他没能知道为什么会这样："假如真正有序的将理论应用到案例分析中，将使得研究者陈述理论时更加严谨，但不幸的是，正如已经说过的，这在政治研究中即使存在，也是非常少见的。原因之一就是缺乏令人信服的理论。"

案例研究被认为是用卡尔·波普尔（1959）称作"证伪"来进行验证的最好归纳法，这在社会科学中形成了部分关键的反思。证伪是科学命题可接受的最有力的检验之一：哪怕只有一个观察对象不符合设想，那么这一命题就会被认为没有普适性，进而必须被修订或推翻。波普尔自己就运用了现在非常著名的"天鹅皆是白色"的例子，他提出，只要有一只黑天鹅的存在，这个命题就会被证伪，因此这个反例极其重要，它可以刺激以后的研究和理论构建。案例分析非常适合发现"黑天鹅"：通过深入分析，所有表面看起来是"白色"的天鹅都会在更加详细的检验中最终呈现"黑色"。

我们在讨论对案例分析的第四个误解时再回到证伪上来。然而现在可以更正第二个误解，即"不能根据个案进行归纳，因此案例对科学发展没有任何贡献"。现在，这一理论可以更正为：经常可以根据个案进行归纳，通过归纳法完成的科学发展有可能以案例为中心，案例可作为归纳法的支撑，也可作为其他方法的替代。但是正式的形式化归纳被高估为科学发展的源头，"案例作用"却被低估。

四、挑选案例的策略

关于案例分析的第三个误解是其被认为仅是整个研究过程中初步提出假设最有效方法,而接下来的研究过程中,检验假设和构建理论却最好用其他方法。这一误解是从之前"不能根据个案进行归纳"这一误解上派生的。因为这一误解已经在前文中更正过了,所以在此我们可以把第三个误解做出如下更正:案例分析在提出和检验假说的过程中都是有用的,而不仅限于研究活动的初步过程。

埃肯斯坦(Eckstein,1975)称案例分析对检验假设比提出假设更有作用,其认为案例分析"在理论构建的所有过程中都是有价值的,在理论构建的层次上最有价值的阶段是候选理论被检验的阶段,但是却被传统广泛认为最没有价值"。对假说的检验直接关系到"普适性"(generalizability)问题,而这关系到案例选择问题。

在这里,案例分析的普适性水平可以通过有策略的选择案例而提高。当目标是获得给定的问题或现象中尽可能多的信息时,挑选具有代表性案例或随机取样有可能都不是最合适策略。这是因为典型或是一般性案例并不最富有信息量。非典型或极端案例往往因为在给定的情境下触发了更多参与者和更多基础性机制而能揭示更多信息。除此之外,不管是从理解为本的视角还是从行动为本的视角出发,澄清给定问题和结果背后的深层原因往往比描述问题现象和发生频率更为重要。强调代表性的随机抽样基本不能提供这种见解,因此选取一些极少发生的案例来证实理论的正当性更为适合。

表1总结了不同形式的案例选取。极端案例(the extreme case)很适合以某种相当引人注目的方式来说明一个观点,如弗洛伊德的"狼人"(2003)还有福柯的"圆形监狱"研究(1979)。相反,关键案例可以被定义为对总问题解决有策略性重要意义。如何识别关键案例呢?这个问题比关键案例由什么组成更难回答。定位一个关键案例需要经验,没有一种通用的方法原则能确保识别出关键案例,而只能给出一条大致的建议,那就是在寻找关键案

例时,寻找最可能是或最不可能是关键案例的案例,即:可能要么清楚地证实命题或理论,要么无可辩驳地证伪命题或理论。

表 1　样本和案例的选取策略

样本和案例选取的类型	目的
A. 随机选取	避免系统性偏见,样本大小对归纳总结有决定性影响
1. 随机抽样	获得具有代表性样本,由此归纳总结全体
2. 分层抽样	归纳总结从全体中特别选取亚群体
B. 以信息为本的选取	使小样本和单个案例信息效用最大化,以期望得到的信息内容为基础选择案例
1. 极端/异常案例	获得不常见案例的信息,这种案例在更严格定义观念中尤其好或尤其有问题
2. 最广泛的案例	获得有关不同情况下案例发展过程和结果的信息(诸如案例规模、组织形式、地理位置、预算等)
3. 关键案例	获取可以使这一类型逻辑推理成立的信息,"如果这个理论适用于这一案例中,则此理论适用于任何案例;如果不适用于这一案例,则在所有案例中都不适用"
4. 范式性案例	在案例相关的领域建立一个象征或学派

罗伯特·米歇尔斯(1962)对组织中寡头统治的经典研究是"最不可能"案例(least-likely case)的典型例子。他选择了一个有强烈民主理想横向结构的基层组织,这是一种成为寡头政权可能性尤其低的组织,米歇尔斯可以以此检验寡头政治理论的普适性:"如果这个组织是寡头政权,那么其他组织就都是寡头政权"。"最大可能"(most-likely case)案例的一个相应范例是 W. F. 怀特(1943)关于波士顿贫民窟的研究,根据已有的理论,这个贫民窟应该处于社会混乱无序的状态,然而事实上这个贫民窟表现得恰恰相反。

"最大可能"类型的案例尤其适合证明一个命题的错误,"最不可能"案例最适合证实命题的正确性。应当这样说,一个命题最有可能适用的案例,正是这个命题的否命题最不可能适用的案例。比如怀特(1943)的贫民窟案例可以被看作是最不可能适用于有关社会组织的假说的普适性的案例。因此,一个案例是最可能适用还是最不可能适用与研究的设计有关,也和实际案例的特定属性有关。

案例选择的最终策略是挑选范式性案例（paradigmatic case）。库恩的研究（1987）表明，自然科学家的基本技巧或者背景实践是通过"范例"组织而成，依据相似的想法，像克利福德·格尔茨和米歇尔·福柯这样的学者经常在具体典型文化上组织自己的研究：如格尔茨（1973）在巴厘斗鸡中的"深层游戏"分析，还有福柯（1979）的欧洲监狱和"圆形监狱"范例，这两个都是突出所研究社会更为普遍特征的案例。库恩的研究显示科学范式不能像规律或理论一样表达。科学研究的水平，取决于它与一个或多个范例（即研究对象的实践原型）的接近程度。

但如何识别一个范式性案例呢？如何确定一个给定案例所具有的象征意义和典型意义呢？这些问题比关键案例的问题还要难以回答，因为范式性案例突破了所有基于规则制定的标准。没有为范式性案例设置的标准，因为是由范式性案例来设定标准。霍伯特·德雷福斯和斯图尔特·德雷福斯（Hubert Dreyfus and Stuart Dreyfus，1986）将范式性案例和案例分析视作人文研究的核心。在一次对霍伯特·德雷福斯的采访中，我问他范式性案例由什么构成，怎样识别范式性案例。他答道："范式性案例识别需要依靠直觉判断。……在人们需要证明他们的直觉有理的民主社会里，这是个很大的问题。事实上，没人能证明自己的直觉有道理。所以你需要编造一些理由，但是这并不是真正的理由。"

人们或许会认同德雷福斯"直觉是识别范式性案例的核心"的观点，但或许并不认同我们不能证明自己直觉正确的观点。我们可能在挑选这种案例时基于我们认为是理所当然的、凭直觉的过程，但是我们经常被要求说明这种选择理由，且必须被我们所处的这一学派的其他学者理解。这甚至可能被称为学术、科学研究方式的总体特征，对典型的社会科学案例分析来说并不独特。

不可能每次都事先明确给定案例是否为范式性案例，比如确定格尔茨（1973）的巴厘斗鸡是否为范式性案例。除了案例策略性选择，案例分析的实施也发挥着作用。案例分析的价值将取决于研究者对自己研究有效性的主张，并与其他有效性理论对话，探讨研究贡献地位。最后，就案例选择策略而言，值得一提的是不同挑选策略并不必然相互排斥。例如一个案例可以同时是极端案例、关键案例、范式性案例。研究者对这类案例可以持不同的视角和结论，这取决于案例是否被看作、被理解为何种类型。

五、案例分析是否存在主观偏见

对案例研究五个误解中的第四个，是该方法在求证过程中包含某种倾向性，可以理解为倾向于验证研究者先入为主的观念，所以研究的科学价值值得怀疑。如戴蒙德（Diamond, 1996）就持此种观点。他观察到案例分析有严重的不足，因为案例分析并不能被称为"科学方法"，戴蒙德将"科学方法"理解为用于"在数据积累过程中，限制研究者想要证实自己对积累数据先入为主理解倾向的方法"。

弗朗西斯·培根（1853）认为这种求证过程中的偏见不仅仅是一种与案例分析有关的现象，而是一种人类的基本特征。培根这样表述："人类的认知从他们特有的天性出发，很容易期望事物高度有序、平等，然而事实并非如此。当一个命题出现的时候，人类认知强迫所有一切材料提供新的支撑和证明。人类认知更易因赞成而非反对而感动并兴奋，这是人类认知的一个特有且永恒的错误。"

查尔斯·达尔文（1958）在他的自传中描述了他处理理论证明过程中偏见问题的方法："多年来我一直坚持一个黄金法则，那就是无论何时，当一个已经公布的事实、一个新发现或新想法出现，且与我的大致结果相悖时，我都确保立即记录在备忘录上；因为我的经验告诉我，这种我不喜欢的事实或想法比我喜欢的事实或想法更容易被遗忘。就因为这一习惯，极少有我没注意到或没试图回答的异议出现。"

证明过程中的偏见是广泛的，但案例分析和其他定性方法的不足之处尚存疑，即这些方法表面上比其他方法更大程度纵容研究者主观、武断的评价："这些方法通常被认为不如定量的、演绎推理的方法那样严密。"尽管这些批评有用，能使我们对这个重要问题保持敏感，有经验的案例研究者虽不能终止这些批评，但能把这种批评看作是对案例分析究竟包含什么缺乏了解。坎贝尔和其他研究者的研究表明这种批评是错的，因为案例分析有其自身严密性。可以确定这种严密性与其他研究方法不同，但是其严苛性并不比定量方法差。案例分析的好处是贴近现实生活，可以根据现象，当案例提炼出的理论观点在实践中出现时直接对其进行检验。

依据坎贝尔（1975）、拉金（1992）、格尔茨（1995）、维尔卡（Wieviorka, 1992）、吕夫布（1998，2001），及其他人的研究，认为细致深入的案例研究通常会证明学者先入为主的观点、假设、概念和假说是错误的，案例分析迫使研究者进行上述证伪过程。拉金称之为"小样本研究的特点"，并接着解释说"个案分析落后于多案例分析"的批评具有误导性，因为即使是个案分析，"在很多研究工作中也是复杂多样的，因为观点和证据可能会以多种方式产生联系"。

格尔茨（1995）曾评论参与大多数深描案例分析中的现场调查，他认为"现场"（The Field）本身就是一种"强有力的规制力量：观点明确、高要求、甚至是强迫性的"，实地调查的价值被低估，但是无法回避。

根据上文列举的经验，案例分析的特点是证伪而非证实。而求证过程中主观主义和倾向性问题存在于所有研究方法中，并非只在案例分析和其他定性方法。如在定量分析和问卷调查中，选择类别和变量时武断的主观主义成分占比很大。在大样本案例中运用的结构化问卷时，(a) 这种主观主义在研究中没有被彻底纠正，(b) 因为定量或结构化研究者不像案例研究者那样与正在进行的研究密切接触，也就因此不太可能因研究对象的反馈而纠正这种主观主义，所以易对结果造成影响。拉金指出（Ragin, 1992）："这个特点解释了为什么小样本定性研究成果经常出现在理论发展前沿。因为当样本很大时，修订一个案例范围（即给案例定界）的机会就很小。在研究初期，案例被分解为各种变量，几乎所有的想法和证据都基于变量而发生。这个讨论的含义之一是：在研究中，大样本研究对案例的多样性和潜在的异质性保持敏感，从这个意义上来说，大样本研究可能会在社会科学理论的进步上扮演更重要的角色。"

如果人们认为研究者工作的目标是了解和理解正在研究的现象，那么研究只是学习的一种形式。如果人们认为研究就像其他学习过程一样，可以用人类学习的现象学进行描述，这样一来可以明确的是，研究人员将自身放入正在研究的背景中进行理解是最好的理解形式。只有使用这种方法，研究者才能理解社会行动者的特征，即观点和行为。如吉登斯（1982）指出：对社会行动的正确描述是在假定研究者拥有参与此活动的必要技能情况下形成的，我已经接受"产生对社会行动描述的条件，是在原则上能够参与进去"这种观点是正确的。它包含行动构成和重构社会世界的观察者和参与者的"共有知识"（mutual knowledge）。

按此观点，案例分析所需的现实贴合度，和研究者的学习过程组成深入理解的先决条件。在这样的背景下，人们开始理解贝弗里奇（1951）的结论，即案例分析可以使源于认真观察产生的发现，比源于大群体数据的发现更多。从学习过程出发观点来看，能够理解为什么案例分析研究者经常以推翻先入为主的概念和理论而告终。这样的活动是学习过程和建立新领悟的过程的核心。在人们从初学者上升到专家水平的过程中，更多简单理解形式必须屈从于复杂理解形式。

在此基础上，第四个误解可以做出以下更改：案例分析法并不比其他调查方法更倾向于研究者的先入之见。相反，经验表明案例分析更偏向于证伪预设观念而非证实。

六、优秀案例叙述的非简化性

案例分析常包含一个本质成分，即叙述。优秀的叙述常接近现实生活的复杂性和矛盾性，故很难或根本不能总结出简洁的科学公式、一般性命题和理论（Benhabib, 1990; Mitchell & Charmaz, 1996; Roth, 1989; Rouse, 1990; White, 1990）。这往往被批评家看作是案例分析的缺点。但对于案例研究者来说，一个特别"丰富"且难以总结的叙述并不是问题，成问题的是：是否总需要理想化的总结和归纳？尼采（1974）认为科学研究："最重要的是，不能希望摆脱丰富模糊性（rich ambiguity）的存在。"理查德·罗蒂（1985, p.173）高明地观察到使世界复魅（re-enchant）的方法就是对具体物（concrete）的坚持。尼采（1969）也提出了相似的主张，即关注"小事"（little things）。丽莎·皮蒂（Lisa Peattie, 2001）明确地对密集案例分析的总结予以告诫，她说："案例分析的价值，亦即效力的情境性和相互渗透性，在试图用庞大的、互斥的概念进行总结时丧失了。"根据皮蒂的理论，密集案例分析对实践者更为有用，而且对社会理论相比理论的"事实"发现或高度归纳而言也更有趣。

总结、"结清"（closing）案例分析的反面，就是保持它的开放。如下技巧很重要。第一，在进行案例分析的时候，要反对无所不知的叙事者和总结者形象。取而代之的是从多样性来讲述案例，使得故事能够同案例参与者告诉我们那样，呈现多方面、复杂的，有时冲突的故事。第二，避免将案例与任何学术专门化的理论相连。应将案例与跨越专门化的、更广泛的哲学观点相联系。用这种方法，试图为不同背景读者做出不同的解释，并且对于案例是关于什么的（what the case is a case of）得出不同的结论留有余地。目标并不是让研究适合所有的人，而是让不同人看到不同的东西。读者们并没有被指出任何理论道路，或者是被给予一种真相就在道路尽头的暗示。读者们不得不去发现他们自己的道路，发现案例中蕴藏的真相。因此，除了案例参与者和案例叙述者的理解，读者们也被邀请决定案例的意义。

如果我们简要地回到人文科学中的现象学研究，我们就有可能理解为什么其总结案例分析不总是有效的，而且有时案例研究还可能达不到预期目标。因为初学者水平的知识精确地包含了描述理论特征的简化了的公式，但真正的专业技能是基于从成千上万个体案例接触所获得的经验和根据案例细微差异区分不同情况的能力，而不是将他们提炼成公式或标准案例。同样的道理，人们或许会说研究者把他们的研究工作总结出理论，产生规律公式，这是研究文化的特点，是研究者的特点，也是理论性活动的特点，但这样的规律并不是正在研究的现实所必需的一部分。出于对丢失"某些知识"的担忧而使案例研究者们在总结研究时很谨慎。因此案例研究者往往对为概念闭合而抹去现象学细节的做法持怀疑态度。

对麦金太尔（1984）来说，人类是一种"讲故事的动物"，历史概念就像行为概念一样基本。拉博夫（Labov）和瓦列斯基（Waletzky）（1966）写道，当一个优秀的叙述完成时，"一个局外人说'那又怎样？'这是无法想象的"。每个优秀的叙述者都在不断回避这个问题。缺乏能够独立的、简要说明寓意的叙述并不一定是无意义的。而且叙述不成功不仅是因为寓意简要。成功叙述根本就不允许提出问题，在发问之前叙述就给出了答案。叙述本身就是答案。

至此，第五个误解可以被改造成以下形式：总结案例分析通常很困难这一点是正确的，尤其是就案例发展过程而言。但就案例结果而言就不那么正确了。总结案例分析的问题更常取决于正在研究现实的特性而非作为一种研究方法来考察之。通常情况下总结归纳案例分析并不是必要的。好的研究可以整体看作是叙述的。必须再次强调尽管总结案例分析存在难度且不必要，案例分析方法总的来说确实可以为知识发展积累做出贡献。

七、结论

鉴于上述，案例分析在社会科学领域的重要研究工作中是一种必要且充分的方法，而且与社会科学研究的其他方法相比更站得住脚。

其中，罗伯特·斯特克（Robert Stake）的《案例研究的艺术》（*The Art of Case Study Research*）（1995），查尔斯·拉金和霍华德·贝克尔（1992）的《什么是案例》（*What Is a Case?*）都是这方面的一流成果。但上述对案例研究五个误解的修订不应被理解为对关注大样本或全样本数据研究的排斥。但常见于文献中有关定量和定性方法之间的巨大鸿沟的判断是错误的，完善的社会科学研究应该反对只运用定性和定量方法中的一个，而是要综合运用这两个方法。好的社会科学应该是问题驱动而非方法驱动的。通常情况下，定性方法和定量方法的结合是进行研究的最好方法。幸运的是，目前看来，定性方法与定量方法之间陈旧的认知鸿沟有了全面松动的迹象。

参考文献

Abercrombie, N., Hill, S., & Turner, B. S., *Dictionary of Sociology*. Harmondsworth, UK: Penguin. 1984.

Bacon, F., "Novum Organum", In *The Physical and Metaphysical Works of Lord Bacon* (Book 1). London: H. G. Bohn. 1853.

Benhabib, S., "Hannah Arendt and the Redemptive Power of Narrative", *Social Research*, 57 (1) (1990): 167 – 196.

Beveridge, W. I. B., *The Art of Scientific Investigation*. London: William Heinemann. 1951.

Blaug, M., *The Methodology of Economics: or How Economists Explain*. Cambridge, UK: Cambridge University Press. 1980.

Bourdieu, P., *Outline of a Theory of Practice*. Cambridge, UK: Cambridge University Press. 1977.

Campbell, D. T., "Degrees of Freedom and the Case Study", *Comparative Political Studies*, 8 (1) (1975): 178 – 191.

Campbell, D. T., & Stanley, J. C., *Experimental and Quasi-experimental Designs for Research*. Chicago: Rand McNally. 1966.

Christensen, C. R. (with Hansen, A. J.) (eds.), *Teaching and the Case Method*. Boston: Harvard Business School Press. 1987.

Darwin, C., *The Autobiography of Charles Darwin*. New York: Norton. 1958.

Diamond, J., "The Roots of Radicalism", *The New York Review of Books*. 1996: 4 – 6.

Dogan, M., & Pelassy, D., *How to Compare Nations: Strategies in Comparative Politics* (2nd ed.). Chatham, UK: Chatham House. 1990.

Dreyfus, H., & Dreyfus, S. (with Athanasiou, T.), "*Mind Over Machine: The Power of Human Intuition and Expertise in the Era of the Computer*", New York: Free Press. 1986.

Eckstein, H., "Case Study and Theory in Political Science", In F. J. Greenstein & N. W. Polsby (eds), *Handbook of Political Science* (Vol. 7, pp. 79 – 137). Reading, MA: Addison-Wesley. 1975.

Eysenck, H. J., "Introduction", In H. J. Eysenck (ed.), *Case Studies in Behaviour*

Therapy. London: Routledge. 1976: 1 – 15.

Flyvbjerg, B, *Rationality and Power: Democracy in Practice.* Chicago: University of Chicago Press. 1998.

Flyvbjerg, B., "*Making Social Science Matter: Why Social Inquiry Fails and How It Can Succeed Again*", Cambridge, UK: Cambridge University Press. 2001.

Foucault, M., *Discipline and Punish: the Birth of the Prison.* New York: Vintage. 1979.

Geertz, C., "Deep Play: Notes on the Balinese Cockfight", In *The Interpretation of Cultures: Selected Essays.* New York: Basic Books. 1973: 412 – 453.

Geertz, C., *After the Fact: Two Countries, Four Decades, One Anthropologist.* Cambridge, MA: Harvard University Press. 1995.

Giddens, A., *Profiles and Critiques in Social Theory.* Berkeley: University of California Press. 1982.

Giddens, A., *The Constitution of Society: Outline of the Theory of Structuration.* Cambridge, UK: Polity Press. 1984.

Goldthorpe, J., Lockwood, D., Beckhofer, F. & Platt, J., *The Affluent Worker.* Cambridge, UK: Cambridge University Press. (Vols. 1 – 3). 1968 – 1969.

Kuhn, T. S., "What Are Scientific Revolutions?" In L. Kruger, L. J. Daston, & M. Heidelberger (eds.), *The Probabilistic Revolution, Vol. 1: Ideas in History.* Cambridge, MA: MIT Press. 1987.

Labov, W., & Waletzky, J., Narrative Analysis: Oral Versions of Personal Experience. In *Essays on the Verbal and Visual Arts: Proceedings of the American Ethnological Society.* Seattle, WA: American Ethnological Society. 1966: 12 – 44.

MacIntyre, A., *After Virtue: A Study in Moral Theory* (2nd ed.). Notre Dame, IN: University of Notre Dame Press. 1984.

Michels, R., *Political Parties: A Study of the Oligarchical Tendencies of Modern Democracy.* New York: Collier Books. 1962.

Mitchell, R. G., Jr. & Charmaz, K., "Telling Tales, Writing Stories: Postmodernist Visions and Realist Images in Ethnographic Writing", *Journal of Contemporary Ethnography.* 25 (1) (1996): 144 – 166.

Nietzsche, F., *Ecco Homo.* New York: Vintage. 1969.

Nietzsche, F., *The Gay Science*. New York: Vintage. 1974.

Peattie, L., "Theorizing Planning: Some Comments on Flyvbjerg's Rationality and Power", *International Planning Studies*, 6 (3) (2001): 257 – 262.

Platt, J., "'Case Study' in American Methodological Thought", *Current Sociology*, 40 (1) (1992): 17 – 48.

Popper, K., *The Logic of Scientific Discovery*. New York: Basic Books. 1959.

Ragin, C. C., "'Casing' and the Process of Social Inquiry". In C. C. Ragin & H. S. Becker (eds.), *What is A Case? Exploring the Foundations of Social Inquiry*. Cambridge, UK: Cambridge University Press. 1992: 217 – 226.

Ragin, C. C., & Becker, H. S. (eds.). *What is A Case? Exploring the Foundations of Social Inquiry*. Cambridge, UK: Cambridge University Press. 1992.

Rorty, R., "Habermas and Lyotard on Postmodernity", In R. J. Bernstein (ed.), *Habermas and Modernity*. Cambridge, MA: MIT Press. 1985: 161 – 175.

Roth, P. A., How Narratives Explain. *Social Research*. 56 (2) (1989): 449 – 478.

Rouse, J., "The Narrative Reconstruction of Science", *Inquiry*. 33 (2) (1990): 179 – 196.

Stake, R. E., *The Art of Case Study Research*. Thousand Oaks, CA: Sage. 1995.

Walton, J., "Making the Theoretical Case", In C. C. Ragin & H. S. Becker (eds.), *What is a Case? Exploring the Foundations of Social Inquiry*. Cambridge, UK: Cambridge University Press. 1992: 121 – 137.

White, H., *The Content of the Form: Narrative Discourse and Historical Representation*. Baltimore: Johns Hopkins University Press. 1990.

Whyte, W. F., *Street Corner Society: The Social Structure of an Italian Slum*. Chicago: University of Chicago Press. 1943.

Wieviorka, M., "Case Studies: History or Sociology?" In C. C. Ragin & H. S. Becker (eds.), *What is a Case? Exploring the Foundations of Social Inquiry*. Cambridge, UK: Cambridge University Press. 1992: 159 – 172.

社会科学研究中的定性比较分析法：
近 25 年发展及应用评估[*]

［比利时］阿克塞尔·马克斯（Axel Marx）
［比利时］贝努瓦·李候科斯（Benoît Rihoux）
［美］查尔斯·拉金（Charles Ragin）[**]

导读：自 1987 年查尔斯·C. 拉金出版专著《比较方法》以来，其首次将"定性比较分析法"这一新的研究方法引入到社会科学领域。该方法是基于案例导向的定性比较分析融合"集合和布尔代数"等分析技术，旨在实现将定性和定量研究方法的优势进行整合。随着此研究方法的普及和被认可，定性比较分析法广泛运用于社会科学各领域。本篇通过概述定性比较分析法的思想根源、主要特点及不同时期在社会科学研究中的应用特征等，特别介绍了该方法在政治学相关议题中的研究效用，并剖析了其所受到的批判和随后的创新改进，进而实现对该研究方法进行系统性的回顾和应用评估。

---

[*] 编译自：Axel Marx, Benoît Rihoux, and Charles Ragin, "The Origins, Development, and Application of Qualitative Comparative Analysis: the First 25 Years", *European Political Science Review*, Vol. 6, No. 1, February 2014, pp. 115 – 142. 原文约 2 万字，译文有删节。

[**] 阿克塞尔·马克斯（Axel Marx），比利时鲁汶大学全球治理研究中心执行主任；贝努瓦·李候科斯（Benoît Rihoux），比利时鲁汶天主教大学政治学研究所教授；查尔斯·拉金（Charles Ragin），美国加州大学欧文分校社会学系讲席教授。

一、引言

四分之一世纪前的 1987 年,查尔斯·拉金(Charles C. Ragin)出版了其一重要专著《比较方法》(The Comparative Method),该书首次将"定性比较分析法"(Qualitative Comparative Analysis,QCA)引入到社会科学研究领域。该方法作为一种案例导向型的研究途径,以集合论和布尔代数等技术手段为基础,旨在融合定性和定量研究方法的优势。

正如约翰·格林(John Gerring)指出,定性比较分析法是过去数十年来少有的名副其实的方法论改革之一。[①] 而来自"谷歌学术"搜索引擎所得到的数据也进一步佐证上述判断:拉金所著的《比较方法》已有约 3650 次引用,是当前社会科学领域被引次数最多的方法论著作之一。同时,自该书出版以来,定性比较分析法已应用在超过 750 项已出版的研究文献中。[②]

从研究效用来看,该方法至少可用于 5 种不同的研究目的,其中最基本的是进行数据统计,即通过绘制真值表(truth table)来对案例进行综合式描述,也可用于数据合成以及类型学构建等目的。第二则是该方法可检验一系列给定案例中,关于相关性或因果条件一致性的分析,通过发现所谓"矛盾性",使研究者能够识别诠释性模型的异常。第三是可以实现对现有理论进行评估,因此,定性比较分析法是理论检验中尤为有效的工具。第四,它可以被用来评估研究者提出的新研究理念、方案或猜想,而不是局限于对现有理论进行演绎,这在对数据进一步挖掘分析时十分有用。第五,定性比较分析法使新的理论得以细化完善:既可实现对研究中不同的案例进行深度检验,也可引导研究者对现有理论进一步扩展或完善进而提出新理论。

[①] 参见 Gerring, J., *Social Science Methodology: A Unified Framework.* Cambridge: Cambridge University Press, 2011, 引言部分。

[②] 对 750 项出版物的研究是通过 COMPASS 网络搜集。COMPASS 是以定性比较分析法应用成果分享的学术网站。详见 http://www.compasss.org。——译者注

二、定性比较分析方法的起源

定性比较分析方法的发明者——查尔斯·拉金最初受到的学术训练是定量分析,但定量方法的局限性使他日渐失望。在他研究生学习的早期就阅读了巴林顿·摩尔(Barrington Moore)的《民主与专制的社会起源》(*Social Origins of Dictatorship and Democracy*)。该书将特定的大规模历史转变相关变量的不同先行条件进行了结合,由于摩尔在对不同案例分析中较好地实现了细化并比较案例内部变量,这对随后的定性比较分析法的发展产生了重要影响。但该书对交叉案例分析并没有提供一个统一、系统的解决方案。

拉金面临的挑战是创制出确保研究者将"案例内"和"跨案例"分析进行系统整合的方法。同时,还要保持定性分析的本质,即探析研究对象"如何发生"的问题。对这个问题进行回答的出发点,当然是用比较案例分析方法。在拉金1975年的毕业论文中,他同时使用定量和定性两种方法来评估英国地方主义政治背景下威尔士和苏格兰民族主义的起源和社会基础。这种历史比较为定性分析设置了特定情景,而定性分析法则为历史比较过程提出了进一步的研究问题。某种程度上说,这事实上就是早期的"混合型方法",虽然将不同分析方法完全融合非常困难。

推动定性与定量分析法相结合的另一重要进展,是一关于罗马尼亚1907年农民暴动的合作研究项目,此项目由拉金和丹尼尔·奇洛特(Chirot, 1975)共同完成。该合作论文首要特点就是使用定量证据来调查与农民起义爆发相关的一系列情况,将宏观社会学传统研究路径用于革命分析中。他们在密尔(1843)的研究基础上,提出了"质变效应的因果关系"(chemical causation)概念,其认为为了形成质变,要将因果条件结合起来考虑。拉金通过对交互效应(interaction effects)的统计分析来将此观点付诸实施。[①] 该论

[①] Daniel Chirot and Charles Ragin, "The Market, Tradition and Peasant Rebellion: The Case of Romania in 1907", *American Sociological Review*, Vol. 40, No. 4, August 1975, pp. 428 – 444.

文表明其创新性模型的确有助于解释罗马尼亚农民暴动,依据该模型,农民的传统主义和渗透农业的市场力量之间的交互影响是解释暴动强度的重要变量。

将交互效应确定为重要的解释策略开启了一场历时五年交互效应模型研究历程。在日渐增长的各类统计模型背景下对交互效应的关注,引发了原因各异的研究难题,如共线性问题。一方面,这类问题与该模型中所包含的定量研究若干假设有关。拉金及其同行通过对这类假设进行了分析,并探讨了如何针对研究目的更好地构建研究群体对象。[1] 另一方面,定性研究的习俗也带来了方法融合的挑战。如定性研究中案例的选取是为了服务特定的理论目的,而不是假设为外部给定的。

上述难题促使研究者开始寻找一种新的研究路径,以实现将定性研究的操作规范化。为了确定不同条件怎样结合才会产生质变,拉金开始求助于有关布尔代数、集合等方面的书籍。此时形成的定性比较分析方法的第一次应用,是在拉金与其他学者合作发表于1984年《美国社会学评论》有关就业歧视和歧视程度评估的研究论文。[2] 随后的1987年,《比较方法》这部专著出版了,与1984年第一次发表的论文相比,此书将定性比较分析法进行了详尽的细化和完善。

三、定性比较分析法的形成历程及主要特征

《比较方法》一书的主旨是发展出一套新的研究方法,包括可以让研究者将案例导向型的定性分析方法和变量导向型的定量方法相结合,进而实现"将定量和定性的最优特性进行有机整合"。该书强调定性比较分析方法包含如下内容和特征:

---

[1] Adam Przeworski and Henry Teune, *The Logic of Comparative Social Inquiry*, New York: Joh Wiley & Sons, 1970.

[2] Charles C. Ragin, Susan E. Mayer and Kriss A. Drass, "Assessing Discrimination: A Boolean Approach", *American Sociological Review*, Vol. 49, No. 2, April 1984, pp. 221–234.

第一，强调比较研究要基于案例的本质，即每一案例（作为整体）都是一个复杂的实体，研究者在分析全程都要保持其作为案例的整体性，而每个案例当中的不同部分又是互相联系的。所以，对变量效应的评估应置于案例的整体背景之下。为了实践这一想法，案例被描绘成变量的组合。

第二，确保研究路径是"比较"。研究者可以通过比较案例结构、汇集类似案例，探索具有可比性案例的异同点。而能够做到这一点的分析工具就是真值表，该表以矩阵形式呈现出将所有具备逻辑可能性的因果关联条件的数据进行组合。通过将案例汇集在真值表内，研究者可以评估得出哪些案例体现了一致性的因果条件建构。

第三，该书提出用迭代法发展诠释性模型，从而促进理论和论据间的交流，而定性比较分析法在解决数据矩阵转化为真值表所反映（理论与论据间）矛盾的过程中所发挥的作用，主要是对遗漏的因果条件进行识别确认。因此，定性比较分析法中诠释模型的建立伴随着理论与论据间矛盾的一一解决。解决此矛盾的过程，亦即导入或排除模型中的理论及实证性条件，直到该模型没有或仅有极少的矛盾，这是建立诠释性模型用以分析研究的重要机制。

第四，定性比较分析法可以实现对多重因果关联组合的评估。这也意味着：首先，通常是案例中各个条件的结合产生了现象，亦即结果；其次，条件的不同结合方式可能会带来相同的结果；最后，已有条件也许会因为研究情境的不同对结果产生不同影响。定性比较分析法的该特点正是我们认为不同的因果关系路径也许会产生相同结果的前提。因此，定性比较分析法提出了因果关系发生的"特定情境"概念。这种允许更多因果复杂性存在的情况同样表明因果条件会根据不同的背景带来可能完全相反的结果。所以，通过使用定性比较分析法，研究者不再一味地"确定某一个因果模型以最好地拟合数据，而是确定比较案例中不同因果模型的数量和特性"。为了达到这个目的，定性比较分析法还引入数学中的必要和充分条件等工具。

第五，定性比较分析法使研究者可以自行决定案例的复杂性程度，从而达到更简约的目的，其中便于减少复杂性的分析步骤就是布尔代数。布尔代数使研究者可以确定简单的因果联系，亦即在案例分析中尽可能只联合最少的因果条件。其中关键步骤是布尔函数的最小化（Boolean minimization），其将案例描述缩减到对数据因果关联的最短表述。

总的来说，《比较方法》介绍了一种用于进行案例比较的新的形式逻辑，探索了因果关系的多样性，并且缩减案例包含的丰富信息直到形成简约的表述。早期型定性比较分析法，是为二分（crisp-set）变量的使用而开发的，并引入了相应软件工具进行分析。

四、定性比较分析方法在社会科学领域的应用及相关争论

（一）定性比较分析方法的初步应用

《比较方法》出版之后，多位学者采用了该书所创立的方法，特别是在政治社会学的一些子领域，例如在分析工业化国家民主、福利国家、政治革命、社会运动以及工会组织等研究议题中。表1显示了此书出版后的第一个十年内应用定性比较分析方法的研究成果。从数据可见，该方法的早期运用呈碎片化，第一个十年间只有较少成果发表在同行评审期刊上（共约39篇）。但其中许多文章发表在一流学术期刊，例如《美国社会学期刊》（*American Journal of Sociology*）；《美国社会学评论》（*American Sociological Review*）；《社会学方法与研究》（*Sociological Methods and Research*）；《国际比较社会学杂志》（*International Journal of Comparative Sociology*）；《第三世界研究季刊》（*Third World Quarterly*）；《比较政治》（*Comparative Politics*）；《国际研究季刊》（*International Studies Quarterly*）；《国际发展比较研究》（*Studies in Comparative International Development*）；《政策分析》（*Policy Studies Journal*）；《社会学季刊》（*Sociological Quarterly*）等。

此情况表明，虽然早期使用定性比较分析方法的研究者数量相对较少，但他们对该方法的传播与影响有着重要意义，特别是数篇发表于顶级社会学期刊上文章的作者在这一领域都有着广泛的影响力，这也引起了该研究方法

的广泛传播以及学者对该方法本身的探讨。

表1 早期运用：每年的定性比较分析法应用（1984—1997）

	双盲同行评议期刊文章	其他期刊文章	整书介绍	书中章节	其他	合计
1984	1	0	0	0	0	1
1985	0	0	0	0	0	0
1986	0	0	2	0	0	2
1987	1	0	0	0	0	1
1988	0	0	0	0	0	0
1989	1	0	0	0	0	1
1990	2	0	0	0	0	2
1991	4	0	2	6	1	13
1992	3	0	1	0	2	6
1993	3	0	2	2	1	8
1994	5	0	1	4	0	10
1995	5	1	0	1	2	9
1996	9	0	0	0	3	12
1997	5	1	2	1	3	12
合计	39	2	10	14	12	77

注：数据来源于COMPASSS数据库，"其他"主要包括正在撰写中的论文或报告。

（二）定性比较分析方法的不足及争论

随着《比较方法》的出版及其初步应用，有关定性比较分析法的可能性和局限性的学术讨论激烈上演。早期的争论主要集中在以下五个问题。

第一个争论是围绕案例的敏感性进行。反对者认为定性比较分析法对某些个案来说过于敏感，因为引入或排除一个案例都有可能改变分析结果。支持者则认为，该方法中通过增加一个新的案例就可能发现另外一种解释或因果关联，这恰恰体现定性比较分析法的独有优势，即使新增的因果路径也许并没有太多的解释力,但从理论上说可能非常重要。

第二个争论则集中在二分变量的使用上。在很多社会科学概念中,二分变量都被认为是一种不够精确的度量。学界一般承认二分变量的局限性,但也强调清晰集的主要优点就是运用上的简洁明快。一些学者认为,在定性比较分析法中,对相关条件的选择要比在其他分析方法中更难,因为研究者往往局限于由布尔代数程序导致的为数不多的几个条件上。如果考虑5个条件,在真值表上就有32(2^5)种组合方式;将条件数量增加到8,则会产生512种可能的组合,继续将解释性条件增加到12,相应就有8192种可能。这会带来一种情况,即分析缩减的可能性几乎为零,同时研究者会因为每个案例独一无二的事实而难以进行全面描述。以上批评虽然合理,但却不是定性比较分析法独有的问题,因为其他研究方法同样存在这种限制。从理论的角度来看,以上评论并没有给出对包含多个相互作用项模型的解决方案。

第三个争论集中于比较研究路径的统计特性,以及它是否能在分析中引入一个时间维度或时间序列变量。对该路径的批评主要关注以下两个问题。一是定性比较分析法缺乏纵向的分析视角,与传统截面数据分析相似。而当前对基于时间序列分析的偏好日渐增长,这也为宏观社会学和比较政治研究提供了更多的机遇。但许多定性比较分析方法的使用者认为这批评并不公平,因为定性比较分析法中条件测量也可以同样建立在时间序列数据基础上。因此,研究者可以通过操作使条件动态化,也就是说可以将时间维度直接引入条件之中。二是关于将时间系列条件引入分析存在的困难。正如在许多政治社会学领域中解释长期变化趋势时,变量的时间设置会决定最终结果,并且引入对因果条件进行排序的规则也非常重要。但使用条件排序的研究方法使以上问题能得到解决。

最后一个争论是定性比较分析法假设的案例是否独立。定性比较分析假设各案例之间互不影响,但这一假设毫无疑问地存在于所有变量导向型的分析法中,因此并不是定性比较分析法所独有的。这个问题的重要性很大程度上取决于研究的问题和调查的主题。在如政策扩散机制研究(diffusion study)中,案例的互联性是非常重要的,而在其他情况下,又远没有这么重要。如果在理论上具备关联的话，那么有几种方法可以继续推进研究。首先，在定性比较分析法研究框架内，研究者可以将与案例有内部互联性的条件予以考虑。其次，案例研究中的进一步跟进（如后续追踪等）会揭示案例之间的互联度。或用其他专门的方法论工具可供选择为定性比较分析方法的补充，例如社会网络分析法等。

（三）定性比较分析法对争论的回应及应用扩展

为了应对以上这些批评，定性比较分析法也进行了几大创新改革。在有关变量测量方面，定性比较分析法主要有两个改进。首先，《比较方法》出版后不久，查尔斯·拉金开始着手于发展作为清晰集的补充——模糊集分析。这一系列的研究带来了《模糊集与社会科学研究》（*Fuzzy-Set Social Science*）的出版。该书主要将模糊集引进了社会科学研究，并且挖掘其潜在的功能以研究必要和充分条件，其在社会科学研究领域获得了日渐增长的认同，并带来相应软件[①]的发展。而其他学者及研究团队也致力于定性比较分析方法研究，给该方法引入了更多完善的测量方法，如多元集合，并开发出如TOSMANA等新软件。

其次，为促进对定性比较分析法在应用领域的进一步发展，研究者还集中于条件的选择和模型的细化等方面。此外还解决了条件排序的问题。施奈德（Schneider）和威格曼（Wagemann）在明确区分关联条件对案例发生影响"远"、"近"程度的基础上，提出了两阶段定性比较分析法的初步方案。该方法首先应用在民主制度巩固程度研究中，此外还有如凯伦（Caren）和帕诺夫斯基（Panofsky）运用条件排序的研究中，并且推出了一种新的方法，即基于时间序列的定性比较分析法（TQCA）。

在21世纪前后，一众学者开展了以上一系列工作，这不仅带来了定性比较分析法的诸多创新发展，也使其可充分用于更为广泛的领域。图1不仅显

---

① 详见 http://www.u.arizona.edu/~cragin/fsQCA/software.shtml。

示了定性比较分析法应用发展的所有文章总数,同时也有大量政治学系列文章。图1表明,定性比较分析法在政治学中的应用自2003年之后开始大幅上升,这一增长有两个推动因素。一是自2000年后一系列使用该方法且有影响力的论文不断发表,政治学领域基于案例和比较案例研究逐渐成为热点。二是研究者群体(特别是在欧洲)通过COPMASSS网络共同运用定性比较分析法,促成了研究过程的传播与相关学术会议委员会的组建,并且欧洲政治国际学会(European Consortium For Political Research)的暑期班也开设了相关课程。最终,更多的研究者接触到定性比较分析法,并在他们的博士学位论文中予以应用,这相应地带来了更多运用该方法的期刊论文的面世。定性比较分析方法在政治学研究中的应用具有如下特征:

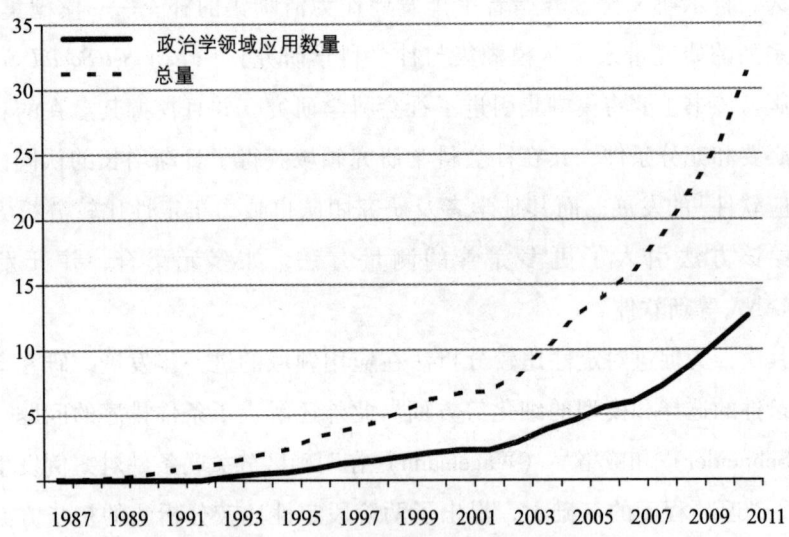

图1 定性比较分析法应用总量及其在政治学领域应用数量的变化

第一,定性比较分析法现在被广泛应用于政治学的不同专题研究,包括民主政治、党派政治、福利国家、公共管理、政策分析、政府治理、规则制定以及政治社会学等。第二,以刊载基于定性比较分析法文章为主的学术期刊数量在不断增加。虽然在图1中的最初的十年(1987—1997),应用该方法的文章刊载集中于社会学类刊物,但现在却趋向于更多种类不同的学术期刊。

在COMPASSS数据库中，已有超过200家同行审阅的杂志发表过基于该方法的文章。第三，虽然早期针对二分变量的使用有诸多批判，但新生的模糊集定性比较方法、多值定性比较分析法（multi-value QCA）以及清晰集定性比较分析法（crisp-set QCA）仍旧是使用最多的研究方法。如分析2003—2011年期间所有以英语写作的该方法应用论文发现，有52项使用了清晰集定性比较分析法，而只有5项使用了多元定性比较分析法。因此，清晰集定性比较分析法仍然是一个非常重要，且具有相当补充意义的分析工具。第四，关于案例的数量。2003—2011年期间发表的有关该方法的匿名评审论文表明该方法主要是应用于中小规模案例分析。去掉最多和最少的例外情况，大部分使用的案例数约在10个至90个的范围内。而使用的条件变量数目则在2至10个，其中大部分使用4或5个解释性条件，从而研究者可以处理复杂的组合情况。

当然，进一步观察表明，由于采用不同的研究设计，各位作者对这一方法的运用也不尽相同。根据一组评定标准（例如，集合理论矩阵参数，模型设定标准，稳健性检验，分析后重新考察案例等标准）对方法应用进行评估会发现，不同研究成果方法运用优化度不同。有学者评述了福利国家定性比较研究方面的19个成果，他们依上述标准对这19篇文章进行评估，发现只有一半研究在集合理论方面论证了复杂命题。尽管"案例导向"是定性比较分析法应用研究的本质，但只有少数学者在形式分析后重回案例本身，也只有少数研究对其结果进行了稳健性检验。

五、定性比较分析法的新发展

定性比较分析法的应用范围越来越广，受到关注越来越多，自身也在不断完善中。其最新的发展呈现如下趋势和动态：

首先，拉金在2008年的新作《社会调查再审视：模糊集及诸方法》（*Redesigning Social Inquiry: Fuzzy Sets and Beyond*）中提出了定性比较分析法的几个新特点。如通过在案例检验中对条件一致性（consistency）和覆盖面

（coverage）两个关键点的创新，实现对真值表分析所确定条件是否充分加以评估。用清晰集的结果来评估案例中条件变量所占的比重，或者评估结果中的模糊集，以确保研究者评估模型的解释力与其中每一个因果关联的重要性。对于必要条件的评价也是如此，必要条件的一致性取决于在多大程度上条件是结果的子集，而必要条件的覆盖面（或实证相关性）取决于结果在多大程度上与必要条件相关。

其次，通过对定性比较分析法结果与实证数据的相符程度评估，以研发相应的改进对策和程序。有学者为模糊集法提供了拟合优度检验，以正式评估实证信息和多重因果假设之间的拟合度，并指出对各部分分值的测量错误。也有学者关注定性比较分析法结果对原始数据精确性、案例与组合关联频率、一致性阀值选择等的敏感度。施奈德和威格曼（Schneider and Wagemann, 2012）在《社会科学集合论方法》（*Set-theoretic Methods for the Social Sciences*）一书中，还广泛讨论了如何评估稳定性，如何呈现变量之间的关系，如何表达匹配的程度，如何评价集合组成部分准确度、一致性水平、案例增减等变化带来的影响。

再次，诸多研究者努力通过完善定性比较分析法，以更好地对有关时间和排序问题进行解释。如定性比较分析法中基于事件结构分析的排序，最优匹配排序，或者还可采用动态对策理论等。研究人员已给出不同的方法将定性比较分析法和过程追踪相结合，特别是为了更好地识别关键节点，实现对研究对象的历时性分析。

第四，目前至少从期刊论文的形式来看，定性比较分析法的大部分运用是作为"单一方法"，但就更广范围来说，定性比较分析法与定量、定性两类等方法的"融合"将是未来研究的重点。

最后，在教科书、介绍性文章以及软件开发领域，研究者已推出了若干新方案。此外，定性比较分析法也已在 R 语言和 STATA 等软件中得到运用，并通过与其他研究方法工具如社会化网络等相结合，还生成新的软件工具（APES），上述工具均可与定性比较分析法结合运用，学者可通过参阅 COMPASSS 网站以获取该领域的最新发展信息。

多年以来，对社会科学方法论的争论一直被定性与定量研究之间的区别所主导，至今依然如此。长期以来，这两者的区别总是默认地与"案例导向"或"变量导向"两种研究差异相挂钩。案例导向型的研究策略总是对相对较少的案例进行集中研究，这些案例的挑选基于其在实质或理论上的某些方面的重要性。相反，变量导向型策略主要关注的问题是通过大量的一般观测值对案例的不同要素的关联进行评估，通常其目标是推断特定事物的一般特征。自上世纪 90 年代末以来，越来越多的社会科学家选择了多重案例研究策略，定性比较分析法为研究者提供了一系列对大量案例进行系统比较的理论工具。通过变量组合分析案例的这一创想使定性比较分析法加入到社会科学家的方法论工具箱当中，对现有案例分析方法起到了重要的补充作用。定性比较分析法大大便利了对案例的识别，但这并不意味着必须将所有案例都归到一个分析过程中，研究者可以基于相关结构选择几个案例予以分析。

总之，定性比较分析法在推出之后的四分之一个世纪里，已发展为可用于案例系统比较、应对因果复杂性问题并用于矩阵结构分析的系列方法。来自政治学不同分支学科的更多研究者开始使用定性比较分析法，这也突出了该方法在反映多重因果关系方面的作用。那么在接下来的 25 年中呢？可以肯定的是，方法论研究领域中定性比较分析法将继续成为讨论主题。定性比较分析法经过不断的改进完善，在顶级期刊中基于此方法的论文的数量呈快速上升趋势。更重要的是，积极应用定性比较分析法和集合论方法并推动其发展的学者群体正在不断上升，这也使得该路径更广泛地传播、应用，对其进行的批判性反思也在增加，这些发展不仅仅局限于政治学，还扩展到其他诸多社会科学领域。

当然，此类进展也带来了相应的挑战，随着实践的不断发展，新的功能（如模型的拟合优度检验）、新的技术方法都会引起实践操作中的分歧。这种分歧也会随着定性比较分析法在不同学科应用的扩展而增加。在应用该方法的近期研究实践中发现，新的功能与技术方法也引起相应的问题，而对此类问题的解决则需要在分享实践操作、生成共同标准与进行跨学科研究等方面共同努力。

参考文献

Caren, N. and A. Panofsky, "TQCA: A Technique for Adding Temporality to Qualitative Comparative Analysis", *Sociological Methods & Research* 34. 2005: 147 – 172.

Chirot, D. and C. Ragin, "The Market, Tradition and Peasant Rebellion: the Case of Romania in 1907", *American Sociological Review* 40 (3) (1975): 428 – 444.

Marx, A., "Crisp-set Qualitative Comparative Analysis (csQCA) and Model Specification", *International Journal of Multiple Research Approaches* 4 (2) (2010): 138 – 158.

Marx, A. and A. Dusa, "Crisp-set Qualitative Comparative Analysis (csQCA), Contradictions and Consistency: Benchmarks for Model Specification", *Methodological Innovations Online* 6 (2) (2011): 103 – 148.

Marx, A., B. Cambre and B. Rihoux, "Crisp-set Qualitative Comparative Analysis in Organizational Studies", in Fiss, P., B. Cambre and A. Marx (eds), *Research in Sociology of Organizations: Configurational Theory and Methods in Organizational Research*. Bingley (UK): Emerald Publishing. 2013.

Mill, J. S., *A System of Logic: Ratiocinative and Inductive*. Toronto: University of Toronto Press. 1967.

Moore, B., *Social Origins of Dictatorship and Democracy: Lord and Peasant in the Making of the Modern World*. Boston: Beacon Press. 1966.

Ragin, C., "Regional Political Deviance in Britain, 1885 to 1966", PhD dissertation. North Carolina Collection. 1975.

——*The Comparative Method: Moving Beyond Qualitative and Quantitative Strategies*. Berkeley, Los Angeles and London: University of California Press. 1987.

——"Turning the Tables: How Case-oriented Methods Challenge Variable-oriented Methods", *Comparative Social Research* 16 (1997): 27 – 42.

——*Fuzzy-Set Social Science*, Chicago: Chicago University Press. 2000.

——"Core Versus Tangential Assumptions in Comparative Research", *Studies in Comparative International Development* 40 (1) (2005): 33 – 38.

—— "Set Relations in Social Research: Evaluating Their Consistency and Coverage", *Political Analysis* 14 (3) (2006): 291-310.

——*Redesigning Social Inquiry: Fuzzy Sets and Beyond*. Chicago: Chicago University Press. 2008.

Ragin, C. and H. Becker, *What is a Case? Exploring the Foundations of Social Inquiry*. Cambridge: Cambridge University Press. 1992.

Ragin, C. and B. Rihoux, "Qualitative Comparative Analysis (QCA): State of the Art and Prospects", *Newsletter of the American Political Science Association Organized Section on Qualitative Methods* 2 (2) (2004): 3-13.

—— "Replies to Commentators: Reassurances and Rebuttals", *Newsletter of the American Political Science Association Organized Section on Qualitative Methods* 2 (2) (2004): 21-24.

Ragin, C. and S. Strand, "Using Qualitative Comparative Analysis to Study Causal Order", *Sociological Methods and Research* 36 (4) (2005): 431-441.

—— (2008), "Using Qualitative Comparative Analysis to Study Causal Order", *Sociological Methods and Research* 36 (4): 431-441.

Ragin, C., S. Mayer and K. Drass, "Assessing Discrimination: A Boolean Approach", *American Sociological Review* 49 (1984): 221-234.

Rihoux, B., *Les Partis Politiques: Organisations en Changement. Le Test des Ecologists*. Paris: Coll. Logiques Politiques, L'Harmattan. 2001.

—— "Bridging the Gap Between the Qualitative and Quantitative Worlds? A Retrospective and Prospective View on Qualitative Comparative Analysis", *Field Methods* 15 (4) (2003): 351-365.

—— "Case-oriented Configurational Research: Qualitative Comparative Analysis (QCA): Fuzzy Sets and Related Techniques", in J. Box-Steffensmeier, H. Brady and D. Collier (eds). *The Oxford Handbook of Political Methodology*. Oxford: Oxford University Press. 2008: 722-736.

Rihoux, B. and B. Lobe, "The Case for Qualitative Comparative Analysis (QCA): Adding Leverage for Thick Cross-case Comparison", in D. Byrne and C. Ragin (eds). *The Sage Handbook of Case-Based Methods*. London: Sage. 2009: 222-243.

Rihoux, B. and C. Ragin (eds), *Configurational Comparative Methods: Qualitative Comparative Analysis (QCA) and Related Techniques*. Thousand Oaks: Sage. 2009.

Rihoux, B. and G. De Meur, "Crisp-set Qualitative Comparative Analysis (csQCA)", in B. Rihoux and C. Ragin (eds), *Configurational Comparative Methods: Qualitative Comparative Analysis (QCA) and Related Techniques*. Thousand Oaks: Sage. 2009: 33 – 68.

Rihoux, B. and A. Marx (eds), "Mapping QCA, 25 Years After 'The Comparative Method': Core Challenges and Innovations", *Political Research Quarterly* 66 (1) (2013): 167 – 230.

Rihoux, B., I. Rezsöhazy and D. Bol, "Qualitative Comparative Analysis (QCA) in Public Policy Analysis: an Extensive Review", *German Policy Studies* 7 (3) (2011): 9 – 82.

Rihoux, B., C. Ragin, S. Yamasaki and D. Bol, "Conclusions-the Way (s) Ahead", in B. Rihoux and C. Ragin (eds), *Configurational Comparative Methods: Qualitative Comparative Analysis (QCA) and Related Techniques*. Thousand Oaks: Sage. 2009: 167 – 177.

Rihoux, B., P. A'lamos-Concha, D. Bol, A. Marx and I. Rezsoöhazy, "From Niche to Mainstream Method? A Comprehensive Mapping of QCA Applications in Journal Articles From 1984 to 2011", *Political Research Quarterly* 66 (1) (2013): 175 – 184.

Schneider, C. and I. Rohlfing, "Combining QCA and Process Tracing in Set-theoretic Multi-method Research", *Sociological Methods and Research*. 2013.

定性比较分析：归纳性运用与测量误差如何导致可疑推论[*]

[瑞士] 西蒙·哈格（Simon Hug）[**]

导读：政治学研究中对新兴的基于布尔代数的定性比较分析方法的采用愈加重视，若在不考虑可能出现测量误差的假设下，对确定性假设进行检验，该分析方法十分合理。然而本篇认为，政治学理论只有在很少的研究主题中足以演进为确定性假设。且由于研究对象的性质，无误差测量在很大程度上并不可能。所以很多研究归纳性地运用（inductive use）定性比较分析法掩盖了可能的测量误差。本篇集中于这些方法论问题，并借助简单实证案例加以证明。在类似蒙特卡罗模拟法[①]的分析中，本篇展示了在不考虑可能出现的测量误差情况下运用布尔代数可能会产生明显误导性的推论。最后，文章提出若干绕过这类方法论陷阱的补救措施。

---

[*] 编译自：Simon Hug, "Qualitative Comparative Analysis: How Inductive Use and Measurement Error Lead to Problematic Inference", *Political Analysis*, Vol. 21, No. 2, April 2013, pp. 252–265. 原文约1.8万字。

[**] 西蒙·哈格（Simon Hug），供职于日内瓦大学经济与社会科学学院政治学与国际关系系。

[①] 蒙特卡罗模拟法（又称统计模拟法、随机抽样技术），是一种随机模拟方法，以概率和统计理论方法为基础，使用随机数（更常见的是伪随机数）来解决很多计算问题。该方法将问题同一定的概率模型相联系，用计算机实现统计模拟或抽样，以求得问题的近似解。为象征性地表明这一方法的概率统计特征，故借用"赌城"蒙特卡罗命名。——译者注

一、引言

拉金（Ragin，1987）关于将布尔代数应用于定性比较分析法（QCA，Qualitative Comparative Analysis）[①] 的提议在学术文献中日益得到共鸣。越来越多的政治学与相关社会科学研究依赖于这种方法，但是很多研究者在运用这些方法时[②]不甚细致。主要包括如下两个问题：

首先，与定性比较分析法作为检验具有决定性的必要与充分条件的原始设计目的相悖，许多学者直接或间接地将其作为生成归纳理论的工具。其次，甚少有学者在使用该方法时考虑了可能的测量误差。与社会科学大多数研究中的其他实证方法不同，学者在使用定性比较分析法时很少反思在数据收集和使用中可能出现误差的概率，以及这种误差对结论的影响。

这两个问题都给定性比较分析法的运用带来了相当的困难，也被该方法的拥护者忽略了，而且将此类问题视为不值得参加"良好实践"指南的讨论。本篇意图展示这两个问题如何导致错误的结论，以及如何规避。本篇提出的这些问题与近期关于定性比较分析法和其他定量统计方法的比较研究，以及关于定性比较分析法稳健性研究中探讨的问题有关。但这些近期文献还是忽略了本篇讨论的问题。[③]

在下文中，首先简要定性比较分析法的基本概念，并提供该方法如何适用于多种研究情境的样例。本篇指出大多数研究中，定性比较分析法都间接

[①] 关于定性比较方法的基本介绍可以参见相关国际网站中的文献（详见 http://www.compasss.org）。随着该方法论的进一步发展，相应的工具软件，如 fsPQCA 2.5、Tosmana、Kirq 2.1 等软件也在不断完善中。——译者注

[②] 本篇所讨论的主题则是关于这种基本型定性比较分析法的所有变种，亦即所谓清晰集定性比较分析法（Crisp-Set QCA）。为此若非必要，本篇仅对定性比较分析法做系统地讨论，而不试图对多种定性比较分析法的变式加以区别。

[③] 参见吉尔曼等人（Gelman et al., 2010）关于处理必要性和可能性模型的讨论，以及克拉克、吉列根和戈尔德（Clark, Gilligan and Golder, 2006）基于必要性和充分性条件对如何处理"非对称"（asymmetric）假设的建议。

或直接地被视为生成理论的归纳工具，定性比较分析法的这种运用违背了设计初衷，并在缺乏对待检验理论的范围与推理逻辑进行详尽考虑的情况下会带来疑问。本篇还对可能非常明显地影响运用定性比较分析法所得出观点的测量误差进行了讨论，并在进行类似蒙特卡罗模拟法的定性比较分析之前，提出了这些误差的影响。

二、定性比较分析法的逻辑与应用

定性比较分析法的基本前提，就是研究结果可由多种必要充分条件来解释。本篇从所谓的真值表（truth table）出发，以检验特定条件是必要的还是充分的，真值表能够提供所有条件和结果的组合（无论真假），从而展现这些组合在案例集中出现的频率。为从中导出所谓的初始假设（prime implication），拉金（Ragin，1987）的建议是利用布尔代数，这些初始假设会指出何种条件组合对结果的发生与否是必要或充分的。

就本质而言，这一研究路径背后的逻辑依赖于密尔 [1973（1843）] 在一百五十多年前所提出的求同法和差异法。[①] 但很少有人注意到密尔本人因认为该方法的不切实际（如果不是不可行的话）而拒斥这两种方法。密尔在其著作中相关三节的标题，已经足够明确地说明了问题："差异法在社会科学中的不适用性"，"求同法与共变法在社会科学研究中不具决定性"，"在社会科学与假定推理中剩余法（method of residue）不具决定性"。

密尔在这些章节中详细探讨了为什么认为该方法是"不具决定性的"，特别是在多重因果路径导向特定结果的情景中的应用是不切实际的。所以，这些实验性的方法很难在社会科学领域运用，只有推理性的、理论导向的研究方能采用，虽然这与定性比较分析法的初衷一致，但这一要点往往为人所

[①] 施奈德与威格曼（Schneider and Wagemann，2007）以及卡拉曼尼（Caramani，2008）的研究表明，这两者的关系是良好的，尽管并非完全相同。然而令人惊讶的是，施奈德与威格曼（Schneider and Wagemann，2007：73-77）研究中的论述仅局限在"求同法"与"差异法"。

忽略。

拉金（1987）运用布尔代数的建议，可能被认为是建立在密尔自我批判之上。如果定性比较分析法能够用来评估从理论演绎而来的多重因果路径，那么它直接应对的是密尔对比较方法不适用于"等效性"（equifinality）问题的顾虑。然而这些因果路径首先是基于上述理论思考而得出的，依赖密尔或者拉金的方法，并不能直接考虑测量误差问题。

简单回顾应用定性比较分析法的研究，不难发现以上广为人知并且早就提出的问题却很大程度上被忽略了。例如在希克斯等人（Hicks, Misra, and Ng, 1995）的研究中运用了定性比较分析法来研究福利国家的兴起与巩固，而潘宁斯（Pennings, 2005）则用了相似的方法论来探究福利国家改革的原因。① 在基特尔，奥宾格和瓦格夏尔（Kittel, Obinger, and Wagschal, 2000）的一项研究中也讨论了上述问题。没有明确的是，在这三个研究案例尝试到底是归纳还是演绎？而且这三个研究案例都没有考虑到变量受测量误差影响的可能性。

如下两个运用定性比较分析法的研究提及了测量误差，但用的是不同的方式。艾宾浩斯和维瑟（Ebbinghaus and Visser, 1999）在关于工会密度的研究和斯托克（Stokke, 2004：108）在对国际关系中政权有效性的讨论中，初步怀疑了测量误差，并涉及到"错误编码的高可能性"② 并会影响研究结论，表明"布尔逻辑体系的定性比较分析法建立在对于数据准确性的强烈假设之上"。③

以上对运用定性比较分析法的重要研究的简短回顾，说明了至少要考虑因果路径下必要的推理支撑。此外，很多定性比较分析法并未考虑测量误差问题，即使研究者加以考虑也很少对这一问题进行补救。

---

① 潘宁斯用了拉金（2007）的模糊集合分析法（fuzzy set analysis），下文中同样会指出这一方法存在的测量误差问题。

② 重新编码（recoding）也是本篇在下文中提出的解决测量误差的方法之一（参见 Braumoeller and Goertz, 2000），更详细的讨论参见后文。

③ 斯托克（2004, 109）接下来指出："模糊集合型的定性比较分析……允许处理测量误差的过程"，但具体是什么过程，如何处理，这一点斯托克和艾宾浩斯都没有讨论。在下文的讨论中，拉金（2000）同样没有提出任何解决模糊集合比较分析法中测量误差的论述。

三、作为归纳性工具的定性比较分析法

正如在上文间接提及的研究案例中,运用定性比较分析法的作者经常直接或间接地将其作为产生理论主张的归纳性工具。然而这种定性比较分析的用法直接违背了原始设计。密尔和拉金都强调了演绎的重要性。[①]

当涉及因果过程时,利特(Little,1995:48)对演绎法同样的坚持,出现在他对密尔方法的批评之中:定性比较分析并不足以容许研究者推断出完整、根本的因果结构。相反,在这些条件中得出某种有关因果关系的假设是有必要的;而且这种假设最有可能从一个关于因果机制的实质理论中最自然地产生,并且在研究相应的社会现象时发挥作用。

在实际研究中这种必要的对研究对象的本质演绎往往被忽略。例如在在奥萨和科尔杜内亚努-胡希(Osa and Corduneanu-Huci,2003)的非民主国家政治动员研究中,政治机会指标是与社会关系网络的测量相结合的,而没有对与政治动员相关的因果模式进行任何理论思考。

相同的疑惑也适用于其他运用定性比较分析法的研究中,尤其在理论基础不明晰的情况下。所以,将定性比较分析法用作归纳性的理论生成工具是违背其初始目的的,而且正如密尔所暗示,这样的运用会带来理论适用性(或者范围)上的问题。[②]

[①] 拉金、博格-施劳塞和德默赫(1996)以及瑞豪克斯(2008:729)都强调了"定性比较分析法的运用必须同时在案例和理论上都成立"。有趣的是,在瑞豪克斯(2006a:683)以及瑞豪克斯和拉金(2008a)对该主题的论述中,关于定性比较分析的核心用法得到了四种附加用法的补充,即理论产生、数据描述、数据确认以及假设检验。当后三者确实对应用于探索性目的的定性比较分析法有所帮助,但第一个方法确违背了原始设计,并且带来严重问题。令人不解的是,施耐德和威格曼(2010:3-4)在对"良好实践"的讨论中,把这五种目的都解读为"原始"的。

[②] 戈德索普(1997:15)做出了相同的论断,而且高尔茨与马赫尼(Goertz and Mahoney, 2009)富有远见地探讨了理论适用范围和因果同质性问题(参见 Goertz and Mahoney, 2006)。另一方面,施耐德和威格曼(2010:5)仅需要的提到了范围限制的问题。主张从定性比较分析中获取结果之后必须明确界定适用范围。但这种说法难以妥善处理适用范围的条件,特别是在演绎观点中。

显然,定性比较分析法仅能对手头数据进行描述(如 Rihoux,2006a)。[①]如果坚持将其用于理论归纳,那么就会产生两大类问题:首先,当特定条件与特定结果可能并行出现时,之间不大可能存在因果解释;第二,排除矛盾案例事实上可能会导致忽略真正的因果机制。[②] 这些相同的归纳性问题也会出现在对必要条件进行实证检验的论述中。这一点正如声称:运用定性研究与定量研究的学者共有同样的首要目标,那就是产生正确的描述与因果推论。[③]

四、定性比较分析法与测量误差

定性比较分析法侧重于演绎分析使之作为一种非常特别的因果假设评估工具。显然该研究路径最初仅仅用于确定性的因果假设,其近期发展也注重概率性的因果假设。

令人惊讶的是,基于这种确定性因果关系的视角,测量误差问题很少受到定性比较分析法使用者的重视。一个单一案例可能会导致我们拒斥某个确定性的假设,我们似应对可能的误差予以相当关注。一方面,在于运用定性比较分析法的学者对政治学研究方法定性本质的强调,而且测量本

---

① 定性比较分析法是否允许因果解释,在该方法拥护者的想法中似不甚清晰。因此在对该方法可能所受批评的讨论中,我们首先从德默赫、瑞豪克斯和山崎(2008)的研究中得知"当案例数量较少时……该策略更倾向于产生个体化的解释"(153),而且仅在该论点的两页之后,就出现了另一矛盾的论断:"定性比较分析最小化算法不能产生对任何给定的结果的'解释'"(155)。

② 正如下文所证,这些问题显然被可能存在的测量误差进一步加剧了。见鲍莫尔和高尔茨(2000)提出的排除平凡必要条件(如华格纳2005年所述)的检测方法,以及他们对排除这样的条件有说服力的论断。同样,拉金(Ragin, 2006)提出了方法"覆盖"的概念和各种处理平凡因果路径的方法。

③ 似有必要指出,此处马赫尼与高尔茨所述,来自金,基奥恩与韦巴等人(King, Keohane, and Verba's, 1994)的讨论,其中的推断表示了从可观测的事实中能得出不可观测的事实。因此将定性比较分析法作为描述手头案例工具的情况是不合适的,因为不符合"描述性推论"的规定。

身也存在相当困难与主观性，因而这种忽略相当令人惊讶。① 作为对这种批评的回应，很多作者将定性比较分析逻辑扩展到模糊集（Ragin，2000），因为模糊集似乎能够容许测量误差（Stokke，2004；Ebbinghaus，2005）。然而在拉金的著作中似乎并未表明模糊集合对测量误差的容许，仅仅是允许采用分级编码（graded coding）而已。②

狄昂（Dion，1998）、鲍莫尔和高尔茨（Braumoeller and Goertz，2000），克拉克、吉列根和戈尔德（Clarke, et al., 2006）提出，可以通过对必要条件的检验来应对测量误差，他们基于必要条件中的反例是由测量误差引起的观念来对必要条件进行简单的检验。鲍莫尔和高尔茨（2000）同样建议，通过检验排除必要条件而错误地接受某个必要条件假设（即犯第二类误差的错误）不会太频繁地出现。另一方面，克拉克、吉列根和戈尔德（2006）则建议借助传统量化工具和交互反应的运用来评估"不对称"假设，也就是说那些假设某一条件的存在与否不会对因变量产生相对称的影响。

相比实证研究中通过对充要条件的检验来减少测量误差，定性比较分析

---

① 这一批评由博伦、恩特威斯特尔和艾德森（Bollen, Entwistle, and Alderson, 1993）提出，并且也被德默赫，瑞豪克斯和山崎（2008：149f）的研究引用，但并未解决这个问题。有趣的是在这种情况下瑞豪克斯的回应（2006a：690），他承认"纵使仅改变操作化中的一个条件……也可能对最简公式带来相当的改变"（同样参见 Grofman and Schneider, 2009；Skaaning, 2011 的观点）。但瑞豪克斯没有注意到即使不是操作化中的变化，而是少量的测量误差就会出现我如下证明的、相同的"显著"变化。戈德索普（1997：20, note 8）在评论康加斯（Kangas, 1994）的文章时提到了相同的问题：对一个可疑案例的重新编码可能产生完全不同的因果结论。

② 这一点在拉金（2000）和潘宁斯（2005）对该方法的应用中已经变得很明显了，连续变量被简单地改成0或1的二分变量，以表示对应某两极主要类别的归属。这种调整显然不能处理原来的连续变量所潜在的测量误差问题，以及随后带来的错误的类别分配。这里也可以参见瑞豪克斯（2008，729-733）、斯坎宁（2011）还有马吉蒂和利维-福尔（Maggetti and Levi-Faur, 2013）的讨论。因此拉金（2000，222-226）花了整整三页的篇幅来讨论测量误差的问题，但还是没有和运用模糊聚类的策略结合起来。不过，斯托克（2004）和艾宾浩斯（2005）在没有明确具体做法的情况下都主张模糊集合考虑了测量误差。也许这种表面化的（或是未加处理的）处理测量误差的办法可以从华德纳（2005）的观点来理解：测量误差在定性研究中是取决于观察者，虽然在自然科学中它往往是独立于观察者的变量。显然，这种两分法的观点并不恰当，并且更重要的是它没有解释为什么这种差异存在于两种不同研究路径之中（参见 Benoit, 2005）。

法的运用中很少对这种情况加以处理。大部分运用定性比较分析法的学者几乎没有提到测量误差的可能,事实上隐含地将其排除。这很大程度上可能是因为实际上目前也没有直接地整合测量误差考量进入定性比较分析法。但正如下文所述,测量误差事实上可对定性比较分析的结果产生相当影响。

五、一种类似蒙特卡罗模拟法

如果归纳地运用定性比较分析法,而且采用的数据难免存在误差,这可能会被视为经典统计教材所称的"违反假设"(violations in assumption)。在经典统计教材中往往采用蒙特卡罗模拟法来检验其结果(尤其是在小样本之中)。类似方法可能会用来评估测量误差,从而错误地界定了定型比较分析法适用的限制条件,在本篇中则为接近实际案例采用了与之不同的方法。本篇应用的是定性比较分析法得出的数据集,并加以修改以"模拟"可能的测量误差与对范围条件的错误界定。然而诸如基于独立变量中的编码随机变化而生成的大量"新"数据集,会导致类等比数据集的出现。因此,在下面的分析中,每次变化仅产生一组数据集,然而在重复实验的素材(replication materials)中,作者将进行另一个变化随机的蒙特卡罗模拟,每种变化生成1000组新数据集。

用于分析的数据,引自拉金(Ragin, 2000, 292)、格罗夫曼和施奈德(Grofman and Schneider, 2009)与斯坎宁(2011)的研究。[①] 这些作者认为对"强福利国家"(strong welfare state)的判定与表1中的四种情况有关,包括强力左派政党、强力工会、社团主义工业系统以及社会文化同质性。根据格罗夫曼和施奈德(2009: 663)的研究,我仅运用了拉金使用的18个案例中的16个(去掉澳大利亚以及意大利案例)。表1以列表的形式对数据进行描

---

① 案例的选择是不相关的,因为在接下来的分析中,分析和研究的是数据变化本身。这种原始数据的性质占据着重要地位。在重复实验素材中,我会基于科尔杜内亚努-胡希(2003)的研究做一个额外的分析,以推倒主要文本中已经提及的那些洞见。

述。正如格罗夫曼和施奈德（2009：664）的论述，福利国家形成的有效途径有两条：强力的社团主义工业系统（C），强力工会（U），以及强力左派政党（P）；或者强力工会（U），强力的社团主义工业系统（C）与社会经济同质性（S）①，或更正式地表述为：

$$PUC + UCS \rightarrow W. \qquad 公式（1）$$

表1　数据集，来自拉金（2000），格罗夫曼和施奈德（2009）的研究*

国家	P	U	C	S	W
奥地利	1	1	1	1	1
丹麦	1	1	1	1	1
芬兰	1	1	1	1	1
挪威	1	1	1	1	1
瑞典	1	1	1	1	1
澳大利亚	0	0	0	0	0
加拿大	0	0	0	0	0
法国	0	0	0	0	0
美国	0	0	0	0	0
德国	0	0	1	0	0
荷兰	0	0	1	0	0
瑞士	0	0	1	0	0
日本	0	0	0	1	0
新西兰	0	1	0	0	0
爱尔兰	0	1	1	1	0
比利时	1	1	1	0	1

* 注：P——强力左派政党；U——强力工会；C——社团主义工业系统；S——社会文化同质性；W——强福利国家

---

① 需要注意到格罗夫曼和施奈德（2009）忽视了逻辑上的残余项，例如没有如表1所示出现在数据中的条件组合。当我同样对以下的其他研究都采用这种方法的同时，可以同样在复制材料中知道到包括了逻辑残余项的分析。后者的分析是基于奥萨和科尔杜内亚努－胡希（2003）的研究数据展开的，正如结果所示，存在测量误差以及归纳性地运用定性比较分析法也没有改变原来的一般理论结果。

运用杜萨（Dusa 2006，2007）在 R 语言中执行的定性比较分析程序，本篇首先将格罗夫曼和施奈德（2009）的分析进行了一次重复实验，并且获得了相同的结果。从这个分析出发，本篇之后采用了一种类似蒙特卡罗模拟的方法。更准确地说，并没有采用随机产生的数据，而是根据格罗夫曼和施奈德（2009）的研究数据，然后进行下述的系统性改变。

第一组分析，与是否将定性比较分析法作为归纳性工具的问题有关。正如前文所述，这种用法与其最初设计相悖，而且对归纳结果的适用范围尚未明确，显然会造成问题。为阐明这一点，本篇假设这种适用范围与拉金（2000），格罗夫曼和施奈德（2009）还有斯坎宁（2011）的研究中的相一致。相应进一步地假设解释变量的正确的，那么表 2 中的结果证明公式（1）显然在理论上正确。有鉴于此，本篇进行两次蒙特卡罗模拟。在第一次模拟中，去掉一个观测值；在第二次模拟中，去掉两个观测值。在两种情况下的"模拟"，均印证了理论适用范围与理论生成所用的案例集并不匹配。

表 2 去掉一个观测值情况下的定性比较研究分析（排除余项）

要素排列方案（Solution）	N（%）
PUC + UCS	14（87.5））
PUC	1（6.25）
UCS	1（6.25）

在意料之中的是，归纳产生的"理论"在一些案例中存在差异。表 2 体现了当去掉一个观测值时的蒙特卡罗模拟的情况。① 只有在略多于 10% 的案例中，最初方案无法实现。更准确而言，如果从爱尔兰或是比利时的案例中

---

① 在这个以及接下来的所有表格中，避免报告强调像"一致性"或者是"覆盖面"这样的测量数值。首先，所有因果路径在基本的定性比较分析中都有完美的一致性（例如不存在反例）；其次，当"覆盖面"或者说"独特覆盖面"强调了一些推论的脆弱性时，这个指标只提供了非常有限的观点。对这些加以处理的 R 语言代码以及其他分析都在重复性实验素材之中。正如额外案例在复制材料中所示，随机产生，比如说 1000 个数据集会导致正好相对应的一套变化的结果，在 1000 次重复实验中的相对频率会非常接近表 5 所示。

先排除 PUC，继而排除 UCS，就出现了一种独特的排列方案与充分条件。进而，如果未将爱尔兰纳入分析，"社会经济同质性"因素也就不再成为是强福利国家充分条件的必要条件，而忽视比利时的案例则会导致"强力左派政党"从形成充分条件的充要条件中排除出去。这种变化显然会造成影响，例如诸多学术文献对社会经济同质性和福利国家发展二者之间的关系一直存在激烈争论（例如 Alesina, Baqir, and Easterly, 1999）。而去掉其他14个观察变量中的任何一个，并不会影响定性比较分析的结果。

当去掉两个观测值时，如表3所示的蒙特卡罗模拟法明显产生了更多不同的方案。显然，表3的结果与之前的讨论相对应，任何一对被排除的观测值，包括爱尔兰和/或比利时的，都会产生与公式（1）的最初定义不同的解法。在这一分析中，接近四分之一的模拟结果都没能满足公式（1）的设定。而前面提到的其他方案，即 PUC 和 UCS，以及新的 PUCS 组合都出现了。最后一个排列方案是在爱尔兰和比利时案例都被排除的情况下出现的。该方案说明，最初四个条件中的每一个都是构成强福利国家的必要条件，而将其加以联合则构成充分条件。并且，基于当前关于福利国家的社会和政治复杂结果存在争论，确实使现有的解释产生了相当的变化。

表3　去掉两个观测值的定性比较分析（排除余项）

方案	N（%）
PUC + UCS	91（75.83））
PUC	14（11.67）
UCS	14（11.67）
PUCS	1（0.83）

这些简单的蒙特卡罗模拟，说明归纳性地运用定性比较分析法建立理论是存在相当问题的。如果只是将一个简单的案例（例如因数据缺失而被排除）从分析中排除，而理论适用范围应当包括这个案例，那么这个归纳性理论存在错误的可能性。如果没有正确界定理论范围，或与理论生成所用的数据集不符，同样的问题也会出现。在现有的蒙特卡罗模拟中，可以得出若排除两

个案例，存在错误的可能性就会从约0.1上升到将近0.25。由于归纳性理论很难去确定这个概率的范围，确实正如拉金所言，将定性比较分析法作为归纳性理论工具并不恰当。①

第二组蒙特卡罗模拟，应对的是因变量中可能存在的测量误差。在更为经典的定量研究中，这个问题都得到了很好的探讨和充分的理解，例如在汉纳谢克和杰克逊（Hanushek and Jackson, 1977）所撰的经典教材中会展示如何对其进行处理（其他略为简单的论述，可参见 Hausman, Abrevaya, and Scott-Morton, 1998; Beger et al., 2009; Hug, 2010）。当因变量的测量误差在传统定量方法理论模型误差中占相当部分时，而且与其他的解释变量不相关时，那么估计的不确定性就会提高。

表4体现了一种"类似"蒙特卡洛模拟的情况，其中依次改变了16个案例中结果变量的赋值，每次改变一个。正如表格最后一栏所示，接近四分之三的案例不会受到测量误差的影响。更准确而言，如果对前12个观测值的测量有误，结果并不会发生改变，亦即公式（1）依然成立。而改变剩余的4个案例中的任何一个，对结果会产生显著影响。要么出现强福利国家形成的一个新充分条件（如果对日本或者新西兰的测量值有误），要么就有一个充分条件无法达到（如果对爱尔兰或者比利时的测量值有误）。② 尤其是之前的模拟结果已经提出了实质上不同的见解。形成强福利国家的充分条件，要么是社会经济同质性、强力左派政党的缺席、较弱的工会、与较弱的社团主义工业系统；抑或是强力工会，还有其他三个条件的缺失。当数据无误时，这种结果就迥异于公式（1）的最初方案。

---

① 因此在这种情形下，定性比较分析法变成了一种简单的数据描述工具，并且因为它不能提供任何理论推演或者是做出推论（就金，基奥恩和韦巴（1994: 7f）的意义而言），它作为数据描述的科学价值也同样要受到质疑。有趣的是德默赫，瑞蒙克斯和山崎（2008: 153）也引用了金，基奥恩和韦巴（1994）对该推论的说法，但也只是关于逻辑余项假设的部分，例如数据中未出现组合条件。

② 这显然和拉金（2006: 304）所说的"独特覆盖面"有关；也就是说，每个充分条件都只被单一案例所支持。当施奈德和威格曼（2010）建议报告"覆盖面"的特定解法时，他们也没有说明当"独特覆盖面"很少时应该怎么做。

表4　含有一项误差的定性比较分析（排除余项）

方案	N（%）
PUC + UCS	12（75）
PUC + UCS + pucS	1（6.25）
PUC + UCS + pUcs	1（6.25）
PUC	1（6.25）
UCS	1（6.25）

表5则体现了同样类型的分析结果，然而在每次数据分析中，会对两个观测值的因变量进行重新编码。在这种情况下，公式（1）所包含的方案略少于该类型中的40%。此外，其他类型方案的数量大大增加，不仅仅是四种额外方案，而是多达十四种。很多变种已经出现在表4之中，但很多其他方案会对我们的结果产生相当影响。例如在表4中，构成必要条件的一个方案，即强力左派政党和社会经济同质性同时存在，在此处则成为了必要条件，这已经和当初纳入两个测量误差所形成的情况完全不同了。而且，在10%的重复运算结果中，社会经济同质性不再是一个能够成为充分条件的必要条件，而强力左派政党因素所占的比例则稍高一些，达到12%。如前所述，这些差异对现有的福利国家理论争论并非没有影响。

表5　含有两个误差的定性比较分析（排除余项）

方案	N（%）
pUCS + PUCs	45（37.5）
pucS + pUCS + PUCs	5（4.17）
pUcs + pUCS + PUCs	5（4.17）
PUC	12（10）
UCS	12（10）
PUC + UCS	21（17.50）
PUC + UCS + pucS	7（5.83）
PUC + UCS + pUcs	7（5.83）

续表

方案	N（%）
PUC + UCS + pucS + pUcs	1（0.83）
PUC + pucS	1（0.83）
UCS + pucS	1（0.83）
PUC + pUcs	1（0.83）
UCS + pUcs	1（0.83）
PUCS	1（0.83）

总之，不足为奇的是，如前文所预计的因变量的测量误差，可能会对定型比较分析产生相当的影响。当只有略大于5%的案例受到测量误差影响时，产生错误的结论概率就会有25%；当测量误差达到接近12%时，那么得出错误结论的概率就高于0.6。有人可能辩称，在二分结果变量中存在测量误差的可能性相当低。但仅在一项关于职业生涯的研究中，豪斯曼等人（Hausman, Abrevaya, and Scott-Morton, 1998）发现，仅在一项专门调查中，大约10%的受访人在回答职业变化问题时会做出错误的回应。因此，蒙特卡罗模拟设定的测量误差，和大部分实证研究存在的误差量相近。[①]

六、讨论与总结

在李候科斯（2006：683）的综述性文章中列举了将定性比较分析法作为研究工具的五个目的。而其中只有一个是该方法的最初设计目的，即用于检验理论观点。其他的目的还有数据描述、数据检查、评估假设与理论推演。另外，这种方法在能够排除测量误差的情况下同样适用于检验由具体因果关系所构成的理论，在数据无误差的情况下也可用来进行数据描述。然而在本

[①] 饶有趣味的是，德默赫，瑞豪克斯和山崎（2008：151）明确地将"战争——和平"这样的两分法作为没有问题的分类进行引证。大多数学者在处理这种实证研究中的"两分法"时可能采取更为不同的观点（参见Gates and Strand, 2004）。显然本篇只处理因变量的测量误差问题。但也可能像经典线性回归一样在自变量中出现测量误差，并对这一点可能更难估计和纠正。

篇所述的理论生成模式中，该方法出现了问题。当将其用于理论推演，或推而广之，在出现测量误差时，就会出现问题。如果之前没有明确特定理论适用范围，则同一个案例集中多种子集的组合可能产生相当不同的归纳性理论阐述。

即使在理论检验模式中，定性比较分析法的运用同样存在相当的困境。尽管乔治和本奈特（George and Bennett，2005）认为测量误差可通过采用案例研究而降低，但是这种误差仍然不能完全排除，特别是在社会科学研究中。正如本篇中的蒙特卡罗模拟表明，测量误差的存在会明显改变理论检验的结果。因此斯托克（2004：109）提出，可以对可疑案例重新编码后进行再一次的定性比较分析，然后评估结果的稳健性。尽管这与该方法通常的操作方式相比有了较大改善，但仍然不算是检验测量误差的严谨方法。①

如前所述，尽管鲍莫尔和高尔茨（2000）提出的理论运用甚少，但可以在测量误差存在的情况下检验理论假设的必要条件。本篇中运用了"强有力的左派政党作为强福利国家的必要条件"这一案例来进行了阐释。② 在存在反例的情况下，选择"左派政党"这一条件，其结果体现在表1中。③ 同时本篇基于因变量中存在测量误差认为这个反例会反映在方案当中，因为即使其他10个国家都没有强力左派政党，强福利国家的结果变量也会出现。因此基于二项式分布中反例比率的单侧95%置信区间较小一端的值为0.005。④ 根据鲍莫尔和高尔茨（2000）的方法，当列联表中较低一端的值比每个单元格中的预期误差高时，对P_r的检验结果会否定必要条件假设。尽管对于现有案例而言无法直接地评估测量方法的可靠性，但假设一个案例可能被错误分类（例

---

① 令人意外的是施奈德和威格曼（2010）在他们的"好的数据操作"清单中列举了处理测量误差的建议，而马吉蒂和利维-福尔（2013）提供了详细的解决定性比较分析法数据集问题的方法，虽然这些讨论并没有基于该方法的首要原则。

② 任何必要的条件可以很容易地转变成一个充分条件（反之亦然）（参见 Braumoeller 和 Goertz 2000，846），相同的测试也可以被应用于格罗夫曼和施奈德所强调的两个充分条件中（2009）。

③ 这个表格还说明，强力工会和社会文化同质性是一个强大的福利国家的必要条件假设，在数据中没有产生反例。在下面的脚注中我也简单提及这两个潜在的必要条件假设的结果。

④ 当案例中没有反例时，显然较小一端的值为0。

如，十六个案例中的一个），那样误差比例将高于 0.06。因此测量误差的存在使得"强力左派政党为强福利国家必要条件"这个假设不能被排除。① 这个结果也必须和上述分析联系起来，因为有时测量误差与错误的使用范围条件同时作用，使得最终得出的结论为：强力左派政党只是强福利国家的一个必要不充分条件。

鲍莫尔和高尔茨（Braumoeller and Goertz, 2000）也建议对这种检验的效力进行评估，或者是考虑第二类误差，即纵使必要条件假设本身错误仍保持这样的假设。依据他们这样建议进行运算，将数据中的分布（十个反例中的一个）与均匀分布相对比，而且假设显著度（α）为 0.05，那么 p 的估计值达到 0.405，这意味着第二类误差大概达到 0.6。② 在这样的显著度条件下，基于表面数值的必要条件难以接受。③

虽然鲍莫尔和高尔茨（2000）的研究应对的仅是本篇提出的测量误差的问题，但将其与狄昂（Dion, 1998）的相关概述加以整合，可将作为归纳工具的定性比较分析法的问题部分缓和。④ 正如前文中的分析，一些方案是否成立取决于数据集中是否包含某一（两）个特定案例。基于这样的有限信息进行理论归纳（通常是各种条件的复杂组合）具备一定的偶然性。这一点在狄昂（1998）的研究中也略有提及，认为在贝叶斯方法中至少有 6 个案例，才有足够的确定性来维持一个必要条件。同样，鲍莫尔和高尔茨（2000）基于

---

① 由于置信区间的较小一端对潜在的其他两个必要条件而言都是 0，因此我们不能拒绝它们作为确实存在的必要条件假设。

② 对于潜在的其他两个必要条件，这些数值其实更低了，确切说分别是 0.280（强力工会）和 0.160（社团主义工业系统）。

③ 鲍莫尔和高尔茨（2000）同样建议通过比较每个 Y 对应的 X 值的分布（左派政党强度各自对应现存案例中的福利国家强度）来对必要条件进行平凡性检验（testing for the triviality）。为了避免用交叉列联表展现结果，易得当各 χ^2 的值达到 12.343 时，可以拒绝（当 $p = 0.000$）对必要条件的平凡性假设（说明可将后者作为一个以之前两个检验为基础的假设）。对于其他两种情况，χ^2 的值分别是 12.444（强力工会）和 7.467（社团主义工业系统），其时 p 值分别为 0.000 和 0.006。

④ 由于本篇采用的案例数量较少，就避免对克拉克、吉列根和戈尔德（2006）所提出的"非对称性"假设做进一步检验。

他们的 p_{II} 检验，提出在即使没有反例的情况下，如果少于 7 个支持案例，也要排除必要条件假设。[①] 拉金（2006）建议运用"一致性"（例如，拥有相同条件组合的案例比例和在结果变量中相同）作为有效的标准（参见 Schneider and Wagemann, 2010: 10）。正如鲍莫尔和高尔茨（2000）认为，不仅仅是"一致"的案例所占比例很重要，而且案例的绝对数量也是关键的。

这两个建议有助于解决本篇提出并用蒙特卡罗模拟法加以证实的问题中的一部分。虽然有必要直接考虑测量误差的存在概率，而且鲍莫尔和高尔茨的理论工具也似乎适用，但是要真的避免"归纳主义"的问题似乎更为困难，甚至对不同意波普尔所有批评的人也是这样。即便如此，金、基奥恩和韦巴（1994）还是达成了某种共识，认为定量和定性（实证方法的）研究必须依靠相近的基本推理目标[②]；可能在这种情况下，定性比较分析法的归纳运用方法将会逐渐消失。

参考文献

Alesina, Alberto, Reza Baqir, and William Easterly, "Public Goods and Ethnic Divisions", *Quarterly Journal of Economics* 114（1999）: 1243 – 1284.

Beger, Andreas, Jacqueline H. R. DeMeritt, Wonjae Hwang, and Will H. Moore, *The Split Population Logit（SPopLogit）: Modeling Measurement Bias in Binary Data*. Department of Political Science, Florida State University, and Department of Political Science, University of Tennessee.

[①] 由对奥萨和科尔内亚努-胡希（2003）研究中数据的分析与重复性实验素材分析可知，条件 E：社会条件（SOCIAL）得到超过一打的案例支持，看起来是比较确定的；而条件 B：可获取性（ACCESS）只有一个案例支持，不能在理论建构中"归纳地"加以考虑。但要注意到狄昂（1998），鲍莫尔和高尔茨（2000）提出的标准是相当严苛的。运用福利国家的案例，例如希克斯等人（1995）的研究[本篇也运用了这个例子，因其在马奥尼（2007）的研究中相当突出]，其实作者们支持各自主张的案例并不充足。确切来说，他们确认了三条巩固福利国家的道路（包括各种不同条件的组合），依照狄昂（1998），鲍莫尔和高尔茨（2000）的规则，为提供这三条道路的相关证据，至少要有 18 个（后者主张 21 个）案例。但希克斯等人（1995）只找到了 15 个案例（参见 Mahoney, 2007）。

[②] 对于这一主题的近期讨论，请参考本奈特（2006），布雷迪，科利尔和斯莱特（2006），夏夫利（Shively, 2006），肖特（Schrodt, 2006）和李候科斯（2006b）等人的相关著作。

2009.

Braumoeller, Bear F., and Gary D. Goertz, "The Methodology of Necessary Conditions", *American Journal of Political Science* 44 (2000): 844-858.

Clark, William Roberts, Michael J. Gilligan, and Matt Golder, "A Simple Multivariate Test for Asymmetric Hypotheses", *Political Analysis* 14 (3) (2006): 311-31.

Dion, Douglas, "Evidence and Inference in the Comparative Case Study", *Comparative Politics* 30 (2) (1998): 127-145.

Dusa, Adrian, *QCA Package for R Version 0.1-3*. Romanian Social Data Archive, University of Bucharest. 2006.

Dusa, Adrian, "User Manual for the QCA (GUI) Package in R", *Journal of Business Research* 60 (5) (2006): 576-586.

Ebbinghaus, Bernhard, "When Less is More: Selection Problems in Large-N and Small-N Cross-national Comparisons", *International Sociology* 20 (2) (2005): 133-152.

Ebbinghaus, Bernhard, and Jelle Visser, "When Institutions Matter: Union Growth and Decline in Western Europe, 1950-1995", *European Sociological Review* 15 (2) (1999): 1-24.

George, Alexander L., and Andrew Bennett, *Case Studies and Theory Development*. Cambridge, MA: MIT Press. 2005.

Grofman, Bernard, and Carsten Schneider, "An Introduction to Crisp-set QCA, with a Comparison to Binary Logistic Regression", *Political Research Quarterly* 62 (4) (2009): 662-672.

Hanushek, Eric A., and John E. Jackson, *Statistical Methods for Social Scientists*. New York: Academic Press. 1977.

Hausman, Jerry, Jason Abrevaya, and Fiona Scott-Morton, "Misclassification of the Dependent Variable in Adiscrete-response Setting", *Journal of Econometrics* 87 (1998): 239-269.

Hicks, Alexander, Joya Misra, and Tang Nah Ng, "The Programmatic Emergence of the Social Security State", *American Sociological Review* 60 (3) (1995): 329-349.

Hug, Simon, "The Effect of Misclassifications in Probit Models: Monte Carlo Simulations and Applications", *Political Analysis* 18 (1) (2010): 78-102.

King, Gary, Robert O. Keohane, and Sidney Verba, *Designing Social inquiry: Scientific Inference in Qualitative Research*. Princeton, NJ: Princeton University Press. 1994.

Kittel, Bernhard, Herbert Obinger, and Uwe Wagschal, "Wohlfahrtsstaaten im Internationalen Vergleich. Politisch-Institutionelle Faktoren der Entstehung und Entwicklungsdynamik", *In Der gezügelte Wohlfahrtsstaat: Sozialpolitik in Australien, Japan, Schweiz, Kanada, Neuseeland and den Vereinigten Staaten*, Herbert Obinger and Uwe Wagschal (eds). Frankfurt: Campus. 2000: 329 – 364.

Little, Daniel, *Varieties of Social Explanation: An Introduction to the Philosophy of Social Science*. Boulder, CO: Westview. 1991.

Mill, John Stuart, "Of the Four Methods of Experimental Inquiry", In *A System of Logic, Ratiocinative and Inductive: Collected Works of John Stuart Mill* (Volume VII), John Stuart Mill (ed). Toronto: University of Toronto Press. 1973: 388 – 406.

Osa, Maryjane, and Cristina Corduneanu-Huci, "Running Uphill: Political Opportunity in Non-democracies", *Comparative Sociology* 2 (4) (2003): 605 – 629.

Pennings, Paul, "The Diversity and Causality of Welfare State Reforms Explored with Fuzzy-sets"; *Quality and Quantity* 39 (3) (2005): 317 – 339.

Ragin, Charles, *The Comparative Method: Moving Beyond Qualitative and Quantative Strategies*. Berkeley, CA: University of California Press. 1987.

Ragin, Charles, *Fuzzy-set Social Science*. Berkeley, CA: University of California Press. 2000.

Rihoux, Benoît, "Qualitative Comparative Analysis (QCA) and Related Systematic Comparative Methods: Recent Advances and Remaining Challenges for Social Science Research", *International Sociology* 21 (5) (2006): 679 – 706.

Rihoux, Benoît, "Two Methodological Worlds Apart? Praises and Critiques from a European Comparativist", *Political Analysis* 14 (3) (2006): 332 – 335.

Schneider, Carsten Q., and Claudius Wagemann, "Standards of Good Practice in Qualitative Comparativeanalysis (QCA) and Fuzzy-sets", *Comparative Sociology* 9 (3) (2010): 397 – 418.

Skaaning, Svend-Erik, "Assessing the Robustness of Crisp-set and Fuzzy-set QCA results", *Sociological Methods & Research* 40 (2011): 391 – 408.

Stokke, Olav Schram, "Boolean Analysis, Mechanisms, and the Study of Regime

▶▶▶ 政治科学分析的艺术——方法论的分野、实验及融合

Effectiveness", In *Regime Consequences*: *Methodological Challenges and Research Strategies*, Arild Underdal and Oran R. Young (eds). Dordrecht, The Netherlands: Kluwer Academic Publishers. 2004: 87 – 120.

第二部分
定量研究方法及其新进展

社会调查方法的现状：多元社会中挑战、困境和前沿[*]

[美] 迈克尔·J. 斯特恩（Michael J. Stern）
[美] 依派克·宾根（Ipek Bilgen）
[美] 唐·A. 迪尔曼（Don A. Dillman）[**]

导读：本篇主要讨论了调查方法的现状，以提升社会科学的整体研究水平，并为相关研究者提供有用信息。本篇讨论了以往的调查方法论所面临的困境，还有随社会与技术发展而来的新兴调查研究手段及可能带来的机遇，而且借鉴了最近的研究成果。随着科技进步与社会文化的变迁，研究者当前的方法论选择会受到影响。

一、导言

抽样调查方法因其统计效能而有助于加深我们对研究问题的认识，通过

---

[*] 编译自：Michael J. Stern, Ipek Bilgen, & Don A. Dillman, "The State of Survey Methodology: Challenges, Dilemmas, and New Frontiers in the Era of the Tailored Design", *Field Methods*, Vol. 26, No. 3, 2014, pp. 284–301。原文约1.2万字。

[**] 迈克尔·J. 斯特恩（Michael J. Stern）、依派克·宾根（Ipek Bilgen）均任职于芝加哥大学，唐·A. 迪尔曼（Don A. Dillman）任职于华盛顿州立大学。

仅仅提问几百或几千个经过挑选的受访者，就可以相对精确地估计成千上万甚至上百万人的行为选择或对问题的看法。这种基于概率论具备数据可信度的概括能力，来自于调查时样本采集使用不同于其他常见方法的调查方法，如焦点团体法、民族志研究法与认知访谈法等，从而更好地采集有关个人特性、态度和行为等信息。

由抽样调查所得到的估计结果，其受抽样误差（样本个体体现目标总体的精度）以及其他误差的影响。包括了覆盖误差（总体中的某一部分包括在样本中的概率）、无回应误差（受访者的回应与研究目的无关或没有回应）、测量误差（通常是出于提问措辞不当、调查方式问题或受访者特性导致得到错误的回答），还有数据整理误差（编码错误和数据录入时产生的错误）。

虽然抽样调查自应用到社会科学研究以来经受了时间的考验，但是对特定调查方式的使用也该改变了。在20世纪中的大部分时间，面对面的访谈是最主要的数据收集方式，一段时间内，这甚至是大多数针对家庭或个人研究唯一可行的方法。但是，出于时效和成本的考虑，在20世纪的后二三十年，电话访谈代替了面对面的访谈。然而随着近十年来社会的重大变迁，其结果就是现在并没有一个被普遍接受且占主导地位的调查方法。

本篇致力于讨论调查方法现状推动社会科学研究的整体水平。下文从迪尔曼2002年在美国民意调查学会（American Association for Public Opinion Research）的主席报告出发，探讨调查研究和社会科学领域现今的挑战、困境以及机遇，进而推测技术与文化的变迁对研究者方法论选择的影响。

二、单一调查方法的局限性

（一）访谈法存在的问题

长期以来，研究人员认为受访者的回答会受到提问者的影响，无论是面对面还是电话访谈。受访者倾向于给出一个被社会容易认同的回答，而不太愿意给出外界社会难于接受的答案。同时，还会存在访谈者对被访谈者默许回答的猜测。

除了上述问题，我们也看到，在过去的二十年间，电话访谈的应答率在持续下降。此外，随着封闭社区（gated community）数量的增加和人们对面对面访谈的冷淡，再加上成本过高，因此这种方法存在诸多的困难。再加上电话应答机和主叫识别功能的大量使用，为调查者的工作设置了巨大的障碍，他们很难直接与家庭或者个人进行联系。

然而，现今而言更加巨大的挑战是传统的随机拨号（random digit dialing，RDD）样本覆盖面的缩减，其覆盖范围只包括固定电话。现实则是固话用户减少了，特别是年轻人，有孩子的家庭和发生诸如分居或离婚等社会关系变化的家庭（几乎无法用固定电话联系）。因此扩大样本覆盖范围是一个重大的问题。尽管手机号码也经常添加到这个样本框架中用来提高覆盖率，但是这种"双框架"的方式又带来了新的挑战。举个例子，双框架相比单框架（即传统随机拨号方式，仅拨打固定电话）更容易造成误差。此外，有时在美国的电话访谈会受到预付费接听时长和不同数据计划业务的影响。除此之外，移动电话使得难以通过地理位置选择受访者进行调查，因为在搬迁之后也可以继续使用同一个号码，因此移动电话的地区代码并不能用以指示受调查者的居住地。

（二）网络调查法存在的问题

随着访谈回应率的下降，出现了更加乐观的说法，认为网络调查将会取代电话访谈。然而由于诸多原因这并未发生。例如在美国家庭中网络覆盖率只有75%（2011）。除此以外，就算是在有网络的家庭里，一些家庭成员也缺乏必要的使用知识，他们并不惯于或是不常使用使用网络。

通过电子邮件调查以期获得高回应率也不一定有效。专业研究群体发现，只有极少量仅用电子邮件的调查获得了高回应率。除此以外，电子邮件地址并不能体现出可用的总体样本抽样框架（即电子邮件地址不能显示其回复者的个人资料，从而使调查者无法获知样本的类型），而且专业准则也不允许把调查问卷发给没有任何关系或是没有前期了解的人，有时可以用电子邮件（甚至电话）联系人们回答网络问卷，但这不仅会增加成本，还需要有效地说服人们在计算机上输入问卷答案。

现在有证据表明，很多人并不需要台式电脑与笔记本电脑连接网络（米勒等人，2012）。取而代之的是智能手机（或者其他的移动设备）就足以满足人们的网络与通讯需求。举个例子，皮尤网络与美国生活研究中心（Pew Internet and American Life Research Center）近期称，近半美国成年人拥有智能手机，其中17%主要用智能手机而非电脑来搜索网络信息。但在智能手机上进行问卷调查，需要为此设计非常简练的提问形式，因此，当研究所用的调查样本中相当一部分仅依靠此类智能终端手持设备时，一些传统的提问形式（例如矩阵表格）就不再适用了。

（三）信件调查法存在的问题

尽管遭遇很多的困难与质疑，但是无论是作为一种单独调查方式而言，还是与其他方式结合起来调查，信件一向是非常有效的。然而，研究人员表示信件调查也有几个问题。

首先，相比网络调查方法而言，自助式信件调查数据收集方式由于邮资、处理、印刷等因素成本更高。

第二，因为这种调查方法是死板、不灵活的。信件调查方法难以引入开放性可供探讨的问题，因而在这方面并不像访谈或者网络调查那样有效，限制了调查的难度与深度。此外，信件调查需要很久才能得到调查结果。还有证据表明，这样得到的回复的完整程度低于其他调查方法。当然，信件调查的无回应率通常也高于网络和电话调查。

最后，尽管美国邮政服务足以保证信件送达每一户居民家中，信件调查仍然存在调查范围与回应率方面的问题。举个例子，与在固定电话随机拨号调查时的情形相类似，信件调查并没有获得足够的回应率是因为年轻人甚少使用传统的邮件系统，还有搬迁等因素导致的居住地变化，而且家庭地址不完整和多个居住地也会影响该方法的调查效果。此外外来移民语言（英语）能力的不足导致难以回答问题（文盲和以英语为第二语言的人群）等因素。同时，倘若信件调查中问卷设计不完善的话，投递出的信件有被看作垃圾信件之虞。

三、寻找可能的解决方案

综上所述，如今的调查研究方法存在诸多问题。于是更多的相关研究出现了，然而在某种意义上却产生了很多新的问题。这些研究提出了大量的解决方案和可能性，而在本篇中只列举其最重要部分。

（一）切实选择有效的调查方式

与过去不同，现今没有哪种数据收集方式适于调查中的主流方法。为应对调查群体、资金预算与客户需求的不同，需要相应的对调查模式和实施步骤进行调整以减少调查误差，并控制调查成本。

1. 访谈方式

尽管有低回应率和低覆盖率的问题，仍然需要在一些调查中继续采用单一的电话访谈方式。有所改进的地方在于会增加受调查的移动电话用户数量，尤其是关于政治投票，因为需要进行多次调查与及时回应。除此之外，电话访谈的方式还会在面对特定人群的调查中采用，其中的合适受访者可能非常少，例如在全国免疫调查（NIS）中，受访者必须有一个月龄19~35的孩子，然而只有3%的人符合这个条件。当前，基于对调查时效性、成本效率与规模的考量，并没有替代电话访谈的合适方式。

在选举研究中，通常可采用民调数据来调整统计结果。然而，这些数据在很多情况下仅仅是通过电话访谈获得的，因而是不可信的。尚有与之相关的大量数据未被掌握,这会阻碍事后分层加权的进行。这些我们没有掌握的数据会对事后结果的分化产生重要的影响。所以说,有必要使用类似于"人口调查"(Current Population Survey)和"美国社区调查"(American Community Survey)中那样的面对面的访谈来收集重要的社会调查数据信息,从而避免其他调查模式中的覆盖率不足、无回应率高和信息误差的问题。

2. 自助方式

除了之前讨论的访谈方式的相关问题之外,当前有两个更重要的原因使自助调查模式越来越受欢迎,而通过信件进行的总体人口调查可能在自助模式中很快占据主导地位。第一,有足够的信件样本框架,第二,在同一类人群中,网络的使用程度不一,有些人使用高速网络,而另一些人则不然,再者,一些人担心个人信息泄露。除此之外,家庭调查显示,在非联邦政府调查中仅采用信件方式时,回应率大概在40%—70%之间。研究还表明,这种方式在针对家庭特点进行筛选方面是十分有效的,并且也有利于跟进一系列问题的细节,这时信件调查带来的数据搜集效果是足以与两阶段电话访问(two-stage telephone request)相比的。

(二)共享型网络调查是否切实可行?

当前,针对个人的调查方式相关问题的一个解决方案是选取同意在网上回答问卷的被调查者。有学者从1984年开始进行第一个电讯调查研究,将荷兰公民当作代表性的样本,并采用计算机辅助调查手段。随着过去二十多年来网络技术的迅速发展,有两种采样模式主导着这个领域的发展。

第一,在非随机抽样中,网站的浏览者会收到加入调查的邀请。赞助商倾向于为每个参与调查的人提供一些小的奖励(激励因素)。然而这个方法中有两个问题是必须考虑的。首先,例如网络使用者、学生、为了赚钱而多参与调查的家庭主妇在调查中所占的比例应当控制。第二,当获得回报成为人们填写问卷的驱动因素时,人们在调查中给出"积极"回答的动机就值得怀疑了。

第二，依概率的随机抽样，如随机数字拨号或地址抽样（Address-Based Sampling）等，来获取样本。一些研究机构（例如：CentERdata, InterSurvey, Gallup, and Knowledge Networks）已经在网络调查中运用了这种方法。现今很多诸如此类的在线调查采用的是荷兰的 CentERdata 模型，使用传统的分层概率抽样组合以确保样本的代表性。举个例子，知识网络（Knowledge Networks）通过地址抽样方法选取被调查者，然后为其中无法连接到网络的人提供装有 Windows 操作系统且连接到互联网的笔记本电脑。盖洛普（Gallup）民意调查采用随机数字拨号方法，然后依据不同情况为受访者安排信件或网络的调查方式。但是这些旨在解决网络覆盖面的手段成本高昂，并且受到网络质量的影响，除此之外，正如我们所知，没有实验证据表明，运用网络的概率性调查在代表性与数据质量上更占优势。

这两种抽样模式存在的问题不尽相同。举个例子，概率与非概率的调查方式受不同条件的影响，然而需要进一步探讨网络调查受到的影响是否更多一些。虽然研究表明概率随机网络调查在精度上超过了非随机在线调查，但仍然达不到传统方式的精确度，比如随机数字拨号调查法。

评估面对面访谈、随机数字拨号等传统调查方法与网络调查之间的差异，需要考虑的是网络用户与对一般人群之间的非随机选择及由此带来的差别。就如常和克洛尼克（Chang and Krosnick, 2009）等人所称，考虑到数据采集中的选择性与概率性因素，就必须知道并非每一个处在调查范围内的个体都有相等的可能性被纳入到研究当中。最近进行的一些对原始数据进行调整的尝试，例如加权与采样策略，意图抵消数据中的非随机倾向，并且还试图找出在线调查与其他方式的不同（例如绝对平均误差、最大绝对误差、显著差异的数量等）。还有互联网的熟练用户在社会统计学上的差异可能会影响回答问题的真实性，无论是在行为还是态度问题上。举个例子，这一群体的受教育水平更高而且更为富裕，以及个人性格受政治背景、社会变化和公民/政治参与的影响。虽然有调查表明，一些事后的分层策略——包括人口统计学方法与倾向性加权，并运用不同的样本选择方案——可能会抵消一些差异，但这不足以应对所有的情况。

随机调查具有典型性且是廉价和快速的,对于调查机构与研究者本人来说非常具有吸引力,这有助于获取针对性的样本,但并非对以往的统计或者方法论理论的沿用。很多政府机关和非政府组织会强烈反对把他们自己的调查用于其他人的调查中,这使随机调查方法成为选取调查数据的过程中唯一的可用方式。不过,我们看到越来越多的面板数据被应用到市场上和非营利性调查部门中,当回应率没有达到预期的时候,可以用这种方法补充和加强现有模式,但也由此带来对研究结果的质疑。

(三)单一调查方式的不足

虽然混合方式并非新生事物,但仅仅是在近十年间这种方式的策略才建立且完善。对混合调查模式的以实证研究为基础的研究,还有政府或大型调查机构广泛应用的两三种模式均体现了这一点。最近的一些研究,有助于调查人员实施自助混合模式的调查。

那么问题来了:是应该同时进行,还是依次采用不同的调查方式呢?研究表明,同时运用不同的模式并不会提高回应率。事实上,富尔顿和梅德韦(2012)在他们包括19个实验的"元分析"(meta-analysis)中发现,在进行信件调查的同时提供网络调查的方式,甚至降低了回应率。与之类似,米勒和迪尔曼(2011)发现,对于大学生来说,同时运用这两种方式并不会提高回应率,但也没有造成回应率的明显减少。然而依次使用网络或信件调查的方式会提升回应率。

尽管如此,混合模式还是可以提高样本的代表性。举个例子,梅塞尔和迪尔曼(2011)证实,仅用网络调查可能会削弱一些群体的代表性。然而,他们也发现在信件调查之后进行网络调查的结果,与那些仅通过信件的调查结果相差不多,但后者的开支却大得多。

还有一些因素是在采用混合方法时必须被考虑的。举个例子,混合方式在实际应用中会有一些不同,因为不同的人群往往适合不同的调查方式(例如对居家老年人适用随机数字拨号法，而年轻人适用网络调查）。差异的另一个来源是呈现方式，依靠视觉完成的自助调查通常与通过听说方式的调查得出的答案不尽相同。

除此之外，网络调查人员必须了解不同社会阶层的人网络使用方式的差异。96%的美国人使用固定电话（NTIA，2011），但是网络熟练使用者的人数是变化的。当进行网络调查时，问卷的设计必须简明，并且必须可以在其他调查方式中复现。受调查人群在网络使用水平中存在的差异，是否会在新的问卷问题结构中导致测量误差尚属未知。最后必须考虑的是，网络调查问卷的视觉设计移植到移动设备时可能产生的测量误差。

（四）对自助调查方式的认同

伴随现代人们交流方式改变，调查者必须适应这一点。当前不再安装固定电话的家庭正在增加，传统随机数字拨号方法的取样框架也就不那么完整（即被调查者的比例降低）。除了科技的变化，文化也从即时交流转化为依靠其他媒介进行。这在社会学理论中也受到关注，如"网络个人主义"（networked individualism）或者"全球本土化"（glocalization），在这里，距离和个人通讯的本地化都变得越来越没有意义。相比自助方式而言，访谈调查形式不甚规范。如史密斯等人（2010）在对一般人群进行的调查的相关研究中指出，足有98.8%的受访者选择以自助的方式接受调查。

另外一个问题在于交互语音识别技术是否还有前途。该技术能够自动地对人们讲述调查问题，受访者可以进行口头回应，亦可以用手机键盘输入文字回应。这种还不太成熟的方式或许更适于进行社会调查。除此之外，发展中国家的移动电话用户要多于网络与固话用户。智能手机的运用使得从听觉到视觉转化的技术难度显著降低，而且文字输入更为便捷。因此交互语音识别技术也许会在未来调查中发挥更大作用。而且该调查技术可以使受访者同时进行口头与文字的回应。由此，本篇认为这种方法的效用值得进一步探究。

(五) 问卷的视觉设计如何影响回答

随着自助式调查成为一种趋势，了解问题和问卷的视觉设计对回答的影响也变得十分重要。二十年前，调查方法论把更多的注意力放在问题措辞上，而不太重视整个问卷的设计会如何影响回答。在20世纪90年代，认知访谈成为用来评估问题和问卷的主要手段，调查方法论开始逐渐探究视觉设计和问题设置对回答的影响。过去十年间的研究也确认了这一点。

在这一领域的研究也说明了视觉布局在多大程度上影响调查的回应率与对回应形式的偏好，纵使一些字体与排版上的细节也会影响受调查者的回答。举个例子，克里斯蒂安和迪尔曼（Christian & Dillman, 2004），史密斯等人（Smyth et al., 2006），斯特恩等人（Stern et al., 2007）都展示了箭头和答题框是如何引导受访者在研究中如何接受信息并完成自填式问卷。在工作中，托兰乔等人（Tourangeau et al., 2004, 2006）在研究中发现并阐释了空间和视觉信息理论对视觉设计的影响。

仔细解析这个研究，会发现两个在未来十分重要的问题变得明朗。首先，混合方式是非常必要的，因此需要探究不同方式和不同平台之间视觉设计的差异，需要将网页或纸质版的调查问卷进行统筹设计。第二，网络调查的设计人员现在需要考虑问卷在智能手机和平板电脑的呈现形式。

四、结论与讨论

了解调查方法的现状，需要了解其发展历程和未来趋势，并对此加以完善与改进。为了解决当今研究方法面临的困境，就要考虑到当今的科技发展和社会变化，而不拘泥于过去惯用的方法。当然还要理解数十年来形成的有效调查的原则，才能用开放的心态，吸收先前积累的教义，方能自如应对不断变化的调查研究环境。下列的三个主题强调了未来研究中需要关注的地方。

首先，调查方式需要针对不同的被调查群体而有所改变。谢弗和戴克马

(Schaeffer & Dykema, 2011: 930) 的研究表明,"不同调查需求差异与调查技术的发展,使得问卷设计变得更为复杂。现今移动设备的数量不断增长,取代了早先的台式机与笔记本电脑等连接网络的主要方式。然而,这并非切合人口统计学的步伐。"因此,调查有时应适应本初的需求和目的,举个例子来说,针对应届大学毕业生的问卷设计,更应该注重视觉设计,而即使关于同一主题对于学校管理者的调查,则应更关注调查方式的可行性。这就是说面向全体大众的研究处在前所未有的困难中,有时对多数人适用的数据收集方式不适用于另一部分人。当然,在同一个研究中也可以应用多种方法,我们尚未发现如何将网络、信件和交互语音识别等方式组合起来使用,未来对此需要更多的研究。

第二,随着自填式问卷的发展和访谈回应率的下降,及对在线调查兴趣的增加;对社交网站调查潜力的兴趣;对搜索引擎的采样等新兴的调查手段兴起,非随机抽样的方法还会继续得到关注。如在2012年美国舆论研究协会(American Association for Public Opinion Research, AAPOR) 会议上道格(Doug Rivers) 和乔治(George Teherian) 的主题发言中,虽然对随机抽样仍有相当的兴趣,但都关注了随机抽样的理论指导前提。未来对抽样方法的局限性与可能性,尚需不断继续深入研究。

第三,传统上更倾向于对调查方法加以区别,但这对现今的很多研究而言已显过时。随着社会和技术的发展,各传统调查方法之间的界线日渐模糊。举个例子,虽然以往研究中常用的电话访谈和信件调查是视觉与听说手段的典型方法,但是在现今采用网络、智能手机和平板电脑等终端进行的调查中,可以将这两种迥然不同的典型手段加以结合。近来网络调查已经从单纯的调查方式发展成了"多维的"概念,加入文字录入的交互语音识别(IVR),可以结合自填式问卷和访谈的形式,综合了视觉设计和听说理解。本篇非常确定的是:未来调查方法之间"桥梁"的存在非常重要,其有助于提高回应率,控制误差并且降低成本。

▶▶▶ 政治科学分析的艺术——方法论的分野、实验及融合

参考文献

Chang, L., and J. Krosnick, "National Surveys via RDD Telephone Interviewing versus the Internet: Comparing Sample Representativeness and Response Quality", *Public Opinion Quarterly* 734 (2009): 641–678.

Christian, L. M., and D. A. Dillman, "The Influence of Symbolic and Graphical Language Manipulations on Answers to Paper Self-administered Questionnaires", *Public Opinion Quarterly* 68 (2004): 57–80.

Messer, B., and D. A. Dillman, "Surveying the General Public Over the Internet Using Address-based Sampling and Mail Contact Procedures", *Public Opinion Quarterly* 75 (2011): 429–457.

Millar, M., and D. A. Dillman, "Improving Response to Web and Mixed-mode Surveys", *Public Opinion Quarterly* 75 (2011): 249–269.

Miller, C., K. Purcell, and T. Rosenstiel, *72% of Americans Follow Local News Closely*. Pew Research Center. http://pew.org/Reports/2012/Local-news-enthusiasts.aspx (accessed July 20, 2012).

Schaeffer, N., and J. Dykema, "Questions for Surveys Current Trends and Future Directions", *Public Opinion Quarterly* 75 (2011): 909–961.

Smyth, J., D. A. Dillman, L. Christian, and A. O'Neill, "Using the Internet to Survey Small Towns and Communities: Limitations and Possibilities in the Early 21st century", *American Behavioral Scientist* 53 (2010): 1423–1448.

Smyth, J., D. A. Dillman, L. Christian, and M. Stern, "Comparing Check-all and Forced-choice Question Formats in Web Surveys", *Public Opinion Quarterly* 70 (2006): 66–77.

Stern, M. J., D. A. Dillman, and J. D. Smyth, "Visual Design, Order Effects and Respondent Characteristics in a Self-administered Survey", *Survey Research Methods* 1 (2007): 121–138.

Tourangeau, R., M. Couper, and F. Conrad, "Spacing, Position, and Order Interpretive Heuristics for Visual Features of Survey Questions", *Public Opinion Quarterly* 68 (2004): 368–393.

Tourangeau, R., M. Couper, and F. Conrad, "Color, Labels, and Interpretive Heuristics for Response Scales", *Public Opinion Quarterly* 71 (2006): 91–112.

社会科学研究中的数据采集模式：现状与未来[*]

[美] 米克·P. 库珀（Mick P. Couper）[**]

导读：本篇将回顾数据采集模式的发展动态，认为伴随数据采集模式的不断增加，且不同数据采集模式的复杂度也在提高，进而指出不同数据采集模式在调查者与受访者接触程度、受访者参与程度、沟通渠道、访谈中的控制、受访者隐私保护程度和计算机应用程度等六个维度存在差异。随后分析了不同模式导致的测量误差程度及所需对策，而为了综合利用不同数据采集模式的优点，减低单一模式在调查成本、样本覆盖、无应答率和测量误差等方面问题，混合数据采集模式应用正在不断增加。本篇通过对混合数据采集模式分类、优势和具体实践解读，继而预测在新技术发展和互联网应用背景下，不同数据采集模式的未来发展方向。

---

[*] 编译自：Mick P. Couper, "The Future of Modes of Data Collection", *Public Opinion Quarterly*, Vol. 75, No. 5, December 2011, pp. 889–908。原文约 1.6 万字。作者为国际知名社会科学调查研究专家，其撰写的社会科学调查系列著作一直均为国外高校指定阅读教材。本篇是《公共舆论季刊》（*Public Opinion Quarterly*）纪念创刊 60 周年的专题文章，并为该刊物近五年高下载率和高转引率文章，本篇对我国社会科学研究不断兴起的文件调查具有较强借鉴意义，对厘清当前的问卷调查盲区和误区有学理价值。——译者注

[**] 米克·P. 库珀（Mick P. Couper），密歇根大学社会研究院教授，社会调查中心主任。

▶▶▶ 政治科学分析的艺术——方法论的分野、实验及融合

一、数据收集"模式"的发展及其演化

要想知道我们将要走向何方，必须先知身处何方，故在描绘未来之前，首先要回顾数据采集模式的过去和现状。本篇将重点论述社会调查专业领域内的动态和挑战，并提出对于未来发展的一些想法。

数据采集模式的差异存在已久，不过直到 20 世纪 70 年代末期，"模式"才作为一术语开始流行。例如，德明（Deming, 1944）在讨论"不同的征集选票形式"时，指出邮件、电话、电报和直接面谈等不同模式。霍奇斯特（Hochstim, 1967）也同样对比分析了数据收集的"策略"或者"方法"。现在无法确定最先使用"模式"这一术语的文献来源，它也没有得到明确的定义。不过，格罗夫斯和卡恩（Groves & Kahn, 1979）在对比研究面对面和电话调查时使用了这一术语，随后格罗夫斯（Groves, 1979）和奥尼尔（O'Neil, 1979）在各自发表的文献中都使用了这一术语。

此后，"模式"虽然没有被明确定义，但也成为了调查研究的一个专业术语。比如，纸笔形式的面谈和计算机辅助面谈的对比可称为不同模式对比。尽管有人可能会反驳说这只是技术上的改变，不是数据采集模式的不同（Fuchs, Couper, and Hansen, 2000）。但正是这一名词的广泛使用反映了数据调查方法的变化。

近期研究表明，模式的概念已经扩展到原来的概念范围之外，至少不再仅用于调查的描述。在过去，如果说一个调查研究是利用电话进行，这其中就包含了非常全面的信息，包括可能的错误来源。然而，之后如"一个全国范围的面对面调查"或是"随机拨号（random digit dialing, RDD）的电话调查"等简单描述就不够全面了。原因在于三种相关趋势：**数据采集模式的扩散；采集模式复杂性的增长；混合模式的增多**。后文将逐一阐述这些趋势。

（一）数据采集模式的扩散

近几十年，数据采集模式类型不断丰富，且单一模式内也有分异。20世纪40年代到70年代之间，邮件和面对面调查是主要的数据采集模式（Lyberg & Kasprzyk, 1991）。70年代，电话在美国最先兴起并得到广泛应用，欧洲和其他地区紧随其后。电话调查的增长有几大因素：电话覆盖率的上升，比面对面调查相对较低的成本，较快的速度（这使得电话对态度和意见的统计具有特别的吸引力），其得出的数据结果也与面对面调查基本一致（Groves & Kahn, 1979）。而90年代开始出现的互联网调查，则凭借其在速度和成本上优势挑战了电话调查地位（Couper, 2000）。另一面，电话调查无回复率升高，手机覆盖率上升，以及针对地址调查的发展增多，这些因素反而造成了近期邮件调查的复兴。

计算机辅助采访的发展带来了新的模式，包括计算机辅助电话采访（computer assisted telephone interview, CATI）和计算机辅助个人采访（computer assisted personal interview, CAPI）。此外，越来越多的研究结果显示，对于敏感问题，或那些承受社会期许压力的受访者，自填式调查更有优势。这就促使很多由采访者主导的调查中也部分采用新的自助式调查方法。因此，自填问卷（self-administered questionnaires, SAQs）逐步发展出了计算机辅助自填采访（computer assisted self-interviewing, CASI）和它的变种（如音频计算机辅助自填采访等），以及电话版本（交互语音互答［interactive voice response, IVR］或者 T-ACASI）等（Couper & Nicholls, 1998）。

（二）复杂性的数据采集模式在增长

随着可用模式种类增多，模式也愈发复杂。例如，计算机自填采访会包括文本、音频或视频形式的问题或引导性材料（Couper, 2005）。网络调查也会包括这些相似的模式（如视频计算机辅助自填采访）（Fuchs, 2009）。同样是视频计算机辅助自填采访,尽管通过网络进行的和面对面调查中使用的可能有很多相同的测量误差,这两者的差异还是更多地体现在非观察部分的误差,包括采样,覆盖率和无应答率。

因特网或网络测试能够帮助进一步理解模式复杂性的概念。网络调查可以被视作一种模式,不过其有很多确定样本的方式(Couper, 2000),包括概率和非概率方法,以及在线可访问样组调查(online access panels),拦截式调查(intercept surveys),列表样本(list-based samples)等其他途径。其他样本设计方法本身就能体现特定的模式,如区域概率样本对应面对面调查,随机数字拨号或随机取样样本对应电话调查。这些方法对于调查结果的得出有不同的影响。进一步讲,网络调查可以使用多种不同模式完成,有些在测量方法上类似于受测者自填调查,有些又与邮件调查相似。换句话说,网络是一种多重模式混合,只知道某项调查是以网络模式进行不足以评估这次调查或预期结果的质量。

类似的,面对面调查也不再是仅仅询问被访者一系列问题。这些调查通常会包括自填部分,也有越来越多的加入采访者观察、物理测量以及展示卡片等方式,这些都增加了不同数据采集模式的复杂性。

(三) 混合模式的发展

混合模式运用的增多,也使得对模式的描述更复杂。早在 1964 年斯坦利·佩恩(Stanley Payne)就提出:"组合使用不同的数据收集方法可以得到丰厚的结果,但直到最近人们才开始考虑这一选项,开始都只将这些方法视作各自独立的选择,并没有想到在调查中相互补充使用。"(Payne, 1964:61)利伯格和卡斯普尔泽克(Lyberg & Kasprzyk, 1991:248)的文章中也提出了相似的想法,认为"在实际研究中,很少只使用一种数据采集模式。调查成本、样本覆盖、无应答和测量误差等问题,往往促使研究者采用两种或多种数据模式"。近几年,混合模式调查受到了更多关注,一个原因是电话调查遇到的困境,这在上文也有提到,虽然电话调查几十年来都是最主要的公众舆论调查模式，但它受到了地址取样、邮件调查的重新兴起、网络调查的潜力等因素的挑战。

二、数据采集模式的不同区分维度

"模式"并不只是一个某项调查的描述性关键词，根据对调查的误差和成本的不同影响，不同数据采集模式会在几个相互关联的维度分别发生不同的变化。在此，我简要介绍几个关键的维度。（Groves et al., 2009, Chapter 5; de Leeuw, 2008）

第一个维度是受访者的参与程度。有些数据采集模式（如电话调查、面对面调查等）是完全由调查者掌控，他们亲自阅读问题并用纸笔和电脑记录答案。有些模式是调查者在场情况下受访者自我掌控。包括电脑辅助自测和纸质自填问卷测试（SAQs）。发放的问卷调查和呼出（outbound）交互语音互答/T-ACASI 等模式中，调查者掌控程度更低。受访者参与度最低的是完全受测者自填模式，比如邮件调查、网络调查和呼入型（inbound）交互语音互答。调查过程中，调查者参与程度不只影响调查成本，也会影响到非观察部分的误差（例如取样和无回复）和测量误差（例如敏感问题，动员受访者的能力，调查题目理解的帮助等）。

第二个调查模式维度是调查者与受访者接触程度。面对面调查中接触程度最高，调查者与受访者直接接触，可以进行语言和非语言交流。这种直接接触中可以使用书面材料，如 ID 标记和信件等，以获得受访者的合作；也能使用展示卡片以便更好地获得回复；调查者在面对面调查中还有机会进行观察，进行各种物理和生物信息的测量。电话调查中，调查者和受访者的直接接触相对较少，邮件或网络调查中的接触就更少了。在一些模式中，展示调查者朗读调查问题的视频和图像，或者用符号或动画来模拟代表调查者，这些模式中，调查者和受访者的接触程度是中等水平。

第三是沟通渠道，这需要同时考虑"面向受访者"和"来自受访者"两个方向。电话调查（以及 IVR）在沟通中通常使用单向听觉通道，邮件调查也只使用单向视觉通道。面对面调查在这方面则更灵活,在口头进行调查问答同时,也会辅以视觉材料。音频计算机辅助自填采访常常同时使用听觉和视觉两种沟通渠道。网络调查也提供了灵活的沟通渠道,大多数网络调查都以书面语言提问,另一些也在探索其他如音频或视频等表达模式的可能性。

第四是不同数据采集模式有不同的控制方。邮件调查中,受访者对何时、何地、以何种模式回答问题有着完全的掌控。在调查者控制的调查中,调查者们可以决定面谈的节奏和形势,掌握更大控制权。在计算机辅助的调查中,系统软件有部分的控制权,由软件决定可通过的答案和接下来的问题。网络调查可以像纸质调查一样灵活,也可以像CAI调查一样对互动有更多的控制。

第五个是受访者可以享有的隐私程度。隐私程度最低的调查是对离职雇员的意见调查和拦截访问,受访者可能是他人在场的情况下接受面谈,调查人员掌控调查的隐私程度中等,同组受访者有可能听到他人被访问情况。与固定电话调查相比,通过移动电话进行的调查会因为面谈环境不同而有更多不同隐私度。同样,计算机辅助自填采访、邮件和网络调查等高隐私度模式,会因不同调查设计和受访者选择而有不同隐私程度。

第六是不同模式在运用计算机技术程度方面的差异。按照从低到高的顺序,有完全纸质调查,调查人员掌控或受访者掌控,再到只有调查人员使用电脑(如计算机辅助电话采访或计算机辅助个人采访)。受访者使用调查方提供的技术设备如计算机辅助自填采访等模式,运用计算机技术的程度更高。而程度最高的则是受访者使用自己的技术设备,即网络调查。计算机技术的使用程度可能会影响样本覆盖范围、无答复率和测试误差。

总之,模式可能对于不同人有不同含义。一些人认为模式是沟通的媒介,一些人认为是进行一项调查所用的技术,还有一些人则认为模式是一个特定研究中完整的数据收集系统。关键是任何一种模式都可以从上文提到的每一个维度来描述。这对现在和未来的数据采集模式都适用。理解这些维度对调查误差和成本的影响,可以指导我们选择最佳模式,并且帮助理解模式选择在调查结果评估上的影响力。只考虑一个维度或者一个误差源可能就无法得到最优结果。

三、不同数据采集模式的差异

关于数据采集模式差异的研究文献繁多，而且还在不断扩充。比如历次美国舆论研究协会（American Association for Public Opinion Research，AAPOR）会议上关于方法论的论文中，就有很多涉及数据采集模式比较，最近的会议中有更多关于混合模式的比较。为了解决研究中会遭遇的难题，特别是对于模式差异认知的缺漏，本篇指出：

（一）研究不同数据采集模式的影响有不同方式

一些研究关注结果，审视整个数据收集系统。例如，在比较随机拨号电话调查和面对面调查时，直接进行结果评估，而不对可能的差异来源进行隔离，比如样本覆盖范围、抽样、无答复、测量或程序误差等。这样不让各方面条件相等就能让所有模式达到最理想化状态。另一些研究关注特定误差来源，例如网络和电话调查的覆盖范围差异，或者关注会产生这种差异的特定机制，例如应答顺序影响或者社会期望造成的偏见（Chang & Krosnick，2009）。

虽然这两个方法都有用，对目前繁多的有关不同数据采集模式影响的文献，还是很难进行综合归纳，原因有很多。第一，因为这类研究的着眼点或过于宽泛或过于狭隘，很难同时通过不同误差来源来比较不同模式。第二，很少有涉及两种以上模式的比较。读者不得不从大量的成对比较中得出模式影响的完整框图。另外，有一些模式的对比相对少见，比如面对面调查和网络调查的对比，就不如电话调查和面对面调查的对比常见。所以我们在这方面的认识存在缺陷。第三，研究的设计条件也相差很大（包括调查对象，取样框架，所提问题，数据收集协议的施行等方面），很难将把这些案例调查归纳后运用于其他情境。最后，调查模式实施的很多细节并没有被提及，就无法完全了解设计特征对结果的影响。比如纸质调查和计算机辅助电话访谈就会因为发放方式不同，而在应答分布上产生意想不到的差异。

最近有一些正式或非正式的综合分析，可以帮助我们更全面地了解不同数据采集模式在调查误差和成本方面的作用。不过这些分析大多还是关注特定情况。如，最近有两个综合分析核查了网络调查和其他模式（大多是邮件）回复率的差异（Lozar Manfreda et al.，2008；Shih & Fan，2007）。显然网络调查的回复率总体比邮件调查低，但是也存在例外。我们至今不知道为何如此，也不知道决定回复率差异大小的条件。况且，虽然我们很了解回复率，却对两种模式的无回复偏差所知甚少。

同样的，因为许多研究关注不同模式的测量误差特性，现在我们对模式差异的不同来源所知甚详，但很多研究只注重一个单独的类型或问题（如答案选择的数量），或某类影响（如社会期望度，要求回复的顺序等）。

（二）不同模式之间测量误差差异的程度和所需对策的不同

一些人认为人们在不同模式下回答问题的方式本身就有差异，另一些人则认为，这些差异很小，甚至在一些情况下是不存在的。造成分歧的原因在于：被比较的模式、被研究的问题及用于研究不同模式所受影响的方法。受测者也许能逐渐适应新的技术，或者调查人员能够学会调和模式差异的影响，如果这样，那么其中的一些分歧将会随之减少。

性质相近的数据采集模式在测量误差上也几乎相同。例如，以格罗夫斯和卡恩（Groves & Kahn，1979）为首写出的一大批优秀文献，都表明电话调查和面对面调查在回复率方面差异很小。不过差异并不是不存在，而且其中一些可能受其他变量影响，若如果只在一种模式中针对敏感问题使用展示卡片或自填形式，两者的测量误差就会有区别。同样的，很多关于邮件和网络调查的研究也发现两者在测量误差方面之间几乎没有差异。这不足为奇，因为邮件调查和网络调查都是受访者自填。然而，两种本身区别较大的模式就会有更多的测量差异，比如电话调查和网络调查。

调查问题类型与不同模式间的差异。事实类问题，或者非敏感的是非题，应该不会因为调查者在场而受影响，也不会受视觉或听觉的沟通方法的影响（当然前提是问题本身不复杂）。然而另一方面，我们知道敏感问题会受不同模式的影响。所以，不是所有问题都会受到不同模式的影响。

（三）比较模式间的测量差异时，常见的设计是随机给几种模式分配样本

这常常混淆选择造成的影响和测量差异，特别是覆盖率和无回复率方面的差异。换句话说，差异可能来自受访者不同的选择，而不是模式本身的测量属性。为了避免这种情况，调查者可能会将志愿者样本的比较限制在实验室环境中（如 Chang & Krosnick，2010）。另一个策略是在相邻的时间内，同一个被测者在不同模式下重复测试。在这些情况下，被测者有可能回忆起先前的答案，并在第二次作出相似的回答。所以宽泛的分析不同模式的差异并不可行。

近几十年内对模式间测试差异来源的理解已有长足进步。但很少有人研究多个模式的影响规律，也没人在理论上整合不同影响。不过，还是有值得一提的例外，例如，德·莱乌和凡·德·佐文（de Leeuw & van der Zouwen，1988），托兰乔、皮普斯和拉辛斯基（Tourangeau, Pips, & Rasinski, 2000），还有最近的杰凯尔等人（Jackle et al.，2010）。这类研究如果持续发展，我们将能够从现有的数据采集模式（或现有模式的组合）推断出未经测试模式的特征，或者根据这些模式特色，推出一些前所未有的数据采集模式或组合。也就是说，除了多种模式的比较研究，我们更需要可以帮助理解模式间差异发生的原因和时机的学术研究。即：问题不是差异是否存在，而是差异有多大，为什么存在，将对数据使用产生怎样的影响？

模式的选择要衡量取舍不同误差来源。虽然我们很了解调查模式对单一误差来源（如答复率和测量误差）的影响，我们仍不够了解它对不同误差来源的相对效应。最近重新兴起的对整体调查误差的兴趣，可能会为更好决策提供理论、工具和数据上的帮助。

四、混合数据采集模式的兴起

混合数据采集模式是一个热门领域,数据收集的组合方式有很多,所使用的方式对所有调查误差来源和成本都有影响。组合使用模式的目的各不相同,包括减少成本,增加回复率,覆盖不同的调查对象范围,明确特定的目标子群,改善测试结果等。

(一)混合数据采集模式的分类

德·莱乌(de Leeuw)提出一详细的数据采集模式混合方法分类(Dillman, Smyth, & Christian, 2009 有相似的分类法)。其中关键的区分点是:联系阶段、回应阶段或跟进阶段是否使用不同模式。为了进行预先通知或联系而采取混合模式的做法(如电话调查之前的信件预先通知,或网络调查的邀请邮件)已经相当普遍,同时,问卷调查的不同部分采用不同调查模式,这种做法也很常见(比如在计算机辅助个人采访中采用音频辅助)。最近颇受关注的混合模式设计是对不同样本使用不同模式进行采访或采集信息。一个较早的例子是随机拨号和区域概率样本的双框架设计(Groves & Lepkowski, 1985),有条件的使用电话调查,其他则亲自去采访。另一例子是在数据采集的中途临时决定使用混合调查模式。比如最初对全部样本采用单一模式,随后对无回复者起用另一种模式。

现在多用"并行"和"串行"混合模式描述这些途径,但这种区分没有完全精准地描述个中差异。例如,我们需要辨别模式偏好(询问受访者他们更喜欢哪种数据采集模式)和模式选择。后者可能指受访者在提供的两种或更多调查模式中选择这种情境,或者受访者选择的那种模式。最后,调查方法分配(引导人们用某一特定的模式或一定顺序的模式)可能会根据框架信息、受访者的偏好、随机分配等进行。也就是说,理解混合模式设计中的行为者和各个选项的控制者是重要的。因为这些差异,对混合模式环境下的不同模式影响的讨论就更加复杂了。

混合模式设计也能在时间（如长期调查项目）和空间上（如跨国调查）进行扩展。例如，欧洲社会调查是一个多国重复调查，马丁（Martin，2011）以此为背景，确定了三个混合模式设计的扩展：（1）跨国混合模式（ACMM）；（2）国家内混合模式（WCMM）；（3）跨时间混合模式（ATMM）。不考虑这个术语是否流行，重点在于混合模式设计的采用使不同模式比较在时间和空间上更加复杂，尤其当模式的混合和各种调查模式的比例会产生变化的时候。

（二）混合数据采集模式的优势与实践

混合模式设计一个长处就是，各种模式可以互相取长补短，特别是有自填模式的混合。换句话说，使用多种模式有希望得到比单一模式更高的回复率，并且引进不同组别的回复者，因此可以尽可能地减小回复误差。到目前为止，结果是喜忧参半的。如林克和穆克达德（Link & Mokdad，2006）发现可通过在电话访问中增加邮件和网络调查，提高回复率。但是也发现混合模式方法会因受访者重复参加而增加人口统计误差。

使用混合模式还有一个目的是节省资源，从而可以用节约下来的资源调查特定目标子群。美国人口统计局在人口普查和美国社区调查中采取混合模式，就是出于这一逻辑。其中暗含的假设是，模式间的测量误差不大——或者至少没有大到可以抵消混合模式的优势。

有些研究让受访者在并行的混合模式设计中选择，却发现这样做并没有增加回复率（Griffin, Fischer, and Morgan, 2001; Tourkin et al., 2005; Gentry & Good, 2008）。串行的混合模式方法中，受访者可以按顺序选择不同的调查模式，这种方法似乎更有前途（Holmberg, Lorenc, and Werner, 2010; Smyth et al., 2010）。但是对不同类型的调查，还需要寻找最佳的结合模式和顺序。

此外，混合模式往往是为了减少非观察性错误，比如补偿互联网或电话访问等模式的覆盖率问题，或弥补邮件调查中因为读写能力出现的无回复偏差,但混合模式可能增加测量误差的复杂程度。如果不能忽略模式之间的差异,主要有两种方法可以处理混合模式中的数据采集误差。第一种方法可以被视为"预防"策略,试图最大限度地减少测量误差模式之间差异。问卷设计中,马丁等人(Martin et al., 2007)的"全方位展示"和迪尔曼(Dillman, 2007)的"统一模式构建"是这一策略的典型实践。另一种方法可以被称为"修正"或"调整"方法。这种方法认为测量差异是模式的基本特征,不能通过设计排除。这种方法要求每个模式的设计效益最大化(或为每个模式优化设计),而不是像预防策略那样,妥协以产生最小误差。然后测量差异需要进行数据上的调整,得出测量结果,以便于比较使用的模式。范尼文许泽、鲁斯凡德和莫伦伯格(Vannieuwenhuyze, Loosveldt, and Molenberghs, 2011)近期在这一领域的工作提供了一些希望。作者认为,在实践中这两种方法的结合是必要的。

最后,所使用的不同模式很可能决定混合调查的难易度。例如,网络调查可以模拟其他数据采集模式,是一种全面的模式。像滚动网页调查可能在许多方面与邮件调查类似,而分页调查则更像电话调查。同样,项目的缺失数据可以通过类似于邮件调查或调查者主导的方式来呈现。面对面的调查也有多方面的功能,比如允许对敏感问题使用自填模式、使用展示卡片、调查者的观察、物理措施和各种各样其他的调查改进。不过一些模式灵活度不高。如,(传统)电话模式只仅限于听觉沟通,邮件仅限视觉传达。从这个意义上看,这两种模式是最有限制性的。因此,混合模式设计让不同调查方式达到相同效果可能会更难。

另一种类型的混合模式设计,是针对一组特定问题采用特定模式,而不是针对受访者组别。其重点是降低测量误差。我们对不同模式特点和影响,以及它们在特定问题下对某些类型的受访者产生的影响越了解,越可以利用该模式的灵活性改进测量质量。例如,康莱德和斯科贝尔(Conrad & Schober, 2000; Schober & Conrad, 1997)的研究表明,电话采访只在某些可能情况下有益。期待受访者对不同问题有不同的回应方式是一个挑战。但随着新方法开发和对其性质的理解加深,我们将能更好地为具体问题设定具体的针对性方法。如在计算机辅助个人采访调查中对敏感问题使用计算机辅助自填采访就已经实现了这一想法。在同一模式下进行不同的网络调查设计，以适应同时有电话采访和标准化问题的调查，这一设计也是有望实现的。

（三）不同数据采集模式中的记录和报告

当前需要更好的方法描述调查中所用的数据收集方式。例如在一个混合模式研究的报告中，只提供一个回复率数据是不够的。每个模式的回复率——以及每个模式相对的受访者的反应特点——都是重要且需要披露的信息。同样，为了判断调查或其结果的价值，其中所用协议的细节是必需的。以便使得该调查研究可重复验证。

当然，我们还需要对用户和分析者进行更好记录存档。进行长期分析的研究者需要特别关注这一问题，一个特定的问题可能会随着时间和受访者的变化而改变。记录的挑战不可忽视，随着我们使用的模式越来越复杂，这些细节将变得越来越必要。

五、数据采集模式的未来

预测总是有风险的，特别是当以书面形式留存待后世评价时。本篇将努力避免对未来作出绝对性的论断。但调查模式将继续发展，以适应交流沟通的社会变革，同时应对创新沟通和数据收集方式的技术发展。

（一）对不同数据采集模式的整体评估

一些模式会不会消失或过时？在互联网早期发展阶段，有观点认为网络调查将取代电话调查，甚至所有的采访者主导式的调查（Black, cited in Couper, 2005）。这样的预测并没有应验。同样，计算机辅助电话采访和计算机辅助个人采访并没有取代纸笔调查的形式。尽管现在计算机辅助模式占主导地位，但纸笔数据收集在一些调查中仍是很有意义的。新模式往往是补充，而不是替代现有的模式。部分原因是，即使它们能解决一些问题（如改善测量，减少成本），但依然有其他问题（例如覆盖率、无应答）还是无法解决。换句话说，没有一个模式可以解决研究中的一切问题。调查模式多样化和不同模式混合在可预见的未来内，都将是调查研究的不争事实。

那些认为不再需要采访者的预测短期内不会实现。虽然雇佣采访者花费高昂，并且可能引入错误，他们在很多方面的重要性都不容忽视：样本设计（包括区域可能性设计中的受访家庭列表制作和选择，以及在家庭内选择潜在受访者），尽力减小无回复率，可以实物计量，进行观察，以及在采访期间说服、澄清和激励受访者等。显然，采访者的角色将会逐步发展，可能会在获取合作和管理诸如物理计量（如对受访者身高测量）的辅助性任务方面发挥更重要的作用，但会逐渐退出测量过程中的实际问答部分。

交互式语音应答或网络调查等自填模式对调查组织来说便宜简单，对受访者来说方便完成。但是鼓励受访者开始调查的动机又是什么呢？依靠这样的受访者主动模式，会增加对无应答偏差的忧虑。此外，依赖有一定程度读写能力要求的模式，如网络或邮件，也可能限制某些类型研究的普适性。鉴于这些原因，本篇相信采访者主导模式还会是调查人员的重要工具，尽管它的作用越来越有限。

采访者主导模式还将继续存在的另一理由是，网络调查导致调查数量大量增加。贝尼格（Beniger, 1998: 446）就网络调查的增多有如下的评论："在这股由扩大的背景噪音、来势汹汹的业余者和草率的假投票组成的混乱中，希望严谨的商业调查公司好运。"

类似的，大部分在线数据处理最后都会请参与者完成对这段经历的调查。许多情况下，调查比数据处理本身耗时更久。且需要调查组织花费更多时间和精力，让受访者更多感受到调查的重要性和正当性。电话调查面临的问题可以归咎于电话销售，类似的，网络调查的泛滥会使得正当的调查边缘化。我们面临的挑战是，如何教育公众不要不问出处就接受调查。与此相似的另一个挑战是，如何让潜在的受访者认识到时间和注意力的价值，认识到哪些调查只是娱乐而不是对社会的贡献。

调查数据收集自动化（例如：河流采样法［river sampling］①、交互式语音互答，甚至在线可访问样组调查［online access panels］）的一个关键前提是受访者群体是一个无限的可再生资源，且个体差异很小。即使预计回复率很低，但如果联系每一个潜在被调查者的花费接近于零，为了达成受访者的目标数量可以不计成本发出请求。然而，越来越多的人意识到有意愿有能力的受访者是日益稀缺的商品。对"职业回复者"（professional respondents）的忧虑也可以证明这一点——少部分人完成了大量的调查。被选样组的参与率随时间推进下降，以及对每个样组成员发出邀请函数量的增加也可以证明受访者饱和度的问题。

对未来模式发展很重要的一点是，找到价廉而简单的方式管理调查问题仅仅是挑战的一部分。调查者应该设法在调查最初识别潜在受访者，并征求他们的参与。一旦最初在新媒介接到调查邀请的兴奋消退，或其他研究人员和营销人员开始效仿，新方法最初的优势可能都是短暂的。

这让我们回到了一个基本观点：受访者，以及我们想从之获取的信息是珍贵的。参与调查一直被视为一种社会互惠行为，而不是纯粹无私的公民义务行为，也不是经济交换行为。调查者如果只关注可能获得的利益，可能就会忽视受访者重视的事情。花费大量时间和精力来说服潜在的受访者参与调查，有助于让其了解此类调查的价值，而这正是自动化的方法不能做到的。

（二）新信息技术在数据采集中的未来发展

未来交互语音互答（IVR）会如何发展？IVR 有几种形式（Tourangeau, Steiger, and Wilson, 2002）：呼入型交互语音互答，即使用电话以外的方法邀请受访者（如纸质邀请或邮件）。因为这种方法使用较短的调查问卷和重复测

---

① "河流采样法"（river sampling）是网络调查法的一种，对在线者推送即时参加调查邀请窗口，并将志愿参加的受访者依据特征分配到合适的调查。——译者注

量的方法，多用在客户满意度研究和有关成立的调查中；选择和转接交互语音互答（或电话音频 CASI）中会有一位采访者，多用于敏感话题调查；自动化的呼出型交互语音互答是基于随机抽样样本，没有采访者（所谓的"机器调查"[robo-polls]），似乎在政治民调领域越来越受欢迎。最近美国舆论研究协会特别对美国 2008 年大选前的主要民意调查进行讨论，得出的结论是："使用计算机辅助电话采访技术或交互语音应答技术没有影响估计的准确性"。这一结论很可能进一步鼓励机器调查的使用，但将其从狭窄的选前话题扩展到其他类型的舆论和社会调查，似乎为时过早。此外，《调查实践》（*Survey Practice*）上的一篇论文（van Lohuizen & Samohyl, 2011）发现，机器调查和当面谈话调查参与者之间存在差异。显然，从一系列更广泛的话题中获得更多的证据之后，我们才能对交互语音应答的未来得出结论。作为电话调查的替代模式，IVR 的发展还是受到了无回复偏差，以及自动呼叫（特别是对移动电话的自动呼叫）的正当性等相关问题的限制。

当前，和电话技术相关的模式已经在从固定电话逐渐过渡到移动电话，该技术对调查的取样、覆盖率、无回复和测量误差等方面都有影响。然而，移动设备使用方式的变化，将对调查研究者提出更大的挑战。现在移动电话已经不再是声音通讯设备了。各种形式的短信服务（SMS），以及基于网络的移动电话服务正在迅速发展。电话这一设备不再仅仅代表声音这种特定的通讯媒介。移动电话的通讯模式也在急剧扩充。智能手机能够处理（人类和机器的）声音、（人类和机器生成的）文本、图像资料（向移动设备传输图像和视频，以及使用移动设备拍摄和转换图像）、空间位置（例如 GPS）、运动（使用内置加速计），以及许多通过其他附加硬件或软件应用程序实现的信息输入和输出。已经有应用程序可以实现语音到文字的转换，反之亦然。智能手机是真正的综合性设备，如何在调查中使用它们将是未来几年的重大挑战。

（三）互联网在数据采集中的未来和挑战

前文论述过互联网的多功能性，它同时包含文本展示和视听材料。Skype

等互联网声音传输协议（Voice over Internet Protocol，VoIP）服务可以通过互联网进行面对面采访，实现了早期的可视电话的功能。这些新的沟通方式能否帮助调查人员或受访者，如何帮助，都有待观察。随着移动电话和互联网逐渐趋于一致，电话和网络之间模式的区别将更难分辨，我们可能会看到这些模式的混合。

互联网也迅速从一个基于文本的信息媒介转变为一个多媒体社交网络的工具。Facebook 和 Twitter 等社交媒体网站的兴起，是互联网使用方式巨大变革的前奏。研究人员已经开始探索使用社交媒体进行调查或测量社会的主要趋势（见 Poynter, 2010）。因为这些社交媒体的用户在网上留下越来越多详细的数字生活痕迹，有希望据此实现对很多现象的被动测量。1998 年，社交媒体、博客和谷歌还没有兴起，贝尼格就在美国舆论协会协会会长致辞中提出了这样的设想：人们可以"监控网络上的行为，当然是要在取得同意之后"（Beniger 1998：450），基于社交网络调查模式面临知情者同意和覆盖率问题等挑战，未来这些数据来源将逐渐成为调查中所获信息的补充。

调查研究人员对社交媒体用户爆发性增长有着浓厚的兴趣。2011 年 9 月，Facebook 据报已有超过 7.5 亿的注册用户，使其成为世界上第三人口"大国"，仅次于中国和印度。此外据报道，超过 2.5 亿的用户在移动设备上访问 Facebook。同样，Twitter 在 2011 年 4 月报告有超过 2 亿注册用户。这种趋势让研究人员受到了震撼。

然而，使用 Facebook 这样的网站进行调查面临很多挑战，也是研究人员通常在推论中会遇到的问题。首先，尽管用户数惊人，但 Facebook 用户是按照自身兴趣选择注册的，没有人会认为 Facebook 用户能代表某国的全体人。第二，Facebook 用户群体对外界来说不是可用的抽样框架。研究 Facebook 用户只能使用各种非概率方法（如滚雪球抽样）（Bhutta, 2010）。第三，Facebook 用户隐私意识增强，他们可以用层出不穷的新工具控制他人可访问的内容。这使得数据被动收集的范围从全部用户缩小到了一部分愿意公开分享信息的用户，而且这个群体的规模会日益缩小。总之，来自社交网络的丰富数据来源能增加我们对公众舆论的理解，但近几年内都不会取代其他调查方式。

新技术在提供新的沟通方式同时，也让用户能够控制通信对象，将交流限制在熟人圈内。这对抽样和获得合作是根本性的挑战，研究者怎样通过模式选择和调查设计让受访者同意参加调查依旧是调查专业的关键问题。类似的，如果我们想充分利用互联网上大量的公共信息，我们需要做更多的工作，去了解那些愿意公开分享信息和不愿意的人之间的差异，以及什么样的话题会更容易产生选择偏见。当前这项工作更具挑战性的是，社交媒体的使用规范还在不断发展。

此外，沟通方式异时性的趋势早已有之，语音邮件和短信等都不再需要双方进行同时沟通。采访者主导式调查很大程度上是同时进行的，双方能够保持同时通信。信息技术发展带来这种沟通变化会如何影响调查进行还有待观察，但它可能意味着调查被分为更多部分，受访者在回答问题的时间、地点和方式上拥有更多选择。我们已经看到了瞬时多次措施的发展，如生态瞬时评估（ecological momentary assessment，EMA，也称为"呼叫器研究"[beeper studies]）、昨日重现方法（day reconstruction method，DRM）[①]等（Dockray et al.，2010；Shiffman, Stone, and Hufford，2008）。这些途径普遍关注特定志愿者组的采样时间。这些方法可能会应用于采样，而这些研究的结果也可能得到推广。

总之，数据采集模式和调查设计等均在不断发展，调查人员为适应社会和技术变革作出调整，各种模式和模式组合会随之扩大。为市场需求和同行认可而创造或发现新方法，和维护重要的长期评估和分析的跨时可比性采用的方法相比较，这两方面之间存在矛盾。一些人可能抢先尝试新的数据收集方法，而其他的人可能会先搜集证据之后再起用新方法。不同办法都是有价值的。调查研究中，变化是永恒的。我们需要设法改进现有方法并发展新方法，以应对外部变化，满足改进调查所需的方法论研究要求。

[①] 一种新的描述/刻画个人日常生活经验（体验）的方法，用于评价人们在某一特定情景中是如何度过这段时间的，对其中的活动的感受/体验如何。——译者注

参考文献

Bhutta, Christine B., "Not by the Book: Facebook as a Sampling Frame", Available at SSRN: http://ssrn.com/abstract$^1/_4$1721162.

Chang, Linchiat, and Jon A. Krosnick, "National Surveys via RDD Telephone Interviewing versus the Internet: Comparing Sample Representativeness and Response Quality", *Public Opinion Quarterly* 73 (4) (2009): 641 – 678.

—— "Comparing Oral Interviews with Self-Administered Computerized Questionnaires: An Experiment", *Public Opinion Quarterly* 74 (1) (2010): 154 – 167.

Conrad, Frederick G., and Michael F. Schober, "Clarifying Question Meaning in a Household Telephone Survey", *Public Opinion Quarterly* 64 (1) (2000): 1 – 28.

Couper, Mick P., "Web Surveys: A Review of Issues and Approaches", *Public Opinion Quarterly* 64 (4) (2000): 464 – 494.

—— "Technology Trends in Survey Data Collection", *Social Science Computer Review* 23 (4) (2005): 486 – 501.

Couper, Mick P., and William L. Nicholls II, "The History and Development of Computer-Assisted Survey Information Collection", In *Computer-Assisted Survey Information Collection*, edited by Mick P. Couper, et al. New York: Wiley, 1 – 21. 1998.

de Leeuw. "Choosing the Method of Data Collection", In *Social Research and the Internet*, edited by Marcel Das, Peter Ester, and Lars Kaczmirek. New York: Taylor and Francis. 2008: 113 – 135.

de Leeuw, Edith D., and Johannes van der Zouwen, "Data Quality in Telephone and Face-to-Face Surveys: A Comparative Meta-Analysis", In *Telephone Survey Methodology*, edited by Robert M. Groves, Paul P. Biemer, Lars E. Lyberg, James T. Massey, William L. Nicholls II, and Joseph Waksberg. New York: Wiley. 1988: 283 – 299.

Deming, W. Edwards, "On Errors in Surveys." *American Sociological Review* 9 (4) (1944): 359 – 369.

Dillman, Don A., Jolene D. Smyth, and Leah Melani Christian, *Internet, Mail, and Mixed-Mode Surveys: The Tailored Design Method*. New York: Wiley. 2009.

Dockray, Samantha, Nina Grant, Arthur A. Stone, Daniel Kahneman, Jane Wardle, and Andrew Steptoe, "A Comparison of Affect Ratings Obtained with Ecological Momentary Assessment and the Day Reconstruction Method", *Social Indicators Research* 99 (2) (2010): 269 – 283.

Fuchs, Marek, "Gender-of-Interviewer Effects in a Video-Enhanced Web Survey: Results from a Randomized Field Experiment", *Social Psychology* 40 (1) (2009): 37 – 42.

Fuchs, Marek, Mick P. Couper, and Sue Ellen Hansen, "Technology Effects: Do CAPI Inter-views Take Longer?" *Journal of Official Statistics* 16 (3) (2000): 273 – 286.

Groves, Robert M., "Actors and Questions in Telephone and Personal Interview Surveys", *Public Opinion Quarterly* 43 (2) (1979): 190 – 205.

Groves, Robert M., Floyd J. Fowler Jr., Mick P. Couper, James M. Lepkowski, Eleanor Singer, and Roger Tourangeau, *Survey Methodology*. 2nd ed. New York: Wiley. 2009.

Groves, Robert M., and Robert L. Kahn, *Surveys by Telephone: A National Comparison with Personal Interviews*. New York: Academic Press. 1979.

Groves, Robert M., and James M. Lepkowski, "Dual Frame, Mixed Mode Survey Designs"; *Journal of Official Statistics* 1 (3) (1985): 263 – 286.

Hochstim, Joseph R., "A Critical Comparison of Three Strategies of Collecting Data from Households", *Journal of the American Statistical Association* 62 (1967): 976 – 989.

Holmberg, Anders, Boris Lorenc, and Peter Werner, "Contact Strategies to Improve Participation via the Web in a Mixed-Mode Mail and Web Survey", *Journal of Official Statistics* 26 (3) (2010): 465 – 480.

Jäckle, Annette, Caroline Roberts, and Peter Lynn, "Assessing the Effect of Data Collection Mode on Measurement", *International Statistical Review* 78 (1) (2010): 3 – 20.

Link, Michael W., and Ali H. Mokdad, "Can Web and Mail Survey Modes Improve Participation in an RDD-Based National Health Surveillance?" *Journal of Official Statistics* 22 (2) (2006): 293 – 312.

Lozar, Manfreda, Katja, Michael Bosnjak, Jemej Berzelak, Iris Haas, and Vasja Vehovar, "Web Surveys versus Other Survey Modes: A Meta-Analysis Comparing Response Rates", *International Journal of Market Research* 50 (1) (2008): 79 – 104.

Lyberg, Lars E., and Daniel Kasprzyk, "Data Collection Methods and Measurement Error: An Overview", In *Measurement Errors in Surveys*, edited by Paul P. Biemer, Robert M. Groves,

Lars E. Lyberg, Nancy A. Mathiowetz, and Seymour Sudman New York: Wiley. 1991: 237 – 257.

Martin, Peter, "What Makes a Good Mix? Chances and Challenges of Mixed Mode Data Collection in the ESS". Centre for Comparative Social Surveys, City University London. *Working Paper No. 02*, February. 2011.

O'Neil, Michael J., "Estimating the Nonresponse Bias Due to Refusals in Telephone Surveys", *Public Opinion Quarterly* 43 (2) (1979): 218 – 232.

Payne, Stanley L., "Combination of Survey Methods", *Journal of Marketing Research* 1 (2) (1964): 61 – 62.

Poynter, Ray, *The Handbook of Online and Social Media Research*. Amsterdam: ESOMAR. 2010.

Schober, Michael F., and Frederick G. Conrad, "Does Conversational Interviewing Reduce Survey Measurement Error?" *Public Opinion Quarterly* 61 (4) (1997): 576 – 602.

Shiffman, Saul, Arthur A. Stone, and Michael R. Hufford, "Ecological Momentary Assessment", *Annual Review of Clinical Psychology* 4 (2008): 1 – 32.

Shih, Tse-Hua, and Xitao Fan, "Response Rates and Mode Preferences in Web-Mail Mixed-Mode Surveys: A Meta-Analysis", *International Journal of Internet Science* 2 (1) (2007): 59 – 82.

Smyth, Jolene D., Don A. Dillman, Leah Melani Christian, and Allison C. O'Neill, "Using the Internet to Survey Small Towns and Communities: Limitations and Possibilities in the Early 21st Century", *American Behavioral Scientist* 53 (9) (2010): 1423 – 1448.

Tourangeau, Roger, Lance Rips, and Kenneth Rasinski, *The Psychology of Survey Response*. Cambridge, UK: Cambridge University Press. 2000.

Tourangeau, Roger, Darby M. Steiger, and David Wilson, "Self-Administered Questions by Telephone: Evaluating Interactive Voice Response", *Public Opinion Quarterly* 66 (2) (2002): 265 – 278.

van Lohuizen, Jan, and Robert Wayne Samohyl, "Method Effects and Robo-Polls", *Survey Practice* (February). www.surveypractice.org.

Vannieuwenhuyze, Jorre, Geert Loosveldt, and Geert Molenberghs, "A Method for Evaluating Mode Effects in Mixed-Mode Surveys", *Public Opinion Quarterly* 74 (5) (2011): 1027 – 1045.

测量者困境：政治学数据跨国收集中的协调失灵[*]

［墨西哥］安德烈斯·施德勒（Andreas Schedler）[**]

导读：在过去的几十年中，跨国政治学数据这一公共产品主要是由私人个体提供，且这类数据的产生方式是分散、不协调和无规则的。本篇结合具体案例指出，尽管私人个体成功保证了数据提供的连续性，但隐藏着严重的结构性缺陷：系统性的数据供给不足和数据生产的系统性低效。这种缺陷皆源于对不同数据源的协调使用失灵，即所谓的"测量者困境"。一方面，数据的私人生产者无法协调以下两类数据的跨国收集工作：需要政府提供的政治学数据（如选举结果）和事实性数据（如抗议事件），这类数据无法从政治系统外部观察得到，需要国家内部的信息来源。另一方面，数据的私人生产

---

[*] 编译自：Andreas Schedler, "The Measurer's Dilemma Coordination Failures in Cross-National Political Data Collection", *Comparative Political Studies*, Vol. 45, No. 2, February 2012, pp. 237–266。原文1.7万字。2012年美国政治学学会对有关数据公开实施了新的引导性政策以来，经过国际政治学者不断讨论和协商，先后25家政治学期刊发表了数据公开和研究透明说明（DA-RT, Data Access and Research Transparency）联合声明，有关数据采集问题已经成为当前政治学研究普遍关注的对象。本篇翻译自知名学者安德烈斯·施德勒2012年发在《比较政治研究》（*Comparative Political Studies*）上的一篇文章，这篇文章既是近年来高引用和高阅读率论文，也是构成近年来围绕数据分析争论的核心文献。——译者注

[**] 安德烈斯·施德勒（Andreas Schedler），墨西哥CIDE中心政治学教授。

者不能构建规范性的框架，因此无法减少数据收集过程中长期存在的缺陷，如数据私有化、不透明和不兼容，学术界需要动员专业性学术团体来解决这类结构性问题。

以多国政治为研究对象的比较政治学需要跨国数据支持。过去几十年中，不计其数的私人个体，包括独立研究者和非政府组织，都一直在提供这种类似公共产品的数据。跨国数据供给的私人化和分散化使比较政治研究步入了一个数据空前丰富的时代。尽管当前未经协调和规制的数据私人提供模式可以称得上成功，但这种模式却掩盖了两个严重的结构性缺陷：系统性的数据供给不足和数据生产的系统性低效。二者皆源于协调上的失败，即所谓的"测量者困境"。一方面，数据的私人生产者无法协调以下两类的数据跨国收集工作：一类是政府提供的政治学数据，比如选举结果和立法机构花名册；另一类是"仅政府内部可见的"数据，比如抗议事件和政策辩论，获取这类数据需要国家内部的信息来源。此外，数据的私人生产者无法搭建起规范性的框架，无法应对数据收集过程中长期存在的一些缺陷：包括数据的私有化、不透明和不同数据集之间的不兼容。本篇针对数据收集协调过程中出现的各种问题，旨在提出制度化的改进方案。

一、作为（不纯粹）公共产品的政治学数据

如果数据生产的不足与低效是因为一些协调问题，那么这些协调问题的根源则在于跨国政治学数据所具有的公共产品属性。政治科学研究中的大部分数据位于"产品光谱"的中间位置，介于纯粹私有产品（收益可分和排他性）与纯粹公共产品（收益不可分和非排他性）之间。这种公私混合属性决定了其具有市场供给与市场失灵两方面的特性。

（一）收益的可分性

政治学数据因研究目的不同而有所区别。数据的用途越具体，其首次发

表带来的收益就越大,而之后的可用收益下降就越快。一种极端情况是,单一用途的数据集带来的收益完全是一次性的。初次使用之后这些数据就不再有价值。但在政治科学领域中基本上找不到这种一次性的数据集,因为学者们总能够发现全新的角度来重新分析既有数据。另一种极端情况是,用途多元化的数据几乎可以被无限次地分析。这些数据属于公共产品,其价值在重复使用之后几乎不会减少。除非是用于验证性目的,数据使用者如果为实现科学研究的独创性而从和前人不同的视角处理数据,数据的价值并不会减少。

(二)收益的排他性

知识的生产是一项公共事业。学者们可能穷其一生收集和囤积政治学数据,并力求"在有生之年榨干这些数据集合的全部价值",但他们努力的结果却并不属于学术范畴。因为私有化数据不在学术批判的范围内,只有公共的数据才更有科学的价值。对公开性原则的追求限制了学术数据的私有化,完全的私人占有并不能帮助学者实现其原定目标,这种排他性最终会抹杀科学领域中数据的价值。

由于其收益本身就在可分性和排他性方面有(一定弹性的)限制,政治科学研究的数据必须被视作(不纯粹的)公共产品。因此这些数据容易受到市场失灵与管控不力的影响。数据生产者们可能会陷入"测量者困境",即数据发展过程中出现私人付出与回报之间结构性不匹配现象。而可能提供数据规制的行为体则会面临相似的集体行动困境,即规制带来的共同利益与个体对共同规则的影响力不足之间的结构性不匹配现象。个体也许能对数据生产起决定性作用,然其代价不菲。而个体如果想对数据规制做出贡献,不仅成本高昂,其结果也微不足道。我们不难想象,这种现象的结果就是数据生产和规制两方面的供给与需求之间都横亘着一条结构性鸿沟。正如奥尔森的集体行动逻辑理论指出:公共产品(包括私人个体所提供的公共规制)的供给远远无法满足其潜在需求。

过去对政治学数据提供这一难题的探讨，主要关注数据个体生产者在面对学术界需求时，其提供动机与寻求回报之间维持平衡的必要性。本篇针对的则是跨国政治学数据本身，分析更为广泛的协调问题，而比较研究学者未曾认识到这些问题。本篇讨论市场失灵领域与规制失灵的表现，围绕两个跨国数据供给严重不足的实例展开：国家机关所提供数据的供给不足，以及只能通过国内渠道获得数据所存在的供给缺陷。表1辨析了两组基础概念：政府数据与非政府数据，以及从国外就可以轻易获得的"表层"数据与仅能从国家内部获得的"内部"数据的区别。这两组数据二元对立将会在随后的分析中得到阐释。

表1 跨国政治学数据的分类

可得性来源	政府数据	非政府数据
国家外部可得	如：大选结果，战争宣言	如：政权持续时间，宪法条款
国家内部可得	如：地方大选结果，最高法院裁决	如：政治抗争，公共政策辩论

二、政府数据收集的失败

过去二十几年里，比较政治学界处于"数据生产的繁荣期"，开启了上世纪60年代早期之后又一"数据空前丰富时期"。虽然跨国政治学数据的数量持续甚至呈指数级的增长，但直至现在，"比较政治领域的大部分研究仍缺乏可比较数据"。

不同研究领域及研究问题所面临的数据短缺程度有所不同。而这其中，一类特定数据——政府数据的系统性短缺所带来的负面影响最为显著，即关于政治事件、制度设计、国家机关政策实施效果的事实性数据。这类数据对比较政治研究的重要性不言而喻，然而当前并不存在协调其收集的制度性机制。因此"即使是关于那些最基础、最易观察和最无争议的政治事件"的跨国数据，也很难获得。

政治科学分析的艺术——方法论的分野、实验及融合

在比较政治领域中,数据的产生机制非常奇怪。大多数跨国政治学数据是通过私人的、分散的、非制度化的方式产生的。多种行为体参与其中,但政府和国际组织仅起次要作用(尽管政府是学术数据发展的主要资助者)。当前,政治学实证研究所需的跨国数据有两大来源,一是民间组织,二是学界。以自由之家(Freedom House)和透明国际(Transparency International)为代表的一些非政府组织,也一直在资助比较政治学研究中最主要的几个数据库。但政治学数据最重要来源还是学术界,包括学者个人、研究团队、大学机构、研究网络以及正式组织。为进行实证研究,本篇收集了25个主要的跨国政治学数据库,在这些公开又易得的数据库中,只有一个数据库是由私人商业公司提供,两个由国际组织提供,另有不多于四个(16%)由非政府组织提供。而几乎四分之三的数据库是由隶属于大学或研究中心的学者提供的(18/25,见表2)。

表2　跨国数据库的数据可得性与透明度

作者	数据库	机构所在	公共资助	信息获取费用(美元)	平均定义长度	编码员人数	可靠性测试
阿莱西纳等人	政党分化	大学	有	0	0.0	无数据	无数据
本克斯	跨国时序数据库(CNTS)	大学	无	550	39.4	无数据	无数据
贝克、基弗与克拉克	世界银行政治机构数据库	国际组织	有	0	36.1	无数据	无数据
贝塔斯曼基金会	贝塔斯曼转化指数	非政府组织	无	0	542.1	无数据	偶尔进行
辛格纳利与理查德	人权数据库	大学	有	0	2130.0	不少于2人	偶尔进行
曲库派奇	多头政治与争论指数	大学	无	0	105.4	3至15人	无数据

续表

作者	数据库	机构所在	公共资助	信息获取费用（美元）	平均定义长度	编码员人数	可靠性测试
自由之家	世界自由程度	非政府组织	有	0	1161.0	无数据	无数据
盖里、撒克与莫雷诺	向心型民主治理	大学	无	0	6.6	无数据	无数据
吉布尼	政治恐惧指数	大学	无	0	172	不少于2人	无数据
格莱蒂齐	乌普萨拉冲突数据	大学	有	0	442.3	无数据	无数据
高德	民主选举体制	大学	无	0	183.9	无数据	无数据
哈德琉斯与特奥雷尔	威权政体类型	大学	无	0	374.5	无数据	无数据
赫尼什	政治约束	大学	无	0	3281.0	无数据	无数据
国家风险国际指南（ICRG）	国家风险国际指南	商业公司	无	5350	157.3	无数据	无数据
考夫曼、克雷与莫斯杜杰	世界银行治理指数	国际组织	有	0	615.7	无数据	无数据
拉波特等人	司法独立	大学	无	0	57.0	无数据	无数据
马歇尔与贾格斯	政治形态	大学	有	0	401.2	不少于4人	无数据
马歇尔、戈尔与哈弗	国家失败指数（PITF）	大学	有	0	1291.5	无数据	无数据
普热沃斯基等人	政治体制（ALCP）	大学	无	0	340.0	无数据	无数据
斯克鲁格斯	福利权利	大学	有	0	31.8	无数据	无数据
辛格等人	战争相关性	大学	有	0	101.3	无数据	无数据

续表

作者	数据库	机构所在	公共资助	信息获取费用（美元）	平均定义长度	编码员人数	可靠性测试
透明国际	腐败侦查指数	非政府组织	无	0	无数据	无数据	无数据
贝利斯	投否决票者	大学	无	0	39.3	无数据	无数据
万哈宁	民主化指数	大学	有	0	1146.5	无数据	无数据
世界经济论坛	全球性别差距指数	非政府组织	无	0	218.8	无数据	无数据

尽管上述样本中并没有来源于公共官僚机构的政府数据，不过这些数据的确存在。在国家层面，政府机关产生了海量数据，但这些数据只在政府内部流通，有些甚至会被政府销毁，没有相关制度可以让这些数据在国际层面流通。而经济学这一学科虽然是政治学的近邻，却在数据管理实践上与政治学形成了鲜明的反差。经济及社会相关的跨国数据收集的公共化、集中化、制度化程度较高。一些国际组织在数据规制和收集过程中扮演核心角色，比如国际货币基金组织和世界银行。它们制定标准化的测量方法，定期收集国家经济和社会相关数据，并按照时间序列整理覆盖全球的多国数据。尽管对这些数据的质量、连续性以及经济和社会不同领域测量方法的可比性一直存在质疑，不过学界和政界依然会使用那些国际机构提供的跨国数据，并无多少怨言。

政治学界的情况则全然不同。首先，国家机关更擅长收集经济与社会方面的信息而不是政治信息。国家机关监测社会的能力高度发达，而自我监察的能力则十分有限。它们源源不断地产出定性和定量的政治信息，包括创制、修改、废止宪法；宣战及恢复和平；开采及分配资源；雇佣官僚人员、士兵、立法者、法官；组织选举，登记政党、候选人、投票者，统计选票，公布选举结果；承认、讨论、批准法案；解决民事争端、刑事犯罪，对公民罚款或判刑等等。但大多数国家的政府并未系统地收集这些信息，其实政府也不必收集。通常情况下，政府根本无法系统地产出关于自身结构和政策输出的数据信息，也不会投资兴建关于地方选举、法庭裁决和立法机构花名册等信息的数据库。

此外，政治学数据本身要比经济数据复杂得多。将政治活动数据化已绝非易事，保证这些数据能被其他国家理解就更难了。在市场经济中，货币作为普遍的交换媒介，为"无生命的实现便利的物品"的生产提供了通行的测量标准。国际汇率制度也为各国提供了稳定的价值衡量标准。但政治领域缺乏这样的普遍衡量与换算标准。要想将国家政治事件、结构和输出数据化，就需要在量化方式上投入大量精力。

即使这些数据在理论上存在并对公众开放，而且其概念和量化方法也不存在根本上的争议，目前还是没有可以对其进行系统整理的人。以大选结果这样看似简单直白的政府数据为例。大多数国家的政府最终都会发布官方的竞选结果，尽管有时会出现重大错漏、不精确乃至自相矛盾（尤其是在独裁体制下）。基于这些官方数据，数十份关于这些选举结果的纸质或电子资料在全球范围内流通，但这些数据多是不完全甚至不准确的，也没有相关的如可靠、完整、持续并且更新的选举年鉴。

三、"内部"数据收集的失败

在目前比较政治学者中流行的跨国测量模式下（不包括公共舆论研究与专家调查），数据的收集往往掌握在主要研究者的手中，"他让研究生做其研究助理，有时一个小型的团队也会与他合作"。这些测量团队大多来自西方，依靠域外的二手英文信息来还原各国政治事件的基本面目。常见的信息来源包括《纽约时报》等全国性媒体，基辛世界新闻档案（Keesing's World News Archive）和LexisNexis学术数据大全（LexisNexis Acdemic）等国际通讯社，以及世界政治手册（the Political Handbook of the World）和中情局世界概况（the CIA World Factbook）等年鉴。受到时间、资源和专业知识的限制，更多相近的信息来源无法被纳入其中，比如直接的观察、国家档案以及使用本地语言的二手信息。

当前所收集的跨国统计数据假设外部观察者可以清楚地看到不同时期的

▶▶▶ 政治科学分析的艺术——方法论的分野、实验及融合

国内事件，多种政体下的政治现实都可被国际体系中的某个特定观察点观察到，即使相隔距离也可以保证足够的准确性，并且不需要特定事件的原始信息、国内专家以及当地语言的二手信息来佐证。这种认识论假设只适用于（非常小）一部分政治现象，基于国际上可以获得的一手、二手乃至三手纸质或电子资料，我们可以准确地了解政治生活中的一些基本事实。如 Archigos 数据库，收集关于国家最高行政长官的任期、离职和最终结局的信息，以及民主与独裁（Democracy-Dictatorship）数据库，收集关于大选、国家立法机关、政党准入以及民主和威权政体的信息。

但绝大多数的国家政治现象并不可以被外部观察者精确还原。正如鲍曼等人（Bowman et al.，2005）在衡量政治民主时所指出：外部观察往往依靠的是不完整、不准确乃至互相矛盾的信息。"数据诱发的测量错误"可能影响到跨国测量，毕竟这些测量有赖于对复杂政治现实的抽象判断。不仅如此，对那些无论概念上还是事实上都十分明了却对外部观察者不可见的政治结构、过程和事件的量化也受到了相同影响。举一个关于政治抗议事件发生率的例子就足以说明问题。政治抗议行为可能呈现出从和平到暴力的多种形式，牵扯广大的行为体，波及的层面小到地区大到国际，并且范围和强度各不相同，有些是微不足道，有些却影响深远。尽管政治抗议通常具有一定的新闻价值，但国家性报纸和国际新闻机构都只关注本国发生的事件，而对世界上其他国家发生的绝大部分事件充耳不闻（结构性漠视）。仅有很少一部分国家内部政治抗议事件能够进入外部观察者的信息源。比如，亚瑟·班克斯跨国时序数据库（the Arthur Banks Cross-National Times Series，CNTS）是现在按照时间顺序整理跨国政治冲突数据的唯一信息源，且仅依靠《纽约时报》信息源，只依靠单一的信息来源必然会产生严重的新闻缺漏。地缘政治关联度较低地区的小国家或次国家层面发生的政治冲突就很少得到报道。基于该数据库获得的一国国内抗议事件数据和从一国内部通过多渠道获悉的情况大不相同，以下两个例子可以说明这一差别。

如特雷霍（Guillermo Trejo）在国内多重信息获取渠道的基础上创建了墨西哥本土暴动数据库（The Mexican Indigenous Data Set），共纪录 1975 到 2000

年间在墨西哥发生的地方抗议事件（平均涉及200人）3553起，该数据库追踪自治乡镇以上发生的政治抗争。相比之下，亚瑟·班克斯跨国时序数据库纪录的同一时期墨西哥国内抗议事件（包括暗杀、革命、游击战、骚乱和反政府示威游行）不超过110起，仅仅是特雷霍统计的3%，即使包含由抗议事件的不同定义引起的误差，这也是天壤之别。另一个例子是罗纳德·弗朗西斯（Ronald Francisco）挑选了几个特定的国家和年份，将自己的数据库与亚瑟·班克斯跨国时序数据库作了比较，发现同一时期内，亚瑟·班克斯跨国时序数据库数据库中的数据仅相当于弗朗西斯记录的7%。由此可见，同样是关于抗议事件的数据，通过国内渠道系统地收集和仅从国外观察的差别是真实而深刻的。

当然，一些政治现象仅从国家外部观察就足矣，而另一些只有通过国内多重信息渠道才能确保准确性，二者之间的界限或许并不明晰，也没有定论。这取决于我们对准确性的要求，以及国际信息来源的可靠性。不过，这一界限也并不是确定的，我们也必须承认若只依靠在国际层面流通的英文信息，我们不可能有效并可靠地统计所有情况。我们需要探讨的是，远距离之外的研究中心的小型研究团队到底可以系统观察政治中的哪些领域，不能观察哪些领域。另外，是否存在替代策略可以使我们收集到"仅内部可见的"数据，并将这些数据整合到有效且可靠的比较研究数据库中。

不论采取何种具体形式，其参与者之间的协调成本都会很高。考虑到可预见的大量资源需求，建立这种跨国数据收集的网状模式看上去是个不可能完成的任务。其实，这种模式并不像乍看上去那么理想化而难以实现。但比较政治研究中也存在基于这种合作网络的学科分支：对公共舆论的比较研究。如世界价值观调查（World Values Survey）、全球风向标（the Global Barometers）、选举体系比较研究（the Comparative Study of Electoral Systems），以及欧洲社会调查（the European Social Survey）。

在政治学其他研究领域，学界也在积极尝试建立跨国测量网络，尽管可能只处于初期试验阶段。埃米·波蒂特（Amy Poteete）和埃莉诺·奥斯特罗姆（Elinor Ostrom）讨论了自然资源管理中存在的集体行动困境，并提出应对策略：低成本策略是系统地探究多方研究者所做的案例研究以建立元数据库，高成本策略是对该领域中的原始研究进行协调。学者们按照这些策略，尝试通过定性观察来建立数据库。在跨国数据领域的发展中，性别政治研究网络（the Research Network on Gender Politics，RNGP）的出现正是一高成本策略采用的例证。性别政治研究网络数据库系统地记录了13个工业国超过30年的政策辩论（N=130）相关信息。它统计的对象堪称"无法从外部观察的"政治现象中的典型代表：政策辩论和政策过程。跨国数据收集的全景展示模式在实践中完全无法考察这些分散的、动态的政治现象。考察政治演说以及政策制定领域必须得有连贯的知识体系作支撑，而要将定性的信息数据化以供比较，则必须得以统一的统计和量化标准为基础。为了让专业技能融入组织架构中，性别政治研究网络通过网状协调机制，将各国收集、记录和分析性别相关的政策辩论的专家紧密联系起来。性别政治研究网络拥有来自16个民主工业国的近200个协会以及超过36位研究者，分散化与相互协商的运行方式与普通跨国数据库常见的中央集权官僚体制大不相同。

对一国政治现象的考察需要对该国政治的充分了解，而对跨国政治学数据的收集则需要定性与定量方法的紧密结合。这实际上为两种方法论传统的交汇提供了基础，两派的学者们也认识到了这一点。定量分析学者希望增加其数据的内在有效性，便寻求定性分析学者所具有的理论深度，而定性分析学者则希望拓展其分析的外在有效性，便试图将他们的长篇大论转化为可供比较的数据。因为协调的高成本，跨国测量的广泛研究合作很少能取得进展。但学术界必须准备好承担协调跨国数据收集工作的高成本，否则在比较政治学的定量研究中，"我们仍将受到那些可以被解决的问题的制约"。

四、数据的私有化

尽管如上所述，合作困境阻碍了某些类型数据的收集，但这并没有妨碍跨国政治测量。比较政治的数据量不断扩大，表明这些数据的公共产品属性并没有阻止比较政治学者数据生产。尽管如此，在大量数据的光鲜表面之下，数据获得的问题仍在持续。

国际机构或非政府组织产出的数据通常不受版权限制，商业公司的专利数据也是如此。但是商业数据的制造方会为其产品设置很高的价格门槛（有时这些数据的方法论质量并不好），从而阻碍了学术界获得数据。数据获得的财政限制对研究的内容范围和方法论使用都造成了很大的限制。例如，拉丁美洲公共舆论的比较研究发展缓慢可以归咎于很多原因，其中一个就是因为财政和官僚的限制，而难以获得拉丁美洲晴雨表的个人层面数据。基于商业数据进行的实证研究则因为数据本身的专利性质所限，很难对其进行批评和复制。部分的或完全基于专利数据的集合也有同样的问题，例如世界银行治理指数。

公共物品由私人提供通常伴随私有化的倾向，而国家补贴可以减轻这一倾向。如果公共机构能够承担部分数据发展的财政花销，那么学者个人在权衡之后会更倾向于选择共享数据而不是私藏数据。实际上对私人数据产品的公共资助是很常见的。在表格2展示的"数据库的各项数据"中，最为重要的几个数据库的几乎一半都声明他们得到了公共资助（11/25）。然而，学者个人还是会出于数据私有化的动机选择不及时公布数据成果。

总体而言，学术界都承认公开原则。科学进步取决于批评，而批评取决于透明。但抽象的公开原则在具体实践中的运用是有争议的，尤其是作者在完成其数据集合后，存在禁止他人使用该数据的合理时间段长度问题。在1995年关于学术数据发展的私人和公共利益如何实现平衡的论战中，加里·金（Gary King）和保罗·赫尔森（Paul Herrnson）为"测量者困境"提出了几乎两种完全相反的解决方法。金（King, 1995）主张社会科学数据在出版的时候就应是公用，赫尔森（Herrnson, 1995）则为私人数据制造人的终身专卖权的合法性进行辩护。

在15年前的这场辩论的背景之下，《美国政治学杂志》首创了一项政策，要求作者在文章出版时就将数据集合公开。那时候，该杂志的编辑预测："到2010年每家政治学杂志都会有一定形式的公开政策。"不过现实并非如此。尽管有对公开原则的承诺，实践中的出版程序却一直在违反这一原则，比较政治这一学科也在这个基础上繁荣发展。只有很小一部分社会科学杂志要求作者在出版时立即公开数据集合。

表格 3 展示了政治学排名前 25 位的杂志（以根据 2008 年 ISI 排名表的五年影响因素来排名），只有七家杂志（在前 15 的出版物中）（28%）在投稿指南里包括"严格的"数据出版要求，将公开数据定为一项义务。另外四家（16%）制定了"温和的"要求，希望作者公开他们的数据，但不强制。其余 14 家（56%）杂志在这方面没有要求。在正式出版中没有相关要求，并不意味着学者不会公开他们的数据。事实上，很多人最终会出于"专业能力和责任"发布他们的数据。

表3 政治科学杂志中的数据公共需求

ISI 排名	杂志	数据公共需求
1	美国政治科学评论	无
2	美国政治科学杂志	强
3	政治分析	强
4	欧洲政治研究杂志	无
5	公众舆论季刊	弱
6	政治科学年度评论	无
7	欧洲联盟政治	强
8	政治地理	无
9	冲突解决杂志	强
10	政治心理学	无
11	比较政治研究	无
12	政治学杂志	无
13	政治交流	强
14	国际研究季刊	强
15	和平研究杂志	强
16	管理	无
17	欧共体研究杂志	无
18	英国政治科学杂志	弱
19	政治与社会	无

续表

ISI 排名	杂志	数据公共需求
20	美国政治和社会科学院年刊	无
21	西欧政治	无
22	选举研究	弱
23	国际政治经济评论	无
24	政党学	无
25	政治调查季刊	弱

五、数据的不透明

因为缺少公共规则，私人数据生产会对数据质量造成系统性的影响。尤为突出的一点是，它会造成不同程度的方法论不透明，进而破坏对数据质量的评估。如果没有针对透明度的（正式和非正式的）有效规范，跨国政治学数据的提供者通常不会提供足够的信息来允许数据的可复制和确保数据可靠性。我们的作法在下列情况中可以复制：可清晰界定观察结果的概念性框架；完整、精确、统一的编码规则；对重复测量行为进行持续监察；有观察能力和遵守规则的编码员。但很少有跨国政治学数据能满足这些方法论要求中包含的信息高需求。

（一）概念不透明

明确而一致的定义是高质量数据生产的前提条件。良好的概念化是良好测量的基础。如果一开始不能定义要模拟测量的对象，那最终也不可能明确，不透明的定义只会产生不透明的数据。尽管不是普遍现象，相当一部分数据库确实存在概念不透明问题。一些数据作者满足于对测量的直觉理解，避免解释概念选择。如全球恐怖主义数据库（Global Terrorism Dataset）可以说是最直白地放弃系统化解释核心观念的机构，它收集了"基于全球恐怖主义事件最广泛的未分类数据"。其作者从 1998 年起收集了大量当代世界的"恐怖主义事件",却没有对恐怖主义的"定义"。

(二) 操作规则不透明

各国政治现实信息在全世界分布是不均匀、不确定、不完整和不连续。为了让编码员面对混乱的现实获得精确数据,精细的界定规则和信息来源裁定规则是必要的。但面对不可避免的具体编码问题和必须得到认真对待的规则,甚至一些获得广泛使用的跨国数据库都没有作出明确表示。如班克斯跨国时序数据库(Banks CNTS Data Archive)收集的政治冲突数据。班克斯跨国时序数据库每年会制作八种冲突事件类型的年度统计报告,不过这其中大多数是相当复杂和混乱的实证现象,报告的编码采用的是不过是操作层面的简短定义。对于这些概念选择造成的观察中的不确定性,除非有准确的编码规则,不然不应该轻率地复制这种可靠性不强的数据。当然,并不是说长篇累牍的定义就能够保证清晰准确的概念化和可操作化。定义太短就不能够提供充分的有关概念内容和操作决定的信息,也就不能帮助证实和评估接下来的测量。表2中列出的25个数据库平均使用了535个单词解释他们每个变量的概念、操作和编码方式。不过具体定义的长度差异很大,有的没有定义,而最长的有3281个单词。超过四分之一的重要数据库(二十五分之七)对概念和操作选择进行了说明,长度都在50词之内。即使长篇定义并不是透明度绝无谬误的指标,但如果定义过短,我们就应该怀疑其方法论的透明度。

(三) 来源不透明

在对不变的实证现象重复应用测量步骤时,我们必须将可靠性作为标准。如果对不同的现象应用同样的步骤,就没有可能得到可靠的相似结果。不幸的是,跨国政治学数据库通常没有系统而透明地公开他们的信息来源。我们通常只知道数据库作者有特定的信息来源,但并不了解决定具体编码规则的准确信息基础。我们只大致了解他们期望达到的结果,但不知道他们决定采用具体编码规则时的关注点。结果就是我们不能明确地将数据和观察结果相联系。例如，自由之家（Freedom House）在其最新的世界自由状况年度报告中公布了其评估全球政治权力和公民自由的来源名单，包括200多家期刊出版物和120多个机构。在这种不透明观察之下，数据复制是不可能的。

（四）编码过程不透明

如果编码规则和信息来源其中一个是半透明的，就不能适当地复制后续测量结果。如果不能复制，那也不能进行可靠性的检查。不幸的是，只有很少的跨国政治学数据库有多位编码者和管理者，或者对报告进行可靠性测试。除极少数情况外，对于编码训练、编码员人数和各自身份、操作的指令过程、编码意见相同的程度和不同编码方式的处理方式等信息，数据作者都不会或不完全公开。在（表2中）顶尖的25个数据库中，只有四个报告了编码员的最少人数，没有人系统地报告编码员的可信度分数。有两个例外，一是辛格纳利-理查德（Cingranelli-Richards, CIRI）人权数据库，另一个是贝塔斯曼基金会（Bertelsmann Foundation）。

六、数据的不兼容

（一）重复收集

私人提供政治学数据在造成稀缺性的同时，也包含大规模生产和浪费的相反趋势。由于产生新数据的竞争压力，信息不对称以及数据生产者间合作的缺失，不同学者几乎同时在收集大致相似的数据。即使他们的数据测量的是同一个宽泛的概念，也很难对这些数据进行比较，或者将其整合为一个数据库。虽然相似，但并非完全相同。不同的数据涉及不同的地域和时间段。

更重要的是，这些数据在微观层面上有不同的方法论选择。

研究的新兴领域最容易出现不断增加且相互竞争的数据库。例如，不民主的选举是一个研究的热门，目前只有一些零散的有关选举欺骗的数据库，如耶鲁大学的"民主政体和威权政体的国家选举"（National Elections across Democracy and Autucracy）和纽约州立大学宾汉顿分校的"制度和选举项目"（Institution and Elections Project）。这两大项目都旨在应对选举数据中普遍存在的大量增长、碎片化和供给不足问题。但是同样，两个平行而相互独立的项目试图实现相近的目标，这一事实本身就表明了跨国政治学数据发展中的分散和结构不透明。

私人提供者虽然在某种程度上实现了知识的积累，但也造成了跨国政治学数据协作失败问题。这一问题可以通过以下两个途径解决：提高公共信息质量（如设立数据发展已有项目的早期警示系统），或者改进公共规则（如规定普遍的概念框架和数据收集协议，以便学者在比较研究中应用）。

（二）数据库的不协调

在比较政治中，纯粹验证性研究——重复统计步骤来验证报告结果的正确性或改变模型设定来检查稳定性——几乎是不存在的。对比较政治学数据进行再次分析几乎都需要将这些数据再整合进入其他数据库。数据混合之后我们就可以评估以前的实践研究的严密性，或者可以测试更大范围的假说，以及很重要的一点：可以将竞争数据库纳入系统评估。不过数据库一体化对可用数据的有效使用造成了危害，这一点很少为人所知。在缺乏行业通行的产品标准的情况下，因为数据库设计的相异，整合现有数据可以实现，但会很复杂。整合跨国数据库的四大障碍给数据使用者造成了困扰：分析单元、案例定义、案例识别和案例编码的差异。

首先，不同的数据库使用不同的分析单位，因此很难进行整合；其次，即使在同一个抽象水平上应用相同的抽象分析单位，不同数据库可能仍然存在具体定义分歧；再次，不同的案例识别。即使用完全相同的方式界定分析单元的概念，不同的数据库还可能存在案例识别的差异；最后，不同的案例编码。我们很难判别不同数据库使用的是不是同样的案例，即使事实确实如此，他们也可能没有使用通用案例代码。

七、结论

跨国政治学数据具有明显的公共产品属性，这一点导致其发展受到社会协作问题的严重阻碍。不过，跨国数据产出的测量者困境还没有让研究者气馁，过去20多年里跨国政治学数据库的数量和范围的增长令人瞩目，但是市场失灵和制度失灵对跨国政治学数据的提供造成了深远的影响。解决这一问题需要所有相关的"数据生产者"都承担相应的责任，专业协会更应起到表率作用，其即使不是成为直接的数据提供者，也要成为积极的监管机构、信息平台和跨国数据发展的基础设施提供者。而政治学科在协调官方统计数据跨国收集上的失败，可以利用与国家政府部门的正式合作，并通过建立常设机构专门收集由各国政府产生的政治学数据来避免。

然而，即使有资金、专业技能和美好愿景，由于各国政府部门并没有义务将它们产生的信息处理并输送给外部机构，学术机构还是不太可能获得稳定可靠的来自政府的数据流。尽管正式义务并不能解决政府能力和意向问题，但我们可以尝试在现有国际组织中建立正式的政治领域数据合作协议。就像联合国系统的不同机构对其成员国产生的大量经济和社会数据进行标准化的收集、储藏和分配一样，对政治学数据也可以同样适用。

虽然政府数据跨国收集似乎需要建立协调中心机构，但对"外部无法观察的"数据进行"全景式展示"测量就需要多层面动员分散的专家网络。此外，特定专业领域的国际研究网络在进行数据建构时，应该得到诸如国家科学基金会和欧洲委员会等公共资助机构的支持，专业协会可以着手创建数据发展协作所需的规则制度框架和基础设施。而对于未来利用"内部观察可得"的数据很可能需要先建立互动交流平台。

本篇指出比较政治研究缺少对跨国数据发展的通用质量标准。监管空白催生了数据私人化、数据不透明和数据不兼容,而专业机构可以在填补监管空白方面扮演重要角色。但对其改善上述问题也都绝非易事,政治学能否克服这些困境很大程度上取决于学科内部群体的努力。

参考文献

Bowman, Kirk, Lehoucq, Fabrice, & Mahoney, James, "Measuring Political Democracy: Case Expertise, Data Adequacy, and Central America", *Comparative Political Studies.* 38 (2005): 939–970.

Francisco, Ronald A, *Events Coding: Protest and Repression.* Lawrence: University of Kansas. 2006.

Herrnson, Paul S, "Replication, Verification, Secondary Analysis, and Data Collection in Political Science", *PS: Political Science and Politics.* 28 (1995): 452–455.

King, Gary, "Replication", *PS: Political Science and Politics.* 28 (1995): 444–452.

Poteete, Amy R., & Ostrom, Elinor, "Fifteen Years of Empirical Research on Collective Action in Natural Resource Management: Struggling to Build Large-N Data-bases Based on Qualitative Research", *World Development.* 36 (2008): 176–195.

Trejo, Guillermo, "Religious Competition and Ethnic Mobilization in Latin America: Why the Catholic Church Promotes Indigenous Movements in Mexico", *American Political Science Review.* 103 (2009): 323–342.

现代化的政治学：基于模型的研究路径*

［美］凯文·克拉克（Kevin A. Clarke）
［美］大卫·普利莫（David M. Primo）**

导读：虽然当下几乎所有政治学研究文献都使用模型，但学界关于模型在学科研究中的角色或功能的理解却没有达到足够高度。本篇认为，评估模型使用的标准应该是其对于实现特定研究目的所起到的作用，而非仅仅是其预测的准确性。本篇将模型按照用途进行分类，并说明政治学领域过于强调模型检验会导致忽略这些不同用途模型的本身价值。未来应提倡新的研究路径，即强调模型在科学推理的中心地位，避免现行方法中的逻辑矛盾，从而为政治学者提供新思路，以处理熟悉的自然世界和模型之间的关系。

一、导言

几乎所有的政治科学研究都使用模型。通过使用数学或其他各类模型，研究者们探讨、阐明因果机制，生成比较静态分析，理解能够导向特定结果

---

 * 编译自：Kevin A. Clarke and David M. Primo, "Modernizing Political Science: A Model-Based Approach", *Perspectives on Politics*, Vol. 5, No. 4, December 2007, pp. 741–753。原文约1.6万字。

 ** 凯文·克拉克（Kevin A. Clarke），美国罗彻斯特大学副教授；大卫·普利莫（David M. Primo），美国罗彻斯特大学教授。

的条件性因素。尽管模型的应用不断增多,但学界对模型在科学研究中角色和作用的理解仍滞后。

20世纪70年代至80年代,模型主要用于扩张概念,但检验模型假设或预测的结果并不理想。如,莫伊(Moe)认为理性选择模型缺乏实证性内容,阿肯(Achen)也警告说数学模型"只是工具,不是信奉的对象。"(Moe 1979 & Achen, 1982: 15)本来,理论建模和数据分析有时会互相启发互相支撑,但政治学领域却被划分为理论分析和实证探索两大阵营。

随着模型在政治学领域的应用日益普遍,模型的用途也发生了显著的变化。如今,模型最重要用途是生成可检验的预测,使之作为后续数据分析的前提假设,这一分析反过来也可以检测模型。学科内对模型有优劣排序,其中"可检验"模型比那些不依靠回归分析的模型价值更高。围绕是否应该将模型检验方法应用于政治学研究有颇多争议,但该方法的合理化和理性化极少受关注。尽管有个别尝试,结果也不甚明晰。为什么要检验基于演绎和保真(truth-preserving)得出的预测?这样的检验又能得到什么?若预测未经确证,是否应该否定或怀疑已知的假设?这些问题从来都未得到令人满意的答案。

模型检验的正当性缺失并不是重新探讨模型在政治学中作用的唯一理由。过于强调模型检验已经导致建模过程和数据分析的失真。政治学领域内对预测良好模型过于偏爱,忽视了模型对理解政治世界可以起到的其他重要作用。强调数据分析对检验模型的作用,会使回归分析变成检验假设的机器,并忽略其对实证归纳作用,而正是实证归纳才能促进进一步的模型构建。

鉴于当前这一代学者接受的学科训练,使他们养成了过时而不充分的思考方式,所以,反思政治科学中的模型应用具有重要意义。由美国科学基金会资助的暑期研讨会——"理论模型的实证意义"(Empirical Implications of Theoretical Models, EITM)项目的成功举办表明,尽管模型使用达到了前所未有的程度,政治学者思维方式还停留在旧时。本篇旨在促进政治科学的现代化。本篇将使用萨普斯(Patrick Suppes),范弗拉森(Bas van Fraassen),苏佩(Frederick Suppe)等人著作中的定义,将模型界定为对象,而非语言实体,这样模型便无真假之分。我们列举了五种模型的可能用途,模型评估应仿照物理学中评估力学模型的方式进行——模型是否有利于特定研究目的。这种观点将政治学从过于强调预测的错误中解救出来。

本篇提出的观点不只是语言的变化,更是政治学建构、感知和利用模型方式的变革。这种基于模型的研究路径提供了新的思路,以探究模型在政治学中的作用、模型和实证世界的关系,及科学探索的语言。

二、政治学研究中的模型是什么?

在讨论模型如何应用之前,有必要对模型给出明确的定义。首先做一个类比。地图是模型(Giere,1999)。但地图非现实,也非现实的同构体,只是对现实的客观描述。更确切地说,地图是实体物件,而非语言实体。因此,讨论地图的真假,就和讨论其他实体物件比如茶壶、玩具飞机或煤气烤架的真假一样毫无意义。所以,地图是局部的,精确度有限,仅展现世界的一部分特征。地图是一种客体,是对现实的表现。地图的问题不在于它是真是假,而在于它与世界是否相似。模型与现实世界相似的程度是否足够其完成既定目标?但也如吉尔(Ronald Giere)所言,"地图必然体现了地图制作者和使用者的利益"。所以,它们也和利益相关。本篇认为,政治学者应当把模型更多地当做具象物体,而不是语言实体。[①]换言之,政治科学中的模型应被视作地图,而非理论陈述。我们应该问,为了特定目的,我们的模型与世界是否足够相似。

为实现此目的,本篇将使用陈述语或语义(指语言和现实的关系)理论,这一理论主要来自萨普斯、苏佩、范弗拉森和吉尔等人的著作(Suppes, 1967;Suppe, 1977, 1989;van Fraassen, 1980;Giere, 1990)。语义研究法的优点是,它能够表明模型的中心性,同时清晰呈现模型与经验世界之间的关系

[①] 这并不是说政治科学中的模型是地图一般的有形存在,你不能把这种模型拿在手中。相反,模型是一种系统,与自然或真实世界的系统有某种程度的相似性。

(模型是语义概念,因为我们关心模型与所指对象间的关系)。政治学者对语义研究法观点不应感到完全陌生,亨利·布莱迪(Henry Brady)近日已初步将语义研究法观点引入政治学领域。他指出,在语义研究法观点下,模型"类似探查现实的工具"(Brady,2004:296)。语义研究法观点的主要支持者都认为,无需回答"什么是理论"这个问题。由此,从语义研究法观点看,"理论"通常被视为模型的集合。

模型是一个体系,它的特点由明确的(有时是详尽的)定义来说明,其建构不能被证伪。对于模型,我们应了解,其与真实世界的系统是否在某些方面为了某些目标相似①。对一个实质性的研究者而言,重要的是能清晰说明,他的模型以何种方式、何种目的与某种真实世界系统相似。于是"检验"就不再是"检验预测",而是评估两种系统之间的相似性是否满足特定目标。

因此,"模型或许有适不适合之分……但它没有真假之分,不是可确证的,不是由所谓的归纳推理检验的。"(Hutten,1954:296)按照此观点,"确证"一个模型意味着确认关于模型的实证性陈述。模型确证包括评估模型与自然系统相似的程度,以及评估模型对预期目标的实现程度。这样的评估不局限于最新的高性能数据分析技术,还使评估过程拥有更广泛的实证证据和方法论。这种研究路径下,实质性的研究者能够准确说明他们的模型与他们试图解释的真实世界系统之间所存在的异同。

三、使用模型的目的

由于模型评定的标准是其对实现特定目标所起作用,因此有必要详细描述该目标,以及具体评定模型作用的方式。模型最基本的作用有以下五种:基础作用(foundational)、结构作用(structural)、衍生作用(generative)、解

---

① 虽然本篇之前一直在讨论规范数学模型,但并非只有这种模型才能使用语义研究方法。然而,这种误解似乎在语义研究法观点的反对者中蔓延。当考虑到数学模型时,语义研究法观点或许更易理解,但我们无须担心采用语义研究法观点会以某种方式威胁政治科学推理的"统一逻辑性"。使用"非正式模型"(因缺乏更好的术语)的学者也能从思考他们的模型和真实世界的相似性中获益。

释作用（explicative）、预测作用（predictive）。概述和示例参照表1的概述和示例。

表1　建立模型目的分类

建模目的分类	模型目的	举例
基础性作用	为一般类问题提供分析	巴伦和弗里基（Baron & Ferejohn, 1989）：立法环境中的谈判
结构性作用	组织经验归纳或已知事实	阿肯（1992）：选举和政党ID
衍生性作用	为进一步研究指明潜在方向	罗默和罗森塔尔（Romer & Rosenthal, 1978）：预算谈判
解释性作用	探索因果机制	奈特（Knight, 2001）：用反事实研究关于司法审查的争论
预测性作用	预测事件或结果	刘易斯－贝克和莱斯（Lew-Beck & Rice, 1992）：预测总统大选的结果

可以看到，学界最为熟悉的预测功能，在模型目的列表中只排在最末，实际应用中以预测为主要目的的模型非常少见。最常使用这类模型的领域是全国大选预测。① 评判这类模型作用的标准应是预测的成功率。在《政治科学与政治》（PS：Political Science & Politics）杂志的一次关于选举预测的论文专题集中，坎贝尔（Campbell）明确指出这一点："每个模型预测了主要政党的候选人在国家中的两党直接选票份额……且对模型的评价应基于它们预测选票的准确度。"（Campbell, 2004：733）

在多数研究中，预测只是从模型推断出的假设。不过学界常把这种预测视为"至关重要的活动"，并根据模型预测的准确性来予以评定研究质量（Brady, 2004）。但是，正如迈克尔·莱佛（Michael Laver）所言，预测并不是模型评估中的"关键和归宿"（Laver, 1997：6）。本篇所采用的语义研究方法最大的优势之一，就是让我们能够用预测之外的其他目的来评估模型的作

---

① 例如，参见刘易斯－贝克和莱斯（Lewis-Beck & Rice, 1992）使用的模型，及坎贝尔和加兰德（Campbell & Garand, 1999）的描述。

用。审视早期的政治学模型可以发现,虽然没有准确的预测,但其价值并不至于被否定。由此可知,模型的可用性和预测准确度并无直接关联。

空间模型就是一个很好的例子。唐斯(Downs)最初将其用于选举情境,模型预测两党竞争中,对二者有利的最佳政策立场是中间选民的理想点。显然,这一结果与现实不符:候选人通常都采取截然不同的政策立场,远离中间值。尽管预测缺乏精准度,该模型对候选人竞争提供直觉性判断极有成效。事实上,很多延伸的空间模型同样不能做出准确的预测。跨部门立法谈判中的完全信息空间模型(complete information spatial models),预测一些阻碍性机制,比如阻挠议事的行动或否决权不会发生,但事实上它们的确会发生。此例表明,模型的预测能力和模型效用相关性不强。因此,模型的可用性需要从其他方面证明。例如,高度抽象模型能为应用建模者提供基本结果。[①]这类模型或许无法反映任何真实世界的情况,但它们依然能对一般性的问题给予启示。阿罗定理就是一个典型,它表明,不可以将所有个人喜好转化为一致的集体选择,除非使个别人成为独裁者。模型也可以成为进一步建模的基础。巴伦和弗里基(1989)的立法谈判模型已经成为很多应用及延伸模型的基础。最后,在统一理论框架下,几个模型能相互连接。班克斯和达根(Banks & Duggan, 2000)对一系列不同的谈判模型(bargaining models)建立了唯一性结果,包括资源分配博弈(divide-the-dollar games)、空间模型、公共物品和交换经济模型。他们的模型也包括布莱克(Black)的中间选民定理和唐斯的政党竞争结果。

另一类模型主要起组织和建构作用,其抽象程度没有预测类的模型高。这类模型提供"可辨别、收集、请求信息的框架"。这类模型的目标之一或许是在单一框架下,收集不同的经验归纳或已知事实。阿肯在一篇论文中提出了选举和政党认同的简单预期模型,所起的就是这种作用。阿肯在文中表明,他的模型与十一项已知的归纳性论述契合,因此"将一系列文献研究成果纳

[①] 吉巴德和瓦里安(Gibbard & Varian, 1978: 665)将这种模型描述为"理想模型",称它们是对"有趣的理想情况的描述,不论就自身而言,还是与现实比较"。

入到统一框架中"。

模型也有衍生性功能。这类模型的目标在于"生产"理论或概念,将所关注的现象上升为有趣且更深层次的理论表述。莱佛(Laver)也明确认为理性选择模型具有这种功能,认为理性选择模型目的是"寻找有趣、有意义并反复出现的论点"(Laver, 1997: 6)。在这里,"有趣"和"更深层次"指违反直觉的结果,是在模型求解之前并未预料到的结果。例如,罗默和罗森塔尔(Romer and Rosenthal)模拟一个收益最大化的议题设置,向选民提出预算建议。如果选民同意预算,即通过。如果选民不同意预算,修改后预算自动生效。结果是,修改后预算越严苛,议题设置者所有的权力越大,这与直觉相悖。原因很简单:对于严格的低一级预算(指低于中间选民或议题设置的预算),低一级预算和最终确定的预算在规模上存在相逆关系。即低一级预算越严格,政府开支越庞大,议题设置者的处境越好。直觉是不准确的,机构负责人应该更担心慷慨的预算而不是严格的修改后预算。

最后,模型还具有解释性作用,我们可以利用模型探索并推断所研究现象的因果机制。一种方法是多问"反事实或假设性问题"。[①] 奈特给出了一个很好的例子,他用两个对策理论模型来分析杰斐逊(Jefferson)和马歇尔(Marshall)之间司法审查的冲突,之后借用模型提出假设性问题:"历史反事实通常是这一时期不同解释的论据,通过在博弈中改变相关条件,我们可以评估这些历史反事实的相对优势。"(Knight, 2001: 10)另一个例子中,我们可以利用模型探索制度变迁对行为和结果的影响。用"q"代表制定法律所需立法者的数量,根据不同数量的立法者调整立法磋商的模型,能够审视绝对多数制要求对议题设置的影响。[②]值得注意的是,预测在回答假设性问题的模型中不可用,因为假设性问题涉及的情况实际上并未发生过(Laver, 1997)。

模型可用于各种目的,预测的成功并不像通常认为的那样,是评估模型

---

① 政治科学中常把"假设的"问题松散地称为"反事实的"。政治科学的相关应用见 Tetlock and Belkin 1996。

② 在一个有 n 名成员组成的议会中,按照多数原则,若 n 为单数,$q = (n+1)/2$;在全票通过的情况下,$q = n$。

的唯一标准。事实上,预测可能和模型的目标背道而驰。鉴于模型是"目标相关",恰当的评价需基于对模型意图的确定。一旦建立模型,我们就可以关注其是否实现了既定目标。这样,其目的就成为它本身成功的标准。能生成大量有趣报告或反事实的模型,还有能为进一步调查起构建作用的模型都是成功的。同时,建立的模型也可能生成无趣、乏味、狭隘的结果。模型的可用性应该与其预测能力无关,不可用的模型不论其预测能力如何,都应该被舍弃。①

四、政治科学方法

为清楚区分上文中的模型概念和政治科学学科现状,我们需首先明晰并批判政治学最常用的方法。这种方法的专有名称为假说—演绎法(hypothetico-deductivism, H-D),初看,这似乎是对政治科学的讽刺。但是,文件记录确实显示,政治学者以这种方式书写和思考。

假说—演绎研究方法包括:

· 设立假说 H,留待检验、检查;

· 从 H 出发推出观察性命题 O,以及理论背景陈述,复杂的语言,边界条件等;

· 实际进行实验或考察,得到 O 或 非 O(Kyburg, 1988:65)。

如果实际结果是非 O,假说 H 就不成立。如果是 O,就确证了假说 H,或者至少是没有否认假说 H。②不太正式的表述是,"理论隐含着预测(基本命题,或观测命题):若预测为假,理论被证伪;如果足够数量的预测为真,理论成立"(Putnam, 1991:123)。

表面看,这种研究路径无可否认。有什么比从模型中剥离出一个预测并

---

① 明显的例外是主要目标为预测的模型。这类模型只占政治科学文献的一小部分。

② 格莱默尔(Glymour, 1980:322)给出相等公式:"T 理论下,命题 e 证明了命题 h,若 e 为真,则 $h\&T$ 是一致的,$h\&T$ 推出 e,但 T 不能推出 e"。

检验它更直截了当的呢？不过本篇认为，虽然看似极具吸引力，假说—演绎研究方法的直接性在更深层次上并不成立。①这一观点也得到了其他学者的支持。假说—演绎方法有一个缺点与政治学家和哲学家都有关，就是其并未详细说明检验演绎性结果对于该模型的作用。

通过检验演绎性模型得出的推论，我们能了解到该模型的什么？表2表明了两种状态。模型的假设可真可假。如果模型的假设为真，那么模型的预测一定为真，因为演绎性系统具有保真性，所以不必再检验。正如多伦和赛涅德所言，"演绎推理较归纳推理有一个明显优势，它不需要在经验世界中被证实。事实上，演绎推理甚至不需要反映真实世界的现象。它的证伪性是其内部不一致的结果"（Doron & Sened, 2001：146）。

表2 现实世界可能的状态及模型假设

	结果	
	（1）	（2）
假设	真	假
预测	真	真或假
模型和预测真相的联系	必然性	无
对确证模型，数据分析提供的信息	不提供信息	不提供信息

---

① 到1980年，试图证明所谓直觉的假说—演绎法过程变得十分复杂，一位知名哲学家甚至发表了题为"假说—演绎法是毫无希望的"（Glymour, 1980a）的文章，另一位哲学家则为假说—演绎法无可言喻的正确性做无力的辩解（Grimes, 1990）。也有哲学家认为这一问题的关键在于一阶逻辑，解决这一问题需抛弃逻辑思考（Waters, 1987）。假说—演绎法的缺点，包括迪昂-奎因论题、非充分决定性、非演绎的预测、缝合问题、定量泛化、乌鸦悖论、绿蓝悖论（排序不分先后）。迪昂-奎因论题意在找到不确证情况的不足；假说—演绎法并不能帮助判断利息理论是否为假，也不能判断其他的替代性理论是否为假。非充分决定性涉及逻辑真理，对任何有限的证据集合，都存在产生这些证据的不一致而无限多的假设。非演绎的预测指的是科学中的大多数假说都是基于统计的，因此是非演绎性的。缝合问题是指如果某证据确证一个假说，那么对于原假说和其他可能无关的假说的组合，该证据也会确证。亨佩尔（Hempel）的乌鸦悖论是指，"既不是黑色也不是乌鸦"和"黑色乌鸦"在证明"所有的乌鸦都是黑色"上具有同样效力。绿蓝悖论则表明所有观察到的绿色翡翠确证"所有翡翠都是绿蓝色的"，而在2010年之前，绿蓝色经观察后定义为绿色，2010年之后定义为蓝色。大多数这样的难题本质上有很强的技术性，在此无需关注。

如果模型的假设为假，那么模型的预测可能为真也可能为假。假设为假，预测不一定也为假，演绎性系统不具有保假性。因此即使假设模型有真假，无论预测是否出自数据分析，都无法帮助判断模型的真假。预测的准确性与模型在任何方面都无关联，所以预测的准确性也不代表模型的准确性。

当然，政治学者从来不知道世界的真实状态，因此也可以说预测为假，则假设也为假。但其实政治学者都很清楚，几乎所有的假设都为假。由此，数据分析并不能告诉研究者一个模型是否是"确证"的。应当清楚的是，假设"近似真"或"足够真"不足以支持该模型。如果假设"近似真"，该演绎模型不具有保真性。在演绎模型的情境中，"近似真"等于假。

模型经过演绎推理得出预测或结论，而检验这些预测或结论并不能有助于理解模型本身。预测为真，无法说明模型是正确的，预测为假，这本身就是无需说明的事实。而检验预测不是检验模型的唯一方式。莫顿（Morton）认为模型的前提检验也可以作为评估模型的方法之一（Morton，1999：161）。由于正式模型都具演绎性，检验前提似乎比检验可能的结论更加合理。但不幸的是，"检验前提"与"发现"假前提存在同样的问题。一般来说，我们已知假设为假，检验假设只是确认我们的想法。

政治学家们究竟有没有使用假说—演绎法？在陈述论据之前，我们需重申，我们所指的模型并非正式的数学模型。政治学者从非正式或语言模型或理论得出预测，用于检验的做法很常见。比如扎勒（Zaller）对公众舆论的研究，胡斯和阿利关于领土冲突的研究，以及诺里斯对选举规则的比较研究（Huth & Allee，2002；Norris，2004）。因此，尽管"模型"这一术语的使用可能会使讨论范围局限在使用正式模型的政治学者们，他们只是少数人，但事实上本篇的讨论涉及政治学学科内的大部分人。

假说—演绎法是大多数政治学家固有的思维方式，他们自然而然毫无意识地就会采用这种方式。政治领域对假说—演绎法的依赖在两个方面体现。一是政治科学领域最受人尊敬的学者的著作，这些作品常作为其他学者的模型。二是关于三大政治科学期刊近期文章的一项研究结果。这些证据表明，假说—演绎法是政治科学中模型检验最常用的方法。

例如，沃特和鲍恩认为，一个理论的成功与否取决于其"实证效度"，而这一指数的来源是对该模型结论的检验（Walt, 1999；Bawn, 1999）。菲奥利娜认为可证伪性是决定模型是否有科学地位的必要条件（Fiorina, 1994），布埃诺·德·梅斯基塔和拉曼认为"对于几个逻辑上紧密相连的变量，模型如果能够推出其之间的关系，并且可检验、可证伪，建模的科学性便成立，模型的结构和模型的实证意义之间有清晰一致的联系。"（Bueno de Mesquita & Lalman, 1992：22）假说—演绎法观点是政治学者根深蒂固的思维方式，在一段时间内，它甚至成为了《美国政治科学杂志》（*American Journal of Political Science*）的固定模式。1995 年至 1998 年，该杂志所有的本篇导读都有相同的四部分：理论、假说、方法和结论。

政治学领域内还有更多的例子可以表明假说—演绎法的影响力。如凯斯·克莱比尔（Keith Krehbiel）在一项有关立法委员会的研究中指出："本研究将利用理论—实证结合分析法的优势，力求达到实证社会科学中的标准。假设源于实证，理论假设必须明确精准，理论上的结论必须和假设的逻辑相符，实证结论则由理论结论得出，该实证结论是可推翻的"（1991：15）。约翰·扎勒（John Zaller）在得出关于公众舆论的可检验推断时，也采用了类似的公理化研究路径："本书所用方法的基础是四个基本定理，它们的内容是一系列确定且清晰的条件，随后从此演绎推理得出可能的结论；检验这些假设是否在实证层面上成立；提供必要且可行的新证据，以应对未解决的实证问题"（1992：51）。卡梅隆、赛格尔和宋尔（Cameron, Segal, and Songer）从他们的模型中得出比较静态分析，并且"以 1972 年到 1986 年间在伯格（Burger）法院上诉的搜查与扣押案件为样本来源，随机抽样对该比较静态分析进行检验"。他们的实证结论是"支持该理论的"（2000：101，107，113）。克拉克和哈勒伯格（Clark & Hallerberg）研究的是资本流动如何影响财政金融政策，他们构建了一个模型，"在不同的（理想的、典型的）结构模式下，对央行及政府的行为作出预测"，通过"检验"该模型，最终发现结论与理论模型基本完全相符（2000：323，324，326）。诺里斯（Pippa Norris）谈到，理性选择制度主义是"对理性的个人偏好做出某些简单假设，然后得出与此逻辑相符的预测,并进行检验"(2004:252)。芭芭拉·格迪斯(Barbara Geddes)尽管指出模型可用的程度不同,还是认为"如果这些检测符合由论据演绎推出的预期结论,那么我们对论据的真实性将更有信心。"(2003:86)甚至经常撰写方法论议题的学者,如阿肯,也会随意使用假设—演绎法的语言。阿肯近期所著的所有关于社会政治化的文章,都包含"证实的"或评估的演绎命题。事实上,正是阿肯提出"程式化模式",证实了假设—演绎法的语言已不再合适。这样的语言似乎更适合用于基于模型的科学分析方法,此前已有提及。

有人也许会反驳,尽管政治学者常用假设—演绎法的语言"写作",他们思考模式则是用更加复杂的术语。这一观点有两个问题。首先,了解政治学者的思维方式只能以他们的著作为依据。其次,这一观点认为,一个人的写作并不影响其思考。这一说法几乎肯定是错误的,即使是思维极其缜密的学者,其研究也会受到假说—演绎法形式的极大影响。例如,用假说—演绎法的形式写作,不仅会扭曲我们建立的模型,还会偏离我们进行数据分析的本质。这是因为假说—演绎法将预测视为科学最重要的活动(Brady,2004)。不能产生比较静态分析的模型会受到轻视,而其有用性和其他可以证明的证据都被忽略。[①] 同时,按照假设—演绎法的观点,数据分析偏离了其在统计上构建精准数据描述的原始目标,转而服务于模型评估中的假设检验。

可能有人认为只引用该领域的顶级学者的研究不具有普遍性。为反驳该观点,我们对三份学术期刊进行了调查:《美国政治科学评论》(*American Political Science Review*)、《美国政治科学杂志》(*American Journal of Political Science*)、《政治杂志》(*Journal of Politics*)。这些都是涉及领域广泛的政治学顶尖杂志。在2001年到2005年期间的738篇文章中,我们随机抽取其中的10%,约74篇,用传统的编码规则,会发现将近一半(46%)的文

[①] 《美国政治科学杂志》近期对于编辑报道的争论表明这一观点。详见对整合模型和数据的讨论。

章都使用或提倡假说—演绎法。① 假说—演绎法广泛地应用于所有除政治哲学之外的分支学科,如上述引文所述,它通常被看做政治科学研究的黄金标准。

最近在政治学的科学推论中使用假说—演绎研究方法的是"博弈论的经验主义研究应用"(Empirical Implications of Theoretical Models,EITM)项目。② 如果仔细阅读该项目支持者的文章,会发现一种与假说—演绎法非常相像的模式。莫顿(Morton)提出采用"步骤类比"的方式,先得出预测(步骤2),再用一个实证模型评估这些预测(步骤4)(1999:280)。奥利奇和阿尔特(Aldrich & Alt)在《政治分析》的一期特刊的导语中谈到,"理论模型的实证意义"项目面临的挑战,"首先是如何改善我们的理论工作,以便获得更多可检验的假设,其次是如何改善我们的方法论研究工作,从而使检验更高效,更有助于理解理论"(2003:309)。格拉纳托和肖力(Granato & Scioli)对统一的"博弈论的经验主义研究应用"领域构成做了简单说明:(1)理论,(2)检验因果联系的模型,(3)推理和假设,(4)测量与研究设计,以及(5)数据收集与分析(2004:315)。归结其实质,格拉纳托和肖力的论证包括理论、蕴含结果的演绎模型和检验。然后,用检验的结果对模型假设做出修正。换言之,该检验可以使我们了解模型的结构。

如果对上述文中引用到的作者是否以假说—演绎法写作还有疑问,那么可以看看假说—演绎法的支持者提倡的研究方法:"明确确立假说,以有效的演绎推论从中得出可检验的结果,将这些可能性客观地应用于实验性检验"。克伊布格(Kyburg)进一步指出,"在与社会和行为科学相关的方法论学习

---

① 满足以下条件之一的文章被视为使用假说—演绎法:(1)正式或非正式地,从模型或理论中获得可检验的假说,并根据检验对该模型或理论的状态做出陈述;(2)模型检验应当由模型中得到的假说来完成检验。政治哲学类文章除外。一位独立的研究助理进行归类,发现65%的样本为假说—演绎法,近40%的样本由作者和研究助理独立分类为假说—演绎法。

② 正如美国国家科学基金会研讨会关于EITM的文章明确指出的,对EITM的定义有很多且常富有争议。一些人认为EITM仅仅意味着对"学科"形式理论的经验归纳,反之亦然。另一些人认为EITM以困惑开始,以对模型的"检验"结束,(美国国家科学基金会,2002:19,25)。

中，这些方法十分流行"。①

五、示例

为了说明语义研究方法与政治科学现状之间的差别，详例是最好的方式。不过展示这样的例子并不容易，尽管已经在最近由布莱迪（Brady）提及，尽管已广泛应用于生物学、心理学、经济学、健康科学及物理学中，语义视角还未在政治科学中引起过任何关注。②因此找到政治科学领域中成功的例子也有一定难度。虽然我们相信，一批顶尖的政治学家在思考上常用与语义视角更兼容的方式，但是他们在写作时却还是使用假说—演绎法的方式。在此我们解决这一困境的方法是，呈现现有政治科学研究中已脱离假说—演绎法的限制，但尚未摒弃这种语言的一篇高质量作品。

阿肯最近提出了一个有关政治社会化的理性选择模型，用以探索为何孩子可以尝试接受父母的政党认同观念，但同时却反对父母在音乐和时尚上的建议。模型本身很简单，选民认为自己未来能从哪个党派中获得更多，就会支持哪个党派。虽然他们对未来的福利并无明确的认知，但根据贝叶斯法则，他们会不断根据新近的事件对他们的政党偏好进行修正。该模型忽略了一些

---

① 克伊布格（Kyburg, 1988: 61）认为，当我们开始反思理论和模型在政治科学中的困惑，便能很容易解释政治学者是怎样应用假说—演绎法的。根据逻辑实证主义（假说—演绎法的哲学依据），理论是以一系列对应规则进行的逻辑演算。逻辑演算通过推导结果及检验数据来评估。社会科学家使用数学模型同样以逻辑演算的形式进行。随着时间推移，模型承接了理论在逻辑实证纲领中的位置。这带来极大的负面影响：政治学者开始认为也应按逻辑实证主义者检验理论的方式来检验他们的模型。威廉·瑞克（William Riker）的著作证明了逻辑实证主义纲领和早期理性选择建模之间的关系，他是将理性选择理论应用在政治研究中的先驱。瑞克（1977: 13）引用了主要的逻辑实证主义者（Nagel and Hempel 及其他人）的观点，对科学明确的"实证主义"或公理化观点表示肯定。瑞克（1990: 167）认为，解释一个事件就是"把事件本身归于覆盖律，而该覆盖率是在（演绎的）理论中。"覆盖律的观点来自对赫普和奥本海默（Hempel & Oppenheim, 1948）"演绎—律则"模型的解释，这是假说—演绎法的第一个完整版。（Brady, 2004: 296）

② 如 Brady, 2004；生物学（Beatty, 1980, Thompson, 1983, 1986, 1988, and Lloyd, 1988）；心理学（Hardcastle, 1994）；经济学（Hausman, 1992）；健康科学和物理学（Suppe, 2000）。

非功利因素，如对党派的情感依附，但其程式化程度也因此增强。

困惑在于，对于一位没有任何投票经验的新选民，如何使其做出理性的党派选择（在进行该项最初选择之后，贝叶斯修正才会以通常方式进行）。根据模型，选民能够从党派处得到的福利取决于其社会地位，而且父母和孩子的社会地位相互关联，所以一位新选民能从其父母身上总结经验，并预估其未来福利，因此结合所得经验及对未来福利的预估，他/她能理性地选择所支持的党派。

阿肯的论文中有趣的一点，也和本篇的目的相关的是，除了某些语言外，并没有出现严格遵循假说—演绎法的表现。尽管并非他的原意，阿肯的文章是在基于模型的推理中应用语义研究方法的典型。正如我们论证的，在该论文中阿肯所做的选择，可以从语义角度作出合理解释，但很难从假说—演绎法出发理解。[①]

语义研究方法的核心在于模型只是一个对象，无真假之分。因此，上述讨论的那些学者，关注其模型是否经他们的检验"确证"，这是不合时宜的。他们应该问的问题是：他们的模型是否以特定方式与现实相似，从而以实现特定目的。

阿肯在他的文章中从来没有表明他的贝叶斯模型得到了通常意义上的"确证"。事实上，他特别提到"详细的实证检验"不是模型的目标，他也欣然承认他的假设"有点不准确"。更确切地说，该模型的目标在于解释一个已知的现象——"父母的政党认同（party identification，PID）会传递给孩子"，是为了理解为什么孩子在政治和社会领域的行为表现不同。

第一步要以特定的方式建立与现实世界相似的模型。对阿肯而言，这意味着写出一个"程式化"的模型，以生成定性预测，"与主要的经验归纳相符"。因此很明显该模型的一个需要实现的目的是结构方面的。他的重点是解释政治社会化众所周知的特点，包括父母和孩子各自所支持政党的相互关系，

---

① Achen甚至提到"贝叶斯选民理论"，这是一系列贝叶斯模型，用来研究政党认同、政治运动的影响和投票选择。

年轻选民中相对多数的独立派，以及随时间逐渐瓦解的党派联盟。这并不是说，该模型只是碰巧预测到这些现象，设计模型就是为了预测现象。模型对现象的预测并不是对模型的检验。相反，这是一种迹象，表明模型与真实世界以某些特定方式、特定目的呈现出相似性（比如理解新选民的行为）。阿肯声称他的模型在理解政党认同代际传递方面比社会心理模型更有效，也是出于这一道理。

阿肯乐于揭示他的模型与现实的不同之处以何种方式与现实不同。例如，该模型忽略了党派重新结盟是要连续不断进行这一实证性猜测（即渐进性重组）。阿肯指出数据分析需要"更伟大的现实主义"。但模型的实证研究不在这一议题范围。需要讨论的是模型怎样充分体现真实世界的特点。

模型如果能以连贯的方式体现已知事实，就可以算作成功。然而，基于模型的推理的优势在于，它能够利用模型对现实进一步探索。阿肯的模型引出了命题5，"其余条件不变，隔代的政党政策变化越大，会在年轻人中产生更多的中间选民。"阿肯表示这一议题从未经过调查。与"认知差异"的支持者不同，阿肯并未声称这项新议题的实证调查将"确证"他的模型。更确切地说，基于实证结果的模型，已经为实证调查提供了新的路径，具有衍生性与结构化的特点。理论模型与实证结果之间的相互补充关系，和语义的研究路径是一致的，但在要求假说都要"公平地"接受实证检验的假说—演绎法原则下，这种关系不能成立。

进一步说，阿肯的文章没有遵循"演绎性理论—预测—检验"这种科学研究方法。然而，也没有人会质疑该论文的科学地位或对学术界的贡献。语义研究方法要求研究者表明模型的研究目的，以及模型与现实的异同。对于阿肯而言，模型是为了阐明政党认同的代际传递。该模型与现实的相似点在于其对三种已知现象的解释：父母和孩子各自所支持政党的相互关系，年轻选民中相对多数的独立派，以及随时间逐渐瓦解的党派联盟。该模型与现实的不同点在于，它不关注渐进性政党重组，忽略选民可能有的非功利偏好。

六、整合模型与数据

阿肯的示例为政治学者提供了一些借鉴，在抛弃假说—演绎法后应该怎样进行研究。我们将这些见解提炼为四项原则，以用于社会科学研究。这些原则虽不能面面俱到，也不过分严苛，仅为整合模型与数据提供一些指导意见。

明确建立模型的目标。对任何政治情境都能以无限多种方式、多样的目的进行建模。因此，研究者应努力回答"为什么建立这个模型，而非其他的？"这一问题的答案可引用表1中的任一模型目的。选择某一模型的原因可能是它能提供更好的预测。此外，也可能是因为它揭示了迄今未被认知的因果机制，即使不能预测成功也会得到选用。选用模型还有一个因素是其启发新研究方向的能力。由此，建模成功的评判标准在于模型自身的优点，而非假说—演绎法表面的优点。

放弃现在通行的"模型检验"目标。"模型检验"意味使用统计分析来决定模型的真假（或政治学者使用的任何同义词，比如"证明的"、"确证的"、"证实的"、"验证的"），但正如之前讨论的，模型的真假并不是问题的实质。确切地说，重点在于模型以特定的方式表现出适用性。对地铁地图的创作者，这意味着需要保证任何一位通勤者通过地图能成功从A点到达B点。对结构模型的创作者，这意味着需要说明他的模型的确能将数据组织成为特定结构供人理解。

这种陈述不一定需要数据分析。前文讨论的阿肯模型，就不需要数据分析作为其实用性的有力支持。这一结构模型中不需要数据分析的一个原因在于，政治社会化领域内有大量的经验归纳。而在经验归纳很少的领域，才需要数据分析来增强说服力。

根据模型的需要选择是否使用数据分析。并非所有的模型都需要数据分析。这一观点被广泛误解，最能体现这一点的莫过于《美国政治科学杂志》编辑认为发表规范理论（formal theory）必须有数据分析。表1中列出的五种不同类型的模型中，只有预测模型需要某些数据分析。原因是预测本身就是评判这类模型的度量标准。

上述论述并不意味着数据分析在预测模型之外的领域都是无用的，只是说数据分析不是必需的。克鲁格曼（Krugman）写道，"如果模型能成功地以一种从未被预想过的方式解释或合理说明某些现象"，这就是好模型。（Krugman，1994：49）但对现象的理解需要数据分析的协助。研究者需清楚数据分析是怎样支持实现模型的目的，如果数据分析做不到这一点，就该遗弃它。

不要把数据分析作为研究终点。在同时有模型与数据的论文中，通常前十分之九的篇幅都是详细论述模型的生成、发展，而最后十分之一的篇幅中却加入一份无关紧要的数据分析，这样做毫无疑问只是为了满足审稿人。只将数据分析看做研究的终点，是过于关注模型检验的不幸结果。模型本可以吸纳和解释新的实证发现，但为了实现"三星级"的研究，表明模型主要的预测是"确证的"或"证实的"，就牺牲了模型原本的优势。这种研究模式不能被视作模型和数据的整合。

模型和数据的真正整合并非易事。说明模型与现实世界相似的方式通常是描述，而不是推断。一些政治学者厌恶"描述"，因为它引起非理论性的表述，缺乏概念上的咬合力。但在理论的引导下，描述可以成为强有力的工具，有助于评估模型的适用性和为理论探索开辟新道路。

政治科学中采用模型—理论的研究方法不仅仅意味着研究语言的改变，还意味着政治科学思考和实践方式的改变。[①]这种改变有如下优势。采用该研究方法有助于阐明假设的现实性相关问题。研究者可以自由陈述所用模型的假设模拟现实世界的确切方式和目的。假设可以是"真实的"，也可以独立于环境存在。同样的，该研究方法允许使用更广泛的证据，难点只在于研究者需证明模型以特定方式、特定目的与真实世界相似，这可以使用任何适合的方式。最后，比起目前不合逻辑的研究政治科学的方法，我们的研究路径将

---

① 语言和实践无疑是内因性的。我们陈述和书写研究的方式影响着政治科学实践。

为研究生训练提供更坚实的基础。①只有抛弃假说—演绎法的语言和实践，采用模型—理论的研究路径，我们才有希望认真对待这些难题。

七、结论

政治科学是以模型为基础的学科，但该学科对模型作用与功能的理解还停留在过去。以目前的观点来看，研究者或多或少都将模型当做现实的真实表现，并通过形成预测来检验模型，进而利用预测的准确性评价模型的正确性。预测正确的才是优秀的模型。

但这个过程的前提是对模型本质的两种误解。第一个误解是模型要么为真，要么为假，第二个误解是我们可以获知模型是真是假。本篇认为模型是对象，所以既非真亦非假。应当以特定目的按适用性去评价模型，而不只是看演绎预测的准确性。模型是基础的、结构性、衍生性和有解释作用的，以及/或能够预测的，必须以合适的度量标准来衡量。本篇认为以这种方式看待模型，可以纳入更广范围的证据，并且将实证调查从对统计学意义的绝对服从中解放出来。

以这种方式审视模型意义深远。纯粹的规范理论，和任何可产生检验预测的应用性规范理论一样，有足够的实质性内容。建立模型以匹配已知事实是一项有益的科学活动，为经验主义者提供新方向的模型是值得称道的。我们以模型为依据的研究路径强调了模型在科学推理的中心性，避免假说—演绎法的陷阱，为政治学者提供思考的新方法，以处理我们熟悉的自然世界和模型之间关系。此外，我们的研究路径为"理论模型的实证意义"计划带来模型和数据间真正的融合，这项计划当前正在训练新一代的学者。强调假说—演绎法模型检验会缩小可接受研究的范围，而本篇提倡的研究路径可扩展模型和数据融合的方式，将政治科学从当前实践方法论的束缚中解放出来。

对于政治学工作基础的理解，以及必要时的重塑，一直受到顶尖的政治

---

① 关于学科的现状，见 Morton, R. B. (1999). *Methods and Models: A Guide to the Empirical Analysis of Formal Models in Political Science.* Cambridge University Press。

学者的重视。本篇是对这一传统的忠实继承,我们希望对愿意重新考察我们学科基础的研究者提供建设性意见。

参考文献

Achen, Christopher H. , *Interpreting and Using Regression.* Beverly Hills: Sage. 1982.

Aldrich, John, and James Alt, "Introduction to the Special Issue", *Political Analysis* 11 (4) (2003): 309 – 315.

Banks, Jeffrey S. , and John Duggan, "A Bargaining Model of Collective Choice", *American Political Science Review* 94 (1) (2000): 73 – 88.

Baron, David P. , and John A. Ferejohn, "Bargaining in Legislatures", *American Political Science Review* 83 (4) (1989): 1181 – 1206.

Brady, Henry E. , "Introduction to Symposium: Two Paths to a Science of Politics", *Perspectives on Politics* 2 (2) (2004): 295 – 300.

Bueno de Mesquita, Bruce, and David Lalman, *War and Reason.* New Haven: Yale University Press. 1992.

Cameron, Charles M. , Jeffrey A. Segal, and Donald Songer, "Strategic Auditing in a Political Hierarchy: An Informational Model of the Supreme Court's Certiorari Decisions", *American Political Science Review* 94 (1) (2000): 101 – 116.

Campbell, James E. , "Introduction—The 2004 Presidential Election Forecasts", *PS: Political Science & Politics* 37 (4) (2004): 733 – 736.

Clark, William Roberts, and Mark Hallerberg, "Mobile Capital, Domestic Institutions, and Electorally Induced Monetary and Fiscal Policy", *American Political Science Review* 94 (2) (2000): 323 – 346.

Doron, Gideon, and Itai Sened, *Political Bargaining: Theory, Practice and Process.* London: Sage. 2001.

Downs, Anthony, *An Economic Theory of Democracy.* New York: Harper and Row. 1957.

Fiorina, Morris P. , "Response to Born", *Legislative Studies Quarterly* 19 (1) (1994): 117 – 125.

Geddes, Barbara, *Paradigms and Sand Castles: Theory Building and Research Design in*

Comparative Politics. Ann Arbor: The University of Michigan Press. 2003.

Giere, Ronald N., *Explaining Science: A Cognitive Approach*. Chicago: University of Chicago Press. 1990.

Giere, Ronald N., "Using Models to Represent Reality", In *Model-Based Reasoning in Scientific Discovery*, L. Magnani, N. J. Nersessian, and P. Thagard (eds). New York: Kluwer Academic/Plenum Publishers. 1999.

Granato, Jim, and Frank Scioli, "Puzzles, Proverbs, and Omega Matrices: The Scientific and Social Significance of Empirical Implications of Theoretical Models (EITM)", *Perspectives on Politics* 2 (2) (2004): 313 – 323.

Huth, Paul K., and Todd L. Allee, *The Democratic Peace and Territorial Conflict in the Twentieth Century*. New York: Cambridge University Press. 2002.

Hutten, E. H., "The Role of Models in Physics", *British Journal for the Philosophy of Science* 4 (16) (1954): 284 – 301.

Krehbiel, Keith, *Information and Legislative Organization*. Ann Arbor, MI: University of Michigan Press. 1991.

Krugman, Paul, "The Fall and Rise of Development Economics", In *Rethinking the Development Experience*, Lloyd Rodwin and Donald A. Schon (eds). Washington: Brookings Institution Press. 1994.

Kyburg, Henry E., "The Justification of Deduction in Science", In *The Limitations of Deductivism*, ed. 1988.

Laver, Michael., *Private Desires, Political Action*. Thousand Oaks, CA: Sage. 1997.

Moe, Terry M., "On the Scientific Status of Rational Models", *American Journal of Political Science* 23 (1) (1979): 215 – 243.

Morton, Rebecca B., *Methods and Models: A Guide to the Empirical Analysis of Formal Models in Political Science*. Cambridge: Cambridge University Press. 1999.

Norris, Pippa., *Electoral Engineering: Voting Rules and Political Behavior*. New York: Cambridge University Press. 2004.

Putnam, Hilary, "The 'Corroboration' of Theories", In *The Philosophy of Science*, Richard Boyd, Philip Gasper, and J. D. Trout (eds). Cambridge, MA: MIT Press. 1991.

Romer, Thomas, and Howard Rosenthal. "Political Resource Allocation, Controlled Agendas, and the Status Quo", *Public Choice* 33 (11) (1978): 27-43.

Suppe, Frederick, *The Structure of Scientific Theories. 2nd ed.* Chicago: University of Illinois Press. 1977.

Suppes, Patrick, "What is a Scientific Theory?" In *Philosophy of Science Today*, Sidney Morgenbesser (ed), New York: Basic Books. 1967.

van Fraassen, Bas C., *The Scientific Image*. New York: Oxford University Press. 1980.

Walt, Stephen M., "Rigor or Rigor Mortis? Rational Choice and Security Studies", *International Security* 23 (1) (1999): 5-48.

Zaller, John R, *The Nature and Origins of Mass Opinion*. New York: Cambridge University Press. 1992.

政治学理论研究者的模型运用：
语义陈述模型和形式化数学模型*

［美］詹姆斯·约翰逊（James Johnson）**

导读：本篇区分了政治学和政治学理论不同的模型使用特征。政治学界模型使用的标准方式，是利用模型演绎推理得出预测，并以"真实世界"检验预测；但政治学理论研究者使用模型的理由并非如此。本篇首先阐述托马斯·谢林（Thomas Schelling）对模型的见解，而约翰·罗尔斯（John Rawls）与米歇尔·福柯（Michel Foucault）的模型运用方式与谢林的观点相符。接下来，比较以赛亚·伯林（Isaiah Berlin）与肯尼斯·阿罗（Kenneth Arrow）的学说，以说明形式化模型使用的价值。最后本篇认为，模型并非提出预测理论的手段，而是概念扩展的工具，在此基础上，本篇对以往模型使用的通常方式提出质疑。

一、导语

政治学理论研究者对模型的使用与其他政治学家大体相同。政治学界模

---

* 编译自：James Johnson，"Models Among the Political Theorists"，*American Journal of Political Science*，Vol. 58，No. 3，July 2014，pp. 547 – 560。原文约两万字。

** 詹姆斯·约翰逊（James Johnson），美国罗彻斯特大学政治学系教授。

型使用的标准方式,是利用模型演绎推理得出预测,并以"真实世界"检验预测。但政治学理论研究者的模型使用并非如此。下文将探究政治学理论研究者的模型运用方式,并以此对标准化逻辑推理提出质疑。①

本篇从托马斯·谢林(Thomas Schelling)的经典论述出发:"一个模型可视作对一系列相互关系的精确而简洁描述,这些关系足以产生所讨论的现象。或者,一个模型可视作实际的生物、机械或社会系统,以特别清晰的形式具体呈现必然产生特定现象的关系。这两种'模型'的含义并无多大区别。"(Schelling,1978:87)

以下三点值得注意。第一,谢林的定义中,上述两种类别(被称作"陈述"以及"具体化"变量)的模型均非数学模型,只是当以"数学形式"出现时实用性会增强。谢林对此的观点是:模型并不一定是数学意义上的。第二,谢林广义地看待"讨论所需的对象",可能包括分析性、规范性和说明性等因素。最后,谢林更强调模型的使用方式而非定义。他提出:"模型就是工具"。这一点体现出他与其他政治学家对模型所采取的运用方式观点的不同。他认为:"一个共享的模型,特别是被命名的模型可以促进交流"(Schelling 1978:90)。② 换言之,他在启发我们换用另一种方式思考模型及其使用方式。

在下文中,笔者将详述约翰·罗尔斯(John Rawls)与米歇尔·福柯(Michal Foucault)这两位有影响力的政治学理论家是怎样使用非数学意义的模型——罗尔斯使用陈述性模型,福柯使用具体化模型——研究一系列规范

---

① 甚至标准理由的批评者也贬低模型在"规范"理论家作品中的作用。因此,克拉克和普莱蒙(Clarke & Primo)写道,"模型已经成为了现代政治学的最主要特征,这个领域的每一个角落都能找到模型。"然而他们马上以注释的方式进行了如下警告:"模型在一些领域中的作用相对较弱,规范性理论是其中之一。"(2012)。哈定(Hardin,2008)也强调了这一判断。在概述"规范性方法论"时,他不止一次提到模型的使用。本篇只关注"规范"或"理论"模型(如博弈论,社会选择),不关注"数据"、"因果"或"实证"模型。区分标准参见克拉克和普莱蒙(Clarke & Primo, 2012),以及利摩尔(Leamer, 2012)的研究。

② 以这种方式,谢林回避了常见而具有误导性的"工具主义者—现实主义者"两分法,这种两分法主导了太多有关模型及其在政治学中使用的讨论(MacDonald, 2003)。对比霍斯曼(Hausman, 1992b: 285-288),他认为这种两分法令人信服。

和概念上的关系（除此之外，两位的著作没有其他相同的方面）。① 当然，罗尔斯和福柯并不是特例，第三位政治理论家——谢尔顿·沃林（Sheldon Wolin）发展政治理论的过程可以证明这一点。随后，将论述肯尼斯·阿罗（Kenneth Arrow）著名的"不可能性定理"（impossibility theorem）应当解释为一种关于政治困境的形式化数学模型，而造成这一困境的价值多元化，正是在几乎同一时期以赛亚·伯林（Isaiah Berlin）出于相同目的界定的价值多元化。最后，将探讨本篇观点对政治学学者更广泛层次的影响。

二、"原初状态"模型

约翰·罗尔斯详细阐述了他称之为"作为公平的正义"（justice as fairness）的观点。他声称，这是评判资本主义民主政体先进制度结构的最佳出发点。为了证明这一观点，罗尔斯构建了名为"原初状态"（original position）的模型，用以描述假定的社会契约下成员之间的互动和思考。他认为这个模型阐明了成员为什么从众多可行选项中，选择"作为公平的正义"。

根据罗尔斯的观点，处在原初状态的个人，是在"无知之幕"（veil of ignorance）之后选择的正义原则。"无知之幕"使得个人无法知晓他们所处位置，或他们所代表阶层占据的位置，因此也无法得知他们所处的具有道德判断功能的阶层和集团，而这种阶层和集团在任何社会中都起到塑造现行社会关系的作用。在"帷幕"之后原初状态的个人，无法预见正义原则的选择会对其以及和其相似人们产生怎样的影响。

罗尔斯认为，隔着帷幕选择的个人会赞同组成"作为公平的正义"的两大原则。他运用"原初状态"这一模型来表明，尽管有不同的心理特征条件、不同的道德追求和文化忠诚，或是不同的可施加于他人的博弈能力，"作为公平的正义"都能准确描述经过深思熟虑之后，我们对"正义要求什么"这个

---

① 有关罗尔斯和福柯二人的深远影响，德雷泽克、洪尼葛和菲利普（Dryzek, Honig and Phillips, 2006）分别关于"罗尔斯之后的正义"和"福柯之后的权力"的两大章内容可以证明。

问题的判断。

本篇更关注罗尔斯提出这一观点的方式,而不是其所定义的正义概念。①罗尔斯(Rawls, 1993:22 - 28, 43 - 46;2001, 14 - 29, 80 - 94)将"原初状态"称为"一种表现工具"。他提出,对于"自由且平等的道德人"组成的"假定的社会契约",使用这个"模型"能够重新构建正义原则产生的条件。

排除权力和势力可能对道德判断造成的不平等影响后,在众多正义概念中,相关行为体会支持哪个概念?探究这一点需要构造一个互动模型,此模型排除关于对支持状态的前期讨论(Rawls, 1993:23;2001:16)。当然,这是一种简化的做法,忽略了现实世界中的干扰性影响,专注于所讨论的特定问题。因此,罗尔斯"原初状态"中的成员并不等于现实中复杂的人,而是"表现工具中单纯的人造物(artificial creatures)"(Rawls, 1993:28;2001:83)。下文会继续讨论这些人造物及其特点。这里值得提出的是,罗尔斯将"原初状态"视为"群体反思和自我澄清"的工具,这样"一旦能够清晰认知对正义的要求"后,就能用以探究"我们现在所想"(Rawls, 2001:17;1999:402)。换句话说,他认为他的模型拥有明晰概念的能力,能帮助我们获得更多发现,并更加自信地与他人交流我们的发现。

三、政治理论传统中的罗尔斯

罗尔斯并不是政治思想传统中的独特个例,谢尔顿·沃林可以证明这一点。他虽然是罗尔斯的有力批评者,但其实两者所致力的研究有许多共同之处②。沃

---

① 关于罗尔斯已经有大量的评论和分析。就笔者所知,评论家们只是提到罗尔斯怎样运用模型发展其观点,而不是检验这一点。参见弗里曼(Freeman, 2002)。他的例子十分典型。他提出——只是一笔带过——"原初状态……描述了('模拟了')我们现在视作道德上可接受的限制,限制了决定社会基本结构的正义原则的理由"。而博济(Pogge, 2007:60 - 67)则完全没有提到这一点。

② 沃林解释道,政治理论家和所有哲学家一样,渴望"系统化的知识","设定惯例和制度化安排",以承载他们的"基本数据",他们更关注这些安排的"意义"而不是实际运作方式(Wolin, 2004:4, 6 - 7)。所以,沃林自身的民主敏感性使其多疑,而罗尔斯(Rawls, 1993:xvii)则认为"稳定问题是政治哲学的基本",这仅仅显示了二人政治观点的区别。

林撰写的政治思想史极有影响,他在其中写道:理论家为人们提供"政治生活的微缩图景,这其中已摒弃理论家认为与目的毫不相关的东西",因此理论家的工作能够提高人们对政治世界的认知,增强人们观察政治真相的能力,并为人们的推测提供了更广阔的余地(Wolin,2004:19)。有意思的是,尽管沃林坚持认为政治思想中,"推测的作用大于模型构建",推测仍然需要依靠建模中的简化过程。沃林还提到,"'自然状态'或'市民社会'等概念"和"动机"等理论概念无法直接观察,需要借助其他工具进行表现(Wolin,2004:13-14,19)。

在"作为公平的正义"理论中"原初状态"所扮演的角色与早期社会契约论中的"自然状态"相似(Rawls,1993:23;2001:16-17;2007:16-20)。因此罗尔斯的途径是在政治理论传统之内的,至少按照沃林的描述是如此。他将"原初状态"作为一种"表现工具"(device of representation)以描述其构建的世界。在这个世界中,不存在任何现实世界中来自"过去的偶然性影响"的权力,因此能够检验和讨论纯粹的社会与政治安排的轮廓。在这一模型下,"人造物必须在合适的条件下达成协议"。具体来说,这些条件下成员必须被视作"自由且平等的个体",必须减少"一些人拥有更多谈判优势"的可能性(Rawls,1993:23)。一些行为体不能认为因其享有谈判优势,就能够坚持有利于其或其所代表的群体的结果,也不可能进一步期望他人同意其提议,更不要奢望其立场的正当化。

四、罗尔斯怎样运用"原初状态"

初看之下罗尔斯和沃林之间有显著差异,但其实他们在理解和运用模型方面只有些许不同,他们关于政治理论运作方式的根本概念则是几乎相同。

沃林试图在政治科学范围内将政治理论树立为一个独立的"形式"或"探究领域"。为了实现这个目的,他从社会科学基础任务出发:观察(observation)、描述(description)、概括(generalization)和预测(prediction)。他认为这十分重要,尽管有些无趣。相应地,他倾向于限制模型的使用。为此,沃林也使用了学术上的"被操纵的领域划分",这一做法出现在他首次出版《政治与构想》(1960)时,直到现在仍未被人提出质疑。这可以解释为何他如此希望防止出现以下论调:"政治学理论研究者所做的只是类似预测的事,只是不如其他政治学领域明显而已。"他坚持认为政治理论是一个完全不同的领域(Wolin,2004:14)。在他看来,政治学理论研究者意在帮助人们以更清晰的方式"观察"政治,这不仅是通过描述事实案例,也是通过构想可能的案例。换言之,他认为政治学理论研究者的操作方式与陈述方式中的虚拟语态相似,他们处于"政治构想呈现的可能性与政治现实之间明显的鸿沟之间"(Wolin,2004:20)。所以,他们更关心"发布警告"而不是"提供预测"。另外,政治学理论研究者更多地将其分析用于劝告,旨在界定"为实现被认作良善或所期望结果而必要或充分的条件",而不是追求客观公正的知识(Wolin,2004:14)。

罗尔斯的出发点完全不同,他对界定政治理论和社会科学并不是很感兴趣。如果我们抛开沃林狭隘的学科成见,就有可能发现他的观点与罗尔斯非常相近。沃林主张政治学理论研究者"应构建统一的概念和抽象网络,以分析当下或某段历史中发生的事情"(Wolin,2004:504)[①]。在此过程中,他们详细描述并使用分类、概念,还有沃林排斥的模型,以确保读者理解其逻辑。

这正是罗尔斯运用其"原初状态"模型的方式。通过使用这一模型,他从正义概念的各组成部分中探究并最终得出统一的逻辑(Rawls,2001:24-26,81;1999:306-308)。通过排除社会、政治与经济各方面的偶然性,罗尔斯认为原初状态提供了一个清晰的视角,可以理解模型中的行为体如何追求正义概念,以建立社会制度结构。进一步说,通过他的模型,我们可以想

[①] 事实上,这只是政治学理论研究者用以指导其概念性工作的狭隘解释性工具,沃林在别处提到,这"可用于分析、批判或正当化,或是三者结合。"(Wolin,2004:6)沃林的观点并不是个例。比如每个特定的历史情境下,政治学理论研究者通常都会提供一个模型以理解这一时期,不过该模型不足以提供深入的指导。这些模型通常是"既错误又具有启发性",因为"这种理论,尽管大部分并不正确,还是可以让政治行为体将其置身于当时政治情境,是不可或缺的工具"(MacIntyre,1983:33)。

象，在适当条件下我们会做同样的事。

至此罗尔斯的观点已经很清楚了："原初状态……使人们能在做选择时更有条理。拥有更深入的自我理解之后，人们能在彼此间达成更宽泛的共识"（Rawls，1993：26）。这并不是一个得出预测并由经验检测的过程，而是一个运用众多政治理论的建模过程。罗尔斯认为，政治理论在此过程中起到的作用可以推广到更广泛的政治文化中。当下，最重要的是他称为"现实性乌托邦"（realistically Utopian）的任务，"探究现实政治可能性中的局限"。沃林所论述的政治理论的责任与此有共通之处，希望读者能察觉。

五、谢林的"恒温器"

罗尔斯运用原初状态构建出一个排除了权力不对称的政治世界模型。下文还会简短讨论这一模型。在此，笔者将要探寻由福柯构建的一种模型，这个模型中险恶的权力关系无处不在，互惠关系无迹可寻。罗尔斯的原初状态是陈述性模型，而福柯则将圆形监狱理论作为具体化模型。

就谢林而言，家庭供暖系统的中心——恒温器（thermostat），是具体化模型的典型。他写道：恒温器……是供暖系统的智慧所在，包括"恒温器"在内，是众多行为系统中的一个模型……因为它以显而易见的方式再现了其他行为本质特征……这个系统是众多循环过程的模型。这些过程产生上下交替，其中的机制使上升变量先达到阈值，转而下冲。变量达到阈值与下冲的过程，就是它们在以自己的方式寻找合适层次。（Schelling，1978：83，84）

注意以下几点。第一，由"恒温器"控制的供暖系统是一个或一系列客观实体，而非在理论论述中相互连接的语句。它具体呈现了一段较为笼统的循环过程，就此，可将其视作模型。第二，作为一个模型，"恒温器"具体呈现一系列基本机制，可解释循环模式的发生。这是具体化模型和陈述模型共有的特点。在接下来讨论罗尔斯的部分中会谈到，"原初状态"通过排除权力不平等，纳入一个特殊的机制，以解释模型中的成员正当化他们支持"作为公平的正义"原则的方式。同样，在福柯对权力的分析中，圆形监狱理论作为一个模型,是因为它阐明并具体化了许多产生"服从机体"的训练机制。最后,恒温器模型有助于观察,可用性强。用福柯的话说,它使循环过程"透彻可见",可以帮助人们检验和讨论这些过程本身及其运作机制。

具体化的模型,比如控制供暖系统的恒温器,运作方式与陈述类模型有很多相同之处。两者推进的动力都是目的简化,突出特定特征或特定互动方面而忽略其他。谢林这样表述恒温器模型中的这个过程:"思考这个模型时,每个人头脑中都会想象出一栋房子,里面有散热器等所有东西。但房子的位置和外形、房间和窗户的排布、炉子里的煤、所在地的气候等细节都不必非常形象"(Schelling, 1978:87)。简言之,将恒温器视作模型,需要忽视现实中的干扰因素,以专注于真正相关的问题。如果讨论整体意义上的循环现象,就不会关注某栋房子中恒温器是否可编程,炉子的燃料是煤、气、油还是电,热量是通过散热器还是"强制性风冷"散发,如果是之前,还有暖气片是用蒸汽还是热水这类问题。这个模型使得人们能够忽视现实住处中不相干的细节,专注探求这些机制怎样驱动循环过程,这才是人们感兴趣的。

六、"圆形监狱"(panopticon)模型

本篇不讨论福柯权力观点的各类细节,而将尽可能严密地分析他将"圆形监狱"理论用作一个"模型"的呈现方式。

福柯认为,在现代世界纪律的力量普遍存在。纪律发挥作用的方式特别隐蔽,并非通过向个人强加外部规则、约束、制裁或惩罚,而是通过一系列"机制"在第一时间对个人进行约束。就其创造了"服从机体"而言,纪律的执行和制度是非常有效的。福柯这样论述:"一个服从的人可以被支配、被利用、被改造,并得到优化"(Foucault, 1979:136)。

福柯详尽界定并讨论了能够创造这类"服从机体"的机制,一共四类:空间分配、活动的规范化、时间积累、暴力组成。这些类型能够破坏并重组交流的平等相互关系,将其替代为包含分类、分配和监视的不对称

关系。①

在界定了特定的纪律运作机制后，福柯做了两件事。他首先在抽象理论层面上将纪律力量描述为"本质上不存在平等和不对称的微权力系统"。他解释说这些系统"起到的作用就是引进不可超越的不平等，并排除互惠关系"（Foucault，1979：222）。接着，他借助一个模型，以具体形式说明那些抽象观点。他用圆形监狱模拟这种非对等、等级制和非互惠的纪律权力运行方式。就像圆形监狱模型所表现，纪律机制不仅只是降低社会关系中的对等性与互惠性，也通过破坏社会和政治实体赖以生存的交流关系并替代以彻底的客体化模式来达到这一目的（Foucault，1979：200）。这一抽象论述得以受到关注，很大程度上是因为福柯使用模型进行相对具体的展示。

至此可以非常明确地看出，福柯为什么认为需要借助模型，尤其是具体化模型。因为大量、大范围的操作和制度中暗含纪律机制，不仅是监狱，还有学校、军队、工厂、医院、精神医疗机构等。这反而很难从中观察到相似的效果。福柯将圆形监狱作为模型，可以排除特性，观察纪律机制的一般性运作过程。它提供了"一个一般化运作模型，一个以人的日常生活形式界定权力关系的方式"。据此，它揭示了"以理想形式出现的权力机制，它的运转过程没有任何障碍、阻力和冲突"，也"没有特定用途"（Foucault，1979：205）。换句话说，对于福柯，圆形监狱是一个概略图，在不同的实际建筑结构和空间中实现程度各不相同，它作为模型能够让人们认识并表达出"没有特定用途"的纪律关系。正如谢林所想，一旦排除与"住处"本身相关的因素，即可将"恒温器"作为表现多种循环模式的模型。

和罗尔斯相似，福柯将其模型作为工具。他将圆形监狱看作一个工具，用于帮助人们理解社会上纪律权力运转的普遍方式，尤其是潜在纪律机制的运转方式。这与谢林的学说存在明显相同之处。谢林也强调，"人们会发现，模型描述的事物都会按照模型来表现"。他进而解释："其是否有帮助取决

---

① 福柯（Foucault，1979：141-169）对这些机制做了非常细致的描述。对他所作描述的讨论，参见约翰逊（Johnson，1997）。

于……模型是否能启发人们认识现象和其产生机制,以及能否帮助人们找到有趣的现象中应该探寻的部分"(Schelling, 1978: 88 - 89)。就谢林和福柯而言,模型可用于概念性目的。模型帮助人们对机制进行界定、分类或归类,并探索这些机制在不同环境中的运转方式(Schelling, 1998)。

这极具启发性,但也有被误读的风险。理解了圆形监狱模型逻辑之后有可能将当前社会解读为一个完整的"监狱系统"或"纪律社会"。仅作粗略阅读的人可能认为福柯支持这种倾向。这是对他总体计划的严重误读。

七、福柯怎样使用"圆形监狱"模型

福柯坚称他"只写小说",但这些小说能够帮助带来"真相"(Foucault, 1980: 193)。福柯用圆形监狱模拟出的虚构世界,与罗尔斯在原初状态中展现的基本对应。罗尔斯意在让人们构想的,是一个没有社会、经济与政治方面不平衡的状态;而福柯希望人们构想的则是更加黑暗的场景,其中纪律权力能够发挥最大作用。不出所料,对于纪律机制渗透进入社会和政治制度的方式,以及作为法治理念最典型特征的"契约性"关系,福柯进行了对比。

福柯使用圆形监狱模型,展现纪律模式如何以不同的形式,在不同的背景之下,以不同的组合方式运转,通过"观察"与"可见性"得到服从。[①]但福柯运用此模型的目的何在?这个模型是否适应福柯更宏大的理论事业?既然福柯的作品是"小说",那就不是标准意义上的历史。事实上,它们可被认为是有目的的错误再现。福柯故意用反事实的描述形式,通过圆形监狱表现一个被纪律权力彻底渗透的世界。在此基础上,他的分析中表达出"我们寻找的不是一种含义,而是一种事先警告"(Foucault, 1979: 139)。换句话说,他并不试图证明我们现在或曾经身处一个完全按纪律运行的世界,而是告诉人们,要警惕纪律机制,注意其深入并重新定义社会关系与政治关系的各式手段。

---

① 纪律的运转需要一个机制作为前提,该机制通过监视发生效力。(Foucault, 1979: 170)

福柯将其模型纳入了一种夸大的修辞策略中，意在建立一种评估现代社会和政治安排的批判性视角。此视角也许能够在实践中唤起对权力干涉的抵抗。按照这种理解，他的著作所提出的问题，是在尝试使"'我们'观念在未来成为可能"（Foucault，1984：384-385）。在此方面，它强调关键而实际的任务是，促进平等互惠交流关系。保有这种交流能力，能够进一步抵御权力的各种可能侵袭。

八、原初状态模型怎样运转

福柯认为，圆形监狱将纪律机制产生服从机体的过程具体呈现，有很强的说服力。[①] 它确实能清楚显示分隔、等级制和不平等是怎样运转，以支持特别彻底的监视与观察行为。它让我们可以更好地分辨在不同背景之下运转的此类机制。

此时，一个可预见的问题出现了。罗尔斯的原初状态模型怎样运转，"以产生讨论中的现象"（按照谢林的说法）？关于此问题的完整答案需要对罗尔斯的正义理论作详尽解说。本篇先在此做一个理论梗概。

原初状态下生存的人是"人造物"。罗尔斯将这些个人描述为"自由而平等的道德人"（Rawls，2001：18-24）。他也将其视作理性和明理的（Rawls，2001：6-7，87-88）。这些修饰语都很重要，通过这些修饰语，罗尔斯赋予原初状态中的人们以特性和能力，这都与他们面对的任务相关。

在原初状态下，这些"人造物"的目的是协商得出正义原则，而这将会支配他们社会基本结构。现在的问题是，怎样表达处于原初状态的成员正在

---

① 一些人可能认为，福柯使用圆形监狱模型的方式，和政治学中其他更常见的方式有一些根本性方面的不同。毕竟，福柯将其作为一个展现系统特征催生特定个体行为的模型。这种观点忽视了理性选择等模型的"外部效应"解读，这些解读抵抗了简化论的诱惑。这种观点认为理性选择模型在"个人行为被极大限制的情况下最为有效"，以及理性选择模型从"系统产生的利益中得到解释力"（Satz & Ferejohn，1994：72）。就是说，按照外部效应者的解读，理性选择模型是通过向行为体的特征或行为体施加结构或环境因素的压力而运转的。

从事的事业，以及怎样表达罗尔斯模拟这个事业的方式。这个问题的重要性在于，罗尔斯期望原初状态模型能作为"表现工具"，阐明人造物会采用"作为公平的正义"原则以统领社会基本结构的原因。

　　罗尔斯对两个问题都很清楚。处在原初状态的成员面对着一张列有各类正义概念的清单，这些正义概念相互竞争，包括自由意志主义、功利主义和平等主义体系等等的各种变体，他们从中选择一个以决定社会基本架构。从这个意义上讲，原初状态模拟一种"选择工具"，可帮助成员在众多选项中做出选择（Rawls, 2001：83）。当然，罗尔斯主张处在原初状态的成员应从这个清单中选择他的"作为公平的正义"概念。这里，"无知之幕"作为原初状态模型的一项特征，起到关键作用，它的角色类似过滤器，限制了成员间可能进行的争论。在帷幕之后，成员并不知道自身特征或其在社会中占据的位置。罗尔斯认为，这种信息匮乏能诱导成员在考虑正义原则时，采取更加一般化的立场，反过来也可从两方面对其进行约束，一是防止其出于自利选择原则，二是防止成员借助资源上的不平等为自己谋利。

　　这就是罗尔斯原初状态模型的运行方式。行为体被视作自由平等的道德人，在无知之幕之后，会同意"作为公平的正义"原则，来决定社会的基本制度性架构。这是人为条件之下的人造行为体，行为体受到产生特定后果的特定机制的约束。也就是说，这是一个模型。罗尔斯坚称此模型的目的"不是解释或描述人们在特定条件下的表现，或制度的实际运行"。原初状态模型是探究概念的构想性作法。罗尔斯使用他的模型，自然而生动地解释成员在选择决定其互动方式的正义原则时，"可能采用的论述方式"（Rawls, 2001：83）。

九、运用一个示例说明形式主义的价值

　　罗尔斯（Rawls, 2001：86）虽然承认"由原初状态引出的命题可通过形

式化来表现",但他没有采用这种方法。① 事实上,鉴于他的论证没有使用演绎法,就无从得知使用形式化方法会带来的结果。探究另外一个示例可以帮助说明形式化的作用。

这个例子就是以赛亚·伯林(Isabiah Berlin)的学说。一个可争论的观点是,他最著名的文章《自由的两个概念》(Two Concepts of Liberty)根本是反自由,与其标题不符。这篇文章主张价值、义务和"目的"的多元主义。伯林写道:"不是所有善都相容",而至少不会有剩余(Berlin, 1958:167)。他坚称"通常看来……需要人们从中做出选择的所有目的都关乎终极,所有论述都同样绝对,这其中甚至会无可避免地牺牲他人"(Berlin, 1958:168)。他在工具性层面维护他所称的"消极自由",认为这是保持和促进多元主义的最佳途径。他强调自由不是人们所追求的唯一目标,甚至也不是亟待实现的目标,由此他坚持了多元主义立场。

在文章开头,伯林恰当区分了"政治问题"与单纯的"技术问题"。当相关行为者面对政治问题时,即使已商定应追求的目的,他们也无法就实现方式达成一致,有时甚至连目的本身也无法确定。伯林认为自己的事业是政治性的,因为他关注各种基础性"目的",以及这些目的如何得到最好维护。因此,他大声疾呼,忽视必然存在的多元主义的人是危险的,他们妄想寻找"最终解决方案"(Berlin, 1958:167)。这就是说,有两点非常重要。第一,伯林自身可能并不能完全清晰区分"政治问题"与"技术问题"。关于为有效保护"自由边界"所需的制度性措施(如"规则",甚至"参与的权利"),伯林做过简略但重要的论断,这其中就不可避免地挟带"技术问题"(Berlin, 1958:164 - 166)。第二,从针对极权主义政权和它们中世纪的辩护者这一点来看,伯林的议题是政治性的,然而,他的抽象观点中存在的力量并不容易

---

① 想要将罗尔斯"形式化"的人事实上并不能提出"原初状态"的演绎版本。他们转而声称可以用一个完全不同的"非罗尔斯模型"得出"罗尔斯状态"(平等主义的一种)。比如,完全可以说宾莫尔(Binmore, 1989)在任何方面都放弃了罗尔斯。这无可厚非,他的目的是维护海沙尼(Harsanyi)的功利主义,而非重构罗尔斯的理论。也就是说,无论他的其他目的是什么,宾莫尔完全不关注继续发展"作为公平的正义"这一概念。

领悟。在此，便可能在阐明形式化的价值同时，强调更普遍使用模型的一项重要特征。①

伯林发展其多元主义案例的同时期，肯尼斯·阿罗（Kenneth Arrow）针对传统神权政体和现代独裁政体等，为"资本主义民主"制度作了辩护（Arrow, 1951: 1-2）。在此过程中，阿罗对多元主义的分析与伯林非常相似。不过伯林坚定认为，最关键是要认识到"事实上人们有许多目标……而且这些目标永远互相冲突"（Berlin, 1958: 171）。阿罗则以非常简单的数学形式推论出，将众人的价值观汇聚成为社会决定的制度性程序中，不存在既能产生一致的集体选择，又同时满足哪怕是最小限度的规范化条件的程序。换句话说，他的"不可能性"结果表明，实现一小部分人的价值需要牺牲同等数量的其他价值。

阿罗（Arrow, 1951: 25, 30）认为，人们期望集体决策程序符合"明显而合理"这一标准，这一规范性观点明确显示了伯林和阿罗的相似之处（Austen-Smith & Banks, 1999: 37; Myerson, 2013; Riker, 1982: 115-119）。关于他"不可能性法则"的标准化表述证实了任何汇聚型机制都符合"集体理性"、"帕累托（最优）"、"无关方案独立性"、"万有域"的要求，违背"非独裁"。② 然而，阿罗的证明并不是纯粹的分析。他非常看重抽象数学模型，认为它们能用于"各色不同解释"（Arrow, 1951: 87）。在认识到其规范性方面的前提下，解读阿罗的一种方式是：能同时通过负责、无偏见、不被操纵的过程，产生持久稳定结果，或能平等容许所有观点，或能平等对待参与者，这样的聚合型机制是不存在的。

阿罗将数学方法用于一个政治学话题，在沃林开创的政治学理论版图中

---

① 伯林的读者无疑会认为这种企图是不明智的，因为伯林本人坚定认为，政治理论主旨不确定，轮廓不清晰，是不能够通过"固定概念、抽象模型和精细工具"描述的（Berlin, 1958: 119）。这种怀疑论立场在政治理论家中很常见；这也增加了驳斥本篇所面对论点的难度。

② 阿罗（Arrow, 1951）中有早期示例；近期的提及可参见奥斯顿－史密斯和班克斯（Austen-Smith & Banks, 1999: 26-38）。帕累托和非独裁公理是前期强烈的"中立"和"匿名"立场的弱化版本，"中立"和"匿名"立场分别指对待各类条件和各位参与者时一视同仁。森（Sen, 2002）对强调规范性特征的社会选择理论进行了讨论。

占据一席之位。首先，阿罗关注基础性制度，探索政治可能性。他就此将注意力从伯林关注的不同个体所持多元价值转移到价值多元性上。价值多元性根植于基本政治和经济制度中，并支配这些制度（Arrow, 1951：106）。在此过程中，阿罗暗示，政治学理论研究者的任务并不像沃林或伯林所称的那样易于分割。阿罗的证明也表明，对制度"含义"的关注，与在理解其"运转方式"后的实践，这两者很难相分离，但这正是沃林所尝试做的。相似的，阿罗也阐明不可能以任何直接方式，区分伯林界定的"政治问题"与"技术问题"。如果想保卫最终目的，就需要关注这个看似无趣的"技术性"问题：最终目的怎样在制度中实现具体化？

第二，阿罗明显通过其论断做出了警告。他观察发现，政治行为体非常重视决策过程本身。事实上，他们可能因为某些制度性安排在一段时间后能加强其分布优势而更倾向于这些安排，排斥其他。同时，他相当隐晦地提醒，大多数政治行为体在制度性选择与设计等政治事务中不可能排除这些偏好的影响，人们在此问题上不应过于天真。按照这种理解，阿罗既要求人们跟随其"证明"过程，同时也要领会他所提醒的"危险"。

然而，正如前文所言，不能偏离本节要点。本节首先讨论伯林对"通常经验"中有关价值多元化的观察。阿罗展示的规范化模型特别有力地证明了深刻而长期的价值冲突，这是伯林多元化观点的中心。阿罗列举了一小部分通常极具吸引力的规范认同——基本上包括持久性（consistency）、响应性（responsiveness）、平等性（equality）与透明性（transparency），证明它们无法通过任何汇聚型机制（aggregation mechanism）实现，因此他认为无法一次性的将以上所有价值加以聚合。更具体地说，他的论证推导出，规范化条件（公理）使公共决策变得盲目。因此，再次引述谢林的话，这旨在指出造成某现象的因素，这些现象是必然结果，在此条件下，此现象存在于基本价值间不可消除的冲突中。阿罗的模型帮助人们更清晰观察这种冲突，并引导人们讨论，如何缓解因追求相互冲突的价值而导致的政治困境（如果这种情况存在的话）。

在此，人们可回顾先前本篇强调的要点，即阿罗不仅帮助人们观察多元价值的变迁兴衰，也指出了更普遍运用模型的一项重要特征。阿罗的证明有一项优势，即因为其演绎特性而不可辩驳。不过需提出的是，与伯林就价值冲突提出一项普遍性警告不同（"人们有很多目标……并且是永久相互冲突的"），阿罗的模型具有特殊性。阿罗在一个特别的语境中展示了伯林抽象观点的力量，以及集体决策过程中分属不同阶级的众多价值会产生不可避免的冲突。按照这一观点，阿罗的模型具有说服力，首要原因并不是其抽象性，而是因为它相对具体。虽然笔者在此不能详细论证此观点，但总的来说，有充分理由相信这是模型运用的典范，与模型的数学性无关。模型帮助人们界定颇为抽象而包罗万象的观点（正义、权力、价值多元）中特殊而相对具体的概念（作为公平的正义、纪律权力或资本主义民主下的价值多元）。①

十、标准化的理由与替代方案

上文已提出的观点如下。第一，罗尔斯、福柯等著名政治学理论家，包括受其影响的一些学者们，都在论述中使用模型。第二，这些理论家使用模式的方式都是追随托马斯·谢林的做法。第三，罗尔斯和福柯使用模式的方式，都继承了沃林描述的西方政治思想传统。最后，通过对比伯林与阿罗的观点，笔者认为不仅形式化能够以有效方式聚焦理论性论述，模型也能够通过具体化，更清晰地阐释抽象话题。

可能有人认为本篇观点只对或首先对政治学理论研究者有益。政治学理论研究者当然应该清晰认识到，在他们的论述中模型扮演的，或可以使之扮演的角色。这其中隐含的另一个问题是，他们应该对自己工作与学科其他部分的兼容性有明确认知。当然，本篇观点对政治学其他领域也有理论与实践层面的影响。本篇之初便提出政治学理论研究者与政治学家使用模型的理由大体相同。但我们始终认为政治学理论研究者使用模型以进行概念扩展。

---

① 在此笔者借用了卡特赖特（Cartwright, 1991, 2010）的论述。概念区别可参见德沃金（Dworkin, 1986: 70-72）。——译者注

第一步,必须解释一个关键性前提。怀疑的读者可能提出:在政治学家中,运用模型的"标准理由"究竟是不是以经验预测为中心?① 如果不是,笔者的论述将会受到重大打击。本篇虽然不能详尽解释笔者对标准理由的描述,但还是能提供一些初步的依据。

奥斯顿-史密斯和班克斯(Austen-Smith & Banks, 1999: xi)宣称他们"关注通过使用分析性模型理解政治现象,该类模型应有助于洞察为何结果会以某种特定方式呈现。"他们根据模型在预测方面的表现,大体区分了学科中两个最为常见的"模型类别"——社会选择函数与博弈论:"前者通常不能预测任何选择,然而后者几乎总是能作出预测"。(Austen-Smith & Banks, 1998: 259-262) 因此,他们将"助于理解和洞察"的目的替换成了"作出预测"。

奥斯顿-史密斯和班克斯并未坚持模型作出(或不能作出)的预测结论应是经验主义的。他们关注同类模型能否产生平衡的结果,不关注模型检验问题。因此,需要关注其他学者怎样继续夸大这一点。例如,莫顿(Morton, 1999: 61)从产生可检验的经验性预测出发定义形式化模型。这种观点相当普遍,迪尔马奇(de Marchi)也认为:"通常来说,使用数学模型的理想论文应展示一个具体详细的博弈,产生均衡结果,该结果可以由合适的统计学模型进行实例展示以及检验。"他还宣称,他和"那些希望使政治学成为一门真正科学的人"怀抱同样的理想,"这需要对现实事件作出预测和政策建议来完成"(de Marchi, 2005: 2-5)。在此前提下,他提倡使用计算机技术,因为他认为计算机技术可以比博弈模型作出更多有力的经验性预测。

形式化模型可以作出精确的经验性预测,这一点是其拥护者常用的理由。并不意外的是,形式化模型的批评者也以此进行反驳。举个例子,麦基(Mackie, 2003)坚称,关于选举周期的实证主义政治理论的核心没有经验上的支持。他认为麦凯尔维-斯科菲尔德(McKelvey-Schofield)关于全球选举不稳定性的模型是"不能由经验确证的",因为"他们的预测是伪造的"

---

① 政治学家们当然也关注作为形式化模型前提的各类假设(McDonald, 2003; Morton, 1999)。然而这种关注产生通常是为了检验所讨论模型的实证性表现。

(Mackie，2003：174)。不过他又承认："我无法想象脱离非合作博弈理论进行研究，借助此理论可以得到关于社会生活的丰富洞察，并得到可检验和受支持的预测"(Mackie，2003：27)。因此，与他对任何具体建模做法的评价不同，他的判断标准是清晰而一致的。如果说其他批评者和他有什么区别，那么他们对形式化模型更缺乏耐心。金、基欧汉和韦巴（King，Keohane，and Verba，1994）认为，对于社会科学的首要任务——描述性与因果推论来说，形式化模型起到的作用几乎可忽略，形式化模型产生的假说，和"其他因为预测得不到经验评价的假说一般，不能构成有说服力的解释。"因此金、基欧汉和韦巴并不乐观。因为其固有特征，形式化模型不大可能"为经验主义检验提供正确的经验性模型"(King，Keohane，and Verba，1994：105－107)。他们认为形式化模型在实证性方面是欠缺的。

这些实例应该足以支持笔者对于运用形式化模型"标准理由"的阐述。并不是每个政治学家都赞成这个理由。而且那些支持者也不一定专一。然而，"标准理由"的批评者和支持者同样都以预测能力和实证性方面表现为标准，尤其是在对政治科学形式化模型的一般性评估中。

本篇讨论的模型都没有进行预测，都不符合标准理由。这当然不是因为原初状态模型和圆形监狱模型都是非形式化模型。莫顿（Morton，1999：61）就曾描述过"非形式化"模型的实证性表现。也不是因为它们是"规范性模型"。毕竟阿罗的不可能性结果既是形式化的，也完全是规范的。这些模型不符合标准理由的原因是，对"现实世界"进行预测这一点不是衡量模型有用性的可靠标准。

大多数极具影响力的形式化模型并不进行预测。这条关于模型的经验性论述可以支持上文的论点。两个最为显著的例子是阿克洛夫（Akerlof）的"柠檬市场"（market for lemons）模型与谢林关于居住隔离的棋盘模型（Sugden，2000）。更相关的论据是，阿罗的"不可能性定理"（impossibility theorem）和所谓的"混沌定理"（chaos theorem）都没有进行预测，后者得到了麦凯尔维和斯科菲尔德的证明和进一步推广。标准理由的支持者并未被这一点说服，他们坚持将麦凯尔维－斯科菲尔德的结果视为"非均衡预测"

(disequilibrium),不能通过经验主义加以检验(Morton,1999:102,182-183,208,281;Mackie,2003)。也有学者用比较合理的处理方式,承认因为这项工作"没有任何预测",试图使它接受经验主义的检验是"不明智的"(Austen-Smith & Banks,1998:270-271;Cox & Shepsle,2007)。这对政治学家提出的最低要求是认真修正标准理由。它也可能要求政治学家全盘抛弃标准理由。

政治学家都在关注预测和检验模型运用概念,而经济学家和哲学家则提供了一系列清晰的替代性解释。他们建议以更多样的方式对待模型——如视作"类推"、"地图"、"可靠但反事实的世界"、"象征"、"数学小说",甚至是"故事"。[1] 后一种分类中有关于流派的不同意见:举例而言,模型应被视作传说还是寓言?[2] 这种争论的泛滥表明了两点。第一,跳出政治学的学科限制后,更广泛的领域内并不存在界定模型及其用途的共识。这一点要求对标准理由进行审查和讨论,而非自信地重新强调。第二,本篇中的几乎所有建议都能用表述为术语,因而强调了模型急迫要求解释说明(Rubinstein,1991)。

政治学家也许会认为这是对繁重研究工作的严重干扰。但本篇的目的不是清谈。笔者提出这些观点,目的是希望学界能够注意到,在理解模型及其使用方面存在一系列值得争议的哲学性区别,同时也启发学界思考这些区别导致的结果。

标准理由默认利用模型的句法性解读,即模型中可以得出预测并进行检验(Satz & Ferejohn,1994)。这一观点有如下问题。第一,它利用的背景假设极富争议性(虽然不明显),即对于科学的实践和进步——不仅是政治科学,

---

[1] 关于这些建议,分别参见吉尔博等人(Gilboa et al.,2011),米勒和佩吉(Miller & Page,2007:36-38),瑟顿(Sugden,2000,2009),利莫尔(Leamer,2009,2012),以及吉巴德和瓦里安(Gibbard & Varian,1978)。

[2] 传说的说法,可参见鲁宾斯坦(Rubinstein,2006),迈尔森(Myerson,2004,2007,2013),以及卡特赖特(Cartwright,1991)。寓言的说法,可参见克鲁格曼(Krugman,1999),柯瑞普斯(Kreps,2004:128-131)以及卡特赖特(Cartwright,2010)。利莫尔(Leamer,2012:18-24)讨论了模型的数学性和其所传达信息之间的区别。

更是所有科学——经验主义表现才是首要甚至唯一的充分评估标准。① 笔者暂且忽略这个问题,因为它主要用于强调句法观点和其竞争者的差异。第二,许多具有高度影响力的模型没有做出预测,更不必说经验上的预测。作为一种探究性理论,句法观点不能准确呈现模型使用过程中发生的事。这一点对标准理由的维护者造成很大困扰。莫顿(Morton, 1999)尝试以明确区别单一模型与应用模型的方式应对这一难题。然而,即使她能以令人信服的方式将上述的各类不同模型进行分类,使其都归入单一模型中,还是有另一个困难。其所推定的应用模型也没有作出预测(Johnson, 2010),② 具有讽刺意味的是,这也包括被莫顿奉为标准理由模范的美国议会选举中候选人资格模型(Banks & Kiewiet, 1989)。模型的句法表述可能重新得到启用,从而提高标准理由的可信度。不过这项任务也面临重重困难。这为探索替代性的解释模型及其使用提供充足理由。

一些句法性表述的批评者使用了语义性表述,即将模型作为对象:因为它们不是语言实体,也就无谓对错了。克拉克和普莱蒙(Clarke & Primo, 2007, 2012)支持此种表述。他们建议,模型应被视作地图,因为它们是局部的、目的相关的,无关对错,只能完成特定目的(Clarke & Primo, 2012: 63-72)。反之,正因模型是一种特殊种类的客体,克拉克和普莱蒙对将模型说成是小说持怀疑态度,因为无论何种体裁的小说——隐喻、比喻、传说、寓言或是故事——都是语言实体③。虽然不甚明显,这种怀疑反映的是狭隘的语言观,这种主张忽略的是,除了关于世界的宣告性声明(如主张与提议),

---

① 哲学家一直认为这一前提是错误的。他们主张,科学的评价及评价的方式都是"多方面的",即评价的标准不仅是实证性表现,还需要涉及工具的改进,以及概念问题的扩展,后者对本篇的论述有重大意义。类似的论述可参见金切尔(Kitcher, 1993: 90-126)以及劳登(Laudan, 1977, 1996)。

② 这并非个例。和克拉克和普莱蒙(Clarke & Primo, 2012: 93-94)指出的相同,柯瑞普斯(Kreps, 1990)在研究博弈论的成就时,仅仅只是将预测能力作为成就的一种一笔带过而已。

③ 参见克拉克和普莱蒙(Clarke & Primo, 2012: 182, fn. 4)。吉尔(Giere, 2009)也对于将模型视作小说提出了一些(政治意义上的)疑虑。于此相反的观点——即从文学视角看待模型比将模型视作地图更为合适——可参见利默尔(Leamer, 2012: 16-17, 26-28)。不过,这两点如何做清晰区分目前尚不明朗,毕竟使用地图的前提是了解如何阅读地图。

语言还有其他用途。它还对克拉克和普莱蒙造成了困境。他们过于关注形式化模型"展现真实世界某个系统"的方式,因此需要解释,模型作为地图与现实世界相对应的方式。虽然他们支持用多元视角看待模型在政治讨论中所起作用,但还是保留了(有所减弱的)预测作用(Clarke & Primo, 2012: 83 – 93)。但是,如果模型不是单纯的客体,而是客体的特殊形式(如地图),它们就很难作出预测。地图的功能是引导方向,它们不是诸如预测的主张,没有是非对错。

第三种表述是述语性观点,这种观点将模型视作能被编入理论的语言实体——特别是定义或概念(Hausman, 1992b: 72 – 78)。这种观点下,模型本身不是关于世界的主张或论断,也无论对错。实际上,"为证明其对错而去测试它们是一种分类性错误"(Hausman, 1992b: 78)。模型的首要用途在于概念扩展。述语性观点的表述,符合本篇所涉及模型(原初状态、圆形监狱模型和阿罗的不可能性定理)的需要。只要模型以虚拟语态而不是陈述语态运作,它就能够开辟新的道路,以具体表达上文提到的各类模型的书面特征。因为如果人们认真对待这些主张,模型就能够提供不止一条的有用"信息"、"道德"或"教训"(这也是寓言和传说之间的区别)。但它们如何做到这些?此问题并无绝对答案:罗尔斯描述了"现实乌托邦"的大致基础,而福柯和阿罗则警告世人各种可能性与不可能性。这篇文章中不必深究此问题。

十一、结论:两个结果

许多政治学家担心,本篇的主张会使人们深陷于模型的各类解说争论中,这是纯粹哲学性争论。这种观点会使鲁宾斯坦(Rubinstein, 1991: 909 – 910)等博弈论学者感到惊讶。鲁宾斯坦认为,形成恰当的说明是建模工作的本质,在没有合理表述的情况下,"博弈论的运用是完全无意义的"。实际上,本篇简述的关于模型的不同表述并不是纯粹哲学的。哲学层面的探究本应是社会学和政治学研究的基石(尽管存在质疑,也并非直接相关),但受到了不合理的忽视。上文的观点是这类忽视的典型例子。

可以考虑两个相关的结果，一个是批判性的，另一个是建设性的。首先是方法论。最近几十年，政治学家热情地接受了实验方法。其支持者的理由通常是，实验方法在检验形式化模型的预测方面特别有效（Aldrich & Lupia, 2011：90; McDermott, 2002：31; Morton & Williams, 2008：349－350）。对模型进行语义性（semantic）和述语性（predicate）表述的支持者都会认为这一理由荒诞不经。用实验性数据检验形式化模型的预测，这一提议本身就是饱受争议的（Hausman, 2005; Rubinstein, 2001），支持这一提议的人也需使用标准理由和模型的句法表述。因此，他们面对着一个严峻挑战。在对预测进行检验前，实验法的支持者必须说明形式化模型怎样能够在第一时间做出经验性预测。在此过程中，他们必须说明如何评估完全不做预测的模型——无论是单一模型还是应用模型。标准理由在此帮助不大。也就是说，实验法的支持者如果想在上述辩论中赢得一席之地，就需应对可观的压力。

不仅是用实验法检验形式化模型，检验组成标准理由的模型，都面临着巨大的困境，实验方法只是其中一个例子。这导致了第二个更具建设性的结果，前文也已提及。标准理由得以存续的一个原因是缺少发展良好的替代方案。虽然在此不能详尽说明这种关于模型及其使用的替代性解释，但还是可以辨别建立此种解释所需的各类对等因素。

政治科学中使用最广泛的一类模型是博弈论，围绕其存在一种令人惊异的观点趋同。埃尔斯特（Elster）既认为"博弈论的创立可被视为20世纪社会科学最为重要的进步"，也坚称博弈论的价值是"主要在概念性上"（2007：312）。相同的，鲁宾斯坦认为虽然博弈论"是关于现实世界的"，但不能认为它可用来"预测行为"。他指出，博弈模型在"处理冲突情境时，分析在社会分析中使用到的概念分析"中可发挥最大作用。

霍斯曼（Hausman）是述语性表述的支持者，他也持相似观点，认为不仅是博弈论，"构建其他经济模型以及探究其影响，都属于概念扩展"，"将模型建立和影响研究看作是提供经验性假设，用旨在证明或证伪的哲学模型来评估它们"，这种做法是错误的（1992a：13）。他也确定无疑地指出"这类概念性探究和发展在所有科学的发展中都起到本质性作用"

（1992a：5）。①

可能埃尔斯特、鲁宾斯坦和霍斯曼三人的观点趋同只是表象。他们所认同的概念性分析，和他们所认为的人们参与其中的原因，也许存在分歧。笔者也持这种怀疑。然而，现在这一明显的观点趋同——特别是如果由模型及其用途的述语性描述引起——可以有力地支持博弈模型的有用性，罗尔斯用以阐述正义概念的模型和福柯用以探究权力概念的模型也同样可以得到支持。据此观点，人们运用博弈模型检验与讨论在不同关于战略互相依赖的语境下"理性"的可能含义。由此，抽象的"理性"概念得到具体的表述，人们也可以给予"战略理性"一个实际可用的定义。

虽然政治学家可能不太能够接受这种表述，但这种表述拥有一个虽然受到忽视但仍然卓越的传统（Morgenstern, 1968; Schelling [1967], 1984：215）。进行概念性分析的目的有两个，解释性目的——将对理性个体的信念和偏好视作解释各类事件或模式因素的一个基本机制（Johnson, 2010; Schelling, 1998），或者规范性目的——证明或批评某些制度或改良提案（Myerson, 1999：1068 – 1070）。无论哪种情况下，我们所讨论的实体就如同正义或权力难以观察，甚至可能完全不可观察。在博弈模型条件下，与原初状态和圆形监狱模型相同，我们关心概念性问题的审视和讨论：如理性、正义或权力。我们都会使用模型具体描述一个抽象且包罗万象的概念。就此而言，通过理解政治学理论研究者运用模型的方式，人们不仅能发现政治学使用模型的标准理由存在多严重的问题，还能更好地找到一个明白易懂的替代方案。

参考文献

Aldrich, John, and Arthur Lupia, "Experiments and Game Theory's Value to Political Science", In *Cambridge Handbook of Experimental Political Science*. James Druckman et al. (eds)

---

① 此处建议读者阅读第25条注释提到的科学哲学著作。

. Cambridge: Cambridge University Press. 2011: 89 – 101.

Arrow, Kenneth, *Social Choice and Individual Values.* New Haven, CT: Yale University Press. 1951.

Austen-Smith, David, and Jeffrey Banks, "Social Choice Theory, Game Theory, and Positive Political Theory", *Annual Review of Political Science* 1 (1998): 259 – 287.

Banks, Jeffrey S., and Kiewiet, D. Roderick, "Explaining Patterns of Candidate Competition in Congressional Elections", *American Journal of Political Science* 33 (4) (1989): 997 – 1015.

Berlin, Isaiah, "Two Concepts of Liberty", In *Four Essays on Liberty.* Oxford: Oxford University Press. 1958: 118 – 172.

Clarke, Kevin, and David Primo, "Modernizing Political Science: A Model-Based Approach", *Perspectives on Politics* 5 (4) (2007): 741 – 753.

Cox, Gary, and Kenneth Shepsle, "Majority Cycling and Agenda Manipulation", In *Positive Changes in Political Science.* John Aldrich et al. (eds). Ann Arbor: University of Michigan Press. 2007: 19 – 40.

de Marchi, Scott, *Computational and Mathematical Modeling in the Social Sciences.* Cambridge: Cambridge University Press. 2005.

Elster, Jon, *Explaining Social Behavior.* Cambridge: Cambridge University Press. 2007.

Foucault, Michel, *Discipline & Punish: The Birth of the Prison.* New York: Pantheon. 1979.

Foucault, Michel, *Power/Knowledge.* New York: Pantheon. 1980.

Hausman, Daniel, *Essays on Philosophy and Economic Methodology.* Cambridge: Cambridge University Press. 1992.

Hausman, Daniel, *The Inexact and Separate Science of Economics.* Cambridge: Cambridge University Press. 1992.

Hausman, Daniel, " 'Testing' Game Theory." *Journal of Economic Methodology* 12 (2) (2005): 211 – 223.

Johnson, James, "What Rationality Assumption? Why Positive Political Theory Rests on a Mistake", *Political Studies* 58 (2010): 282 – 299.

King, Gary, Robert Keohane and Sidney Verba, *Designing Social Inquiry: Scientific Inference in Qualitative Research.* Princeton: Princeton University Press. 1994.

Mackie, Gerry, *Democracy Defended.* Cambridge: Cambridge University Press. 2003.

McDermott, Rose. "Experimental Methods in Political Science", *Annual Review of Political Science* 5 (2002): 31-61.

Morgenstern, Oskar. "Game Theory I: Theoretical Aspects", In *International Encyclopedia of the Social Sciences*, Volume 6, David Sills (ed). New York: Macmillan. 1968: 62-69.

Morton, Rebecca, *Methods & Models*. New York: Cambridge University Press. 1999.

Morton, Rebecca, and Kenneth Williams, "Experimentation in Political Science", In *The Oxford Handbook of Political Methodology*, Janet Box-Steffensmeier, Henry Brady, and David Collier (eds). Oxford: Oxford University Press. 2008: 339-356.

Myerson, Roger, "Nash Equilibrium and the History of Economic Theory", *Journal of Economic Literature* 37 (3) (1999): 1067-1082.

Myerson, Roger, "Fundamentals of Social Choice Theory", *Quarterly Journal of Political Science* 8 (3) (2013): 305-337.

Rawls, John, *Political Liberalism*. New York: Columbia University Press. 1993.

Rawls, John, *Collected Papers*. Cambridge. MA: Harvard University Press. 1999.

Rawls, John, *Justice as Fairness: A Restatement*. Cambridge. MA: Harvard University Press. 2001.

Rawls, John, *Lectures on the History of Political Philosophy*. Cambridge. MA: Harvard University Press. 2007.

Riker, William, *Liberalism Against Populism*. Prospect Heights. IL: Waveland. 982.

Rubinstein, Ariel, "Comments on the Interpretation of Game Theory", *Econometrica* 59 (4) (1991): 909-924.

Rubinstein, Ariel, "A Theorist's View of Experiments", *European Economic Review* 45 (4) (2001): 615-628.

Satz, Debra, and John Ferejohn, "Rational Choice and Social Theory", *Journal of Philosophy* 91 (2) (1994): 71-87.

Schelling, Thomas, [1967]. "What Is Game Theory?" In *Choice and Consequence*, Cambridge, MA: Harvard University Press. 1984: 213-242.

Schelling, Thomas, *Micromotives and Macrobehavior*. New York: W. W. Norton. 1978.

Schelling, Thomas, "Social Mechanisms and Social Dynamics", In *Social Mechanisms*, Peter Hedstrom and Richard Swedberg (eds). New York: Cambridge University Press. 1998: 32-44.

Sugden, Robert, "Credible Worlds: The Status of Theoretical Models in Economics", *Journal of Economic Methodology* 7 (1) (2000): 1 – 31.

Wolin, Sheldon, *Politics and Vision*. Boston. MA: Little, Brown and Company. 1960.

Wolin, Sheldon, *Politics and Vision*. Expanded ed. Princeton. NJ: Princeton University Press. 2004.

第三部分
实验研究方法兴起及反思

政治科学中的实验方法[*]

[美] 丽贝卡·B. 莫顿（Rebecca E. Morton）
[美] 肯尼思·C. 威廉姆斯（Kenneth C. Williams）[**]

一、实验政治学的发端

政治科学中实验的运用明显增加。图1显示了1950—2005年间在《美国政治科学评论》（American Political Science Review）、《美国政治科学杂志》（American Journal of Political Science）和《政治杂志》（Journal of Politics）三大主流期刊发表的实验型论文数量。这些数据并不包括新兴的所谓"调查实验"和"自然实验"。此外，《经济与政治》（Economics and Politics）、《政治行为》（Political Behavior）、《政治心理学》（Political Psychology）、《公共选择》（Public Choice）、《舆论季刊》（Public Opinion Quarterly）、《冲突调解期刊》（Journal of Conflict Resolution）及其他众多经济学及社会心理学期刊也刊登了政治科学的实验型论文。许多政治科学家也出版了实验研究的学术专著，

---

[*] 编译自：Morton, R. B., & Williams, K. C. (2008). "Experimentation in Political Science", The Oxford Handbook of Political Methodology, 339－356.

[**] 丽贝卡·B. 莫顿（Rebecca E. Morton），纽约大学政治学教授；肯尼思·C. 威廉姆斯（Kenneth C. Williams），现就职于密歇根州立大学。

政治科学分析的艺术——方法论的分野、实验及融合

如安索拉比赫和艾因加(Ansolabehere and Iyengar, 1997),卢皮亚和麦克卡宾斯(Lupia and McCubbins, 1998),还有莫顿和威廉姆斯(Morton and Williams, 2001)的著作。

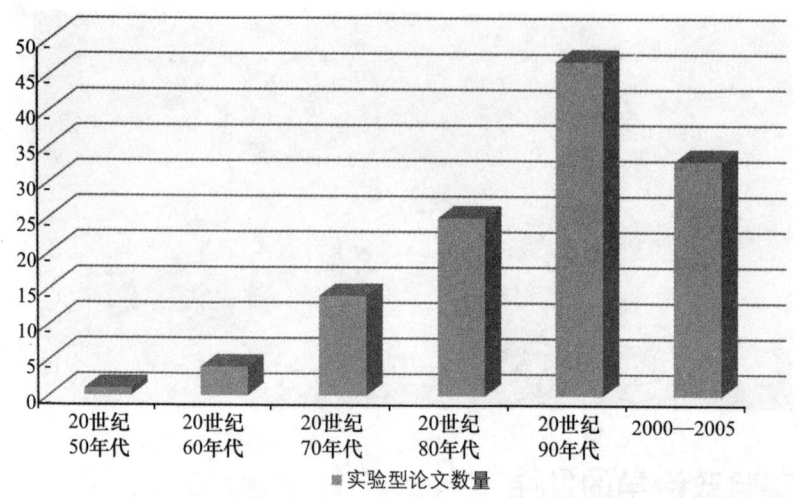

图1 1950—2005 年《美国政治科学评论》、《美国政治科学杂志》和《政治杂志》刊登的实验方法论文

正如金德和帕尔弗里(Kinder and Palfrey, 1993)在研究中讨论的,许多原因造成了20世纪七八十年代实验在政治科学中运用的增加。我们认为1990年以后实验方法运用迅速增加的主要原因是廉价的、可编程计算机网络技术的发展。通过实验室及互联网辅助,可能的实验设计数量远远超过了研究者可人工操作的数量。计算机技术还大大增加了参与调查实验的能力,以及处理田野实验①和自然实验中的统计及其他方法论问题。技术发展将政治科学转变为一门实验科学。本篇我们将对扩展中的实验政治科学领域以及实验当中的相关问题进行研究。

---

① Field Experiments 多被译为现场实验、田野实验、实地实验,本篇采用田野实验译法,以便与自然实验、实验室实验做区分。

二、什么是实验？

(一) 理想实验之谜

政治学中，如贝克（Beck, 2000）所说，研究者自由地使用一切可用的方法，这些方法都是从经济学、社会学、心理学等其他社会科学以及解决实际问题的统计学和应用数学中获得。但这产生了误解，因为实验研究者从其他学科学习研究方法时，少数非实验研究者对政治科学以外的学科有先入之见。最显著的误解就是，政治学无法使用理想实验设计，因为理想的实验是研究者对实验干预变量进行控制，且实验对象被随机分配到实验组和控制组。产生这种看法主要是因为大多数非实验研究者是通过形成于20世纪50年代的行为学方法视角来了解实验。如果研究者的兴趣在某些情境下可能影响到实验对象选择的二元变量因果效应，除此之外别无其他，那么这种设计当然堪称完美。但就21世纪政治科学研究中任何重要问题来说，情况并非如此。此外，如上所述，科技进步已根本地改变了实验研究的性质，这是20世纪50年代的研究者未能预见的。由于对实验本该怎样、存在什么问题抱有过时的看法，政治科学家常常未将实验方法当作一种应对诸多研究问题的有效方法。

没有完美或真正的实验。实验设计是否合适取决于研究问题，正如在观测数据中那样。实际上，不同的观测数据有许多不同的可能实验设计和实验干预，在某种程度上实验研究的可能性要大于观测数据的可能性。

(二) 数据采集干预

实验研究的本质特点是数据生成过程中研究者干预，我们将该过程界定为研究数据的来源。在实验研究中，数据的变化部分是实验设计阶段，即研究者在测量数据前的决定所导致。我们将由这种干预产生的数据称作"实验数据"(experimental data)。非实验型实证研究仅运用不受研究者控制的因素所导致变化的数据,研究者只观察数据生成过程但不进行干预,我们称此类数据为"观察型"(observational)或"非实验型"(non-experimental)数据。

(三)模拟与实验

政治科学家偶尔用实验一词来指计算机模拟,以此来应对形式模型(formal model)或经验性模型的影响。在实验型政治科学中,研究对象的选择不受研究者思考的影响。研究对象的思考与感觉影响自身选择,而不受研究者控制。与模拟方法不同,实验方法的研究对象在实验者创造的控制范围内自由决定。

(四)自然实验

有时自然实验的作用与研究者选择如何干预紧密相关。如卡特里娜飓风造成数千名新奥尔良市民流离失所,改变了该市的政治构成,同时对收留众多难民的地方产生了影响。这给予了研究者评估选民代表应对选民变化相关理论的机会。这种情况就叫"自然实验"。"自然"似乎有两面,一面产生大量数据,而干预的一面有时让实验变得更为学术,扰乱自身的数据生成过程。

三、是否遗漏重要事项

除了干预,有人会认为控制和随机分配是实验"必不可少"的属性。

(一)控制

就过时的观点而言,控制指一种基准实验干预,使得研究者可以收集未经本人干预的数据。但许多实验者没有明确的基准，甚至忽略。假设有研究者对评估选民如何在简单多数原则和采取比例代表制的三党选举中进行代表选择感兴趣。该研究者进行的两种实验选举中，实验对象的酬劳取决于选举结果，有些实验对象是在比例代表制选举中投票，其他人在简单多数原则选举中投票。研究者就可以对比两种处理中的选民行为。

在这个实验及许多类似的实验中，控制方最重要的并不是研究者是否进行对比，而是研究者为了比较来控制选民偏好、候选者身份等混淆变量。要得出仅与观测数据相同的因果推论，研究者需做两件事：（1）依据统计学方法来控制可观测混淆变量，如回归方程中的控制函数、相邻数或匹配法；（2）假设没有可观测变量混淆研究者试图检测的因果关系，且这种假设是不可测试的。在像候选人身份这种变量的观测数据中，可能无法"匹配"可观测变量。如果能控制这些，实验研究者就能确保可观测变量得到完美匹配，许多不可观测变量都变得可观测，且属于同一匹配。

（二）随机分配

多数非实验研究者认为随机分配是实验研究者处理不可观测变量的主要途径。如果实验对象随机分配，实验研究者就能在统计学范围内消除一些影响他们期望观察（或未观察）到效果的外部因素，如选民行为中选民认知能力、性别差异等。正因如此，实验主义研究者通常试着尽可能地随机分配操作，而当随机分配不完善时使用统计学技巧来解释不受控制的可观测变量。

四、实验型政治科学研究的效度

（一）定义效度

实证研究效度问题的本质，是我们能否相信从数据中获得的信息。沙迪什、库克和坎贝尔（Shadish, Cook and Campbell, 2002）将"效度"作为因果推论或知识言论（knowledge claim）的"近似真理"。基于坎贝尔（Campbell, 1957）的早期分类，即用内部效度指实验结果在实验数据范围的稳健性，用外部效度指实验结果在实验之外的稳健性，麦格劳和胡克斯特拉（McGraw and Hoekstra, 1994）认为政治科学家对效度的观点是简化的，但这是一种过时的看法。实际上，有许多衡量实验型（experimental）与观测型（observational）两种实证研究效度的方法。沙迪什等人将效度分为四类："统计结论效度"（statistical conclusion validity）、"内部效度"（internal validity）、"建构效度"（construct validity）和"外部效度"（external validity）。统计结论效度是所研究的变量之间是否有统计显著的协方差，内部效度是决定研究者在所分析的数据组中发现的关系是否为因果关系。相对许多政治科学家大致理解的定义而言，这个定义更为狭窄。实际上，坎贝尔（Campbell, 1986）将内部效度另命名为特定克分子因果效度（local molar causal validity）。

有些政治科学家一想到内部效度，尤其是评估形式模型的实验或实验室实验有关的内部效度，他们指的就是沙迪什等人的建构效度。建构效度是数据的因果推论对研究者所评估的理论（或建构）效度。沙迪什等人强调样本准确性的问题，即数据对理论评价是否合适，以及理论内容与数据生成过程是否紧密匹配。因此，政治科学家说的内部效度通常是指这三种效度：统计结论效度、特定克分子因果效度及建构效度。

（二）实验方法具有外部效度吗？

沙迪什等人将外部效度界定为实证分析中建立的因果推论是否适用于不同的参加者或其他不同实验条件，即从一组数据得出的结果是否可以推广到另一组数据。这对实证研究者来说是一个至关重要问题。如果我们研究国会选举的选民投票率，这个研究是否可以推广至市长选举研究、德国选举研究或者实验室中的选举？大多数政治科学家很少担心观测数据的外部效度问题，而是实验数据中的问题。政治科学家总是认为外部效度意味着用于分析的数据组必须类似于某些"自然"数据生成过程。既然实验就是数据生成过程的操作与控制,而且实验数据就是通过这种操作与控制产生的,那么会有人认为这明显是不自然的,由此得出的结果不能称为是有外部效度的。即使在观测数据中,研究者通过选择测量与研究的变量,通过关注数据的某个特定方面,也通过对数据和测量的选择进行了操作与控制。使用观测数据的研究者简化并排除了若干因素,或对无法测量的因素进行了假设。观测数据也是不自然的,因为该组数据同样是与自然数据生成过程分开的,那么出于同样的理由由此得出的结果也不具有外部效度。

不应当将外部效度等同于某个数据组是否能够用于建立类似自然数据生成(其过程永远不能准确测量或观测)的特定因果关系。相反,确定结果是否有外部效度要在不同的数据组中对结果加以复现。如果研究者发现选民更有可能参加国会选举,又发现德国选举、市长选举以及带有控制条件和数据生成操作的实验也是如此,那么就可以说这个结果显示出高度的外部效度。如果实验表现了特定的因果关系,就要考察因果关系是否存在于实验数据与观测数据中来确定其外部效度,而非考察原始实验数据与假设的自然数据生成过程是否相似。

实验研究最有趣的发展之一,是检验经济学中基于理性选择的模型中的行为假设。尽管这些结果甚难从观测数据中辨认,许多行为悖论(behavioral violation)的稳健性是基于广泛的实验数据组。结果就是经济学中出现了"行为博弈论"这一新兴领域,从全新的角度来理解经济行为,这在20年前几乎是不可思议的。奇怪的是,许多不同意理性选择模型假设的政治科学家,也排斥那些检验出不具备外部效度的实验。但是,外部效度确实是指这些不同实验设计中的实验稳健性,而不是实验是否接近于假设的自然数据生成过程。

五、政治科学实验的维度

(一) 实验地点：实地、实验室，还是网络？

"实验室实验"是指将实验对象召集到一个共同的地点，而大部分实验会在此地进行，除了实验对象的行为之外，研究者控制该地环境的几乎各个方面。"田野实验"是研究者的干预处在这样的环境，其中研究者对实验干预之外的因素只能实施有限控制，且研究者与实验对象之间的关系常通过研究者控制之外的变量表现。实验室实验与田野实验的区别正变得更加复杂，因为二者已通过互联网形成了新型结合。之前只能在实验室中进行的实验干预，现在可以通过因特网在虚拟实验室中进行。

1. "为什么是实验室？"

实验室实验能让研究者进行更多的控制。假设有位研究者正进行决策实验来评估不同类型的竞选广告如何影响选民选择。在实验室，研究者可以在一个特别设计的环境中展示广告，这个环境对不同的实验对象保持恒定。在田野实验中，广告可以在实验对象的家中或通过网络展示，但研究者失去了对观看广告环境等其他方面的控制，特别是研究者所未能观察到的可能要素导致的差异，使得广告之间的效果比较就更难了。实验室控制的优势也会延伸到小组实验，比如上文所述的研究者对简单多数制和比例代表制的比较。

其二，研究者有能力在实验室中创造出观测数据采集中根本不存在的环境。在实验室中，研究者能就投票机制进行小组决策实验和个体决策实验，这是一大创举。许多人建议赞成投票（approve voting）制是一种优于简单多数制和比例代表制的选择机制。在实验室中，研究者可以使用新程序创造并进行选举，而难以说服当局采取如同巴希（Bassi, 2006）研究中那样的随机方式。

实验室实验的第三大优势在于研究者可以引入比田野实验中更大范围的变化。假如有位研究者提出理论：选民会在总统预选这样的排序投票制选举中较晚投票，他们从有关之前投票的小道消息中了解到候选人的政策主张，这就会影响他们在选举中的选择。在田野实验中，研究者可以在总统预选竞争期间随机向较晚投票的选民提供小道消息，并通过调查来观察这将如何影响选民的选择。在实验室实验中，研究者不仅可以随机提供信息，还可以随机改变候选者的政策主张以便观察这种操作的效果是否稳定，因为实验室为研究者提供干预多次选举而非一次选举的机会。因此实验室研究者就能察觉到理论预测中由于数量和观察种类有限而未能察觉到的细微差别。

最后，实验方法中还有技术和操作要求实验对象前往实验室。特别是社会学家开始采用功能性磁共振成像（fMRI）设备来测量实验对象进行选择时的脑部活动（Dickson and Scheve, 2006）。有一些实验让实验对象参与面对面交流，因为在一些自由形式协商的实验中要求实验对象身处同样的空间，以检验关于这种相互作用效果的理论。如果不能在实验室外进行，这些实验就会变困难。

2. "为什么是实地或互联网实验？"

田野实验和互联网实验既可以是小组实验，也可以是个体实验，虽然现在大多数是个体决策实验。政治科学中最早的实验之一就是戈斯内尔（Gosnell, 1924）的研究，是一个田野实验。他通过向部分选民寄送一些带有选民登记信息和鼓励投票的卡片而不向另一部分选民寄送，来操纵实验对象的环境。但戈斯内尔的实验干预并不是随机分配的。最近，戈柏和格林（Gerber and Green, 2000）利用对统计推断的现代理解复现了戈斯内尔的实验。田野实验没有与实验室实验那样对环境的控制。此外田野实验还会产生实验室实验通常不会涉及的道德问题，因为许多受实验影响的个人并未意识到他们正在被操纵。例如，万特切肯（Wantchekon, 2003）在贝宁进行的实验中，在研究不同信息对选民行为的影响时，候选者被诱导去改变竞选信息，但选民并没意识到他们是处于操纵中的实验对象。

调查实验是政治科学中日趋流行的一种田野实验（或互联网实验）。在一个著名的调查实验中，沙利文、皮尔森及马库斯（Sullivan, Piereson and Marcus, 1978）比较了 1964 年及之后的全国选举研究（National Election Studies）使用的问题格式。使用该数据的研究者发现，这些调查表现出对政治明显不同的态度，但同时调查问题已经变了。是不是真的有态度变化，或者调查问题格式的变化是否与结果有关？沙利文三人调查了同组选民，但随机决定每位答卷人会被问到哪组问题（1964 年之前或之后的都有）。研究者发现调查形式的变化实际上确实说明答卷人对政治持不同态度，但对比这两个时期的实证分析在根本上是有误的。

保罗·斯尼德曼（Paul Sniderman）在对计算机辅助电话访问（Computer-assisted Telephone Interviewing, CATI）的研究中发现了调查实验设计中最激动人心的进步（Sniderman, Brody and Tetlock, 1991）。通过使用计算机，进行电话访问的研究者能够随机为实验对象分配问题，从而操纵提问的环境。最近通过美国国家科学基金会资助的"社会学分时实验"（Time-Sharing Experiments）项目，密歇根大学的亚瑟·卢皮亚（Arthur Lupia）与宾夕法尼亚大学的戴安娜·穆茨（Diana Mutz）促进了政治科学调查实验的进步。他们为此类实验提供了大量随机挑选的不同实验对象，以及对这类人群进行实验必需的设备。

（二）读者或目标：理论家、实验家，还是决策者？

根据不同的目标读者和不同的分析目的，实验会有所不同。实验型政治科学家有三类读者：理论家、实验研究者，以及决策者。

1. "理论检验"

实验既包括对明确的形式理论进行检验，也包括对非形式理论的检验。形式理论或模型是指有对数据生成过程的明确假设，且这些假设蕴含的问题需由常用的数学工具解决。非形式理论或模型是指该理论有提出关于数据生成的假设，但该假设后没有明确说明的设想。菲奥里娜和普洛特（Fiorina and Plott, 1978）有关检验委员会决策的形式模型是最早实验之一，这些实验是特别为检验理论而设计的。相反，洛和德劳斯克（Lau and Redlawsk, 2001）的研究关注的是从政治心理学出发来评价非形式理论，其假设选民在决策过程中受不同的认知启发。

形式模型的理论检验是如何运作呢？在形式模型中存在关于制度因素，以及投票制度、协商过程、偏好分配等其他外因的两种假设。此外还有与这些外因背景下政治活动者行为选择的有关假设。例如有这样的形式模型预测：在候选人多于两名的简单多数选举中，选民更可能策略性地依据其第二偏好进行投票。该模型对选举制度、选民理性思考作出假设，且预测是行为主义的。实验研究者能够建构选举制度，并根据投票结果来给实验对象付款，寻找选民对候选人的不同偏好。这种付款机制示例如表1所示，其报酬是基于谁赢得了选举，而非选民如何投票。例如分配到第1类的实验对象是为候选人A投票的，而且该候选人赢了选举，那么该实验对象在该选举期间就会收到1美元。但如果候选人C赢了，即使该实验对象是投给候选人B，该实验对象就只得到10美分。

表1 选民实验中的投票收益

选民分类	获胜候选人			选民数量
	A	B	C	
1	1美元	75美分	10美分	3
2	75美分	1美元	10美分	3
3	25美分	25美分	1美元	4

根据简单多数原则，如果所有选民真心为能使他们获得最高报酬的候选人投票，那么候选人C就会获胜。但如果第1类选民策略上为候选人B投票，而其他人真心地选择候选人B，那么候选人B就会获胜。同样的，如果第2类选民策略地为候选人A投票，而其他选民真心选择候选人A，那么A就会赢。迈尔森和韦伯（Myerson and Weber, 1993）表示，在形式上这种投票情况

的三种结果在纯策略上是均衡的。

如果现在某位候选者要赢,就必须获得至少 50% 的投票,因为有多数要求。如果没有候选人获得超过 50% 的投票,那么在获得投票数最多的两位候选者之间就会进行决胜选举。这种情况下,即使所有人在第一轮都真心投票,而候选人 C 赢得选举,C 就必须在决胜选举中面对 A 或者 B(假设这种关系被随机抽取打破)。在决胜选举战中,A 或者 B 可能会打败 C,所以 C 不会赢。当然,第 1 类选民和第 2 类选民可能在第一轮选举中是策略地投票,那么就没必要进行决胜选举了。莫顿和里茨(Morton and Rietz, 2006)的研究表明如果有多数要求,且选民知道他们的投票可能影响选举结果,即使可能性不大,唯一的平衡只有选民在第一阶段真心投票,在第二阶段随机抽取与 C 进行决胜竞争并赢得选举的候选人。

那么该理论表明,如果有多数要求,在我们付款机制中的策略性投票是不可能的,如果没有此要求则就可能。这些预测是基于投票收益、投票规则、选民类型分配及选民理性的假设。实验者可以创造符合这些对付款、投票规则、选民类型分配及选民理性理论假设的环境,然后评估实验对象是否真的如理论预测的那样做出真正的选择。这种实验得出的结果告诉理论家他们对人类行为的假设有多合理。

2. "寻找真相"

政治科学家也用实验来寻找真相,但许多人认为相对经济学家而言其受理论导向较少。经济学家通常认为寻找真相是以明确的形式理论开始,但在实验时会发生理论中并未提出的情境。如表 1 中投票博弈所示,当根据简单多数原则来计算选票,就存在多种平衡。迈尔森和韦伯(Myerson and Weber, 1993)对竞选捐款和民意调查可以作为第 1 类和第 2 类选民的协调方法进行推测,但并未证实。促进这种合作的一种方式,就是对在选举前的民意调查或竞选捐献中领先的候选者进行协调,但并不存在选民会运用调查或捐献相关信息的理论基础。据里茨(Rietz, 2003)所评论,研究者采用实验来考察选民是否确实使用民意调查和竞选捐献来进行协调合作,并对推测进行评估。

结果表明，民意调查和竞选捐献可以作为一种合作机制。

不同于放宽理论假设或者研究理论导向模型情境下的推测，一些著名政治科学家通过实验来寻找真相视为理论化的替代品。戈柏和格林（Gerber and Green, 2002）认为实验是在很少或没有理论的情况下，可以作为寻找真相的工具。他们称："实验之美在于不需拥有对所研究现象的完整理论模型。通过随机……分配，就能保证产生相关性的仅有因素……只会偶然地发生。"

清晰的理论对从实验进行借鉴而言是必要的吗？没有理论就能发现知识是可能的吗？理论化对于实验政治学仅仅是一种辅助而非必然要求吗？在非理论条件下寻找真相是可能的，这一论点是基于因果关系不用理论就可以确定，通过操纵不同原因进行试错（trial and error）并运用实验确定其效果，能够积累真相和差异，最终通往更多的知识道路，无论有无理论。但此对衡量实验条件下的因果关系有什么意义呢？衡量因果关系要求研究者进行假设性或理论性思考，要有数据生成过程的模型。

为了明白理论化对寻找真相是否必要，应考虑这样一场关于选民信息的简单田野实验。假设研究者在一场即将开展的选举中随机将选民分配至接收竞选信息材料的实验组和未接收材料的控制组。然后研究者衡量两组中的选民如何投票。为了对选民行为的实验干预效果进行因果推论，像戈柏和格林这样寻找真相的研究者通常采用鲁宾因果模型（Rubin Causal Model）方法来确立因果关系（Rubin, 1974; Holland, 1988）。研究者使用反事实模型方法来确定因果推论，就必须假设每组中的每位选民都有两种可能的行为选择，一种选择是在知情的情况下，另一种是在不知情下进行的。此外，如莫顿和威廉姆斯（Morton and Williams, 2006）所讨论的，研究者还必须作出所谓的个体处理效应稳定假设（stable unit treatment assumption, SUTVA），其排除了实验对象对其他实验对象选择的实验干预交叉影响、各实验对象的实验干预同质性，数据生成过程的众多隐含假设不被考虑；最后，研究者通常还必须作出不可检验的假设，即不可观测变量并不会混淆研究者所测量的效果，不会有妨碍研究者实验设计中随机处理的选择性效应。寻找真相要求研究者的理论化，即使在田野实验中也是如此，如果不将数据生成过程理论化，就不能寻找真相，以及通过试错法来发现数据生成过程中的差别。

3. "政治科学方法论者的实验平台"

寻找真相不是实验研究为实证学者提供有用信息的唯一方法。方法论者常在模拟数据上检验自己的方法，以此来判断是否可以通过该方法来还原已知参数。但是实验可以作为"行为实验台"。用实验数据来检测方法论可以追溯至拉隆德（Lalonde, 1986）的研究，他曾将对某训练项目影响的实验评估与非实验评估进行比较，发现非实验评估相当不同，而且即使其中有部分接近实验评估，实证研究者也没有先验方法来确定哪种评估更为可信。正如莫顿和威廉姆斯（Morton and Williams, 2006）所讨论的，该分析促进了计量经济学文献在评估观测数据的处理效果方面的发展。

最近，弗莱切特、卡格尔和莫雷利（Frechette, Kagel and Morelli, 2005）比较了安索拉比赫、施耐德、施特劳斯和廷（Ansolabehere, Snyder, Strauss and Ting, 2005）以及沃里克（Warwick）和德鲁克曼（Druckman）根据基本协商框架受研究者控制的实验室实验数据来评估立法协商模型。他们发现实证评估策略不能区分实验室中使用的不同协商模型，因此研究结果表明政治科学家用来评估观测数据的标准实证策略不能正确地辨别基本协商博弈模型。

4. "作为政治家助手的实验者"

最后，政治科学家还会为了与决策者对话而进行实验。戈斯内尔（Gosnell）的早期实验可能是尝试规劝执政者，众所周知他积极地参与芝加哥社区的日常政治事务。戈柏和格林（Gerber and Green, 2004）特别写给参与竞选的候选人关于选民动员技巧的实验研究专著，书名《动员投票!》（Get Out The Vote!）就是为了要吸引实践者。

此外，戈柏和格林（Gerber and Green, 2002）称田野实验中政治科学实验者与政治领域活动者的关系可能是相互作用的，而政治科学家日趋增多的实验会增强政治科学研究同政治行动者的相关性。例如当有个利益团体并不确定哪种广告策略在即将到来的选举中可能是有用的，如果该利益团体被实验者引导去在电视市场随机投放广告,那么实验研究者与该利益团体都能获得这些广告因果作用的信息,该利益团体而后可以用其在将来做出更有效的选择。

正如戈柏和格林所提议的,政治科学家应该对那些能吸引非学者群体或与这些群体直接相关的实验给予更多的关注吗?当然有些实验可以作此用途。毫无疑问,政治学家与政治家对于弄清楚人们为何投票、竞选广告如何影响选民偏好,或是如何衡量民意都很感兴趣。他们对于行政区划和不同选举规则如何影响候选人尤其是弱势候选人当选同样很感兴趣。如果非学者有财政资源来购买学术研究服务,那么他们付款多少可能会影响问题的选择以及提问方式。此外,非研究者可能不那么愿意去分享通过该研究收集的信息,因为政治通常是一个激烈竞争的领域。

六、结论

政治科学是一门实验型学科,但大多数政治科学家对实验的看法停留在20世纪50年代方法论阶段,并且他们对外部效度问题有误解。这些错误的看法导致许多政治科学家忽视了实验研究,认为它与有意义的实质问题无关。本文对21世纪政治科学领域的实验进行了分析,并揭示了实验能以多种方式来回答感兴趣的研究问题,与理论家、实证主义者及决策者进行对话。我们期望,对政治科学家而言,实验也能与在其他社会学科中一样成为越来越有用的工具。

参考文献

Ansolabehere, Stephen and Shanto Iyengar, *Going Negative: How Political Advertisements Shrink & Polarize the Electorate*. New York, NY: Free Press. 1997.

Ansolabehere, Stephen, A. Strauss, James Snyder, and Michael Ting, "Voting Weights and Formateur Advantages in the Formation of Coalition Governments", *American Journal of Political*

Science 49 (3) (2005): 550 – 563.

Beck, Nathaniel, "Political Methodology: A Welcoming Discipline", *Journal of the American Statistical Association*. 95 (450) (2000): 651 – 654.

Campbell, Donald T., "Factors Relevant to the Validity of Experiments in Social Settings", *Psychological Bulletin*. 54 (1957): 297 – 312.

Fiorina, Morris and Charles Plott, "Committee Decisions Under Majority Rule", *American Political Science Review* 72 (1978): 575 – 598.

Gerber, Alan and Donald Green, "The Effects of Canvassing, Direct Mail, and Telephone Calls on Voter Turnout: A Field Experiment", *American Political Science Review*. 94 (3) (2000): 653 – 663.

Gosnell, Harold, *Getting Out the Vote: An Experiment in the Stimulation of Voting*, Chicago: U. of Chicago Press. 1927.

Kinder, Donald and Thomas R. Palfrey, "On Behalf of an Experimental Political Science", in *Experimental Foundations of Political Science*, edited by Donald Kinder and Thomas Palfrey, Ann Arbor: U. of Michigan Press. 1993: 1 – 42.

LaLonde, R., "Evaluating the Econometric Evaluations of Training Programs", *American Economic Review*. 76 (1986): 604 – 620.

Lau, Richard R. and David P. Redlawsk, "Advantages and Disadvantages of Cognitive Heuristics in Political Decision Making", *American Journal of Political Science*. 45 (4) (2001): 951 – 971.

Lupia, Arthur and Mathew McCubbins, *The Democratic Dilemma: Can Citizens Learn What They Need to Know?* Cambridge: Cambridge U. Press. 1998.

McGraw, Kathleen and Valerie Hoekstra, "Experimentation in Political Science: Historical Trends and Future Directions", in *Research in Micropolitics*, M. Delli Carpini, Leoni Huddy, and Robert Y. Shapiro, Greenwood, Conn (eds): JAI Press. 6 (1994): 3 – 30.

Morton, Rebecca and Kenneth Williams, *Learning by Voting: Sequential Choices in Presidential Primaries and Other Elections*, Ann Arbor: U. of Michigan Press. 2001.

Myerson, Roger and Robert Weber, "A Theory of Voting Equilibria", *American Political Science Review*, March 87 (1) (1993): 102 – 114.

Rietz, Thomas, "Three-way Experimental Election Results: Strategic Voting, Coordinated

Outcomes and Duverger's Law", in *The Handbook of Experimental Economics Results*. CR Plott and VL Smith (eds). Elsevier Science, Amsterdam. 2003.

Shadish, William R., Thomas D. Cook, and Donald T. Campbell, *Experimental and Quasi-Experimental Designs for Generalized Causal Inference*. Boston, MA: Houghton Mifflin. 2002.

Sniderman, Paul M., Richard A. Brody, and Philip E. Tetlock, *Reasoning and Choice: Explorations in Political Psychology*. New York: Cambridge University Press. 1991.

Sullivan, John L., James E. Piereson, and George E. Marcus, "Ideological Constraint in the Mass Public: A Methodological Critique and Some New Findings", *American Journal of Political Science* 22 (1978): 233–249.

Wantchekon, Leonard. "Clientelism and Voting Behavior: Evidence from a Field Experiment in Benin", *World Politics*. 55 (3) (2003): 399–422.

Warwick, Paul and James Druckman, "Portfolio Salience and the Proportionality of Payoffs in Coalition Government", *British Journal of Political Science*. 31 (2001): 627–649.

为什么要在欧盟研究中采用实验研究法[*]

[丹麦] 朱莉·哈斯因·尼尔森（Julie Hassing Nielsen）[**]

导读：尽管过去几十年中实验研究方法的应用迅猛增长，但该方法在欧盟地区学者研究中认可度低于其他研究方法。本篇首先总结在欧盟地区实验研究法的应用情况，展现该方法应用发展概况，特别是其频繁应用于选举、新闻框架构建分析（framing study）以及民主协商研究等领域。其次，指出实验研究法对欧盟学者研究的潜在价值，其能够克服因果关系估测与内生变量问题。最后，对实验研究法的常见批评进行回应，并提出一种对于效度（validity）解释的新视角。

一、导语

实验研究法是政治科学方法论的新潮流。最能展现其日益突出地位的，当属政治科学领域中首位诺贝尔奖获得者奥斯特罗姆（Ostrom）关于公共池塘资源（common pool resources）问题开创性的实验设计分析。正如在其他学科一样，近年来政治学实验方法应用出现了爆炸性增长，这些研究也得到了

---

[*] 编译自：Nielsen, Julie Hassing. "Why use experiments in EU studies?" *Comparative European Politics* 14.5 (2016): 626–644.

[**] 朱莉·哈斯因·尼尔森（Julie Hassing Nielsen），丹麦哥本哈根大学政治科学系助理教授。

学界更为频繁的引用。

本篇所要探讨的问题是：实验研究法在欧盟地区学者研究中的地位如何？其如何帮助学者应对新问题并克服当前研究方法不足？尽管实验研究法已用于欧盟地区相关研究中，特别是选举与选民行为研究、与投票选择和舆论形成相关的欧盟新闻框架效应（framing effect）研究，及欧盟多个成员国中对欧盟相关事务的协商民意调查（deliberative poll）实验等，但当前仍缺乏对欧盟研究中实验研究法运用状况的全面概述。本篇研究不仅探索政治科学共同体方法论演化，还有助于把握该领域的研究范围，实验研究方法自身也有助于克服内生变量及因果推论的问题，并推论其他未知问题。

实验研究法通过将研究对象随机分配于控制组（control group）与实验组（treatment group）中来考察因果推论。确切地说，通过研究者在数据生成过程中积极干预以及将研究对象随机分配，使得实验研究法区别于传统观察研究法。在调查问卷等常规数据中，数据收集通过非介入性方法实现。而实验研究法则依靠反事实路径（counterfactual approach）来研究因果关系，这种路径也被称为虚拟事实模型（Rubin causal model）。通过对随机分配研究对象的干预，实现对不同组产生的结果进行测量，实验研究法克服了因果推论中的根本性问题，亦即不论产生结果的条件是否存在，我们无法在现实环境中同时观察同一研究对象的两种结果。

本篇首先会详细说明实验研究法适合应对的研究问题；其次将对实验研究法迄今应用情况做一定量概述，评估哪些研究设计的运用最为频繁；之后对欧盟研究中采用实验研究法的分支领域进行概述；最后将提出获得效度的方法。

二、实验研究法的益处

罗威尔（Lowell）于 1909 年为美国政治科学协会（American Political Science Association）所作的主席报告中，告诫学界要对实验研究方法保持警惕，强调政治是观察性而非实验性科学（Lowell, 1910）。在将近一个世纪以后的 1997 年，时任主席奥斯特罗姆的就职演讲提出政治科学中行为主义转向的重要意义（Ostrom，1998）。这两篇截然不同的讲话之间究竟发生了什么？实验研究法何时从被广泛认为不适用于政治科学的方法，转变为一个颇受欢迎的方法呢？

其中一种解释着眼于学术共同体所应对研究问题的演化。近年来学界关注点已经超越了宏观层面广泛的社会人口学（socio-demography）现象，包括了微观层面行为主义和政治心理学方面，这些方面包括：对认知、情绪作用的考察，或媒体框架建构（media framing）对政治态度的重要性的更多关注。尽管实验研究的复兴与学界对政治心理学日益增长的研究兴趣在时间上相互契合，但并没有对此产生依赖。而正如《剑桥实验政治科学手册》(Cambridge Handbook of Experimental Political Science)（2011）中所言，实验研究法是一种政治科学研究新方法，可以广泛地用于学科中的种种问题。

另一种回应则是基于这样的事实：政治科学对有关因果推论及科学效度新解释持开放态度。直到最近，导致实验研究法被误解的原因，是其并不依靠通常与因果推论及效度相关的代表性大样本。虽然对实验研究设计优势的评判是通过建构效度和世俗性（mundane）、心理现实性及实验现实性这些概念来实现，但实验研究从研究对象随机化分配进行因果推论，本篇随后将对这些内容进行讨论。不过学界对兼备稳健性与效度的研究组成部分更为广泛的理解，保证了实验研究法在政治科学方法中的稳固地位。

为什么要在可以运用工具变量估测（instrument variable estimation）等复杂统计方法的情况下，还要运用实验研究法来探究政治科学问题呢？这是因为实验研究法在三个方面优于其他方法。其一，研究者在数据收集过程中的积极介入，采用了一种相当精确且有限的辨识策略。如果研究设计在理论上有充分根据，那么实验研究法将会是最有可能有着稳固建构效度（construct validity）的方法。与之相比，之前提到的其他研究方法所运用的是业已生成的观察性数据（observational data），研究者缺乏对数据生成过程的介入机会，从而导致缺少分离出内生性嵌入变量（embedded variable）的机会。由于结构效度属于事后分析（post hoc）范畴，使得这些复杂的评估方法却仅能提供较不稳固的结构效度。

其二,实验研究法克服了内生性问题。虽然内生性问题在政治科学中极为普遍,尤其值得注意的是这当中包括了心理学方面的问题,例如情感或认知常常高度内生于研究者所希望探究的原因或结果之中。而实验研究法通过研究设计对此加以克服,因为这些研究设计能够从其他变量中辨识并分离出来。

最后,实验研究法为处理自报告行为(self-reported behaviour)提供了更好的洞见。有规律的观察性数据(regular observational data)提供受访者针对问题的自报告性回答,而实验研究依靠实际测量收集此类信息。这将比自报告行为提供有关人类行为及心理更为可靠的信息。还需注意的是,自报告行为及实际行为之间有最大差异的大多数问题,都是心理学当中的问题。

因此,虽然政治科学中的心理研究潮流或许会在某时停歇,实验研究法还是为因果关系的探究提供了坚实的新领域。不仅仅是欧盟研究,而且对更广泛的政治科学研究而言,这都是急需的。由此我们可以期待未来欧盟学者正视政治科学其他领域中的研究潮流。

三、欧盟研究对实验研究法的运用

虽然过去十年间实验研究法得到了政治科学界的广泛认同,但并没有事实证据表明该方法在欧盟研究中取得了与在其他领域类似的成功。

首先我们有必要对欧盟研究中实验研究法,以及描述性统计(descriptive statistic)运算方法有一个更为明晰的了解。本篇将欧盟研究看作广泛的研究课题,涵盖了将欧盟作为独立机构的研究,包括对其不同政策以及对个别成员国的研究。因此除非具有明确的欧盟指向性,针对其他非欧盟国家(non-EU Member State)的研究将不会包括在内。此外,本篇关注欧盟研究诸多话题但并不单独针对政治学科研究,如果所发表期刊在本篇研究对象之列同样也会被包含在内。本篇所研究的文章主要是运用实验研究法的,主要观点都源自实证的实验研究法。因而文献综述类的文章将不在本篇研究之列。

需要补充说明的是,本篇只统计同行评审期刊,不包括书籍章节。作者将考察实验室实验、调查实验、田野实验以及自然实验这四类实验研究设计。假使文章中出现了不止一种研究设计,本篇将仅研究起最主要作用的实验设计。虽然协商民意调查被当作实验室实验,但考虑到其潜质还是归为田野实验。本篇考察25种重要的欧盟研究刊物。这些刊物是作者运用丹麦科技部提供的官方学术工具"Autoritetsliste"检索而来,该工具包含了一个国际性的同行评审政治科学期刊年度排名。因此,研究将不会考察跨学科研究杂志或政治科学期刊之外针对欧盟相关问题的实验研究成果。此外,题材仅以国家导向的期刊本篇也不予考虑。然而,《政治科学学报》(*Acta Politica*)以及《斯堪的纳维亚政治研究》(*Scandinavian Political Studies*)这两种地区性刊物将被包含在研究范围内,因为这两种刊物的研究视野远远超越了国内政治,在国家领域之外也被广泛引用,并且仅以英语出版以及对欧盟问题的频繁关注使其自身贴近欧盟研究领域。尽管欧盟研究涉及多种语言,但是在研究进行及研究成果传播过程当中英语始终是占主导地位的,因此下文中的图表将仅包含英文文献。

对文献的检索最初仅限于1990年到2013年的时间段内,这是因为之前研究表明自90年代以来对实验研究的运用才出现了显著的增长。由于作者的研究目的在于探究欧盟研究在何种程度上出现了这一类似的趋势,所以将90年代作为研究的起点是十分恰当的。重要的是,直到2000年在所要研究的期刊中都没有出现过有关实验研究的文献。结果是图表1及图表2仅仅展现了从2000年到2013年的情况,包括在线预览的文献。

图1展现了自2000年到2013年依靠实验数据的欧盟研究文献。基于更为普遍的运用实验方法的研究,我们可以想见这一时期所出现的快速增长,并且得到了事实的印证。从2000年到2002年期间,图1中并没有任何此类文献。这一现象在21世纪最初十年的后半期出现了转变,在2009到2010年间运用实验研究的文献较以往增加了两倍(从两篇增长到四篇)。从2010年到2011年,文献的数量又实现了近乎两倍的增长,从之前的四篇增长为2011年的七篇。从2012年到2013年,可以观察到文献数量出现了减少的趋势(从六篇降低为三篇),这很有可能是因为对刊物在线预览或发表的统计仅到2013

年春季为止。重要的是，这些图表明，与政治科学中的总体研究趋势相比，欧盟研究对实验研究法的认可显得有些迟了，因为早在 90 年代，实验研究就已在政治科学中崭露头角。

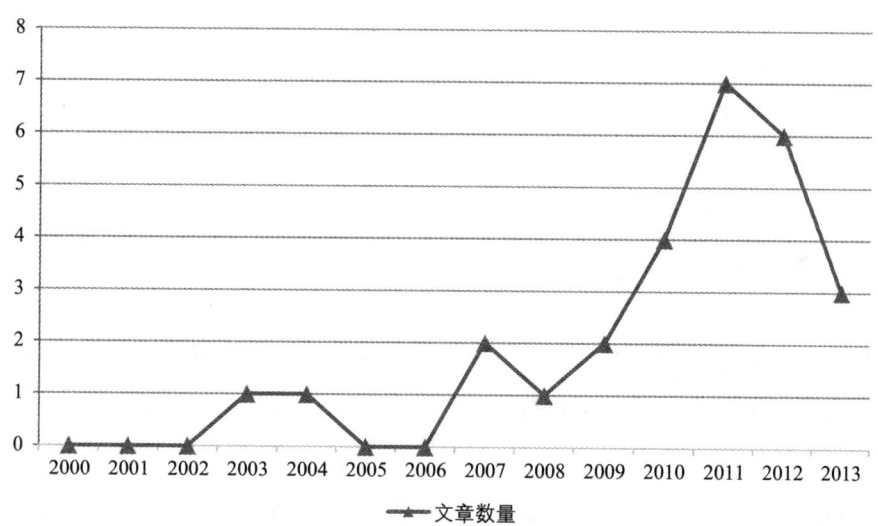

图 1　2000 年至 2013 年间欧盟研究中实验研究的应用情况

来源：作者调查

四、实验研究的类别

实验研究文献的增加引发了欧盟研究中日益关注因果关系探索的趋势。然而我们仍需要透彻地把握哪类实验设计被用于理解研究问题、哪类实验研究有助于我们在欧盟情境下进行探究。本部分将提供有关 2000 年至 2013 年间实验研究设计应用情况的描述性统计。

当前，有四种主要的实验研究类型，包括实验室实验、调查实验、田野实验以及自然实验。虽然在实验研究设计的基本特征上是相同的，不过这四种类型在实验设置、研究者介入程度，以及研究者控制介入或混淆因素

（confounding factor）的能力等重要方面存在差异。

因为实验室实验是在实验室中进行的，所以研究对象会脱离其真实生活环境。人工的实验室环境有助于实现对介入或混淆因素的广泛控制。然而与此同时人工环境也是人为的。因此我们无法确切得知实验室中的研究对象对研究的反应是否与其在现实生活环境中的行为相仿。所以，实验室实验的最大效力（同时也是最大弱点），就在于控制导致实验结果的人为介入或混淆因素的能力。

调查实验将处理包含在常规的调查问卷中。通常其涉及不同的新闻框架（news framing）或其他对政治话题的信息操作。随着用户友好型软件（user-friendly software）变得愈加普及，调查实验也日渐流行。同时由于调查实验更容易包括研究对象的代表性大样本（large-n representative sample），而且仍能轻松地达到研究手段的随机化标准（treatment randomisation criteria），所以其对研究大有裨益。因此，其（经常）能够轻松的克服对实验研究缺乏外部效度的批评。不过存在这样一种意见，即实验干预经常难以从研究对象的现实生活经验来重复，而这可能会影响自然实验等当中所观察到的干预效应的因素。

田野实验在研究对象的日常环境中进行。由此协调了控制混合因素（confounding factor）以及可能介入并影响干预效果的可观测或不可观测变量。此外，在环境作用于所考察因果的情况下，田野实验也是颇具吸引力的。例如，如果要测试在国内选举中拉票活动（canvassing）与其他提高投票率方式相比的效力如何。由于其关键情境很难在实验室中进行操作，因此对于此类研究问题田野实验是再适合不过的，而这对欧盟研究中的民主研究问题也是十分重要的。

在自然实验中干预的随机化是偶然出现的。因为对干预进行分配的机制会自然生成，所以研究手段的随机化被贴上了"似乎是随机的"标签。不过由于实验组与控制组是事后建构的，所以相对其他研究设计，随机化方法必须被更为详尽地解释。这些事后假设（post-hoc assumption）可以借由对所考察案例细节的深刻见解，表明研究者确定不存在会导致研究设计出现谬误的自选择机制（self-selection mechanism）。干预的随机化使得自然实验与通常的比较研究相区别，使研究者以自发事件而非仅以对照性或相关性为基础来主张因果关系。然而与田野实验相似，自然实验在"于研究对象的日常环境下进行"方面同样面临着机遇与挑战。

在欧盟研究中，对这四种类型实验研究的运用并不平衡。图表2总结了每种类型实验研究的运用频率。如图所示，调查实验和实验室实验的运用要明显多于田野实验及自然实验。在2000年至2013年间的实验研究文章中，13篇运用了调查实验，九篇采用实验室实验，而总共只有五篇文章是自然或田野实验的。正如我们将在下部分所揭示的那样，对调查和实验室实验运用的偏差并不是随机化的。更确切地说反映了这样的事实：欧盟实验研究主要被用于解答新闻框架的影响效应、研究选民行为，以及运用协商民意调查的决策中协商的作用等研究问题。这些研究领域特别适于调查和实验室实验。

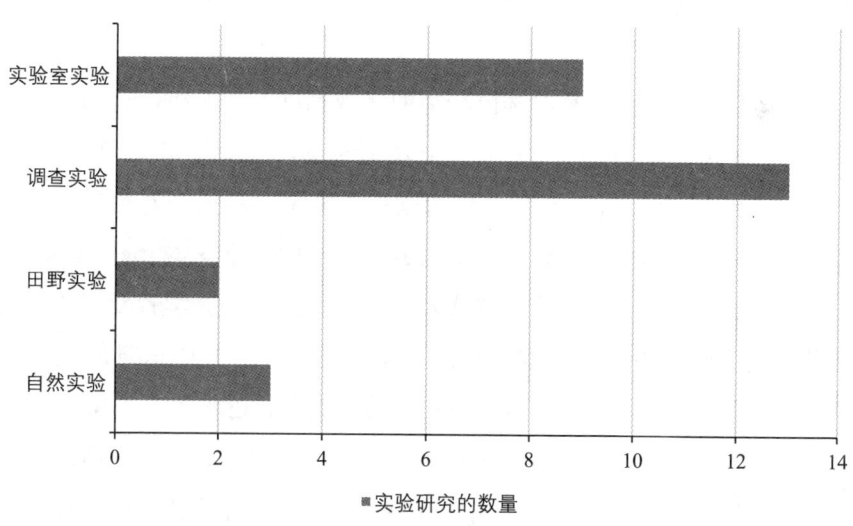

图2　2000年至2013年间研究中对自然实验、田野实验、
调查实验以及实验室实验的应用频率

来源：作者调查

五、欧盟研究中的实验运用

本部分将关注积极运用实验研究的三个主要子领域。这三者分别为：选举研究、新闻框架和决策协商。

（一）选举研究

伴随有关欧盟民主化的讨论，对欧洲议会选举以及欧盟国家内部全民公投中的选民行为和投票率的研究开始出现。欧洲议会投票中低迷的投票率，加上欧盟国家全民公投中对欧盟进一步加强融合的反对，使得对欧盟民主之差和欧盟怀疑论（euro-scepticism）的关注得到了加强。虽然在这个特定的关注中存在不同之处，但本质上选举研究及选民行为研究中的实验方法还是旨在分析阐释这些问题。

通过考察欧洲议会选举中选民行为的微观基础，学者胡伯特和维特罗克（Hobolt & Wittrock，2011）设计一个实验室实验来探究二阶选举假说（second-order election hypothesis），即对欧洲人来说欧洲议会选举的重要性次于国内选举。在一个由学生和非学生构成的少见的混合样本（mixed sample）中，通过对信息类型、信息传递方式及政党定位的限制，学者发现欧盟议会的选民行为选择主要是根据本国政治主张做出，虽然其中信息的获取程度（information level）也产生了一定的影响。与之类似，迈尔等人（Maier et al.，2012）考察了政党交流（party communication）在欧盟支持中的作用。依靠2009年度欧盟议会选举期间的跨国调查实验所得的政党交流情况，他们探究了欧盟经济与认同框架（identity framing）的正面及负面效力。结论是对欧盟的支持只有负面的经济框架是直接可测量的。

对于欧盟国家全民公投问题，瑞皮耶和莱布隆格（Jupille & Leblang，2007）将丹麦在2000年与瑞典2003年有关是否改用欧元的全民公投作为自然实验。两个国家都是欧盟成员国，并且都没有参与欧洲货币联盟（EMU）

的第三阶段进程。不过，丹麦所追求的是欧元汇率固定，而瑞典则希望欧元汇率保持浮动。通过假设汇率政策的不同是"似乎随机发生"的，瑞皮耶和莱布隆格探究了这些政策在何种程度上会对经济或政治共同体的投机行为产生影响，及对全民公投结果产生作用。在这两个案例中，政治共同体框架效应影响都很强，而经济考量对瑞典的影响更大。

在欧盟议会选举与全民公投的情境之外，布拉德和塔克（Brader and Tucker，2012）在三个欧盟成员国中进行了跨国调查实验，以探寻政党是否会影响政策观点。他们发现在所有国家中政党都对政治偏好产生了影响，进而得出结论即政党与政策观点联系存在于更为广泛政治情境中。通过类似的研究设计，布拉德等人（Brader et al，2012）研究了相对新成立且尚待完善的政党而言，成立更早且更为成熟的政党党员是否会表现出对党派的更多忠诚。他们的结果确认了旧有成熟政党的党员将更为遵从本党的领导。

尽管田野实验作为选举研究中的核心方法，但欧盟研究仍旧较落后。虽然戈伯与格林（2000）在对游说、电话交流和直接邮件对投票率影响的研究中进行了田野实验的先驱性探索，开创了选举研究领域的田野实验时代，但未显著影响到欧盟研究。

（二）框架建构

自从佐莱尔的开创性研究之后（Zaller，1992），学界就新闻框架建构对观点形成（opinion-formation）的影响给予了相当的关注。同样，欧盟研究也日渐关注媒体对观点形成的影响。随之而来的还有对欧盟民主赤字（democratic deficit）的探究。框架效应的影响是心理学研究的一部分，但由于内生性问题以及因果辨识（causal identification）问题的影响难以对该问题进行测量。而实验研究法在框架建构相关研究中所带来的好处，则反映在该方法的运用频率中。

在一个实验室实验中，舒克（Schuck）和弗雷瑟（Vreese）探究了在荷兰2005年的欧盟宪法全民公投中起推动作用的关键性因素。通过控制研究对象接触负面八卦新闻的程度，他们得出结论：如果所接触的是负面新闻，那么对政治不满的个体将会更加支持全民公投以及直接民主（Schuck and Vreese，2011）。依循相同的思路，舒克和弗雷瑟（2012）用一个调查实验考察了正面新闻的框架建构能否动员起有关欧盟全民公投提案的反对者。通过控制研究对象接触正面新闻的程度，他们发现正面新闻会影响怀疑欧盟（eurosceptical）者使之参与公投（Schuck and Vreese，2012）。

另一个研究的问题是对欧盟扩张的公众观点分析。在一两次框架建构实验比较中，通过控制关于个体对欧盟扩张态度的电视报道，弗雷瑟发现策略性新闻框架（strategic news frame）倾向于激化研究对象针对欧盟扩张的负相联（negative association）（Vreese，2004）。迈尔和里特伯格（Maier, Rittberger，2008）对这一结论表示支持，他们在实验室实验中通过对不同的经济、民主以及文化框架进行控制，测量了这些框架对欧盟扩张民众态度的影响。进而得出结论：媒体报道对欧盟扩张的民众态度产生了强大的影响。

学者们同样研究了欧盟未来成员国的加入所带来的框架建构影响。弗雷瑟等人（2012）在一个调查式实验中研究了精英框架建构（elite framing）如何对土耳其得到欧盟成员身份的公众态度产生影响。通过从正反两个角度的文化与经济框架对土耳其加入欧盟进行框架建构，具有较强的说服力。然而根据个体宗教倾向，文化框架的效应较为离散（Lecheler et al.，2012）。学者还研究了塞尔维亚申请加入欧盟时的框架效应，通过调查实验，认为有关塞尔维亚加入欧盟的新闻框架建构影响了对该国加入欧盟的意见。不过，这一影响可以通过增进认识加以缓解（Lecheler and Vreese，2010）。

框架效应对更为具体的欧盟政策领域所产生的影响，同样有实验方法研究成果。学者检验了欧盟共同外交及安全政策（CFSP）的框架建构差异在何种程度上影响了公众对其的意见。不论是将欧盟共同外交及安全政策框架建构为国家风险（national risk）或是机遇，他们发现框架建构对公众态度具有显而易见的影响。尤其是担心全球化的研究对象会更易于接受风险框架（risk frame）（Vreese and Kandyla，2009）。通过探究框架建构对欧洲社会福利共同化（Europeanisation of welfare）民众态度的影响，有学者在一个调查式框架建构实验中确认了主要的"谴责——回避"假说（"blame-avoidance" hypothesis），意味着研究对象在接受一个积极的欧盟框架建构影响后，并不会仅仅对欧盟事务持积极态度，还会变得对国内政治越来越消极（Kumlin，2011）。他通过在研究中随机分配带有政治偏差（politically biased）的社会福利背景信息得出了这样的结果。

同样框架建构在欧盟认同形成过程中的作用也得到了探究。布鲁特（Bruter，2009）通过一个跨国固定样本调查（cross-country panel survey），揭示了影响公众欧盟身份认同的不仅仅是其对欧盟正面或负面新闻的接触。正面的，以及更为重要的负面的欧盟新闻报道将会随时间而积累。从而一致性框架建构（consistent framing）——这里基于的是一个连续三次的六国固定样本调查实验，在实验中研究对象将持续地接触特定的新闻框架——会对长期认同建构（long-term identity-formation）有相当的影响。也有学者研究了精英框架建构是否在欧盟民主赤字或将欧盟视为文化威胁方面起到了培育大众支持的作用。他们得出的结论是这两个方面的框架建构都降低了民众对欧盟的支持。尽管如此，民主赤字框架建构还是提升了民众对民主价值的支持（Abbarno and Zapryanova，2013）。

在欧盟研究中，框架建构研究与调查实验紧密相连，以确保研究具有代表性大样本的同时保持探究因果关系的实验研究能力，并确保研究对象在自身环境中受到处理，从而满足实验现实性。不过，这些研究发现受益于研究对象接收政治性的框架建构及信息的"真实生活"情境。因此就如选举研究的例子一样，框架建构研究也受益于田野实验。

（三）协商

纵然，协商转向（deliberative turn）是一种全球性的潮流，随着对民主参与关注的增加，协商也在欧盟情境下受到了细致的审视。随着早期的协商民意调查以及哈贝马斯（Habermas）协商理论思想的出现，一系列的协商民意调查得以相继实施。这之中包括研究对象针对特定的欧盟问题展开协商，在此过程中研究对象受实验者的监控，以确保协商始终围绕其主题开展，同时实验者为研究目的测量协商结果。

在欧盟研究中，考虑到其对多语言决策（multilingual policy-making）的发展前景（或发展障碍），协商思想无疑是非常有趣的。通过分析 2009 年"欧洲协商民意调查"（2009-Europolis Deliberative Poll①）中的数据（该项调查研究了在多语种环境下讨论欧盟相关问题时的协商决策情况），奥尔森和特仑兹（Olsen and Trenz, 2013）指出，协商不仅在多语言背景下可以有效运行，而且其提升了民众在欧盟选举中的投票意图。虽然多尔（Doerr, 2012）自身并没有进行什么实验研究，但还是对相同的问题进行了探究。通过比较多语种的欧洲社会论坛（European Social Forum）与三个不同欧盟国家中类似的单一语种的国内协商论坛，她得出了与奥尔森和特仑兹相同的结论：多语种的协商在民主过程中并不会导致包容性的下降。相反，她发现欧盟层面的争议性多语种背景下的公共讨论，要比国内协商层面上的更具包容性和透明度（Doerr, 2012）。

协商同样也被作为一种观念变迁（opinion-change）工具被加以检验。运用对 2009 年欧盟议会选举的代表性样本的协商民意调查而得出的结果，桑德斯（Sanders, 2012）展现了与哈贝马斯设想相契合的协商以一种更为积极的向度改变了公众对欧盟一体化的看法。此外与控制组相比较，协商参与者也改变了对其他政治问题的观点（Sanders, 2012）。更进一步来说，协商也被认为可以发展出注重效力等良好公民品德，并且能够提升政治知识水平。有学者考察了在芬兰的一个协商民意调查中情况是否如此，其通过假设一个一般性的政策声明是由协商而非秘密投票产生，从而提升协商过程的效率与有效性。他们发现在一般性政策声明提出后，公民道德水平提升了（Grönlund et al., 2010）。

与选举及框架建构研究不同，协商实验研究（deliberative experiment）在某种程度上应是"在田野"进行的。虽然研究对象被邀请进入协商群

---

① 详情可参见 http://www.europolis-online.org/。——译者注

（deliberative pool）中进行协商，但其不会在调查中进入任何的人工实验室环境或是远程参与协商。然而协商群并不能等同于田野实验，这是因为其实施环境并不是研究对象的自身环境。并且对协商与决策心理机制的研究表明了这一事实：协商受到个体社会环境的强烈影响。因此，未来与欧盟相关的协商实验研究同样将受益于协商参与者在自身环境中协商方式的探究。

选举研究、新闻框架建构以及协商并非是欧盟研究中仅有的支持实验研究法的分支学科。不过之所以着重关注这些研究，是因为它们是第一批接纳实验研究法的。然而欧盟研究也探索了其他领域及问题。接下来作者将简单介绍其中的一些问题，希望就可用于欧盟研究的多重目的性实验研究（multiple purposes experiment）为读者提供启发。

布鲁特（Bruter, 2003）主要研究新闻中的欧盟象征（EU symbol）对公民与文化上的欧盟身份认同演变的影响。他运用跨国实验研究发现欧盟象征起到了重要的作用（Bruter, 2003）。而且更普遍的，国际关系理论方面的研究焦点越来越集中于个人身份认同的形成（例如，Greenhill, 2008）。另外一个新近的研究领域则涉及贪污（Anduiza et al., 2013）。通过实验研究了党派立场（partisanship）对西班牙民众贪污看法的作用。他们发现由于不同的党派身份，民众对贪污的评判也相应不同。如果具有贪污嫌疑的政治家与研究对象同属一个政党，那么贪污将并不会被认为是多么突出的问题（Anduiza et al., 2013）。另一个研究领域包括基于再分配和基于保险（insurance-based）理解的福利国家组织行为假设（behavioural assumption）的狭义考察（Barber et al., 2013）。

最后，在为未来运用实验方法的研究议程提供良好基础的同时，还有哪些领域有待探究？大量的观点再一次地指向了政治心理学。该研究领域正不断呼吁加强对政治中人格重要性的关注（例如，Kuo and Margalit, 2012），正如一些学者赞同从沟通交流的心理学层面关注政府间的交易（intergovernmental bargaining）（例如，Grobe, 2010）。近些年来学界日渐关注的第三个方面是互联网对政治动员或公众政治意识等方面所发挥的作用。最后回到实验研究的四种类型上，我们发现学界对实验室实验及调查实验的应用增长，对于田野实验及自然实验的应用则相对较少，但是这两种实验研究却可以提供实验室实验及调查实验无法提供的见解。因此，虽然这两种实验研究法较少得到应用，但作为一种具有广阔应用前景的研究设计应当在今后的研究中对其进行更深层次的挖掘。

六、实验研究及其反对者

经济学家 A. 罗斯（A. Roth）认为实验研究的目的在于三个方面。首先，实验研究追寻真相；其次，同理论界对话；最后，实验研究意在提出政策建议。不过，在达到其中任何一个目的之前，研究者有必要更明晰地把握实验研究所处的推理环境（the world of inference）。

实证政治学是最先且最重要地基于推论得到评估的，我们需要了解的是，在其他情境与不同条件下我们所得出的结果在何种程度上是可归纳的。很多时候，这些问题被称作是对外部及内部效度的关注。一般而言，实验研究对后者而言是强力的，而对前者则相反，至少当以通常方式解释外部效度时，需要基于特定结论来对样本总体的代表性的样本进行有意义的考察，而实验研究法并不支持这种对效度的理解，相反通过其研究设计的优势（建构效度、世俗现实性、实验现实性以及心理现实性）以及虚拟事实模型的处理效应显著性来获得效度。

然而实验研究经常面对这样一种批评，其源于代表性样本对外部效度重要性的传统理解。批评认为研究所选取的对象为学生（这在实验室实验很常见），而在面对规模相对较大的样本总体时会出现偏差，或样本容量过小以至于无法得出有价值结论。尽管该批评已经过时，但对实验研究的重新关注使得争论再度兴起。不过只有在对代表性大样本的常规理解中该批评才是有效的。而在实验研究的领域内其反映的是对虚拟事实模型中因果关系识别、反事实研究路径以及实验研究应首要测量处理效应的误解。因此，实验研究中结论的优势依靠强力的建构效度与内部效度为基础，而非相对于大样本的代表性。

所以，如果实验研究的优势源自建构效度以及显著的处理效果，那么其如何从实验研究中得出因果推论？直到现在还有相当数量的学者将内部和外部效度之间的关系视为近乎相互排斥的。这里沿着麦克德莫特（McDermott，2011）的思路，将内部和外部效度之间的关系理解为一种二阶时序（two-step temporal sequence）。包含有结构效度的内部效度首先出现。如果这些方面是强力的，并且处理效应显著，那么研究设计就是强力的，因此我们能将所得出的结果推论至现实当中。这种对二阶效度研究路径的理解可以进一步被世俗现实性和实验现实性加以区分。世俗现实性指的是实验的现实性和亲和性，以及研究处理与研究对象现实生活的相似性。因此如果世俗现实性较高，研究设计与现实生活就有较好的贴合度。另一方面，实验现实主义则涉及研究对象在实验研究中的心理接触（psychological engagement），所以如果实验的现实性较高，就意味着研究对象在心理层面上将研究过程作为自己的日常生活（心理现实性），那么所测量的因果联系和过程的世俗现实性也较高（总体研究设计反映现实生活）。而且最后所测量的处理效应若是有效，则可被理解为因果过程的测量也是在现实生活中进行的。这种实验不仅使我们能够考察由于内生性问题而在当前难以研究的问题；同样迫使我们重新思考通常用于验证结果的方法。

七、结论

虽然自美国政治科学协会主席论述政治科学为一门实验科学（Lowell，1910）开始，我们经历了漫长的过程，但欧盟研究领域对实验研究的运用仍处于起步阶段。本篇对欧盟研究领域对实验研究的运用进行了最为完善的总结，并考察了最近十年来欧盟研究中的实验研究法。

正如本篇所呈现的那样，近十年来，欧盟研究中对实验研究法的应用出现了显著的增长，其中对调查实验与实验室实验的应用尤甚。虽然欧盟研究中对实验研究法的应用仍落后于大多数的政治科学研究，但应用确实是日渐频繁。除此外，本篇也概述了欧盟研究中应用实验研究的三个子议题，包括欧盟议会选举或欧盟成员国国内全民公投中的选民行为、决策中的协商，以及新闻框架对民众欧盟态度的作用。不过仍然有必要强调的是欧盟研究中的其他更多问题直到最近才采用实验研究法。

实验研究尤其适用于考察因果问题，基于虚拟事实模型中的反事实逻辑，这些实验研究可以考察那些难以运用常规观测数据的研究问题，其中常常需要运用复杂方法来解决内生性问题以及识别因果关系。这些问题往往源自政治心理学方面，无法通过观测数据正确测量。在这方面，实验研究法成为了解决这些问题的有效工具，不过它们仍然需要一种截然不同的方法来解决效度与因果推论方面的问题。最终，通过关注世俗性及实验现实性，本篇论证了一种新的且更为广泛的方法用以解决对效度的担忧。

参考文献

Abbarno, A. J. and Zapryanova, G. M., "Indirect Effects of Eurosceptic Messages on Citizen Attitudes toward Domestic Politics", *Journal of Common Market Studies* 51 (4) (2013): 581 - 597.

Anduiza, E., Gallego, A. and Munoz, J., "Turning a Blind Eye: Experimental Evidence of Partisan Bias in Attitudes Toward Corruption", *Comparative Political Studies*. 2013: 1 - 29.

Barber, B. I., Beramendi, P. and Wibbels, E., "The Behavioral Foundations of Social Politics: Evidence from Surveys and Laboratory Democracy", *Comparative Political Studies*. 2013: 1 - 35.

Brader, T., Tucker, J. A. and Duell, D., Which Parties Can Lead Opinion? Experimental Evidence on Partisan Cue Taking in Multiparty Democracies", *Comparative Political Studies*. 2012: 1 - 33.

Bruter, M., "Winning Hearts and Minds for Europe: The Impact of News and Symbols on Civic and Cultural European Identity", *Comparative Political Studies* 36 (10) (2003): 1148 - 1179.

Bruter, M., "Time Bomb? The Dynamic Effect of News and Symbols on the Political Identity of European Citizens", *Comparative Political Studies* 42 (2009): 1498 - 1536.

Doerr, N. , "Translation Democracy: How Activists in the European Social Forum Practice Multilingual Deliberation," *European Political Science Review* 4 (3) (2012): 361 – 384.

Gerber, A. S. and Green, D. P. , "The Effects of Canvassing, Telephone Calls, and Direct Mail on Voter Turnout: A Field Experiment", *American Polititical Science Review.* 94 (3) (2000): 653 – 663.

Greenhill, B. , "Recognition and Collective Identity Formation in International Relations", *European Jounal of International Relations* 14 (2) (2008): 343 – 368.

Grobe, C. , "The Power of Words: Argumentative Persuasion in International Negotiations", *European Jounal of International Relations* 16 (1) (2010): 5 – 29.

Grönlund, K. , Setälä, M. and Herne, K. , "Deliberation and Civic Virtue: Lessons from a Citizen Deliberation Experiment", *European Political Science Review* 2 (1) (2010): 95 – 117.

Habermas, J. , "Toward a Cosmopolitan Europe. " *Journal of Democracy* 14 (4) (2003): 86 – 100.

Hobolt, S. B. and Wittrock, J. , "The Second-order Election Model Revisited: An Experimental Test of Vote Choices in European Parliament Elections", *Electoral Studies* 30 (1) (2011): 29 – 40.

Jupille, J. and Leblang, D. , "Voting for Change: Calculation, Community, and Euro Referendums," *International Organization* 61 (4) (2007): 763 – 782.

Kumlin, S. , "Claiming Blame and Giving Credit? Unintended Effects of How Government and Opposition Frame the Europeanization of Welfare", *European Union Politics* 12 (4) (2011): 575 – 595.

Kuo, A. and Margalit, Y. , "Measuring Individual Identity: Experimental Evidence", *Comparative Politics* 44 (4) (2012): 459 – 479.

Lecheler, S. and Vreese, C. H. D. , "Framing Serbia: the Effects of News Framing on Public Support for EU Enlargement", *European Political Science Review* 2 (1) (2010): 73 – 93.

Lowell, A. L. , "The Psysiology of Politics: Presidential Address, Sixth Annual Meeting of the American Political Science Association", *The American Political Science Review* 4 (1) (1910): 1 – 15.

Maier, J. and Rittberger, B. , "Shifting Europe's Boundaries: Mass Media, Public Opinion and the Enlargement of the EU", *European Union Politics* 9 (2) (2008): 243 – 267.

Maier, M., Silke, A. and Maier, J., "The Impact of Identity and Economic Cues on Citizens' EU Support: An Experimental Study on the Effects of Party Communication in the Run-up to the 2009 European Parliament Elections", *European Union Politics* 13 (2012): 580 – 603.

McDermott, R., "Internal and External Validity". In J. N. Druckman, D. P. Green, J. H. Kuklinski and A. Lupia (eds.) *Cambridge Handbook of Experimental Political Science*. Cambridge: Cambridge University Press. 2011.

Olsen, E. D. H. and Trenz, H., "From Citizens' Deliberation to Popular Will Formation? Generating Democratic Legitimacy Through Transnational Deliberative Polling", *Political Studies* 62 (1) (2013): 117 – 133.

Ostrom, E., "A Behavioral Approach to the Rational Choice Theory of Collective Action: Presidential Address, American Political Science Association", *The American Political Science Review* 92 (1) (1998): 1 – 22.

Sanders, D., "The Effects of Deliberative Polling in an EU-wide Experiment: Five Mechanisms in Search of an Explanation", *British Journal of Political Science* 42 (3) (2012): 617 – 640.

Schuck, A. R. T. and Vreese, C. H. D., "Public Support for Referendums: The Role of the Media", *West European Politics* 34 (2) (2011): 181 – 207.

Schuck, A. R. T. and Vreese, C. H. D., "When Good News is Bad News: Explicating the Moderated Mediation Dynamic Behind the Reversed Mobilization Effect", *Journal of Communication* 62 (1) (2012): 57 – 77.

Vreese, C. H. D., "The Effects of Strategic News on Political Cynicism, Issue Evaluation, and Policy Support: A Two-Wave Experiment", *Mass Communication & Society* 7 (2) (2004): 191 – 214.

Vreese, C. H. D. and Kandyla, A., "News Framing and Public Support for a Common Foreign and Security Policy", *Journal of Common Market Studies* 47 (3) (2009): 453 – 481.

Zaller, J. R., *The Nature and Origins of Mass Opinion*. New York: Cambridge University Press. 1992.

改善因果推论：自然实验的优点与局限*

[美] 萨得·邓宁（Thad Dunning）**

导读：自然实验法（natural experiments）在社会科学中应用逐渐增多。本篇分析了该方法在社会科学中的近期应用，展现其在因果推断中的优越性。当实验干预分配未满足类随机（"as if" random）时，该研究不足以称为自然经验，而且会引起观察设置中的有效因果推断问题。本篇给出一种根据实验干预分配类随机程度的自然实验可信度的连续集（continuum），并概述其中包括的一些先进研究技巧。

一、导言

社会科学家越来越多地采用自然实验法。运用"谷歌学术"（scholar.google.com）搜索"自然实验"显示有着超过100万的命中条目，搜索结果的前12页表明该方法在经济学和认识论领域运用最多，但在政治科学中也得到了充分的体现。政治科学中大量尚未发表过的、即将出版的研究表明了自然实验法的影响正在增长。表1是对近年研究的不完全列举。

---

* 编译自：Thad Dunning, "Improving Casual Inference: Strengths and Limitations of Natural Experiments", *Political Research Quarterly*, Vol. 61, No. 2. (2008): pp. 282 – 293。

** 萨得·邓宁（Thad Dunning），耶鲁大学教授。

表1 近期自然实验在政治科学中的运用

研究	关注点	自然实验的来源
Ansolabehere, Snyder, and Stewart (2000)	个人选票和现任领导优势	选区划分
Brady and McNulty (2004)	投票率	加利福尼亚的选区;州长罢免选举
Cox, Rosenbluth, and Thies (2000)	日本政治家联合成派的动机	日本国会两院制度性规则的代表性和时间变化
Doherty, Green, and Gerber (2005)	政治态度的影响	彩票等级对中奖者的随机分配
Glazer and Robbins (1985)	国会对选民的回应	选区划分
Grofman, Brunell, and Koetzle (1998)	众议院和参议院的中期选举失败	政党在之前选举中的执政
Grofman, Griffin, and Berry (1995)	国会对选民的回应	移往参议院的众议员议员
Hyde (2006)	国际选举监督对选举舞弊的影响	将选举监督"类随机"配置于投票站
Krasno and Green (2005)	总统竞选电视广告对参选率的影响	在有竞争性选举的州中选举广告对邻州的地理溢出
Miguel (2004)	国家建构与公共产品供应	肯尼亚和坦桑尼亚的政治边界
Miguel, Satyanath, and Sergenti (2004)	经济增长和国内冲突	天气原因对经济绩效的冲击
Posner (2004)	文化断裂的政治凸显	赞比亚和马拉维的政治边界
Stasavage (2003)	官僚授权,透明度和责任	中央银行制度的变化

注:此不完全列表包括政治科学中已出版和未出版的研究,既有明确声称采用"自然实验"的,又有在作者看来具有自然实验核心要素的研究。已出版的研究大多是出现于 JSTOR 及其他网络来源的。

顾名思义,自然实验从实验方法中获得灵感。**随机控制实验**(randomized controlled experiment)(Freedman, Pisani, and Purves, 1997: 4-8)有三个标志。首先,将实验对象对"实验干预"(或一系列实验干预)的回应与其他"控制"(没有实验干预)对象的回应相对比。第二,对象随机分配于实验组与控制组。第三,对实验干预的运用把握在研究者控制之下。每一种特性都在因果推断的实验模式中起着重要作用。例如在新药实验中,实验组使用药物，而控制组不使用药物，以对比两组之间的健康结果。随机分配保证了两组之间的平均差异并非因为实验干预之外的因素以及导致健康结果差异的因素。最终对干预的实验操作在实验干预与健康结果之间建立因果关系依据。

与真正的实验不同，自然实验中使用的数据从自然出现的现象中来——实际上在社会科学中通常来自社会和政治力量所产生的现象。因为实验干预的变量并非全在分析者的控制中，自然实验实际上是观察性研究。然而与其他非实验方法不同，自然实验研究者能够确信地称实验组和控制组的分配是类随机的，比较实验组和控制组之间的结果，先验推理和实证证据可以用于验证随机性。因此，对干预和控制条件的随机或类随机分配构成了自然实验的定义性特征。

自然实验有时能够提高社会科学家实证推论可信度。正如接下来将要讨论的案例所展示的，对研究领域广泛的政治科学家来说自然实验法是有用的，尽管自然实验法的应用更为常见，能够为研究者所用的自然实验比我们现在意识到的还要多。此外自然实验经常在定量与定性方法交集中发生（Brady and Collier，2004）。有时统计和定量方法运用促进了对自然实验分析，常与定性研究相联系的基于案例的详尽认识，对于意识到自然实验的存在并找出研究对象分配是类随机的可信证据至关重要。出于这些原因，学者会对详尽考察自然实验的逻辑和具体应用感兴趣。本篇的目的是调查自然实验法的应用，特别是在政治科学中，既描述了它们有力的推理逻辑作用，又描绘其各种不足带来的一系列问题。在对下面几个例子进行介绍和讨论之后，会对自然实验法提出一些概括性观点。

二、自然实验：类随机的作用

第一个例子与当代政治科学所关注的领域相距甚远，但是它很好地揭示了自然实验成功的核心要素。19世纪伦敦遭受了灾难性的霍乱爆发。在1848年左右，麻醉师约翰·斯诺（John Snow）最先对霍乱传播的原因产生了兴趣并进行了研究（Freedman，1999；2005）。当时存在许多解释霍乱传播的理论，而斯诺通过担任临床医师的经历和对之前疫情中的霍乱死亡病的研究，认为霍乱可能是一种通过水传播的疾病。

尽管不同的"因果过程观察"（Collier, Brady, and Seawright, 2004）对斯诺的假说提供了关键支持，但最有效的证据来自于他1853年到1854年进行的自然实验。伦敦有两家主要的供水公司：兰贝斯（Lambeth）公司和萨瑟克与沃克斯豪尔（Southwark and Vauxhall）公司。在1852年兰贝斯公司将进水管道迁往泰晤士河上游，从而使供水免遭伦敦污水污染，然而后者没有迁移进水管道（Snow, 1855: 68）。兰贝斯公司的供水管道迁移给了斯诺进行自然实验的机会。他继续记录伦敦的霍乱死亡并收集病死者的住宅供水公司信息以及城中各区每家公司用水户的总数。然后斯诺编制了一个简明的交叉分析表（cross-tab），按供水来源显示1853—1854年霍乱疫情的死亡率。萨瑟克与沃克斯豪尔公司的用水户的霍乱死亡率是315/10000；而兰贝斯公司仅有37/10000。两组之间令人注目的区别表明了很明显的实验干预效果，也表明了供水水源影响霍乱死亡率的有力证据。

为什么兰贝斯公司进水管道的迁移构成了可信的自然实验基础呢？在一个自然实验当中，对实验干预和控制条件分配——在这里是供水水源——必须是类随机。这意味着供水水源是影响霍乱死亡率的独立于可观察和不可观察因素之外的原因，人们并不因为实验干预而迁移。实验组与控制组在其他导致霍乱死亡的其他（可测量）变量上是平衡的，如果不是充分条件的话也至少是必要条件。

斯诺提出了各种证据以在各组之间建立实验干预前的等价性。斯诺称供水是混杂的，每家公司均沿街敷设管道，房屋由不同的公司供水，每家公司兼为穷人和富人、大宅和小屋服务，不同公司的用户不存在条件或地位的差异。很明显没有哪个检验供水影响对霍乱疫情发展的实验能够比这个设计得更加全面。

对斯诺来说特别重要的是，居民事实上似乎并未对供水水源进行可能与霍乱感染概率相关的"自我选择"。在外的房主经常为房屋选择供水公司中的一家，而且兰贝斯公司迁移进水管的决定是在1853年至1854年霍乱爆发之前做出的，而且当时的科学知识也没有清楚的把水源与霍乱风险联系起来。正如斯诺认为，兰贝斯公司进水管迁移意味着超过三十万各年龄与各阶层的人们在未经选择的情况下被分为两组，且在大多数情况下，他们不具备相关健康知识，一组供水含有伦敦的污水，且可能来自霍乱病人，另一组的供水则完全没有（Snow，1855）。

斯诺的霍乱传播研究为有说服力的自然实验的要素提供了一些有用的借鉴（Freedman，1999）。斯诺在收集证据上不遗余力，并在进行先验推理时用房屋供水情况对实验组与控制组进行区分，差异显著的霍乱死亡率应归于供水的影响。当然若分配并未达到类随机，斯诺的研究对霍乱传播来源的推论就会没那么有用，然而证据和之后的医学研究证实了斯诺的结论。

此外，斯诺所收集的其他补充证据，切实推动了对这种自然实验的运用。这套证据来自斯诺对之前英国霍乱爆发过程的详细知识，他从不同来源中采集信息的能力，情愿去做脚踏实地的"过程追踪"和对看似不成立假设的近距离探索。这种近距离研究也给予他发现与运用自然实验所需要的信息，尽管他对好的研究设计的感觉使他认识到自然实验方法推理力量的作用。斯诺运用定量分析技术，如今天看来也许过时的二乘二表格和交叉表，但是正如弗雷德曼所言，"重要的是研究设计与信念，而不是纯粹技术阐释"（Freedman 1999：5）。

（一）社会科学案例

斯诺对霍乱的研究提供了自然实验的早期例子，而自然实验也会发挥对社会科学问题的解释作用。在一类重要的自然实验中，研究者能够采用真正随机分配设计，来将对象分配为实验组和控制组。自然实验中最常见的例子可能就是对彩票奖项的利用。如多尔蒂（Doherty）、格林（Green）和格贝尔（Gerber）评估收入与政治态度关系，他们于1983年到2000年间在美国东部州调查了342个彩票得主，问各种关于房产税、政府重组和社会经济政策的一般问题。彩票得主的政治态度与一般公众相比（特别是，那些不买彩票的人）明显是一种非实验的比较，因为对是否购买彩票的自我选择及购买彩票者的政治倾向与那些不买彩票的人非常不同。然而彩票奖金的多少是随机分布的。因此排除抽样无回答和影响推论内在效度的其他问题，可以对彩票奖级与政治倾向的关系做出明确估计。

这个例子还说明自然实验的力量会排除对其他发现的解释——比如上述研究中，彩票得奖影响对房产税还有狭义上再分配问题的态度，而非广泛意义上的政治与社会态度。这是因为可能影响政治态度的未衡量因素与彩票得奖在统计上是独立的，这类自然实验中研究者不需要依靠一个先验推理或经验证据来维护将实验对象分配的类随机假设，而是仅仅利用了彩票所带来的真正随机性。

对一些领域的读者而言，利用真正随机方法来进行社会科学研究是难以置信的。重要的社科问题在多大程度上会使他们利用随机分配呢？其实经济学与政治学的一些研究能够对已知概率分布的多种随机机制做出有趣的运用。研究者利用彩票开奖以研究收入对健康（Lindahl，2002）、幸福感（Brickman，Janoff-Bulman, and Coates, 1978；Gardner and Oswald, 2001）和消费行为（Imbens, Rubin, and Sacerdote, 2001）的影响。征兵彩票也用于研究兵役对终生收入的影响（Angrist, 1990）。尽管如此，一些构成社会科学领域中可信自然实验的干预方法采取了类随机的实验干预，而非实际随机的方法。

例如，布雷迪与麦克纳提（Brady and McNulty, 2004）对投票开支如何影响选举的结果感兴趣。选举中的投票率（positive turnout）似乎与投票中的一些理性选择理论相矛盾（Green and Shapiro, 1994），实际上在任何选举中投票人数少于选民人数，因此选举的开支能被详细考量。在2003年加利福尼亚将阿诺德·施瓦辛格被选举为州长时，当时洛杉矶选区数量从5231个（2002年常规州长选举）下降到1885个。对一些选民而言，从居住地到投票地点的距离相对于2002年的选举而言发生了变化；对另一些人而言则仍然保持不变。所以，2003年选举中的投票点合并，提供了一个研究投票开支是如何影响投票结果的自然实验。离投票点远近是一个明确的干预，这可以比较实验组和控制组的平均结果。

(二) 管辖边界研究

另一种日渐平常的自然实验,是利用政治或管辖边界将类似的个体、社群、公司或其他分析单元进行隔离。总而言之,由于这些分析单元存在政治或管辖边界的区别,会影响到边界一侧的一种政策变迁(或"干预")而不会为另一侧的所认同。就最广泛的含义而言,受到政策干预的可以被认为是接受了一种实验干预,与此同时在边界另一侧的是控制组。关键问题是实验干预的分配是否为类随机的,那就是其他因素的相对独立性是否会解释实验组与控制组之间的平均结果差异。

如克拉斯诺和格林(Krasno and Green, 2005)利用选举广告的地理溢出效应,其在一些进行竞争性选举的州是有效的,而并非在所有邻近州有效。他们以此来研究电视直播的选举广告对选举结果的影响效应。米格尔(Miguel, 2004)运用了管辖边界来研究在坦桑尼亚和肯尼亚公共利益视域下的"国家建构"(nation building)问题。以及卡德和克鲁格(Card and Krueger, 1994)对新泽西——宾夕法尼亚边界两侧相似快餐店的研究,与劳动经济学基本理论的假设相反,研究发现新泽西的最低工资标准的上调并未使得失业率上升,或许反而有所下降。

在所有这些研究中,一个关键问题就是类随机假设是否合理。如快餐店的所有者是否以有关因果推论效度的方式选择位于边界的一侧或是另一侧?立法者们对最低薪酬法案的选择是否与接受实验干预单位特性相关?

近期的另一个例证来自波斯纳(Posner, 2004),他研究了切瓦(Chewa)和通布卡(Tumbuka)族群之间的文化差异为何在马拉维对政治有显著影响,而在赞比亚并非如此。在马拉维每个族群与它们自己的政党相联系,而且选民很少跨越党派界线,切瓦族和通布卡族的受访者对跨族群的婚姻表现出厌恶,不乐于选举其他族群的人为总统,而且总体上对其他族群表现出消极的特征。反之,在赞比亚,切瓦族和通布卡族会更乐意选举其他族群的人为总统,更倾向于跨族群婚姻,还"倾向于将对方视为民族兄弟和政治盟友"。

就波斯纳（2004）而言，边界两侧的切瓦人与通布卡人长期以来的差异不足以解释在马拉维与赞比亚的不同种族之间的关系。一个关键的论断就是"就像非洲的许多边界一样，分开赞比亚与马拉维的纯粹是因为（殖民）行政因素，没有注意到当地族群的分布"。然而切瓦人和通布卡人的分隔在马拉维的政治上是突出的，而在赞比亚并非如此，这可能与在边界的一侧受到了实验干预，而在边界的另一侧没有受到实验干预有关。但为什么在边界的两侧，不同种族间的态度与文化分歧在政治上的凸显是如此不同呢？波斯纳提出，对这个问题的回答与这些族群在各国的不同规模有关，与所在国家政策中的影响力相关。相对而言两组的规模存在差异，这变更了选举竞争的动力，使得切瓦人和通布卡人在人口较多的赞比亚联合起来，而在人口较少的马拉维就互为敌手了。

为了论证这点，波斯纳（2004）不得不去处理的一个关键问题是，实际上处理随机化的控制实验亦然：到底什么是实验干预？或换一种方式，是什么造成了在赞比亚和马拉维之间的政治和文化态度上的差异呢？

（三）其他研究例子

政治或管辖边界或许会为自然实验提供最广泛、最便利的基础。然而由社会或政治上的干预而产生的许多其他现象也为这种研究设计提供可能性。例如社会科学家利用了天气等自然现象来作为自然实验的来源，利用经济冲击与恶劣天气之间的**关系对**非洲内战冲突原因进行研究（Miguel, Satyanath, and Sergenti, 2004）；安格瑞斯特和克鲁格（Angrist and Krueger, 1991）利用出生季度来研究经济对教育的回报，因为出生的季度通过影响学生托管在学校的年份与教育程度有关，但是很可能与其他的经济回报因素无关。

为实验组和控制组的分配创造了过高阈值的制度性规则，也会用于类随机分配中。这些"回归—中断"（regression-discontinuity）的设计经常用于在准实验（quasi-experiment）之下讨论，然而实验干预分布的先验可信性（priori plausibility）是类随机，且实验组与控制组实验干预前的一致能够提供可信的自然实验依据。例如，安格瑞斯特和拉维（Angrist and Lavy, 1999）利用了当代以色列的一条规则［麦摩尼德规则（Maimonides）］，即中学的每个教室里不能有多于四十名学生，多出来的少数学生会导致班级容量锐减，因为需要更多的教室来容纳另外的学生。而后将在阈值以下班级的学生与略高于阈值班级的学生进行比较，因为后者被重新分配到较小的班级里，这种自然实验会应用于研究班级大小与学习成绩之间关系。这个设计的一个关键因素是学生自己不会选择小一点的班级，因为麦摩尼德规则的触发条件是年级的入学人数。

最后，美国政治科学界的学者们似乎相当频繁的将选取选区重划和其他机制变化当作自然实验的来源。例如，安索拉比赫（Ansolabehere），斯奈德（Snyder）和斯图尔特（Stewart）将选区重划作为自然实验来研究个人投票对现任优势的影响。将（划分选区前）上一次选举中现任者选区的选民在选区重划后对现任者的投票，同之前不在这个选区的选民投票进行比较以估量个人投票的培育效应，并将这个效应与现任优势的其他来源相区别。

另一个例子是学者（Grofman, Griffin and Berry, 1995）利用唱名数据对从众议院迁往参议院的议员投票习惯的研究。这里的问题是代表着更大和更为异质的管辖区域（例如，州而非众议院选区）的新任参议员是否会为州的中间投票人调整他们的投票习惯。研究发现，新任参议员的投票记录与他们之前在众议院所在党派中众议院成员的平均的投票结果，以及和现任参议员的投票结果是相近的。在进入参议院的众议院成员中，没有多少证据表明新任参议员会倾向于中间投票人。

但这里的"实验干预"是众议员从国会的一个席位换到另一个席位的结果。就此而言，与自我选择相关的不可避免的推理问题似乎使之更加难以断言，众议员到参议员的分配是类随机的。正如作者自己提到的，"极端自由派的民主党候选人，或极端保守的共和党候选人，非常适合于均匀的议会选区，不会很好地适合于面对在思想意识上较少受到影响的全州选民"（Grofman, Griffin, and Berry, 1995：514）。因此，有开放的参议员席位州的选民特点和有众议员竞选参议员的州的特点，能解释为什么这些参议员会去选择竞选众议员了。只是这类研究可能利用了一些略低于自然实验要求的标准。

三、一个"可信性的连续体"

从上述例证讨论中引出的一个中心点,那就是相比之下类随机分配在一些情况中更为确信。对这个问题的一种看法可能是根据实验干预和控制分配的类随机程度。在图 1 中,我在一个连续体中按照可信程度从左至右增加的顺序进行排列,列举了上述的一些研究。首先,大多观察性研究不在其中,到左边的是较为不可信的一端。我之前探讨的自然实验设计提供了许多政治科学顶尖研究者的最佳案例。按照可信性来对这些研究进行排序,目的只是为了表明类随机分配可信性在不同情况下不同,然而这些研究相对于许多观察性研究的优势是应当记住的。第二,然而靠近不可信那一端的研究,可能利用了标准的观察性研究而非自然实验。当然这种研究很好地达到了有效性,得出了令人注目的结论,在这一点上,研究者不得不担心类似的因果关系观察实验中的有效推论问题。最后一点所列举的研究方法是颇为主观的。其他的读者会对研究在连续体中的排列形成不同的结论,目的只是引起讨论并且引入可信性连续体的想法。

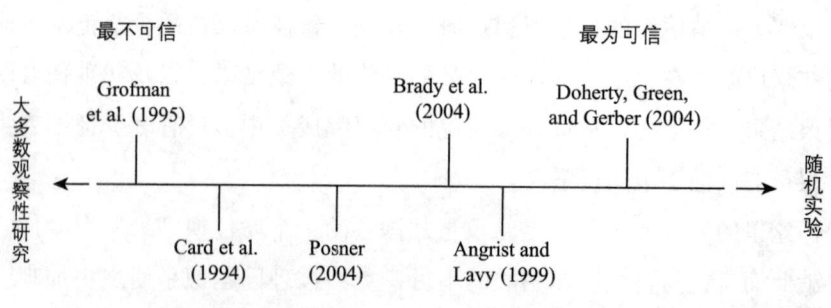

图 1　不同研究中干预方式的"类"随机程度

研究者们如何接近图 1 的右侧呢——即寻找实验干预分配就类随机程度而言更为可信的例子。对这些成功案例的了解,有助于鼓励分析人员在研究尝试中发现或发展类似的自然实验,通过利用真正随机的手段(类似彩票),

也可以是不同的类随机事件（天气、政策干预）。正如在安格瑞斯特和拉维（Angrist and Lavy，1999）的研究中特别提到，对间断回归分析设计的价值要加以留意。之前讨论指出在这类设计中，对略高于协变量临界阈值的对象应用了实验干预，而那些低于阈值的就作为控制组。因为在平均上接近关键阈值的对象相对于其他影响所关注结果的因素而言是类似的，在阈值附近进行类随机分配在间断回归设计中是特别有用的。

正如之前提到的例子所表明的，从政治革新到管辖边界等一系列不同种类的干预能够提供自然实验的基础。因为类似的干预提供了学者所倡导的"准实验法"基础（Campbell and Stanley，1963；Campbell and Ross，1970），这里它可以用于将自然实验与后者的研究设计区分开。但在许多这样的研究设计中没有断言研究对象分配是类随机的，明白的是，非随机的实验干预分配是给定准实验设计的关键组成部分。

相反，在自然实验中对类随机分配需要实验证据和对因果问题的先验知识的支撑。然而重要且应当记住的是，即使一个研究者在对实验对象特征的观测上展示出实验组和控制组之间完美的实证平衡，很有可能依然存在两组间未观察到的差异带来的误导。这明显是自然实验的阿喀琉斯之踵，其他形式的观察性实验也如此，这与随机控制的实验相关。因为许多干预会为政治科学中可信自然实验是社会与政治领域行动者的互动产物提供依据，此时这类问题影响进一步恶化，且很难相信这些干预是以保持行动者独立的方式进行，或是不鼓励行动者以"自我选择"方式进入实验组和控制组。不论推理如何妥当以及证据如何充分，我们不会知道"推理谬误"就在附近。

前述问题并未表明类随机分配的可信性是评价自然实验成功与否的唯一重要话题。考虑到即使类随机分配的可信性增长，因果效应被可靠估计的统计单元依然很小。如在一个回归间断研究设计中，因果效应由关键阈值所确定——但对分配变量过高或过低于关键阈值的研究对象来说则被剔除了。另一个问题是，对分析单位的实验干预并非按照理论兴趣进行类随机分配。如在彩票研究中受访者是随机的，并不是依靠总收入或富裕程度等最感兴趣的实验干预变量，而仅仅是彩票获奖与这两者相关的变量。这会对致力于用自然实验推断最感兴趣变量因果效应构成重要挑战，即使当分析者利用诸如工具变量等回归分析技术来协同自然实验也无济于事（Dunning，2006）。

将自然实验与匹配技术进行对比也是有用的，这在社会科学中的使用也在增加。一些分析者称匹配可以产生两组之间的等价性，当随机选取的一个正在接受实验干预时，另一个作为控制组。然而通过调整观测变量，打开未观察到的干扰因素对结果影响的可能性，匹配会接近类随机分配，如果用数据模型进行匹配，模型背后的假设也会起到关键作用。

在之前所提到的一些例子中，类随机干预将相对较大数量的不同单位分配于解释变量不同值。这并非自然实验研究路径的内在特征。原则上数量更少的单位也能被自然实验分作实验组和控制组，在这种情况下自然实验对比的逻辑仍会是有用的，但也会引起从较少的案例（比如存在较大或未界定的标准误）中做出推论所遇到的特定困难。

四、总结

自然实验能够为政治科学家提供强有力的干预工具，用于提升因果推断的质量，还有很多自然实验尚待挖掘。因此本篇的一个目的在于指出不同背景下实验方法的有用性。如研究收入对政治态度影响，投票开支对选举结果影响，或文化分歧如何在政治上凸显，自然实验会为社会科学家提供有用的工具。

但自然实验也有着显著的局限性。自然"实验"是观察性实验，并非真正实验：研究者并非且通常不能操纵政治和社会领域来将研究对象分配到实验组与控制组中。此外缺乏将干预因素分配至实验组和控制组的真正随机方法是自然实验分析中的重要难题。在此程度上对实验干预的分配并非类随机，会引起对观察环境中类似因果推论的威胁。

分析者采用自然实验会被问到各种各样问题。如研究对象分配到实验组和控制组的自我选择问题，不平衡的实验组与控制组之间平均的结果差异问题等。当前，多数的最佳社科研究吸收了扎实的观测性研究，其中没有对随机分配的要求，而且匹配与回归分析的技术会有助于调整实验组与控制组之间所观察到的不平衡。但把这些称作"自然实验"是有误导性的。如有学者后悔将术语"准实验设计"术语进行推广，因为在大多数的社会环境中有许多同样或更为可信的相反假设。在准实验设计的标签下，"自然实验"更多运用会体现研究者就如何增强因果推论的敏锐感觉，然而这也会反映出对观察研究具有实验合理性的期待。

总之，在社会科学中进行有效因果推论是困难的，好的自然实验提供了一种有用且重要的工具。在自然实验评估中，如下做法是有用的：（1）将成功的和不那么成功的自然实验案例进行编目；（2）将现有研究按照随机选择的不同标准来分类；（3）鼓励巧妙的研究设计，有助于使类随机分配更为可信。

参考文献

Angrist, Joshua D., "Lifetime Earnings and the Vietnam Era Draft Lottery: Evidence from Social Security Administrative Records", *American Economic Review* 80 (3) (1990): 313–336.

Angrist, Joshua D., and Alan B. Krueger, "Does Compulsory School Attendance Affect Schooling and Earnings?" *Quarterly Journal of Economics* 106 (1991): 979–1014.

Angrist, Joshua D., and Victor Lavy., "Using Maimonides' Rule to Estimate the Effect of Class Size on Student Achievement", *Quarterly Journal of Economics* 114 (1999): 533–575.

Ansolabehere, Stephen, James M. Snyder Jr., and Charles Stewart III, "Old Voters, New Voters, and the Personal Vote: Using Redistricting to Measure the Incumbency Advantage", *American Journal of Political Science* 44 (1) (2000): 17–34.

Brady, Henry E., and David Collier, "*Rethinking Social Inquiry: Diverse Tools, Shared Standards*". Lanham, MD: Rowman & Littlefield. 2004.

Brickman, Philip, Ronnie Janoff-Bulman, and Dan Coates, "Lottery Winners and Accident Victims: Is Happiness Relative?" *Journal of Personality and Social Psychology* 36 (8) (1978): 917–927.

Campbell, Donald T., and H. Laurence Ross, "The Connecticut Crackdown on Speeding:

Time-series Data in Quasi-experimental Analysis", In *The Quantitative Analysis of Social Problems*, Edward R. Tufts (ed). Reading, MA: Addison-Wesley. 1970: 110–118.

Campbell, Donald T., and Julian C. Stanley. *Experimental and Quasi-experimental Designs for Research*. Boston, MA: Houghton Mifflin. 1963.

Card, David, and Alan B. Krueger, "Minimum Wages and Employment: A Case Study of the Fast-food Industry in New Jersey and Pennsylvania", *American Economic Review* 84 (4) (1994): 772–793.

Collier, David, Henry E. Brady, and Jason Seawright, "Sources of Leverage in Causal Inference: Toward an Alternative View of Methodology", In *Rethinking Social Inquiry: Diverse Tools, Shared Standards*. Lanham, MD: Rowman & Littlefield. 2004.

Doherty, Daniel, Donald Green, and Alan Gerber, "Personal Income and Attitudes Toward Redistribution: A Study of Lottery Winners", *Political Psychology* 27 (3) (006): 441–458.

Dunning, Thad, "No Free Lunch: Natural Experiments and the Construction of Instrumental Variables", Manuscript, Department of Political Science, Yale University, New Haven, CT. 2006.

Freedman, David, "From Association to Causation: Some Remarks on the History of Statistics", *Statistical Science* 14 (1999): 243–258.

Freedman, David. *Statistical Models: Theory and Practice*. Cambridge: Cambridge University Press. 2005.

Freedman, David, Robert Pisani, and Roger Purves, *Statistics*. 3rd ed. New York: Norton. 1997.

Green, Donald, and Ian Shapiro. *Pathologies of Rational Choice Theory*. New Haven, CT: Yale University Press. 1994.

Grofman, Bernard, Robert Griffin, and Gregory Berry, "House Members Who Become Senators: Learning from a 'Natural Experiment'", *Legislative Studies Quarterly* 20 (4) (1995): 513–529.

Imbens, Guido, Donald Rubin, and Bruce Sacerdote, "Estimating the Effect of Unearned Income on Labor Supply, Earnings, Savings and Consumption: Evidence from a Survey of Lottery Players", *American Economic Review* 91 (4) (2001): 778–794.

Krasno, Jonathan S., and Donald P. Green, "Do Televised Presidential Ads Increase Voter

Turnout? Evidence from a Natural Experiment", Manuscript, Department of Political Science, Yale University, New Haven, CT. 2005.

Lindahl, Mikail, "Estimating the Effect of Income on Health and Mortality Using Lottery Prizes as Exogenous Source of Variation in Income", Manuscript, Swedish Institute for Social Research, Stockholm. 2002.

Miguel, Edward, "Tribe or Nation: Nation Building and Public Goods in Kenya versus Tanzania", *World Politics* 56 (3) (2004): 327 – 362.

Miguel, Edward, Shanker Satyanath, and Ernest Sergenti. "Economic Shocks and Civil Conflict: An Instrumental Variables Approach", *Journal of Political Economy* 122 (2004): 725 – 753.

Posner, Daniel N., "The Political Salience of Cultural Difference: Why Chewas and Tumbukas are Allies in Zambia and Adversaries in Malawi", *American Political Science Review* 98 (4) (2004): 529 – 545.

Snow, John, *On the Mode of Communication of Cholera.* 2nd ed. London: John Churchill. 1855 (Reprinted in Snow on cholera, London: Humphrey Milford. Oxford University Press. 1936)

实验方法"黑箱":艰难的中介效应探索[*]

[美] 唐纳德·P. 格林(Donald P. Green)
[韩] 河相应(Shang E. Ha)
[美] 约翰·G. 布洛克(John G. Bullock)[**]

导读:因果效应如何传递是一个迷人问题,且无论何时,只要采用实验方法,这个问题就不可避免的浮现。"中介变量"影响因果效应传递的过程,社会科学家们不能因为对"中介变量"怀有浓厚兴趣而遭到批评。然而,他们却总是低估用严谨的实证方法建立因果效应的困难。当前用统计方法分析中介变量(效应)存在纰漏,如果没有严格假设的帮助,再精妙复杂的实验设计也不能解决当前中介变量分析存在的问题。中介效应研究的方法要求比多数社会科学家们所设想的更高,需要的不仅是单个实验研究,而是内容全面的实验研究计划。

---

[*] 编译自:Donald P. Green, Shang E. Ha, and John G. Bullock, "Enough Already about 'Black Box' Experiments: Studying Mediation Is More Difficult than Most Scholars Suppose", *Field Experiments in Comparative Politics and Policy*, Vol. 628, March 2010, pp. 200–208.

[**] 唐纳德·P. 格林,耶鲁大学政治科学院教授,格林与耶鲁同事一起指导了一系列实地实验,涉及领域包括政治科学、交流学、犯罪学以及教育学;河相应,2007年获得芝加哥大学博士学位,纽约大学布鲁克林学院政治科学助理教授;约翰·G. 布洛克,耶鲁大学政治科学助理教授,耶鲁大学社会与政策研究院常任研究员。

一、导语

无论何时，只要实验研究者提出有关因果效应机制的证据，具有惊人规律性的学术现象就有可能接受实验方法的考察。这样一来，读者就不免问起哪个或哪些中介因素可以解释这一效应。实验效应越显著，观众对于中介变量（mediator 又翻译为调节变量）的兴趣就越浓厚。有些实验人员无法拿出证据证明实验介入的效果如何传递，读者遇到这样情形，就常常会抱怨这是"黑箱"实验。

若有学者对实验研究中传递影响机制的因素产生好奇，他不能因此受到批评。毕竟，那些最有趣的科学发现有许多都与确定因果链中的中介因素有关。比如18世纪，青柠被引入水手们饮食，曾显著地减少坏血病发生。最终在20世纪，科学家发现维生素C是其中关键的中介成分。如果科学家们具备这种知识，了解某项实验组产生效果的原因，就有可能设计出其他的，甚至可能是更有效的方法来达到相同的效果。正如现在的水手们，吃青柠或仅吃维生素C药片都可以预防坏血病。

社会科学家们也渴望能够确定因果机制，但不幸的是，社会科学领域中已然成功建立的有关中介效应理论相对较少。"已然成功建立"的理论指的是那些背后有强大科学证据支撑的理论，而那些仅因为符合普遍预期而被广泛相信的理论并不一定符合这一定义。毋庸置疑，"中介变量缺乏强有力的案例"这一说法仅为少数观点。布洛克和河（Bullock & Ha，即将出版）在近期关于中介变量的著作综述中，肯定地提出这一说法，还指出中间变量仅限于社会科学期刊文章以及文献综述中。事实上，最近几年，学界研究中基于声称探索中介效应的回归模型研究热情已经越来越高涨。如，马尔霍特拉和克罗尼克（Malhotra & Krosnick，2007）曾坚决提出，这种回归分析理应在选举政治研究中占据更重要的位置。

尽管目前回归模型受到的关注越来越多，但却存在浅薄的研究假设。很多人以为建立因果效应传递机制是一个相对简单的问题。建立中介效应机制普遍采用统计学方法，而这一观点同样存在于统计学方法中。本篇旨在驳斥此观点。

幸运的是，本篇观点中所蕴含的代数基本原理尽管不为大多数社会科学家所知，但可见于有关中介机制分析的统计学著作中（Holland, 1988; Jo, 2008; Sobel, 2008），对于某些关键问题的非技术层面的概括可见于布洛克、格林、哈的著作中（Bullock, Green, and Ha, 2009）。本篇将很大程度上免于用公式陈述观点，并致力于使观点更为直观，而非像其他人那样拘泥于形式。本篇目的在于使读者确信以下三点：

1. 对中介机制的传统回归分析法常常且很大程度上建立在不合理的假设之上，甚至当研究人员对因果传递因素进行实验控制，假设与实验控制下的数据相符合时，假设也是不合理的。

2. 按照实验议程的自然发展，在稳固的因果关系建立起来之前，检测中介因素是不现实的。

3. 就算建立起稳固的因果关系，不论从理论上还是实践上，要说明因果传递过程都远比预想的困难得多。

本篇并非要说明寻找中介因素是无意义的或是不可能完成的任务，正如上文所说的维生素 C 的例子，建立因果效应传递的机制是具有重大理论及实践意义的。有些实验研究难以解释某一结果的成因，而社会科学家们经常对这样的实验研究缺乏耐心，本篇正是要对社会科学家们的这种态度提出异议。当人们开始认识到中介分析的复杂性之后，研究中介因素的实验为何进行得如此缓慢就显而易见了。人们用了一百多年的时间才理解青柠为什么能够治愈坏血病，那么要弄清社会科学领域中促成因果关系的机制，恐怕也需要几十年时间。

二、中介效应研究的传统方法容易具有倾向性

在社会科学领域，学者们运用统计学方法研究中介效应的次数之多，实在令人惊异。尽管路径分析早在几十年前就出现了，但是直到上世纪 80 年代

拜伦（Baron）和肯尼（Kenny）的文章发表，中介效应分析才逐渐流行。该文现在名列《个性与社会心理学杂志》（*Journal of Personality and Social Psychology*）最常引用著作之一。拜伦和肯尼在文章中描述的理论框架运用了一系列回归分析。首先，在回归分析中的因变量 Y 和自变量 X，指出要解释的效应后，找到一个可能的中介变量 M，并将之回归分析到 X 上。如果 X 能导致 M，最后一步就是检验当 Y 分别回归到 X 和 M 时，X 引起的效果是否可以忽略不计。如果由于 M 存在就可以预计 Y 出现，但 X 存在无法预计 Y 出现，那么这就意味着 X 是通过 M 传递了效应。

这种类型的分析建立在大量有力假设之上。其中存在最具争议的假设就是"M 在那些未知的、可影响 Y 的因素中是独立存在，不与其他因素相关联"。现在让我们来考虑一下在实践中，这一假设意味着什么。在此实验中，随机控制 X（如果按照 X 非随机时的观测数据进行分析，则会破坏中介因素研究的前提，即 X 事实上对 Y 存在因果效应影响。从理论上讲，这样的实验应用更有可能成功）。假设研究者试图解释为什么动员活动会影响选举参与，并认为此种动员活动是随机的，这样一来就不用考虑 X 与 Y 之间的因果关系到底是否真实存在了。研究者可以假定一种中介因素方式，即"让大家来投票（get-out-the-vote）"宣传活动提升了公众对政治事务的兴趣度，也就因此使公众更倾向于参加投票。

基于经验建立这一论断会带来困惑的问题，因为可能存在其他中介因素同样也导致公众政治兴趣提升的情形，如：认知能力、对国内生产率态度、与政界人士社会联系等。除非研究者能够分别测量并控制以上每个中介因素，否则就将面临做出错误总结的后果，例如将政治兴趣作为中介因素，而实际上，选举参与度的变化是其他一些因素干扰的结果。当然，在实际操作中，研究者无法测量出所有可能的中介因素变量，其中一些可能只是混淆视听。不说能否测量，能想全纷繁复杂的中介因素对于研究者来说都是不大可能的。

若把实验观测到的 M 而非随机控制的 M 运用到数据中，这种中介分析最后就会变成错误的界定，在实验者出现主观倾向性时，没有相应实验规定和方法能够使他们察觉到并终止。如果研究者不确定因果效应传递路径，或者连因果效应传递的方向都不确定,那么研究者很容易将很多中介因素纳入考虑范围,有时候是单个因素,有时候是多个因素的结合。按照这种分析,一个或一些中介因素可以成功解释 X 和 Y 之间双变量相关关系的结论就生成了。

这种类型的分析很容易受到两类重要的批评。第一种批评是担心(研究人员)忽略了某些变量。如果 M 与未发现的、可以导致 Y 的因素呈正相关,那么 M 对 Y 的影响就会被夸大,而 X 对 Y 的影响则被低估。这种偏见将导致中介效应分析看起来很成功,但实际上却不是那么回事。这种偏见很常见,因为研究者寻找中介因素的其中一种方法是考虑与 Y 具有相关性的变量,而如若 M 和 Y 都与某种未发现的混杂因素相关,则 M 有可能与 Y 呈相关性(研究者因此认为 M 为中介因素)。

第二种批评之声是:这种类型的分析对 M 测量不到位,导致 M 的效果被低估,最后得出"M 之外的因素传递了 X 和 Y 之间关系"的错误结论。如果多个中介因素相互相关且测量错误,偏见以及其流传范围之广将无法预计。含有隐含变量的结构方程模型通常被用于解决中介分析背后值得怀疑的假设。运用结构方程模型可以说是在正确的方向上前进了一步,因为一定程度上结构方程模型可以解决测量错误的问题,但通常结构方程模型无法解决变量被忽略的问题。

面对模型格式和模型测量的严格要求,运用内源性中介因素来"打开黑箱"或是"探索因果途径"的努力仅仅是夸大其辞。在政治科学领域中,难以举出这种中介分析能够令人信服地证明 X 到 Y 的因果效应传递机制的研究成果。我们能做到的、能提供的那些数量众多的例子,都是在有力的、未经测试的假设的帮助下来证明因果传递机制。问题在于,如果我们从观测设计转变为实验设计,即人为随机控制 X 和 Y,能不能改善目前的这种情况。

三、实验方法中介效应研究设计或实施的困难

原则上说,实验是评估因果参数的黄金标准,所以研究人员采用实验来评估有关中介效应假说。实验法在研究中介因素时非常有用。如果研究者有

兴趣研究是否是 M 传递了 X 对 Y 的影响，那么用人为随机控制的方法控制 M 来观察其是否真的影响了 Y 确实可以达到目标。人为控制 X 来测量 X 的变化是否导致 Y 的改变似乎也是一个明智的办法。如果研究者已经准备好做出如下假设，即 X 和 M 对主体的因果效应相同，那么这种"双重实验"法将会相当具有启发性。如果发现 M 作用了 Y，也就表示 M 是 X 的中介因素之一。接下来发现 X 作用了 M，也就表示 M 可能传递了 X 对 Y 的影响。

这种实验研究面对着两项困难，因此具有挑战性。首先，从实践角度出发，设计实验来人为控制 M 从来不是一件容易的事。更确切地说，很难设计某种实验，能使其只对 M 进行人为控制，而不改变其他也可能传递 X 影响的 M。回到动员和投票这个例子，假设研究人员试图评估政治兴趣这种中间传递因素，使政治兴趣上升不代表改因素就是确定的，还要在政治兴趣上升的同时确保没有不经意间改变政治效能、政治知识量或其他任何一种对竞选沟通产生影响的态度，这就使得这项工作极具挑战性。要知道，设计实验时遇到的这个问题与联立方程系统中遇到的识别问题相类似。研究人员试图评估的中介因素越多，实验设计就要越精密，设计多种控制方法，以实现对不同中介因素做出不同程度的影响。

最近几年，探讨中介效应的教科书普遍地跳过了该分析存在的问题，或是对于控制并测量这些中介因素的难度众说纷纭。例如麦金农（MacKinnon, 2008：66）曾提到，中介效应模型对忽略变量的偏见非常敏感，但是他把对单一中介因素系统和多元中介因素系统的分析主要放在技术问题上，即如何计算估计量和标准误。他在证明回归方法正确无误时，轻率地假设：M 与那些未经检验的、导致 Y 的其他因素无关。麦金农阐述了许多技术上和实证上的例子，由此试图给出有力的模型假设。当然，他也提到推理过程中可能遇到的威胁。

第二个与之相关的困难出现在我们假设 X 和 M 的因果效应对所有主体都相同的时候。关键问题就在于我们只能认清变量中随机诱导的变化所产生的因果效应。举个例子，假设我们要运用多媒体形式，向大众展示竞选塑造政治结果的重要方式，以此来控制变量政治兴趣的增加。一些主体的政治兴趣可能会升高，而其他人可能并不会受此影响。无论我们观察到政治参与中民众的政治兴趣出现何种下降，反映出的都是那些被竞选活动所影响的人们，他们的行为发生了变化。因为一次竞选活动而心有所动的人，不一定会为其他某次竞选活动而心动，而且不同的亚团体可能会以不同方式把新形成的政治兴趣落实为政治参与。尽管让研究人员基于单一介入而得出中介效应普适结论的想法非常吸引人，此种结论却只能符合其中的一部分人的情况。理论上来说，不同实验控制对不同亚群体影响不同的可能性是一个实证问题。进行足够多实验干预之后，研究者就能够根据人为控制 X 和 M 的方式，估计出 M 对 Y 的作用、X 对 M 的作用和 X 对 Y 的作用之间的差异程度，但是要进行如此多的实验，工作量巨大。这与那些崇信拜伦-肯尼（Barron-Kenny）方法的人所提出的"运用回归法"的建议相去甚远。

四、中介效应研究改进及其问题

前文提到了实验操作可能对不同主体效果不同的情况，这种情况非常恼人。研究中介变量的学者们有时候会把这种现象叫作"调节"（moderated）中介效应，这指的是这种因果传递对主体的影响效果程度不同（Muller, Judd, and Yzerbyt, 2005）。然而通常情况下，实证研究者在讨论适度的中介效应时，他们很快就假设：效果大小的不同可以被看作是可观察到因素的一个功能。尝试建立被测量变量之间的相互影响的模型并没有错，但是不看观测变量（unobserved variables）的问题依然存在。不同效果的来源中那些未观测到的因素可能会使有关中介效应进行推断的一切努力付诸东流。

让我们来思考下面这个例子。想象我们拥有一个 10000 份观测数据的大样本。假设对于奇数项的观测数据，数据生成过程如下：

$$Y = M + u \tag{1}$$

$$M = X + e \tag{2}$$

换句话说，我们给出这个例子中，M 变化一个单位将会导致 Y 变化一个单位。X 变化一个单位也导致 M 变化一个单位。在这个例子中，M 能够完全传导 X 对 Y 的作用。这个模型包含两个不可观测的干扰因素，即 u 和 e。为使得这个例子更像一个理想试验，假设这两个不可观测因素相互独立，且在每次观测中起独立的作用。

偶数项观测数据的生成过程与之类似，只有一处不同。u 和 e 的数据生成过程与前一个相一致，它们相互独立且贯穿整个观测过程。然而这一次，公式的斜率发生了变化。

$$Y = -M + u \qquad (3)$$
$$M = -X + e \qquad (4)$$

X 对 Y 的作用总共为 1.0，即 X 对 M 的负效应，M 对 Y 的负效应。M 能完全传导 X 对 Y 的作用。

如果我们分析这 10000 份观测时不考虑一半按照"奇数"模型生成数据，一半按照"偶数"模型生成数据这一事实，将会产生什么结果呢？简而言之，我们将得到误导性的结果。X 对 Y 的作用总共为 1.0，表明 X 与 Y 的关系需要解释。然而 M 对 X 的回归显示出 X 对 M 无作用。Y 对 M 和 X 的回归显示出 X 有 1.0 的作用而 M 没有。言下之意也就是 M 在 X 对 Y 的作用传递过程中不起任何作用，但是我们从模型中得知这是错误的。

这无疑是个极端的例子。实践中，我们无法期望一个未观测因素恰好把样本均分为二，两部分对等且参数相反。然而，这个例子中的麻烦就在于，研究者仅靠调整样本中每种数据生成过程的人员比例，就能得到一大批不同结果。举例来说，如果五分之一的样本按照公式（1）和（2）生成，五分之四的样本按照公式（3）和（4）生成，根据拜伦-肯尼分析法就能得出 X 的作用大约有一半没有被传递，这也是错误的。

最关键的是当主体受不同因果定律控制时，预设所有观测样本的参数相同的分析有可能得出有偏差的结果。只要实验设计能够帮助消除一些最常见的偏差，例如 M 和 u 的关联性，就是有用的。但是单个实验很难解决多个纠缠在一起的实验处理影响的问题。为验证不同主体是否通过不同方式传递因果效应，有必要进行多重实验，这也许需要数十年的时间。

五、结论

当实验人员受到鼓励，将关注和资源转移到因果机制的研究上时，他们必须小心谨慎些。首先，进行黑箱实验一贯需要小心谨慎。不管因果效应以何种方式传递，研究者仅仅通过人为控制变量、估计变量对结果的影响，就能发现大量理论意义、实践意义。哪怕当时没有任何人知道维生素和细胞生物学，将青柠加入水手们的饮食中都是一项伟大的创举。如果研究者能举出大量实验证据，证明教育、政治、或是经济干预的效果，哪怕仍不确定这些干预为何会起作用，社会科学都会前进一大步。

第二，因果机制研究的潮流，决定了迄今的实验必须为了解释而建立这些基本的因果关系。哪怕在相对完善的采用实验方法的其他亚研究领域，这些工作都与真正要做的实验关联不大。认为黑箱实验不够的批评没能意识到要精确分析实验影响，这需要大量的、持续的努力。对于任何工作在早期实验研究项目中的研究者来说，将资源投入到人为控制中介因素（和因果效应中的亚团体差异的研究）都是一场赌博，因为谁也不能保证实验操纵能对实验结果造成实质上有意义的平均效果。社会科学领域中极少存在如此先进的实验项目，能保证承担得起这种赌博。

在社会科学发展的这个节点上，更为明智方法是鼓励研究人员在做实验时得到尽可能多的测量结果。例如，将其他竞选活动（比如敲门拉票）来增加投票者支持的研究纳入考虑。除了评估这种干预手段是否增加了投票率之外，研究人员还应该在控制组和实验中对随机样本进行问卷调查，以确定这些群体是否在政治兴趣、公民责任感、知晓在何地投票以及如何进行投票等方面具有差异。一种拥有众多中介因素却只有一项实验处理的实验不能辨清到底哪种因果传递方式传递了实验干预的效果，但如果某些特定的传递方式不受实验处理影响，有人可能又会认为研究者没能解释为什么选举动员有效。正如前文所说，这种分析得出了一些关于同质干预作用的重要假设，更重要的是这种类型的探索性研究有可能为进一步的实验研究提供有用的线索。

研究人员逐渐形成直觉，能感知哪种情况下产生的影响是大是小，他们将开始运用不同实验干预，致力于分离造成这种影响的介入物的各个方面。举例来说，从一系列试点研究中可以看出社会监控能有效提高投票率，在这之后格柏、格林和拉里默（Gerber, Green, and Larimer, 2008）进行了一项研究，研究中针对不同主体进行了几项不同干预。一项是鼓励投票，因为这是一种公民责任；一项是指出研究者在监控谁参与了投票；第三项是展示住在同一地区的所有人的投票行为；最后一项是展示了住在这一街区的人的投票行为。此研究由于无法对中介因素进行评估而停止，这种评估包括"人们对公民参与的准则的认同"或是"人们愿意维持一个'积极参与的公民'的名声的期望"等，然而，研究人员设计的实验控制是为了以不同程度激活中介因素。研究人员很容易就能够预测这种实验设计中的变量，由此将多个中介因素分辨的更细致。另外，研究者能够预计到引入问卷调查可以检验这些促进方式能否产生一种与假定的中介因素相一致的心理干预作用。

只要研究者仍清楚这种研究探索模式的局限性所在，科研就能够在一个有序的状态下进行。问题就是，如果社会科学家们对中介分析预计错误，并按照这种错误的理解进行操作，那么他们将仅从一个研究课题换到下一个课题，而不能明白其研究成果的局限性。当批评家们虔诚地指出打开黑箱的重要性时，人们将发现在社会科学领域，如果有，也仅是极少的黑箱被打开了，有时候这些黑箱子据称被对自身撬锁能力过于乐观的一些研究人员打开了。这种行为造成了实验工作简单且已完成的印象，颇具讽刺地缓解了真正研究成果所需经历的那种辛苦过程。

参考文献

Baron Reuben M. and Kenny DA. "The Moderator-Mediator Variable Distinction in Social Psychological Research: Conceptual, Strategic, and Statistical Considerations", *Journal of Personality and Social Psychology* 51（6）（1986）：1173.

Bullock, John G., Donald P. Green, and Shang E. Ha, "Experimental Approaches to Mediation: A New Guide for Assessing Causal Pathways", unpublished manuscript, Yale University, New Haven, CT. 2009.

Bullock, John G., and Shang E. Ha, "Mediation Analysis is Harder than It Looks", In James N. Druckman, Donald P. Green, James H. Kuklinski, and Arthur Lupia (eds). *Cambridge Handbook of Experimental Political Science*. New York: Cambridge University Press. 2009.

Gerber, Alan S., Donald P. Green, and Christopher W. Larimer, "Social Pressure and Voter Turnout: Evidence from a Large-scale Field Experiment", *American Political Science Review* 102 (1) (2008): 33–48.

Holland, Paul W, "Causal Inference, Path Analysis, and Recursive Structural Equation Models", *Sociological Methodology* 18 (1988): 449–484.

MacKinnon, David P. *Introduction to Statistical Mediation Analysis*. New York: Lawrence Erlbaum. 2008.

Malhotra, Neil, and Jon A. Krosnick, "Retrospective and Prospective Performance Assessments during the 2004 Election Campaign: Tests of Mediation and News Media Priming", *Political Behavior* 29 (2007): 249–278.

Muller, Dominique, Charles M. Judd, and Vincent Y. Yzerbyt, "When Moderation is Mediated and Mediation is Moderated", *Journal of Personality and Social Psychology* 89 (6) (2005): 852–863.

Sobel, Michael E., "Identification of Causal Parameters in Randomized Studies with Mediating Variables", *Journal of Educational and Behavioral Statistics* 33 (2008): 230–251.

实验室与田野实验结果一致性比较：
社会科学实验方法评述[*]

[美] 亚历山大·科波克（Alexander Coppock）
[美] 唐纳德·P. 格林（Donald P. Green）[**]

导读：逐渐增加的社会科学研究文献开始对实验室与田野背景下实验结果一致性进行考察。本篇对这些文献进行综合评述，并重新分析了近期一系列同时在实验室和田野中所开展的研究成果。通过运用标准化表格呼吁对实验预测结果与统计不确定性予以注意，并发现实验室—田野实验结果具有较高的一致性（斯皮尔曼等级相关系数 =0.73）。但这一结果也可能受实验室—田野实验的特定比较方式（以及实验结果报告与发表的选择性）所干扰，最后，对未来研究方向给出若干建议，强调需要对实验干预效果的异质性进行更为系统地研究。

---

[*] 编译自：Alexander Coppock and Donald P. Green, "Assessing the Correspondence between Experimental Results Obtained in the Lab and Field: A Review of Recent Social Science Research", *Political Science Research and Methods*, Vol. 3, No. 1, January, 2015, pp. 113 - 131. 部分内容及图表有省略。

[**] 亚历山大·科波克（Alexander Coppock），哥伦比亚大学政治学博士；唐纳德·P. 格林（Donald P. Green），哥伦比亚大学政治学系教授。

政治科学分析的艺术——方法论的分野、实验及融合

一、导语

实验室和田野实验为社会科学领域的因果效应研究提供了互补的方法。这两种方法都试图通过消除其他因素的系统性干扰，以使一个或更多的干预效应独立显现出来。二者通常将实验对象随机分配至实验组与对照组，以确保每一组实验对象在未干预情境下都有着相同的潜在预期结果。因此，实验结果中实验组与对照组间的明显差异是实验干预效果或是随机样本可变性（variability）导致的。

然而，对实验结果的解释依赖于研究实施的背景。虽然实验室与田野的界线有时很模糊（Gerber and Green，2012；Harrison and List，2004），其区别通常是实验对象的背景环境、实验干预的类型以及结果的测量方法。田野实验倾向于评估真实世界的干预效果，虽然田野实验经常使用调查方法来评估结果（Glennerster and Takavarasha，2013），却往往不告知实验对象其正在被研究且该研究与某一特定干预相关的事实，且通常在干预之后不引人注意地测量结果。但田野背景下的实验有着实施上的问题，要么是因为一些实验对象不接受随机分配的实验干预，要么是因为实验对象在测量结果收集之前就已不知去向。而实验室研究注重于创造一个受控制的环境，在其中可以进行实验干预且结果可被观测（Morton and Williams，2010，42）。如通常会告知高校社区的实验对象他们正在参与一项研究，虽然很少告知实验的（真正）目的，但受试者知道其行为正被观察。实验室实验时间较短（小于等于一小时），这意味着通常在实验刺激之后即进行结果评估。在标准的实验室和田野实验二分之间还有诸多亚类，如那些在非高校社区但在受控制的、类实验室的条件下进行的实验设计（如 Habyarimana et al.，2009）和以突然的方式进行实验干预和结果测量的田野实验（如 Paluck，2009）。

虽然实验室和田野实验通常有一些共同特点，但两者的差别也非常明显。例如，投票选择的实验室与田野实验存在差别的结果。如格罗伯和施拉姆（Grober and Schram，2010）以本科生为实验对象，通过列明选举结果和实验

对象个人投票开支的货币回报,以研究选举中的选民投票率。该实验干预方法是考察一些实验对象参与投票的决策是否被观测及由谁观测到。大约在实验干预90秒后,研究者测量了两个结果:实验对象是否投票,以及(如果投票)将票投给哪个候选人。其他研究者如格伯(Gerber,2004)则设计了评估信息对选民投票率和候选人选择影响效果的田野实验。其通过随机抽取的注册选民在州议会选举期间收到来自一个实际候选人的邮件,数天后,通过在选举后采访实验组与对照组中选民来评估结果。收到直接邮件的实验对象(可能看了也可能没看邮件)不知道他们处于研究中,同时会在提及邮件之前询问他对候选人偏好和投票参与情况。

这两项研究展现了田野与实验室研究的一些不同方面。实验室实验依靠由本科生组成的便利样本,而田野实验从选民名单中抽取其实验对象。实验室实验由一个抽象的选举活动组成,且这一选举活动中唯一可获得的信息是由实验者控制的;田野实验发生于一个真实的选举背景下,这意味着实验干预必须相较于实验对象的背景知识、其他信息和生活因素的影响更为明显。两项研究结果的测量时间不同:实验室研究在刺激后立即测量,田野研究则在几天后评估影响效果,但会由于无回应而损失一些研究对象。最后,实验室研究从实验对象知情的意义上是明显的,田野研究的选举后采访虽然也令实验对象知道研究的进行,但与实验干预刺激的关系仍不清晰。

这些实验设计特点都影响到对实验结果的解释。实验室中如果实验对象知道他们在被观察,特别是察觉到实验干预与结果的关系的话,实验结果就可能会被破坏,而未能对田野背景下实验对象如何接受实验干预进行控制或测量,也会导致对干预效应意义界定的不确定。实验室在实验干预后立即测量的结果可能不会很好地反应长期结果,而田野的滞后跟踪测量则导致实验对象减少可能会造成偏差。即便以上方法上的顾虑是微不足道的,仍有实质性的顾虑存在:即实验室研究所处理的因果效应与田野研究不同,后者是在选民注意力在竞争性信息中分配和信息需求背景下评估干预因素的影响效果。当研究者在争论实验室与田野实验的相对优势时(Camerer forthcoming; Levitt and List, 2007; Falk and Heckmann, 2009; Gneezy and List, 2006),这些问

政治科学分析的艺术——方法论的分野、实验及融合

题——介入性（obtrusiveness）、干预真实性（treatment fidelity）、结果测量和背景依赖（context-dependent）的干预效应——往往成为讨论的中心。

应对不同实验矛盾的方法，是将实验结果的敏感性转化为实证问题。近年来，出现了评估实验室与田野的结果是否相符（或矛盾）的文献。如莱维特和李斯特（Levitt and List, 2007）对将实验室发现推广到田野的可能性持怀疑态度，认为典型的实验室实验改变了真实的决策环境，而卡默勒（Camerer）则给出实验室与田野两个领域一致性的证据。莱维特和李斯特的评论描述了实验室实验开展的特征：实验对象不成比例的为西方本科生、实验者的监视、缺少实验对象抽象选择的道德考量，以及实验对象的作用不重要。对于这些特征，莱维特和李斯特将其与田野实验相比较，并列举出实验室结果易受影响的例子。他们强调经济学理论可以预测出实验室和田野的不同行为，因此证实了他们的怀疑："理论是使我们能够用一个环境中的结果去预测另一个环境中结果的工具，而且实验室证据若要推广也不应例外"。

为回应莱维特和李斯特的研究，卡默勒对六项同时在实验室和田野进行的研究进行了仔细比较。① 卡默勒判断实验结果一致性的标准在不同研究中不同：如一组研究估计了同一证据的影响效果，一组研究则为相似系数验证，还有一组是分析不同背景之间的"亲社会性"（prosociality）关联。同时，卡默勒还考察了不同研究设计并非完美吻合或实验对象数量相差极大的实验室与田野实验结果的一致性，并发现在大体上是相符的，从而得出结论，"没有重复证据证明：实验经济学的实验室研究设计不能推广到田野研究中"。

考虑到以上对实验室与田野实验一致性证据互相冲突的描述，我们对现存的文献进行了一个系统性的评估。但目标不仅是调查一致性的程度，还要考察这些文献是否有力地支持了上述辩论双方中任何一方观点。实验室与田野实验的一致性程度本身是一个重要的研究问题，当其他条件一样时，如果一致性很强，将边际研究资金花在实验室而非田野实验可能会更好。田野实验的成本可以很高，在后勤保障方面极具挑战性的同时还存在伦理上的障碍。

---

① 其中两项研究包括在本选择的 12 项研究之中，但剩余的四项不符合本篇的选择标准。

若实验室实验能够与田野实验相符地预测出实验干预的影响效果,那么前者就会有明显的优势,特别是在对比较简单实验的重复系统扩展上。此外,实验室通过对干预和行为的理论控制可以获得田野实验无法涉及的因果关系。但当田野实验可行且有潜力以一种方法论可信、有实质意义的方式补充扩展基于实验室实验的文献时,田野实验多余的复杂性似乎也是值得的。换言之,我们承认对于其他背景环境来说,某些特殊的田野实验不一定比实施良好的实验室研究拥有更大的可推广性。

本篇结构如下。首先对实验的四个重要方面进行描述和形式化归纳。随后详细讨论了文献收集策略,特别关注每组研究的选择和分析标准。虽然收集的研究数量太少以致不足以检验关于实验室与田野实验一致性影响因素的具体理论,但可以评估现存文献中实验室与田野实验结论一致性程度的整体水平。不论包含还是排除个别研究,本篇统计结果展现出相当高的一致性(斯皮尔曼等级相关系数 = 0.73)。然而,出于实验室与田野实验结果的比较研究过程,这一相关性必须被慎重地解释。最后,对未来研究方向给出建议,特别强调对实验干预效应异质性需要进行更为系统地研究。

二、关于不同实验背景结果一致性的假设

设想两个平行实验可以在相同的条件下对相同实验对象开展,则实验结果只会因为随机分配导致对象组合到实验组或对照组而不同。除了随机样本不一致性可能造成两个平行实验产生不同估计值外,潜在的一致性程度极高,而且理想状态下两个实验产生的结果完全一致。

当我们离开这一理想假设条件的同时,事实上是任意一组实验——即使两个都是在实验室或田野进行的——都存在差异的实施过程。一致性理论通过仅关注差异可能造成实质性影响的方面,将本研究复杂性减小到一个可控制的程度。虽然经济学中的一致性理论往往根植于不同的微观基础,而社会心理学中的相应理论并非如此(Levitt and List, 2007; Shadish, Cook and

Campbell, 2002），但当评估两个或更多实验是否可能产生相容结果时，这两个领域的文献都强调类似的相关特征。关注点集中在"对个体、背景环境、实验干预或结果差异性的影响的保持程度"（Shadish, Cook and Campbell, 2002，22）。

（一）实验对象

当以不同方式招募和抽取两个不同实验的观察单位时，他们已被测量和未被测量的特征可能非常不同。这些差异本身就可能造成不同的实验结果，而数十年来针对实验对象对结果影响的激烈辩论一直未曾中断，如实验对象不再更多的偏重西方人、富人和老年人群体是否影响结果？（Sears, 1986; Henrich, Heine and Norenzayan, 2010）。这一关注导致包括高贫困率地区非西方参与者的研究不断增加（Henrich et al., 2001; Habyarimana et al., 2009），虽然有人提出包含标准经济博弈的实验室研究在不同社会群体中会产生相似的结果（Oosterbeek, Sloof and Van de Kuilen, 2004），但反复出现的结果显示，实验干预的影响效果随实验参与者的背景特征（如教育和收入）不同而不同，这说明实验室研究与田野研究所使用的实验对象群体可能是实验结果系统性差异的一个来源。如阿希（Asch）的社会规范服从实验已经对许多不同实验对象群体重复多次了——一些研究报告了相同的服从结果，但大多数并不是。拉兰塞特和斯坦丁（Lalancette and Standing, 1990），及邦德和史密斯（Bond and Smith, 1996）提出，实验对象特征是实验结果因国家和年代不同的原因。

应对不同实验对象群体间系统性差异的一个方法是将有着相似背景特征的实验对象随机分配到不同的平行实验中。然而这一设计层面上的方法却很少被使用。只有一项研究（如 Jerit, Barabas and Clifford, 2013）试图使用这一方法，而这项研究并未完全成功：该实验对象最初从相同的群体中招募且被邀请参加实验室实验和田野实验，但其自我选择可能会导致不同类型的实验对象参与同一项研究。大多数研究是比较两个不同的便利样本，从原则上讲，一个研究者可以通过重新衡量来自两个不同便利样本的数据使两组实验参与者有相似的测量特征（Hotz, Imbens and Mortimer, 2005; Harder, 2010）。然而这一为了实现实验对象群体一致特征的方法有严重的缺陷。首先，它没有考虑到在重新衡量数据以使所有测量特征数据达到均衡后可能依然残存的未测量的差异；其次，由于实验对象群体可能在许多重要方面存在差异，所以宣称两个实验对象群体"相似"仅是一个主观判断。所以，如何令人信服地重新衡量参与阿曼提尔和博利（Armantier and Boly, 2013）的贿赂问题实验室实验的加拿大大学生样本，使其与布基纳法索临时工的田野实验对象群体相似仍是未知的。

（二）实验干预

实验设计目的是评估实验对象面临不同干预的影响效果。根据实验目的，干预可能以严格控制的方式实施（如，字斟句酌地向每一组参与者解释参与实验室选举活动的回报）或以更为宽松的方式（如，上门拉票人在鼓励实验对象参与地方政府选举投票时，可能阐述的若干谈话要点）。在前一种情况下，实验干预的精确控制使研究者能够放心地断言实验室研究提供给研究对象的选择与其是否投票的选择在关键方面是相似的；在后一种情况下，实验者可能主要关心干预是否按照上门拉票的预设要点开展，而拉票人具体说什么并不比"他们是否以自然且脱稿方式表达对投票鼓励"重要。

阐明和实施实验干预的方式对评估在两个或更多实验中干预的一致性有着重要影响。有时因为使用的干预相同，实验被一同分析（如 Arceneaux and Nickerson, 2009）。更多时候，一些实验因为干预因素的某些相同抽象特征而被比较。如，三个近期测试社会规范的强制执行是否会增加个体为集体利益奉献的可能性实验研究：在一个田野实验中，采用明信片来提醒投票义务的社会规范（Gerber, Green and Larimer, 2008）；在另一个田野实验中，以门把挂牌和手写便条来告知实验对象，其能源消费量以及节能的必要性（Shultz, Khazian and Zaleski, 2008）；第三个是关于独裁的实验室博弈，实验对象以公开或者非公开的方式做出分配决策（Charness and Schram, 2013）。虽然上述实验干预非常不同，它们却可以说是通过相同的因果机制起作用的：实验对象坚持命令式规范义务感和被别人知道自己未这样做的顾虑感。

实验干预的要素是否充分相似，这是一个理论层面的问题。上述例子中，我们假设三项实验干预都是"加强社会规范"。若无这一理论框架，这三个实验干预可能看似是与人们参与投票实验无关的研究设计，而仅是鼓励人们减少能源消耗或通过参与一项集体活动来赚取额外现金。当然，使一个干预行为具有显著理论特征的方法不止一种。如，对呈现给实验对象信息的严格检查可能会显示出一些强调示范性规范（即别人倾向于做什么）的干预，而另一些强调命令式规范（即应该做什么）。与之相似，一些未遵守"规范的实验干预信号"将会玷污一个人在社区中的形象，而其他的不涉及社会惩罚。正如库克（Cook）和坎贝尔（Campbell）记录的那样，任意一个包含有限数量的因素、理论和大量实验干预都需要将最重要的因素孤立出来。这一关于实验干预差异性的观点暗示：两个或更多实验干预起相同作用的"无差异"发现能够发挥极大的帮助作用。无差异发现通过说明某些具有理论意义的实验干预间差异并非在实证中起重要作用，而简化了对比和推广工作。

（三）实验的背景环境

实验发生的背景环境可能会影响实验对象对干预做出反应的方式。当实验关注个体对象的行为反应而非信息传递方式或其他环境因素时，背景环境可能会决定实验对象是否专注于实验干预。另一顾虑是实验对象接受实验干预时的心态。当实验对象知道他们正在参与一项研究时，他们可能会试图找出"错误"或"正确"的答案。有时研究者会不遗余力地掩藏实验真正目的以便最小化霍桑效应（Hawthorne effects）① 和避免参与者选择社会认可的答案。一个经典案例就是米尔格伦（Miligram, 1963）对服从的研究，其中使实验对象充当实验者的助理，这给人以该研究的目的是教一个"学习者"记忆词组的印象。但是，即便是当实验目的被成功地掩藏起来时，实验对象可能会表现出极高的专注度。许多不引起人们注意的实验设计背后的动力来自于在自然背景下观察实验对象，其中实验干预是日常生活的一部分，而非与某个研究项目相关的不寻常经历。

（四）实验结果

实验结果测量方式的选择，决定对可观测行为的测量潜在变量（latent quantities）的获取。有两个实验可以说是就可观测行为对相同潜量的映射来估计相同的平均处理效应，换算系数（scaling factor）很有可能不同。例如，以理解选举竞争对选民投票率影响为目标的实验室和田野实验。在田野实验中，实验结果以选举行为的方式被测量；在实验室实验中，结果以模拟投票的方式被测量。选票是有价值的，实验参与者以投票方式赌她支持的党派会赢，而通过自己投票，增加赢的可能性。如果所支持的党派赢了，就会收到一份比选票价值更高的回报；如果没赢，那也就浪费了选票。现在试想这样一个干预，即控制实验对象对公民投票义务的感知程度，且这一实验干预在实验室实验和田野实验中都有效。此情况下，以符合公民义务方式行事的冲动是对两个实验干预都有影响的潜量。有可能这种冲动能够影响实际的立法机构选举，但却对实验对象是否采用象征性选票没有影响。此情况下实验室—田野一致性的缺乏反映出实验结果的测量方式。

一个不太极端的情况是同一个潜量在两种结果测量方式中显现，但在两个背景环境中，将潜在变量转化为可观测量的换算系数多少会有些不同。正

---

① 即被试者因为知道自己当前行为受到研究者关注，进而对实验有意识的配合等，会造成结论失真。——译者注。

如若结果以英里而非千米测量,两个物理实验会估计出不同的干预效应一样,若一项研究以选民投票率,而另一项以意向来进行结果度量,两个社会科学实验也可能产生出看似不相符的结果。当研究者比较使用不同结果度量的实验时,对结果的差异是否仅由换算系数不同所导致?还是更根本性的由不同测量方式与不同潜在纬度相连所导致?这常常出现很多争议(Morton and Williams, 2010:chapter 10)。

(五) 跨领域研究差异性的形式简化

不同实验对象、实验干预、背景环境和实验结果,是如何造成不同研究最终实验结果的差异性呢?为了理解当研究者企图将跨领域差异归因于上述因素时产生的认知挑战,思考一系列假想实验和它们预期产生的结果是很有用的。

为简单起见,我会对实验对象、实验干预、背景环境和实验结果可能存在差异的众多方式加以简化。假设一研究场景,其中有两个实验对象类型(A 和 B),两种不同的实验干预(T1 和 T2),两种结果测量方法(测量金钱和精力的影响)和两种背景环境(实验室和田野)。① 使每个因素不同,而控制其他因素保持一致,产生出 16 个设想的实验。

表 1 展示了一组假想的实验效应。"实验室"与"田野"列中的每一条数据都是指每个实验场景下的平均处理效应。在实验室和田野中,实验对象、实验干预和结果测量方法都可以自由组合形成八种不同设定。表格中的每一行都展现了保持其他因素不变时的实验室与田野实验组合。平均处理效应的组内差异是实验背景环境对平均处理效应影响的结果。当这一差异小时,实验室与田野实验的一致性高,而当这一差异大时,则一致性低。比较各行,本篇发现有的组符号和数值都很相似(例如第 3 组)而有些组差异很大(例如第 8 组)。实验室实验与田野实验干预效应的相关性是对一致性的综合性测

---

① 本篇假定除实验室或田野的设置外没有其他相关的背景环境特征。

量。在此例中，相关性是微弱的正相关（0.14）。

表1 16个假设实验的平均处理效应

组	实验室试验平均干预效应	田野实验平均干预效应	实验对象	实验干预	实验结果（影响因素）
1	2.0	0.5	A	T1	金钱
2	5.0	4.0	A	T1	精力
3	3.0	3.0	A	T2	金钱
4	0.0	3.0	A	T2	精力
5	2.0	-1.5	B	T1	金钱
6	0.5	4.0	B	T1	精力
7	-2.0	1.5	B	T2	金钱
8	-2.0	2.0	B	T2	精力

注：第二列和第三列的数据，是在每一行的不同实验条件下推测出的平均处理效应。

设想研究者要实施表1中所有16个实验室实验和田野实验：实验对象、实验干预、实验结果和背景环境的独立影响效果可以通过元分析进行测算，而它们的独立影响效果会为实验室与田野实验一致性提供量化评估。正如卡默勒（Carmerer）提出的那样，一个接近零的实验室与田野实验虚拟变量的估计斜率说明实验室与田野实验有较强的一致性。这样的一个回归分析的结果被呈现在表2中。平均来说，当使用A类型的实验对象时，实验干预的影响效果会高出两个单位，当使用实验干预T1时，实验干预的影响效果会高出一个单位，当实验结果变量是精力因素时，实验干预的影响效果会高出一个单位。而与实验室相反，在田野时，实验干预的影响效果会高出一个单位。在此例中，田野实验结果的虚拟变量非零系数是类实验室与田野一致性的进一步证据。

表 2 回归分析预测出的平均处理效应

	普通最小二乘法
实验对象（A）	2.00
实验干预（T1）	1.00
实验结果（精力）	1.00
背景（田野实验）	1.00
常量	-0.94

在考察研究者在实验室和田野进行平行实验的企图的过程中，没有发现研究者在系统性地改变一个设计特征的同时，保持其他所有相关特征不变的实例。相反是发现研究者提出单一一组在多方面存在差异的实验室—田野实验比较的例子。其用理论和量化的证据争辩说实验对象、实验干预、实验结果和背景环境的差异带来的影响相对较小。在很多情况下，实验室和田野的预测实验干预影响效果看似相符，但这却并未解决实验室实验和田野实验是否在测量相同的因果效应的问题。换言之，读者必须自己确定一个实验室与田野实验组，辨认出其更类似表 1 中的第 3 行（3,3）还是第 1 行实验室预测值和第 8 行田野预测值（8,8）的结合体。这两组都包括了"一致"的预测值，但第一组控制了所有其他相关实验因素，而第二组允许实验对象、实验干预和实验结果测量方式的变化。第一组中的实验室与田野实验一致性比第二组强，由于存在影响实验干预效应预测值的多种因素，这种一致可能是个令研究者快乐的"意外"。

现存研究在控制其他实验条件不变时并未系统地变换实验室和田野的背景环境，使得对实验室与田野实验一致性的探究复杂化了。一些背景环境、实验对象、实验干预和实验结果的组合从未被探究，或即便探究过但并未发表。试想一名研究者进行了所有八组实验但却并未发表第 1 组和第 5 组。那么原本为微弱正相关（0.14）的实验室和田野实验之间总相关性，就会显得强很多（0.76）。当考察关于实验室与田野实验一致性的现存文献时，必须牢记并不是在观察全部相关的实验室与田野实验比较组。

三、本篇研究方法

为了构建一个对实验室与田野实验一致性的系统性综述，首先确定一系列实验室与田野实验比较组，其次对实验室与田野实验一致性测量进行定义，最后促进跨领域研究比较分析程序标准化。

(一) 研究对象选择

通过广泛收集近期一系列提及或引用实验室与田野结果比较的研究成果。通过追踪引文链和对"实验室实验"（lab experiment）、"田野实验"（field experiment）、"实验室与田野实验一致性"（lab-field correspondence）和"从实验室到田野的普及"（generalize from lab to field）等关键词进行搜索，进而扩展卡默勒（Camerer）、莱维特（Levitt）和李斯特（List）对此的诸多比较。这一初始研究收集了大约 80 篇期刊论文和未出版原稿，来自于许多不同的领域：实验经济学、社会学和政治学。通过以下三步将这 80 篇文章的样本削减为 12 篇。

1. 研究的明确配对

只保留了打算进行明确的实验室与田野实验比较的文献。此类研究要么研究者亲自进行了平行的实验室和田野实验，要么列出了一个与他们的实验室（田野）实验相对应的具体田野（实验室）实验。我们排除了一些企图检验某些已得到确认和广泛接受的实验室结果（如损失规避），但没有列出一个特定对比研究的田野实验。[①] 在少数情况下，还排除了实验室和田野实验并不

[①] 本可以选择一个代表性的实验室研究来评估实验室—田野一致性，但这样取决于所选的比较组一致性就可能会强或弱。这一方法的主要优势在于它限制了本篇的自由裁定权。另一个可供选择的方法是关注于一个具体的独立的领域（如投票率）和一个具体的干预（如为参与投票者提供资金回报），以复查所有田野的证据。

平行的研究（如 King and Ahmad, 2010）。

2. 实验室和田野的定义

如上所述，实验室和田野之间的区别并不总是清晰。它们可能在实验干预、实验对象、背景环境和实验结果测量方式等很多方面存在差异。"明确配对"的标准排除了几乎所有的临界个案，这也使对实验室和田野的严格定义不再必要。当定义田野实验时，本篇排除了"在田野的实验室"研究，因为这仅是实验对象在大学环境外进行的一项实验室研究（如 Benz and Meier, 2008）。

3. 对实验干预效应的估计

这一系列的实验室研究和田野研究会被进一步限制于估测实验干预效应的随机实验。也就是说，必须评估随机分配操作的实验干预效应。相反要测量结果变量的效应水平而不是变化。一个纯实验室测量的例子是独裁博弈，其中亲社会性平均值被估测出来。理论上，实验室测量和田野测量间的对比是可行且有潜在益处的（Benz and Meier, 2008）。然而，基本测量的相似并不能保证在实验室和田野实验中对实验干预的反应相似。对实验干预效应的研究大体上需要一个完全随机化的设计，但我们对随机的定义较为宽松使其包括伪随机，比如根据实验对象到达实验室的日期进行分配。①

这一研究的目的是检验现存的实验室与田野实验的一致性。12 个研究组详细描述包括：每一个实验的实验对象群体、实验干预、实验结果测量方式和背景环境。其中有一个异议（List, 2006），实验室实验均在同一大学的实验室中进行，而田野实验的"现场性"却存在争议。实验室与田野实验组的实验对象群体差异很大，即便在一些研究组中实验对象比较相似（Jerit,

---

① 有几项研究也本应被排除因为它们并未采用完全随机化的设计或它们没有报告它们随机的过程。见格林和图斯希斯尼（Green and Tusicisny, 2013）对错误随机过程以及研究报告简化的批评。关于对集群随机分配的解释存在进一步的问题，本篇采用了作者们报告的标准误但同时认识到这些估计值也许低估了真实的抽样变异性。

Barabas and Clifford，2013；List，2006b），实验室实验和田野实验的实验干预通常是类似的，在一些情况下完全一致（Armantier and Boly，2013；Valentino，Traugott and Hutchings，2002）。对实验结果的测量方式通常是不一致的。

（二）数据收集和再分析

本篇分析所使用的实验结果是从公开数据或文献收集而来，在一些情况下，修正了原始分析中的小错误。另外，将对其进行统一的简化，以评估特定研究和整个一系列研究之间的一致性。对每项研究，收集了每个实验干预组的平均结果（未进行协方差调整）、标准差和群体大小。从这些数据中，用正态估计法计算出了实验处理效应和95%的置信区间。这些研究的大多数都有多个实验组且测量同一个单一的结果，但有一个（Jerit，Barabas and Clifford，2013）是只有两个实验组且测量大量结果的研究。

（三）评估一致性

从实验室与田野实验一致性的现有争论中产生的问题之一是：如何从统计角度评估一致性。直觉告诉我们应该简单地比较实验干预效应。然而，在许多组对比中，实验结果的测量标准并不相同，且相互不可通约。可能有人会反驳说实验干预效应可以以百分数的形式呈现，但如果较小的百分比变化对一些方面来讲影响极大而在其他方面并非如此时，也会产生问题。

一些研究者使用的其他评估一致性的方法，就是比较实验干预效应的符号和统计显著性：如果实验干预效应为正且在田野中都显著，则称实验结果显示出强烈的一致性。这一方法有两个缺陷：第一，尚不清楚如果田野的实验干预效应均不显著，则它们是否应被认为是一致性强？第二，这一方法可能会将实验干预效应大小的级别与研究力度混合。例如，即便估计的实验干预效应一致，一个大型的田野实验可能会产生出一个显著的p值，而一个小型的实验室实验可能就不会。

为了回避不可比的测量标志和样本大小决定结论的问题，用"等级相关性"来评估一致性。通过收集在实验室和田野研究中每一个实验组的平均结果，用斯皮尔曼相关系数（Spearman'ρ）评估实验室平均结果次序与田野平均结果次序的一致程度。这个方法有许多优势。第一，上述测量标准问题对它没有影响。第二，它使得实验干预效应大小与统计不确定性的问题分离。第三，它就实验室实验的更大效应同田野实验更大效应的相关程度，来调和一些研究者所描述的"大体的"（general）或"定性层次上的"（qualitative）（Kessler and Vesterlund，即将出版）一致性。这个方法的唯一缺陷是当 N 较小时相关性的绝对值通常会被夸大（Student，1908）。出于这一原因，文章总结论是在元分析的目的下，对实验室与田野实验进行对比得出的结果。所选择的 12 组研究覆盖了经济、政治领域中诸如动机与努力、社会困境和政治态度等问题。

四、分析结果

对 12 组研究详细对比的结果，包括杰瑞特（Jerit）、巴拉巴斯（Barabas）和克利福德（Clifford）的研究，展现出实验组平均值及 95% 的置信区间。对于杰瑞特（Jerit）、巴拉巴斯（Barabas）和克利福德（Clifford）的研究，本篇展示的是实验干预效应而非组间均值。综观来说，这 12 项研究展现出实验室组均值与田野组间均值之间合理的较强相关性。

为了提供一些对这一相关性的测量，将这 12 项研究结合起来形成一个数据集①。为促进跨领域对比，记录了每项研究在田野中平均实验干预效应的估计值（而非每项研究的实验组和对照组的平均值）。通过运用如等式 1 和 2 所

---

① 当构建一个对实验室—田野研究结果一致性的总体评估时，本篇只选择了来自杰瑞特（Jerit）、巴拉巴斯（Barabas）和克利福德（Clifford）的研究的一个单一的实验干预效应。具体选择哪一组会造成总体相关性的细微差别，从 0.699 到 0.762。通过呈现"中位数"的实验干预效应得出的实验室—田野一致性。故认为用全部的 17 组会使杰瑞特（Jerit）、巴拉巴斯（Barabas）和克利福德（Clifford）的研究占据比重过高，但这样做使等级相关系数减小到了 0.56。

示的科恩值（Cohen's d）计算方法将这些实验干预效应标准化。这一过程使我们能够比较标准单位的效应值。

$$\text{标准平均实验干预效应 (Standardized Average Treatment Effect)} = \frac{\mu_{\text{实验组}} - \mu_{\text{对照组}}}{\sigma_{\text{对照组}}} \quad (1)$$

$$\text{标准平均实验干预效应标准差 (Standardized ATE Standard Error)} = \frac{\sqrt{\frac{\sigma^2_{\text{实验组}}}{N_{\text{实验组}}} + \frac{\sigma^2_{\text{对照组}}}{N_{\text{对照组}}}}}{\sigma_{\text{对照组}}} \quad (2)$$

表3　12组实验室—田野实验

实验室与田野实验研究组	研究目的
Erev, Bornstein and Galili, 1993; Bornstein, Erev and Rosen, 1990	精力上的竞争效应
Gneezy and Rustichini, 2000	内在动力的微小激励效应
Valentino, Traugott and Hutchings, 2002	对支持某一候选人的种族化的政治宣传的效应
Gneezy and Rustichini, 2004; Gneezy et al., 2003	精力上的竞争效应，基于性别
Gneezy, Haruvy and Yafe, 2004	"用餐者困境"的证据
List, 2006b	"礼物交换"的证据
Shang and Crosen, 2008	捐赠上的"身份认同一致性"效应
Rondeau and List, 2008	配合奖助金和挑战性认捐的相对有效性
Harrison and List, 2008	关于"赢者诅咒"的信息的效应
Armantier and Boly, 2013	工资和监控腐败的效应
Abeler and Marklein, 2013	限制使用代金券消费的效应
Jerit, Barabas and Clifford, 2013	关于政治知识和态度的报纸的效应

结果表明，实验室实验的处理效应和田野实验的呈现出一个上升型关系，其等级相关系数（rank-order correlation）为0.73。为了确定这一相关性不是由实验干预效应所决定的，进行了如下的稳健性（robust）检查。首先，计算了如果遗漏任意一组的一系列等级相关系数。接下来，计算了如果遗漏任意两组的一系列等级相关系数，并以此类推，直到任意十组。

通过五数概括法（five-number summary）绘制等级相关系数，发现不同排列的相关系数中位数都保持一致。当移除或复制更多的观测组时，相关系数的最大值和最小值分散开，甚至在遗漏任意十组的情况下低于零或接近一，然而实验室干预效应的显著特征在四分位范围仅处于 0.6 到 0.8 之间。

总之，通过对田野平行实验的研究表明：总体上，实验室与田野实验存在一致性。虽然本篇考察的许多项研究缺乏自行识别出一致性水平的能力，但当将所有这些研究集中起来看时，实验室与田野实验一致性的模式就清晰起来。更强的实验室实验干预效应，总伴随着更强的田野实验干预效应。

五、讨论

在实验室和田野实验在如此多方面存在差异的条件下，总体一致性依然十分惊人。在所考察的 12 项研究中，有七个实验室研究包含本科生；在六个实验室研究中，实验对象面对一个对实际生活场景的抽象表现，如交换代币券旨在模拟餐厅账单的划分；在所有 12 项实验室研究和九项田野实验研究中，实验结果的测量都是在实验对象接受实验干预后立即进行的。虽然本篇收集的研究过少，以至于无法更加细致地分析实验对象、实验干预、背景环境和实验结果方面相似性的改变是如何影响一致性的。与发现实验室或田野实验文献结果有意义变化的背景等其他元分析不同，在二者存在诸多特征差异的情况下发现如此高程度的实验室与田野实验一致性是引人注目的。

考虑到一些研究的样本很小，结果就更加惊人。在 12 个实验室与田野实验对比组中，每个实验干预条件的样本容量中位数为实验室 40，田野 27.5。如果假设这些样本随机地取自一个适用一般抽样变异性公式的超总体，在我们观测到的相关性下则掩藏了一个潜在的更强的被抽样误差所减弱的相关性。这 21 个实验干预效应组的原始皮尔森相关系数为 0.64。田野的实验干预效应可靠性分别是 0.78 和 0.82①。未被削减的相关系数是 $0.64/\sqrt{0.78*0.82}=0.80$，这进一步证实了已发表文献中的实验室与田野实验一致性强度。

也就是说，要承认参考基于当前实验室与田野实验一致性文献时需格外谨慎。如前所述，对实验室与田野实验的一致性研究以一种个别的方式出现，而没有对实验对象、实验干预、背景环境和实验结果进行系统性研究的企图。系统性方法的缺失引发了两个问题。一个是所谓的发表选择性偏差问题（Rosenthal，1979）。如果作者或期刊编辑偏好引人注意的发现——表明极高或极低的一致性——在学术文章中发表的一致性的分布可能无法代表更广泛的被实施的研究。读者可能看到一个被夸大的实验室与田野实验一致性程度，因为一致性高的结果更有可能被发表。随着这一领域文献的发展成熟，观察未来的研究结果是否会偏离当前作品中明显呈现的强一致性是很有趣的。

第二个问题与实验室与田野实验对比组的选择方法有关。在大多数本篇考察的研究中，田野实验的实施是为了确认、证实或挑战一个实验室结果。如果实验室实验是降低田野实验成本的替代品，采取相反的方法就有道理了：以一个田野实验为起点，寻找平行的实验室实验。相似的，如果目的是校正实验室实验设计以使其结果与田野研究结果一致（Camerer，即将出版，47），田野实验也是自然而然的出发点。

如何寻找参与实验室与田野实验对比的研究呢？一个办法是从可在实验室或田野背景下检验干预效果的田野实验文献开始。例如，关于公职人员责任性的田野实验评估了选民对政治家行为的反应（Chong et al.，2010；Humphreys and Weinstein，2010；Banerjee et al.，2010）。关于税收遵从的田野实验（Fellner，Sausgruber and Traxler，2013；Castro and Scartascini，2013）对威胁和道德吸引的有效性进行了区分。对沉没成本的心理进行测试后，田野实验结果表明对健康产品收费与免费提供相比不会增加使用（Cohen and

---

① 可靠性是用从实验干预效应估计值及其标准差所显示的正态分布中得到假设的实验干预效应的模拟方法估计出来的。可靠性的估计值是两个实验干预效应相关系数的平方。本篇对田野实验分别用了 10000 个可靠性估计值的平均值以使原始相关系数不被削减。

Dupas, 2010; Ashraf, Berry and Shapiro, 2010)。这些例子中每一个的挑战，都是设计针对相同的因果或政策问题的实验室实验，且在某些情况下，这些实验室实验还包含在实验干预实施很长时间后才表现出的结果。

关于实验室和田野实验比较优势的争论通常集中在各自擅长解决的问题上：概括地说，这一争论就是田野实验能够更好地解释现实世界的问题，但实验室实验仅提供孤立的因果机制。本篇企图通过提供试验性的证据，说明当实验室和田野研究企图解释相似问题时会得出相似结论，并推进这一问题讨论。下一步工作要更为系统地研究实验室与田野实验一致性问题，设计专门评估一致性最大化条件的研究。

参考文献

Arceneaux, K., and D. W. Nickerson, "Who is Mobilized to Vote? A Reanalysis of 11 Field Experiments", *American Journal of Political Science* 53 (1) (2009): 1–16.

Armantier, O., and A. Boly. "Comparing Corruption in the Laboratory and in the Field in Burkina Faso and in Canada", *The Economic Journal* 123 (573) (2013): 1168–1187.

Ashraf, N., J. Berry, and J. M. Shapiro, "Can Higher Prices Stimulate Product Use? Evidence from a Field Experiment in Zambia", *American Economic Review* 100 (2010): 2383–2413.

Benz, M., and S. Meier, "Do People Behave in Experiments as in the Field? Evidence from Donations", *Experimental Economics* 11 (3) (2008): 268–281.

Bond, R., and P. B. Smith, "Culture and Conformity: A Meta-analysis of Studies Using Asch's (1952b, 1956) Line Judgment Task", *Psychological Bulletin* 119 (1) (1996): 111–137.

Camerer, C. F., "The Promise and Success of Lab-Field Generalizability in Experimental Economics: A Critical Reply to Levitt and List", In G. Frechette and A. Schotter (eds), *Methods of Modern Experimental Economics*. Oxford: Oxford University Press.

Charness, G., and A. Schram, "Social and Moral Norms in Allocation Choices in the Laboratory", unpublished manuscript. 2013.

Chong, A., A. L. De La O, D. S. Karlan, and L. Wantchekon, "Information Dissemination and Local Governments Electoral Returns, Evidence from a Field Experiment in Mexico", unpublished manuscript. 2010.

Cohen, J., and P. Dupas, "Free Distribution or Cost-sharing? Evidence from a Randomized Malaria Prevention Experiment", *Quarterly Journal of Economics* 125 (1) (2010): 1 – 45. 2010.

Cook, T. D., and D. T. Campbell, "*Quasi-Experimentation: Design & Analysis Issues for Field Settings*", Boston, MA: Houghton Mifflin. 1979.

Falk, A., and J. J. Heckman, "Lab Experiments are a Major Source of Knowledge in the Social Sciences", *Science* 326 (5952) (2009): 535 – 538.

Fellner, G., R. Sausgruber, and C. Traxler, "Testing Enforcement Strategies in the Field: Threat, Moral Appeal and Social Information", *Journal of the European Economic Association* 11 (3) (2013): 634 – 660.

Gerber, A. S., "Does Campaign Spending Work? Field Experiments Provide Evidence and Suggest New Theory", *American Behavioral Scientist* 47 (5) (2004): 541 – 574.

Gerber, A. S., and D. P. Green, *Field Experiments: Design, Analysis, and Interpretation*. New York: W. W. Norton. 2012.

Gerber, A. S., D. P. Green, and C. W. Larimer, "Social Pressure and Voter Turnout: Evidence from a Large-Scale Field Experiment", *American Political Science Review* 102 (1) (2008): 33 – 48.

Glennerster, R., and K. Takavarasha, *Running Randomized Evaluations: A Practical Guide*. Princeton, NJ: Princeton University Press. 2013.

Gneezy, U., and J. A. List, "Putting Behavioral Economics to Work: Testing for Gift Exchange in Labor Markets Using Field Experiments", *Econometrica* 74 (5) (2006): 1365 – 1384.

Großer, J., and A. Schram, "Public Opinion Polls, Voter Turnout, and Welfare: An Experimental Study", *American Journal of Political Science* 54 (3) (2010): 700 – 717.

Habyarimana, J., M. Humphreys, D. N. Posner, and J. M. Weinstein, *Coethnicity: Diversity and the Dilemmas of Collective Action*. New York: Russell Sage Foundation. 2009.

Harder, V. S., E. A. Stuart, and J. C. Anthony, "Propensity Score Techniques and the

Assessment of Measured Covariate Balance to Test Causal Associations in Psychological Research", *Psychological Methods* 15 (3) (2010): 234 – 249.

Harrison, G. W., and J. A. List. "Field Experiments", *Journal of Economic Literature* 42 (4) (2004): 1009 – 1055.

Henrich, J., R. Boyd, S. Bowles, C. F. Camerer, E. Fehr, H. Gintis, and R. McElreath, "In Search of Homo Economicus: Behavioral Experiments in 15 Small-Scale Societies", *American Economic Review* 91 (2) (2001): 73 – 78.

Henrich, J., S. J. Heine, and A. Norenzayan, "The Weirdest People in the World?" *Behavioral and Brain Sciences* 33 (2010): 61 – 83.

Hotz, V. J., G. W. Imbens, and J. H. Mortimer, "Predicting the Efficacy of Future Training Programs using Past Experiences at Other Locations", *Journal of Econometrics* 125 (205) (1 – 2): 241 – 270.

Jerit, J., J. Barabas, and S. Clifford, "Comparing Contemporaneous Laboratory and Field Experiments on Media Effects", *Public Opinion Quarterly* 77 (1) (2013): 256 – 282.

Kessler, J., and L. Vesterlund, "The External Validity of Laboratory Experiments: Qualitative rather than Quantitative Effects", In G. Frechette and A. Schotter (eds), *Methods of Modern Experimental Economics*. Forthcoming. Oxford: Oxford University Press.

King, E. B., and A. S. Ahmad, "An Experimental Field Study of Interpersonal Discrimination Toward Muslim Job Applicants", *Personnel Psychology* 63 (4) (2010): 881 – 906.

Lalancette, M. F., and L. Standing, "Asch Fails Again", *Social Behavior and Personality* 18 (1) (1990): 7 – 12.

Levitt, S. D., and J. A. List, "Viewpoint: On the Generalizability of Lab Behaviour to the Field", *Canadian Journal of Economics* 40 (2) (2007): 347 – 370.

List, J. A, "The Behavioralist Meets the Market: Measuring Social Preferences and Reputation Effects in Actual Transactions", *Journal of Political Economy* 114 (1) (2006): 1 – 37.

Milgram, S, "Behavioral Study of Obedience", *The Journal of Abnormal and Social Psychology* 67 (4) (1963): 371 – 378.

Morton, R. B., and K. C. Williams, *Experimental Political Science and the Study of Causality: From Nature to the Lab*. New York: Cambridge University Press. 2010.

Oosterbeek, H., R. Sloof, and G. van de Kuilen, "Cultural Differences in Ultimatum Game

Experiments: Evidence from a Meta-Analysis", *Experimental Economics* 7 (2) (2004): 171 - 188.

Rosenthal, R, "The File Drawer Problem and Tolerance for Null Results", *Psychological Bulletin* 86 (3) (1979): 638 - 641.

Schultz, W. P., A. M. Khazian, and A. C. Zaleski, "Using Normative Social Influence to Promote Conservation Among Hotel Guests", *Social Influence* 3 (1) (2008): 4 - 23.

Sears, D. O., "College Sophomores in the Laboratory: Influences of a Narrow Data Base on Social Psychology's View of Human Nature", *Journal of Personality and Social Psychology* 51 (3) (1986): 515 - 530.

Shadish, W. R., T. D. Cook, and D. T. Campbell, *Experimental and Quasi-experimental Designs for Generalized Causal Inference*. Boston, MA: Houghton, Mifflin and Company. 2002.

Student, "Probable Error of a Correlation Coefficient", *Biometrika* 6 (2) (1908): 302 - 310.

Valentino, N. A., M. W. Traugott, and V. L. Hutchings, "Group Cues and Ideological Constraint: A Replication of Political Advertising Effects Studies in the Lab and in the Field", *Political Communication* 19 (2002): 29 - 48.

第四部分
混合研究方法兴起与评估

什么是混合研究方法：社会科学研究新方法论运动界定[*]

[美] R. 博克·约翰逊（R. Burke Johnson）
[美] 安东尼·J. 昂韦格布兹（Anthony J. Onwuegbuzie）
[美] 丽莎·A. 特纳（Lisa A. Turner）[**]

导读：本篇意在探究和检验现今混合研究法是如何定义的。通过列举该方法主要研究者给出的不同定义，并讨论不同定义对研究过程的影响。同时也简要概括混合研究法的近期发展，列举该领域中值得进一步探究的若干案例。最后指出混合研究法是与定量研究法、定性研究法并列的三大主要"研究范式"。

一、引言

混合研究方法被看作是除定量研究和定性研究之外的第三种主流研究路

---

[*] 编译自：R. Burke Johnson, Anthony J. Onwuegbuzie and Lisa A. Turner, "Toward a Definition of Mixed Methods Research", *Journal of Mixed Methods Research*, Vol. 1, No. 2, April 2007, pp. 112–133. 原文约 2 万字，本篇为近年来该期刊高引用率文献之一。

[**] R. 博克·约翰逊（R. Burke Johnson），任职于美国南阿拉巴马州立大学；安东尼·J. 昂韦格布兹（Anthony J. Onwuegbuzie），任职于南佛罗里达州立大学；丽莎 A. 特纳（Lisa A. Turner），任职于美国南阿拉巴马州立大学。

径或研究范式（paradigm）。① 但目前对混合研究法可能并没有一个唯一的界定标准，无论是在单纯狭义的角度，还是在广义且具有高度概括性的层面，随着时间的推移或"研究范式"的不断进步，定义也会随之不断发生变化。

这篇文章有四个彼此相关的目的。第一，回顾关于混合研究方法的近期发展历程，以便将现有定义置于近期的历史情境之下。第二，列举19条混合研究方法的定义，并通过定义的内容分析和讨论进而简要概括。这些概括出来的定义是我们与该领域主要研究者研讨的结果。第三，提出以定性为主的和以定量为主的混合研究法的定义。第四，列举了随着该领域的进展值得关注的问题。

二、混合研究方法的近期历程

关于用单一、普遍真理或认知路径来看待世界（苏格拉底、柏拉图），对比用多重的或相对的真理认知世界（智识学派的普罗塔哥拉、高尔吉亚等），还有用对"极端"（extreme）的平衡来认知世界（亚里士多德的"中庸"或平衡法则）的那些论争，至今这些论争的精神仍然存在于三大社会科学研究方法的不同视角中，还在继续影响着我们如何认知知识。

我们把混合研究法定位在极端的"柏拉图式"定量研究和"智识学派式"定性研究之间，因为混合研究意在完全尊重这两种观点中蕴含的智慧，但同时也寻求一个解决单一方法所存在问题的中间道路。今天，混合研究法的首要哲学思路是实用主义（Pragmaticism）。即混合研究法是试图对多重视角、角度、位置和立场（通常包括定性和定量研究立场）进行认知理论和实践的路径。

---

① 托马斯·库恩（1962）创制了术语"范式"。在一篇近期的文章中，我们创制了可能有助于对社会与行为科学中三大研究路径进行描述的术语：定性研究，定量研究与混合研究（或混合研究方法）。我们在使用这个术语时，"研究范式"指的是"研究文化"，在此"研究范式"概念的同义词是"方法论范式"。

分析混合研究，在社会学、行为学或人类学近期运用的历程，最早可见于20世纪的前60年的文化人类学者群体，特别是在进行实地调查的社会学家的著作中。但对"混合方法"的分类，是多年之后才出现的。尽管混合研究法并非新生事物，但它是一个新的研究范式，它的兴起是对近代定性研究和定量研究争论的回应。在新思想产生的历程中，新的对比与综合正持续不断的在对现存理论的回应中获得发展。

（一）混合研究方法的萌芽

社会科学方法论的文献中，坎贝尔和费斯克（Campbell & Fiske，1959）的文章有时可以看作是对多重研究方法规范化运用的尝试。在其文章中，他们介绍了"三角互证法"（triangulation）的概念，涉及研究实践中"多元分析路径"（multiple operationalism），即将不止一种方法用在了验证的过程（validation process）中，以确保解释偏差是由潜在的现象或特征导致的，而非由研究方法（定性或定量的）导致的。将两种以上研究方法的成果合并在一起是在"促使我们相信某研究结果是理由充足的，而不是一个基于特定方法论的骗局"。

尽管可以看出，"多元分析路径"的思想最开始更像是一种对有效性进行测量而构建的技术，而非完善的研究方法论。但坎贝尔和费斯克（1959）理所应当地成为最先明确说明该怎样用多重研究方法来达成有效目的的学者。随后，坎贝尔和费斯克（1959）的想法被韦伯、坎贝尔、施瓦茨和西科莱斯特（Webb, Campbell, Schwartz, & Sechrest, 1966）的研究进一步扩展，他们将"多元分析路径"定义为代表着对"在理论上享有共同点，但在研究操作模式上却有不同的多种方法"地运用。即，一旦一个命题被两个或以上的独立的测量过程所证实，对它的解释的不确定性就会大大降低。最有说服力的证据来自于对测量过程中采用的"三角互证法"。韦伯等人在此所提出的"三角互证法"是指学科间的或跨学科的互证法。

随后，丹金（Denzin，1978）第一个指明如何使用三角互证法，丹金将三角互证法定义为"对同一时间的不同研究方法论的组合",而且对以下四种三角互证法进行了概述:(a)数据三角互证法(例如,在一项研究中采用各种不同的数据来源);(b)研究者三角互证法(例如,不同研究者对方法的运用);(c)理论三角互证法(采用多种角度和理论以解释研究结果);(d)方法论三角互证法(采用多种方法以解决研究问题)。丹金还区分了"方法论内三角互证",即使用多重定量或多重定性法,与"跨方法论三角互证",即同时包含定量和定性两种方法的区别。丹金还认为"方法论内三角互证"的价值是有限的,他建议采用跨方法三角互证,声称通过混合方法的运用,"当与其他的数据来源、调查者和方法结合运用时,其中的内在偏差会被纠正","其结果能够汇集一些社会现象的真相"。丹金认为三角互证会带来三个结果:收敛性(convergence)、不一致性(inconsistency)和矛盾性(contradiction)。无论是何种结果占优势,研究者能够通过观察到的社会现象来建构更胜一筹的理论解释。

虽然三角互证法并非适用于所有的研究目的,吉克(Jick,1979)指出三角互证法有如下优点:(a)使研究者更加确信其研究结论;(b)促使创造性的数据收集方法的产生;(c)可以产生更多、更丰富的数据;(d)可以产生更具综合性、整体性的理论;(e)可以发现矛盾和冲突;(f)在理解力层面的价值上,可用于检验竞争性的理论。

而莫尔斯(Morse,1991)概述了三角互证法的两种方法论:同步进行的三角互证和前后有序的三角互证。根据莫尔斯的理论,同步进行的三角互证法代表着定性法和定量法的同步运用,在此过程中两种渠道的数据沟通时存在限制和障碍,但研究结果在数据的解释层面是相互完善补充的。相反,前后有序的三角互证法则是一个方法所产生的结果对下一个方法的设计存在影响。

(二) 研究方法混合使用的缘由

当丹金(1978)、吉克(1979)和其他人在进一步完善三角互证法时,齐白（Sieber，1973）提供了将定性研究法和定量研究法混合使用的一系列原因。他指出了混合研究方法在研究设计、数据收集、数据分析中如何发挥作用。如，在研究设计过程层面，定量研究数据可通过区分代表性样本和概述案例的方式成为定性研究的辅助。而定性研究数据也可以通过促进概念和研究手段的发展对定量研究起到辅助作用。在数据收集层面，定性研究数据可以提供基准信息，而且有助于规避"精英偏差"（elite bias），而定量分析数据可以规范数据评估，对定性研究结果有启发性意义。另外，在数据分析阶段中，定性分析数据和基础论证、数据修改一样，在阐述、厘清、描述、评价定量研究结果中发挥重要作用。

其他学者如罗斯曼和威尔逊（Rossman & Wilson，1985）还指出了将定性和定量研究法结合使用的三个理由：第一，这种结合有助于在三角互证法中相互确证；第二，可用来确保或发展分析结果，进而有助于提供更为丰富的数据；第三，有助于探索新的思想模式。此外，通过考察已发表的研究成果，格林，卡拉切利和格雷厄姆（Greene, Caracelli, & Graham，1989）等人归纳了五种混合方法论研究的广义意义或动机：（a）实现三角互证（例如，寻求汇集和确证对于同一现象研究不同研究方法所得出的不同的结果）；（b）互补（例如，寻求一种方法得出的结果对另一种方法所得出结果的补充说明或澄清）；（c）发展（例如，使用一种研究方法得出的结论来为其他研究方法提供信息）；（d）启发（例如，发现能够导致研究问题重构的悖论和矛盾）；（e）扩展（例如，通过不同的方法寻求扩展调查的广度和范围）。

最近，西科莱斯特和斯丹那（Sechrest & Sidana，1995）列出了方法论多元化运用的四条理由：（a）用于进行验证；（b）为估计测量中的潜在误差提供依据；（c）规范对所收集数据的检测；（d）对数据集进行探究以确定其含义。而杜雷克和亚伯拉罕（Dzurec & Abraham，1993：76-77）则提出了结合定性和定量研究的六点"追求"：（a）超越自我与世界；（b）通过重组的方式以增进理解；（c）降低复杂性以增加理解；（d）追求变革；（e）追求研究的意义；（f）追求研究的真实性。上述学者从不同角度分析了混合研究使用的价值和意义。

（三）混合研究方法的诞生背景

混合研究方法的定义是混乱的，最近，科林斯，昂韦格布兹和萨顿（Collins, Onwuegbuzie, & Sutton, 2006）提出混合研究方法的定义应该从以下四个角度阐释：提升参与度（例如，将定量和定性的研究混合起来优化研究样本）；研究手段的保真性（例如，增进现有方法的适用性和持久性，创造新的方法）；操作运行的完整性（例如，增加数据的真实性）与提升统计显著性（例如增强数据的总数和丰富度）。

当然，混合研究方法是否真的可以作为一种新的方法论范式还是存在诸多争论。库巴和林肯于1994年提出"定性和定量方法都可能被在任何研究范式中合理地使用"。相似的，库巴和林肯（2005）重申"在每一个范式中，运用混合方法（策略）会是相当正确的"。他们还声称："就像我们曾试图说明的那样，社会科学中所谓方法论争论并非关于方法的"。施万特（Schwandt, 2000, 2006）质疑是否有必要将各种分析方法加以区分，因为所有的研究都是阐释性的，因此传统意义而言的，通过将研究者归为特定方法论的运用者（或者界定为"定性"或是"定量"方法的研究者）不再是非常有用的。我们同意施万特的说法，不同方法论范式间的对抗是无益的。但与此同时，我们仍然相信分辨出三种研究方法范式以说明方法论的哲学立场是有用的。

实际上，20世纪研究中充满混合研究方法的运用，但社会学和心理学研究很快变成了以定量为主，在20世纪后半期定性研究方法才逐渐发展起来。作为对定性和定量研究的两极分化的反应，另一种注重于综合的方法运动兴起了，即混合研究方法。定性研究、定量研究与混合研究方法三者蓬勃发展且和平共处。与托马斯·库恩（Thomas Kuhn）视为"常规科学"的单一方法论预期相反，我们认为方法论领域中三种范式的共存是更为健康的，因为每种研究路径均有其长处和不足，而且有其适用的时间和地点。

三、当前对混合研究方法的定义

混合研究方法已经有了多种命名。如：结合型研究（blended research）（Thomas, 2003），整合研究（integrative research）（Johnson & Onwuegbuzie, 2004），多方法研究（multimethod research）（Hunter & Brewer, 2003; Morse, 2003），多重方法研究（multiple methods）（Smith, in press），三角互证研究（cf. Sandelowski, 2003），民族志残差分析（ethnographic residual analysis）（Fry, Chantavanich, & Chantavanich, 1981），混合研究（mixed research）（Johnson, 2005; Johnson & Christensen, 2004）。

当然，"混合研究方法"是最常见术语。就"方法"而言，其广义诠释和使用可以包含数据收集领域的案例和策略（例如，问卷调查、采访、观察等）、调查方法（如实验、人种志等），和相关的哲学学说（如本体论、认识论、价值论）。在我们看来，该种研究范式中包含的每一种路径都少不了假设、原则、价值观以及与实践相关的议题。下面我们来详细考察该领域的学者们如何定义混合研究方法。

近年来已经有了多种对混合研究方法概念的定义。我们采集了来自塔萨同（Tashakkon）的"Bridge Web site"网站[①]上的31位混合研究方法论学者。后来又加入了另外5位主要研究者（如混合研究方法特辑的撰稿人）。通过电子邮件询问了所有的方法论学者他们是否愿意分享他们关于混合研究方法定义的研究成果。表1中列举了参加调查的学者给出的19个定义。

从表1中可以看出，这些定义具有不同层次的针对性。这里运用跨案例研究（Miles & Huberman, 1994）来对这19个不同的定义做对比分析。通过比较将相同或相似的概念用相同的编码进行归类，在将这些概念进行标注后再按相似度进行归类。在每一个分组中都总结归纳出一个主题，本次的分析得出了五个主题。

---

① 见 http://www.fiu.edu/~bridge 中的"人物链接"（People Links）。

表1 该领域主要研究者对混合研究方法的定义

帕特·贝兹利（Pat Bazeley）： 混合研究方法包括在单一研究项目中运用多于一种的研究路径或设计方法进行数据收集或分析，在研究项目中对不同的研究路径与方法进行整合，而且不仅是在结论中运用。既然我并未将此限制在定性与定量研究中，那么在广义上来讲可以对不同的研究路径、方法、数据和分析进行整合。
瓦勒里·卡拉切利（Valerie Caracelli）： 混合研究方法是对不同类型研究方法（定性与定量）的罗列或综合，以提供对感兴趣的现象更为详尽的理解，对研究所产生的结论更为确信。
休伊·陈（Huey Chen）： 混合研究方法是在单一研究中对定量与定性方法的系统整合，一种是定性与定量方法保持其原始的结构与研究过程（纯粹形式的混合方法）；另外一种是这两种方法能够相互适应、改变或再综合，以适应研究状况与成本情况（改进型混合方法）。
约翰·克雷斯威尔（John Creswell）： 混合研究方法是一种研究设计（或方法论），研究者以此收集、分析，并在单一研究或多阶段调查项目中将定量与定性数据进行混合（整合或连接）。
史蒂夫·克罗尔（Steve Currall）： 混合研究方法包含了依次或同步的对定量与定性数据分析技术的运用。
马尔文·福摩萨（Marvin Formosa）： 混合研究方法是对两种或更多不同研究方法的利用，以尽力与研究项目目标相契合。
詹尼弗·格林（Jennifer Greene）： 混合方法包含多于一种的认知方式与多于一种（数据）收集与分析技术。
亨特（Al Hunter）： 混合方法这一术语，通常指的是用于在同一研究项目中对定性与定量方法的结合运用。我倾向于用多重方法研究（multimethod research）这一术语来说明不同的研究方式能够在同一研究项目中运用。
R·博克. 约翰逊和安东尼·昂韦格布兹（R. Burke Johnson and Anthony Onwuegbuzie）： 混合研究方法是研究者将定性与定量研究技术、方法、研究路径、观念或语言进行混合或结合的一类研究。
乌多·凯勒（Udo Kelle）： 混合方法意味着在同一个实证研究项目中运用定性与定量的不同方法进行数据收集与分析。有助于通过替代性的方法论传统来发现并掌控由定性或定量研究方法的单一运用所引起的对研究效度的威胁，还有助于得到所调查现象的完整图景并加深理解。
唐纳·默腾斯（Donna Mertens）： 在变革性的立场中运用混合研究方法，对数据收集重定性与定量方法的运用。

第四部分　混合研究方法兴起与评估

续表

史蒂芬·米勒（Steven Miller）： 混合方法主要指向人类科学，试图将不同的研究技术与定性、定量与历史研究路径进行组合。当今混合方法必须致力于解决一系列认识论与本体论上的问题。首先必须致力于形成米勒和加塔（Miller & Gatta, 2006）所称的"认识论连接"（epistemological link），亦即"允许"一项研究可以采用混合方法所需要的规则。第二点是必须坚持某种形式上的"最小现实主义"本体论，通过不同的方法的分别运用或共同协作以接近社会现实，或是社会现实本质上是复合的，因而只能用多种方法。
简尼丝·莫尔斯（Janice Morse）： 混合研究方法设计对定性或定量的核心部分相互补充或彼此配合，以增强叙述的效果，使理解更清晰，而且能够同时或逐次进行。
伊萨多·纽曼（Isadore Newman）： 混合方法对研究问题的理解要好于应用单一方法。对定量与定性方法的结合会更好地了解研究对象，而且混合方法的有效性应当以该研究路径能否使研究者更好地解答研究的目的和理由。
迈克尔·Q. 巴顿（Michael Q. Patton）： 混合方法是运用不同来源的数据与不同的设计要素来对问题进行探究，以此让研究从不同角度来支持对研究结论的三角测量。
哈利·裴士基（Hallie Preskill）： 混合研究方法指的是对定量与定性数据收集方法的运用。混合研究方法认同各种方法都具有内在的偏差与弱点，运用混合方法的研究路径可以增加收集更多数据的可能性，而且在解答研究问题时更有用。
马格内特·桑德罗夫斯基（Margarete Sandelowski）： 混合研究方法更多的是在单一研究，或单一研究项目中对不同方法论路径的共同运用。
利恩·舒拉（Lyn Shulha）： 通过对混合研究方法的协同运用，一种方法为另一种方法提供确证，各个方法在研究进程中混合，使得研究问题、研究方法与研究结论之间的互动产生了一种更具综合性、内部一致性的研究逻辑实践。
阿巴斯·塔沙克里和查尔斯·特德莱（Abbas Tashakkori and Charles Teddlie）： 混合研究方法是一种研究设计的形式，在这种形式中定量或定性研究路径在各个类型的问题、研究方法、数据收集与分析进程中，或在研究推论中得到应用。

在这19个定义中有15个表明，定性研究和定量研究是"被混合使用的"，换言之，尽管有意见认为混合的范围应该更为宽泛，但是将定性与定量方法这两者进行混合已经成为一个强烈的共识。

在调查设计中的何时何地应该发生混合（例如混合的状况）是另一

个讨论主题，这个主题涉及混合在何种层次与阶段发生。例如，有3种定义认为混合发生在数据收集阶段；2种定义认为混合发生在数据收集和数据分析阶段；至少4种定义（或者说其他所有的定义都在非直接地）认为混合可以广泛发生在研究的所有阶段。还有一个定义说，混合方法必须是在一个完全相同的研究主题上同时使用定性和定量这两种研究方法才行。

此外，关于混合研究的广度（breadth）。这个主题可以看做是在从混合定性与定量两种方法的定义到那些认为广泛的混合应当在研究的全过程发生的定义，以及那些认为在世界观、方法论以及语言层面都该广泛混合的定义的一种过渡和链接。我们现在的目标包含了语言的标准与规范（在认识到纯定性、纯定量和纯混合研究方法的重要性的同时）是为混合研究方法提供更广阔的中间地带而非局限在较窄的层面。当用语言和话语规范的角度来看待这个问题时，混合则是一个非常自然和普遍的过程。

另一个重要的主题是，为什么要在研究中采取混合方法。在许多定义中都提到了进行混合研究的不止一个目的。多个学者提及的一个重要目的是拓宽研究视野和促进合作。前者主要体现在：（a）有助于更好地理解研究对象；（b）对研究对象提供了一个更完整的图景和更深的理解；（c）加强了研究对象的描述性和可理解性。后者促进主要是混合方法提供了研究结果的三角互证，即（a）以其他的研究路径得到的有效的阐释性成果更易理解，提升了内在的连续性和结果的有效性；（b）提供更具有可操作的理解性以及更强的对结论的确信性；（c）掌握对研究结果有效性的质疑和威胁因素，并进行自我反省；（d）提供对研究问题更充分、更多、更有意义、更有用的解答。然而，对于一小部分的研究者而言，答案不止有这两个，其他的目的还包括：（a）达成研究项目的目标；（b）寻求社会正义，免遭压迫。

最后是混合研究方法的倾向性。一些定义（例如纽曼做出的定义）适用于塔沙克里（Tashakkori，2006）称之为"由下到上"的标签分类，即研究的问题导致了混合研究方法路径的运用。但至少其中有一个定义（默滕斯的定义）可以归类为是"由上到下"方法的代表，在这里混合方法并不是由研究问题引导，而更像是因研究者的要求而做出的针对特定的社会群体的生活和经验而展开的，例如妇女、民族、种族、文化少数族群。而事实上我们认为每种混合研究方法的实施都是在这样的"从下至上"或"从上至下"的概念的连续体中。

简而言之，我们将定义中的共识与差异都看做是对研究范式有促进作用的，我们建议读者对这两种特质认真看待。除了我们对表1中的定义的研究，我们也提供以下的广义定义：混合研究方法是一种研究者或研究团队将定性和定量研究方法的元素结合起来（例如：定性和定量的观点、数据收集、分析、推断技巧的运用），以达成广泛的具有广度和深度的理解性和合作性目的的研究类型。以下的定义将混合研究方法当做是一种研究形式：一个混合方法的研究应当包括在单一研究中的混合，一个混合方法的项目应当包括项目之中的研究的混合以及不同的密切相关的研究之间的混合。

四、混合研究方法的不同种类和存在问题

（一）辨析混合研究方法的种类

根据图1中"定量—定性的连续关系"，研究者们之前就一个特定的从属关系划分是有意义的（如定性研究、混合研究、定量研究这三大主要派系之一），在连续体的中间区域，即均衡状态中，是纯混合研究方法，而在两端则是有着以定性为主的混合研究方法和定量为主的混合研究方法，定量主导的混合研究方法是一种在混合研究中侧重于定量方法，具有后证实主义视角的研究过程，同时意识到定性数据和途径的加入会对大多数的研究项目具有好处。

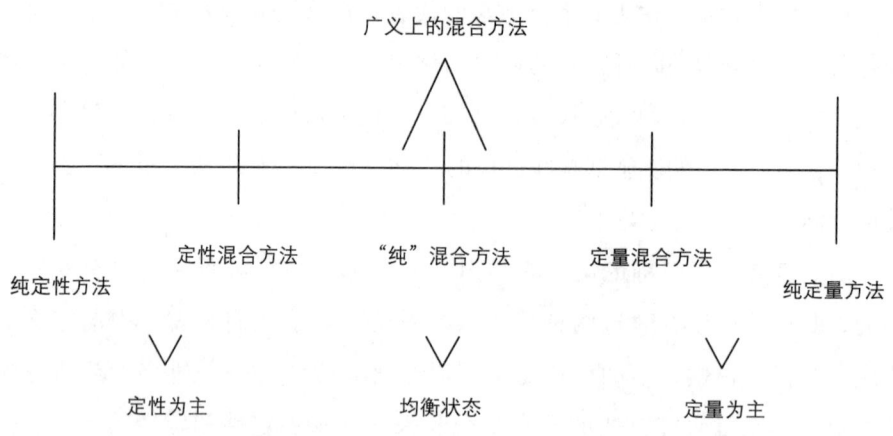

图1 关于三种研究范式的图表（包括混合研究方法的各子类型）

（二）混合研究方法中值得进一步探索的问题

在参考了本篇中提供的各种定义之后，需要将几个新问题加入到接下来的方法论研究中。未来的进一步研究中，需要解决的问题如下：

第一，混合方法发生在哪一个层面可以达成广泛的共识？是否某些研究过程中的混合比其他一些过程中更加重要？在不同研究层面混合方法使用的收益有哪些？第二，研究过程的不同层面中整合的有效策略是什么？如怎样利用数据分析软件整合定性与定量数据。未来还需要更多的研究来进一步具体化、详细化这一过程。第三，何种科学哲学视角，才是混合研究方法的最好实践指南？建构主义和解构主义与定性研究有关，而后实证主义与定量主义的研究有关。大多数运用混合方法的撰稿人已称实用主义是进行最有效混合研究方法的哲学方法。第四，混合方法需要一系列特定的、详尽的哲学与方法论的地位吗？例如，这一领域是否需要切合由库巴与林肯提出的分类体系？第五，在均衡状态（平等地运用定型与定量的认识论）中的实验设计是否可能？我们在此介绍一概念，叫可通约的正确性或合法化。可通约的合法化对许多研究者而言并不可能，而且转变旧观念和发展新观念是非常困难的，但强大而全面的混合方法立场必定要在认识论和对定性、定量方法有着系统性认知后才能够形成。未来可以通过研究团队用细致地互动和建立研究共同体的方法而达成。第六，未来需要进一步考虑混合研究的可信度确定及其标准。第七，定性主导的，处于均衡状态的、与定量主导的混合研究方法，能否及如何实现更加完整的发展和区分？第八，在何时、何种情况下，定性研究、定量研究和混合方法是合适的研究方法，如何帮助混合研究方法者根据研究问题，研究目的和研究过程及研究结果潜在范围而作出明智的决定。第九，混合研究方法的更完整定义或许应包括对混合方法逻辑的参照。即当进行混合研究设计时，就应当策略性地包含定性和定量的方法、观念，从而使长处互补，且不将缺点加以重叠。第十，如果一个人将混合研究方法看做是一棵树的主干，那么什么是它的分枝呢？例如，主要分支应当是"**定性**＋定量"（定性为主，定量为辅），"**定量**＋定性"（定量为主，定性为辅），"定量＋定性"（定量、定性均衡）吗？经过时间的推移，那些分支或特定种类的方法还有可能得到发展吗［例如变革性（transformative）混合方法、协作性（collaborative）混合方法和代表性（reflective）混合方法］？我们期待随着研究者将混合研究方法的概念和思想，与新生的或重现的研究问题和情境相关联，更多特定类型的混合研究方法和设计在日后会更为明确。

五、总结

格林（2006）将混合研究方法看做是一种方法论或研究范式，将其称之为"混合式的社会科学探析方法"（Mixed Methods Social Inquiry）。她将运用混合方法的社会调查，或混合方法的方法论（广义地）分为四个领域：（a）哲学的假设和立场（例如，该方法论的基本哲学或认识论假设是什么）；（b）研究逻辑；（c）实践引导（例如用于进行研究的特定的过程和研究方法）；（d）社会政治学的共识（例如利益、共识、所调查社群周边的权利关系）。

但本篇中的五个定义性主题（例如，什么是混合，混合在何时/何处发生，混合的广度，为何混合，混合的倾向性）与格林的方法论发展的四个领域有部分重合。特别的，领域1（例如哲学的假设和立场）与"广度"主题有所重叠；领域2（例如研究逻辑）与"何时/何处"或"为何"主题有所重叠；领域3（例如实践的引导）与"什么是混合"主题有所重叠；领域4（社会政治学的共识）与"倾向性"主题有所重叠。

为了整合文章中讨论过的诸多思想，我们决定通过提供一个细致的并且具有理解力的定义，或对何为混合研究方法进行的概括来做出总结。我们的新定义如下：混合研究方法是一种基于定性和定量研究方法，进行理智的、实践性地整合，是第三种方法论或研究的范式。它承认传统的定性和定量研究的重要性，但是也提供了有力的第三种研究范式选择，这种选择将能够提供最具有信息量、最全面、最平衡和最有用的研究结果。

总之，混合研究方法是一种这样的研究范式：（a）以某一种形式与它的哲学范式相结合（左倾、右倾、中立）；（b）遵循混合研究方法的逻辑（包括基本原则和任何其他从定性或定量研究中引进的有利于得出有力研究结果的逻辑）；（c）依赖于定性的和定量的观点，在数据收集、分析，和推理技巧过程中根据混合研究方法的逻辑进行整合，从而提出新研究问题；（d）对于了解地区性的和全球性的社会政治现状、资源有所帮助。此外混合研究方法范式为重要的研究问题的生成，以及为那些问题给出可靠答案提供了一个重要的路径，即混合研究方法很有可能提供最为优越的研究结论和成果。

参考文献

Bazeley, P., "The Contribution of Computer Software to Integrating Qualitative and Quantitative Data Analyses", *Research in the Schools*. 13 (1) (2006): 64 – 74.

Campbell, D. T., & Fiske, D. W., "Convergent and Discriminant Validation by the Multitrait-Multimethod Matrix", *Psychological Bulletin*. 56 (1959): 81 – 105.

Collins, K. M. T., Onwuegbuzie, A. J., & Sutton, I. L., "A Model Incorporating the Rationale and Purpose for Conducting Mixed Methods Research in Special Education and Beyond", *Learning Disabilities: A Contemporary Journal*. 4 (2006): 67 – 100.

Denzin, N. K., "*The Research Act: A Theoretical Introduction to Sociological Methods*", New

York: Praeger. 1978.

Fry, G. , Chantavanich, S. , & Chantavanich, A. , "Merging Quantitative and Qualitative Research Techniques: Toward a New Research Paradigm", *Anthropology and Education Quarterly*. 12 (1981): 145–158.

Greene, J. C. , "Toward a Methodology of Mixed Methods Social Inquiry", *Research in the Schools*. 13 (1) (2006): 93–98.

Greene, J. C. , Caracelli, V. J. , & Graham, W. F. , "Toward a Conceptual Framework for Mixed Method Evaluation Designs", *Educational Evaluation and Policy Analysis*. 11 (1989): 255–274.

Hunter, A. , & Brewer, J, "Multimethod Research in Sociology", In A. Tashakkori & C. Teddlie (eds). *Handbook of Mixed Methods in Social and Behavioral Research*. Thousand Oaks. CA: Sage. 2003: 577–594.

Jick, T. D. , "Mixing Qualitative and Quantitative Methods: Triangulation in Action", *Administrative Science Quarterly*. 24 (1979): 602–611.

Johnson, R. B. , & Christensen, L. B. , *Educational Research: Quantitative, Qualitative, and Mixed Approaches*. Boston, MA: Allyn & Bacon. 2004.

Kuhn, T. S. , *The Structure of Scientific Revolutions*. Chicago: University of Chicago Press. 1962.

Mertens, D. , "Mixed Methods and the Politics of Human Research: The Transformative-Emancipatory Perspective", in A. Tashakkori & C. Teddlie (eds). *Handbook of Mixed Methods in Social and Behavioral Research*. Thousand Oaks, CA: Sage. 2003: 135–164.

Miles, M. B. , & Huberman, A. M. , *Qualitative Data Analysis: A Sourcebook of New Methods*. Thousand Oaks, CA: Sage. 1994.

Morse, J. , "Approaches to Qualitative-Quantitative Methodological Triangulation", *Nursing Research*. 40 (1991): 120–123.

Morse, J. M. , "Principles of Mixed Methods and Multimethod Research Design", In A. Tashakkori & C. Teddlie (eds). *Handbook of Mixed Methods in Social and Behavioral Research*. Thousand Oaks, CA: Sage. 2003: 189–208.

Newman, I. , Ridenour, C. S. , Newman, C. , & DeMarco, G. M. P. , "A Typology of Research Purposes and Its Relationship to Mixed Methods", in A. Tashakkori & C. Teddlie (eds).

Handbook of Mixed Methods in Social and Behavioral Research. Thousand Oaks, CA: Sage. 2003: 189 – 208.

Patton, M. Q., *Qualitative Research and Evaluation Methods* (3rd ed.). Thousand Oaks, CA: Sage. 2002.

Rossman, G. B., & Wilson, B. L., "Numbers and Words: Combining Quantitative and Qualitative Methods in a Single Large-scale Evaluation Study", *Evaluation Review.* 9 (1985): 627 – 643.

Sandelowski, M., "Tables or Tableaux? The Challenges of Writing and Reading Mixed Methods Studies", in A. Tashakkori & C. Teddlie (eds.). *Handbook of Mixed Methods in Social and Behavioral Research.* Thousand Oaks, CA: Sage. 2003: 321 – 350.

Schwandt, T. A., "Three Epistemological Stances for Qualitative Inquiry", in N. K. Denzin & Y. S. Lincoln (eds.). *Handbook of Qualitative Research.* Thousand Oaks, CA: Sage. 2000: 189 – 213.

Sechrest, L., & Sidana, S., "Quantitative and Qualitative Methods: Is There an Alternative?" *Evaluation and Program Planning.* 18 (1995): 77 – 87.

Sieber, S. D., "The Integration of Fieldwork and Survey Methods", *American Journal of Sociology.* 73 (1973): 1335 – 1359.

Smith, M. L. (in press), "Multiple Methodology in Education", in J. Green, G. Camilli, & P. Elmore (eds.), *Complementary Methods for Research in Education.* Washington, DC: American Educational Research Association.

Tashakkori, A, "Growing Pains? Agreements, Disagreements, and New Directions in Conceptualizing Mixed Methods", Keynote address presented at the 2nd annual Mixed Methods Conference. *Humerton School of Health Studies.* Cambridge, UK. 2006.

Tashakkori, A., & Teddlie, C., *Mixed Methodology: Combining Qualitative and Quantitative Approaches* (Applied Social Research Methods Series, Vol. 46). Thousand Oaks, CA: Sage. 1998.

Webb, E. J., Campbell, D. T., Schwartz, R. D., & Sechrest, L., *Unobtrusive Measures.* Chicago: Rand McNally. 1966.

混合研究方法对定量研究的优化和推动[*]

［美］安东尼·J. 昂韦格布兹（Anthony J. Onwuegbuzie）
［美］丽贝卡·M. 布斯塔曼特（Rebecca M. Bustamante）
［美］朱迪斯·A. 纳尔逊（Judith A. Nelson）[**]

导读：本篇力求优化方法论的问题，通过整合多种研究框架、数据模型以及调查方法，提出一种元理论框架来优化定量研究，即"研究工具优化与概念建构相互验证"。该框架使用混合研究技术，包含十个具有内在连续性的发展阶段，大致分为：跨学科文献综述—研究工具优化—对工具优化、概念建构及研究结果的检验。其中，交叉分析作为该框架的一部分，其操作机制尤为关键，本篇中即体现为利用一种范式中的分析模式来验证另一范式中数据资料的过程。最后，作者通过案例分析来探讨定量研究中李克特量表的优化问题。

---

[*] 编译自：Anthony J. Onwuegbuzie, Rebecca M. Bustamante and Judith A. Nelson, "Mixed Research as a Tool for Developing Quantitative Instruments", *Journal of Mixed Methods Research*, Vol. 4, No. 1, January 2010, pp. 56-78。原文约1.6万字。本篇为2010年度《混合方法研究》期刊年度高下载和高阅读率论文。

[**] 安东尼·J. 昂韦格布兹（Anthony J. Onwuegbuzie），丽贝卡·M. 布斯塔曼特（Rebecca M. Bustamante），朱迪斯·A. 纳尔逊（Judith A. Nelson），三人均来自休斯顿大学。

政治科学分析的艺术——方法论的分野、实验及融合

一、导言

混合方法研究（混合研究①）是指研究者为了达到深层次、大范围的理解与验证目的，将定性和定量研究的主要元素予以整合。丹斯康比（Denscombe, 2008）认为，混合方法研究飞速发展，众多学者为其摇旗呐喊，它在过去十年中作为一个公认的名词，已然勃兴为一次研究方法范式的新浪潮甚至第三流派。

虽然混合研究已经变得很受欢迎，但其潜力还未被完全挖掘。事实上许多研究者仍没有发挥出定性和定量方法的最大混合效用。柯林斯、昂威格布齐和萨顿（Collins, Onwuegbuzie, & Sutton, 2006）力求创制一种优化混合研究方法设计的框架，他们建立"理性—目标"模型并对混合方法的四个核心观点进行概念化：研究扩容、手段精确、流程去伪和数据解释力提升。然而，除少数例外，定性或定量的研究手段都没有能够在混合研究中得到较多优化与创新。这很可能源于一种不当观念，即研究手段发端于不同的方法论传统中，在定性或定量的研究操作中具有排他性特征。例如，关于定量手段发展，坎贝尔和菲斯克（Campbell & Fiske, 1959）提出综合性框架"多重特质—多重方法矩阵"（MTMM）②，试图检验与概念建构相关的聚合效度和区别效度问题，从而判断特质差异③和方法差异④的各自影响，亦对研究方法组合机制、概念建构整合模式提供数据支持和描述性信息。

约翰逊（R. B. Johnson, 2007）认为，这种"定量交叉检验"（quantitative cross-validation）框架是"为了检验之目的而形式主义地采用多种研究方法"，

---

① 和许多学者一样，我们相信"混合研究"这一名词比"混合方法研究"更合适，因为后者可能造成一种研究过程只是将方法混合起来的印象。事实上，本篇所提的研究范例涉及将定量和定性研究的技术、方法、流程、概念或专有名词"混合"或"整合"到单一的研究中。
② 多重特质—多重方法矩阵, multitrait-multimethod matrix。——译者注
③ 特质差异（trait variance），由不同研究目的建构而导致的差异。——译者注
④ 方法差异（method variance），因选取特定测量方法而引发的差异。——译者注

以此为二人的理论概念寻求正当性解释。所以，即使"多重特质—多重方法矩阵"这样创新高效的检验方法也存在诸多不足之处。布鲁尔和亨特（Brewer & Hunter, 2006）认为"多重特质—多重方法矩阵"存在一种隐忧，它过于依赖某个单一类型的研究方法，其核心假设是定量研究工具的发展只需要通过定量技术来完成。然而，定性与定量技术的相互整合促进可以优化研究手段，但这方面的高水平学术文献仍显不足。

本篇目的在于提供一种混合研究框架以便能够优化定量研究的手段①。首先，我们将讨论交叉分析（crossover analysis）的概念，涉及采用某一研究传统（定量分析）中的分析模式来探讨另一传统（定性分析）中的数据资料。其次，我们将对"手段精确性"（instrument fidelity）概念予以具体阐释，它与定量分析体系的建立完善密切相关。我们将通过"效度验证"区域来完善并检验某项定量研究手段的精确性，同时也会阐释交叉分析的各种特征，因为特征与验证区域相互关联。再次，我们将提出优化定量手段的十阶段模型，进而总结不同发展阶段中手段精确化问题如何通过定性和定量方法的整合来实现。最后，通过案例分析，我们将探讨如何进一步发展李克特量表的问题。

二、混合研究方法与交叉分析

交叉分析或称"混合式分析"（mixed analysis）体现出定量与定性分析技术的最高组合水平，研究者必须时常在两种视角中采用"格式塔转换"（Gestalt switch）的方式，从而逐渐提炼出数据含义。此外，交叉分析会促使研究者更为积极地整合定量和定性研究假设与理论框架。如研究者会将建构主义与后实证主义分析视角结合，借助探索性因子分析（exploratory factor

---

① 混合研究框架也对优化定性研究手段具有积极意义。然而，这方面并非本篇所探讨的话题。如果想了解这个概念，参见（Collins et al., 2006）。具体的案例分析，我们推荐读者参考（R. B. Johnson et al., 2007）。

analysis）来检视定性研究中某个主题模式。或者，研究者将主题分析法（thematic analysis）下所得的主题式结论，与探索性因子分析下所得的因子式结论进行对比审视。

总之，上述分析方法会产生更具说服力的"元推论"（meta-inference），将定量、定性结果的阐释融为一个有机结合的整体。在实践中交叉分析包括下列几种技术操作：组合式数据精简（integrated data reduction）、综合化数据描述（integrated data display）、数据转换、数据相关性分析、数据合并、数据比较、数据一体化、数据合理性分析（warranted assertion analysis）和数据导入。这些技术都体现出一定程度的因果推论作用，即在归纳和演绎逻辑中相互补益，同时也表现出一种"主体间性"[①]。此外，局内人（主位的）与研究者（客位的）对社会事实的两种不同评价视角也可以由交叉分析来实现平衡与整合，这些使得混合研究与交叉分析在宏观和微观上都非常有助于研究手段的优化与概念建构的验证。

三、定量手段的精确性

（一）效度的检验

研究手段的精确性包括研究者用以优化研究方法和提高其适用性所采取的措施。通过将梅西克（Messick）的概念模型与传统的"效度"概念结合，我们总结出一个有关"效度"的再概念化模型（"元验证"模型，表1）。虽

---

① 主体间性（intersubjectivity），即人对他人意图的推测与判定，由拉康（Jaques Lacan）首次提出。主体间性有不同的级别，一级主体间性即人对另一个人意图的判断与推测，二级主体间性即人对另一人关于其他人意图的判断与推测的认知的认识。通常人们最多能进行五级主体间性的判断，五次以上就容易做出错误的判断。在主体间性概念的历史形成过程中，事实上涉及了三个领域，从而也形成了三种涵义不同的概念，即社会学的主体间性、认识论的主体间性和本体论（存在论、解释学）的主体间性。——译者注

然"效度"被视为单一化概念，但表1显示内容性、标准性、概念建构性诸效度可以再分为几个"验证区域"。表2描述了交叉分析的具体策略，按照效度类型来操作，其中每种交叉分析技术都多次出现。

表1 效度验证各区域

效度类型（validity type）	描述性定义
标准性（criterion-related）效度 共时（concurrent）效度	检验一种手段的得分与另一种手段得分的相关程度，两种手段应大致同时进行或在某个现实时间点拥有共同标准
预测（predictive）效度	检验一种手段的得分和另一种手段得分的相关程度，两种手段存在操作时间差或在某个未来时间点拥有共同标准
内容性（content-related）效度 表面（face）效度	检验问题项目与回答情况之间的相关性、重要性、关注性程度
项目（item）效度	检验具体的问题项目在特定内容范围内与测量方法间的契合程度
样本（sampling）效度	检验问题项目对于整个内容范围的样本代表性程度
概念建构性（construct-related）效度[①] 实质（substantive）效度	检验受访者所得分数的各种依据，即有关知识、技能与先验过程的理论与经验性分析
结构（structural）效度	检验得分系统与概念建构之间的契合程度
聚合（convergent）效度	检验在测量同一概念建构时，所用之研究手段生成分数与其他手段产生分数的高度一致性程度
区别（discriminant）效度	检验在测量两个学理、经验层面上相关但并不相同的概念建构时，所用之研究手段生成分数与其他手段产生分数的弱势（非显著）一致性程度
分歧（divergent）效度	检验在测量两个相互对立的概念建构时，所用之研究手段生成分数与其他手段产生分数的不一致性程度
结果（outcome）效度	评析采用某种测量工具时所得分数之涵义、预期成果与意料外情境
普遍性（generalizability）	评估如何将一组得分的涵义与作用在其他目标群体中论证推广

来源：柯林斯等人（2006），相关内容有所改动。

---

① 概念建构性效度，亦称"编制效度"，指一套测试题的各项目对编制该测试所依据理论的各个基本方面的反映程度。——译者注

表2 效度类型分野下的交叉分析策略

效度类型	交叉分析类别
标准性效度 共时效度	数据相关关系、数据比较
预测效度	数据相关关系、数据比较
内容性效度 表面效度	综合化数据描述、数据合理性分析、数据一体化
项目效度	数据比较、数据合理化分析、数据一体化
样本效度	综合化数据描述、数据比较、数据合理性分析、数据一体化
概念建构性（编制）效度 实质效度	数据合并、数据比较、数据合理性分析、数据一体化
结构效度	组合式数据精简、数据转换
聚合效度	数据相关关系、数据比较
区别效度	数据相关关系、数据比较
分歧效度	数据相关关系、数据比较
结果效度	数据转换、数据合并、数据合理性分析、数据一体化
普遍性	数据合理性分析、数据一体化、数据导入

虽然大多数的效度类型适用于定量方法操作，但它们也可用于定性方法。例如，结构效度主要靠定量的数据分析来测度，也可由定性分析手段来检验，从而生成一个混合分析元理论框架。

（二）元理论框架：优化研究手段、提高测量精度和检验概念建构之必需

1. 十阶段模型

我们由此介绍综合设计的元理论框架。该框架设计以调查研究为基础，可以帮助调查工具研究者在优化与检验过程中更为缜密而综合性地实践——该框架被定义为"研究工具优化与概念建构验证"（IDCV），内含十个一以贯

之且相互影响的阶段：

（1）对所关注的观念构想进行概念化

（2）定义和描述用以阐释此概念的行为

（3）提出初始的研究手段

（4）对这种初始手段予以初步试验

（5）对所修订手段进行再构思并开展现场试验

（6）检验修订的手段：定量分析阶段

（7）检验修订的手段：定性分析阶段

（8）检验修订的手段：混合分析阶段——定性主导的交叉分析

（9）检验修订的手段：混合分析阶段——定量主导的交叉分析

（10）分析工具手段优化与概念建构检验的过程，并对最终结果予以评估

这十个阶段并非独立运作而多有交集，当新情况出现时各个阶段都可以进行其他相应的操作。我们还加入一个持续进行的反思环节，敦促研究人员评估与每个阶段相关的过程，同时发现并解决所遇到的情绪波动。

2. 审视研究手段研究者的框架：十阶段模型具体说明

审视访谈数据能够帮助研究人员评估在操作过程不同阶段的决定，同时反思研究所涉及的假设、偏见、直觉和观念。将这些情况自行透露给价值无涉的访谈者有利于增进研究者对于研究发展轨迹的理解，堪称一次审计式追踪（audit trail）。"审视"（debriefing）这个概念可以应用到"研究工具优化与概念建构验证"操作中，我倾向于在所有十阶段里都进行审计式访谈。

阶段1：对所关注的观念构想进行概念化

阶段1涉及对研究者所关注观念构想的演绎方式。先期目标对于研究手段研究者意识到个人信念体系十分重要，即三个维度：综合的世界观、研究方法的哲学和具体学科的哲学。首先，个人世界观相当于研究者观察和解释世界的透视镜。其次，研究者固有的研究方法哲学（后实证主义、建构主义和批判主义）反而推动不同方法的混合研究。最后，研究者在具体学科上所持有的哲学态度，体现在研究手段优化方面意味着具体"学科"（disciplinespecific）的哲学可以转化为"概念建构"（construct-specific）的哲学。文献资料综述可视为演绎所关注概念的首要方法，研究者应明确指出所涉及的理论性框架，或源于现有文献的概念性框架（客位视角）。另外，研究者应该咨询各领域的专家（主位视角）、听取关键知情人的想法，我们建议收集和分析这些信息的方法也应该是混合研究技术。本阶段的关键目标为推演出一种具有文化感知性（cultural sensitivity）的研究手段，一旦成型数据结果会拥有很高的信度和效度。

阶段2：定义和描述用以阐释此概念的行为

本阶段研究者可能会遇到"开放式编码"[①] 和"关联式登录"[②] 的问题。或者也可以采用一些民族志（ethnography）的分析方法，包括"频域（domain）分析"策略、范畴（taxonomic）分析及成分（componential）分析。再或者还可以使用德尔菲预测法（Delphi Technique）。在任何情况下都应确保实行多阶段循环式的数据收集，对其持续关注直至"数据饱和"[③]。一旦数据饱和达成，研究者应能着手定义和描述用以阐释此概念的行为。若未达成，应重新审视阶段1中可能存在的问题，采取措施包括理论范式再概念化、先验假设再评估，并且对专家和知情人的遗漏信息再行收集。

阶段3：提出初始的研究手段

本阶段研究者应开始编制一些相关问题项目。项目可以做成详细列表形式，将阶段1的理论观点（演绎）、阶段2的关键信息（归纳）融汇其中，还应包括所有认知、情感和精神运动的行为。专家和知情人应尽可能参与到项目编制进程中，从而确保文化感知性并观照主客位视角。虽然正在优化的是定量手段，但每个项目都需要附有一个开放式的主观题目，让实际操作者评

[①] 开放式编码（open coding），指将所得信息和数据分解为模块化类别，对每一个类别赋予描述符或称"编码"。——译者注

[②] 关联式登录（axial coding），亦称"轴心登录"，由格拉泽（Glaser）和施特劳斯（Strauss）于1967年提出，指发现所分类编码的关联性，再归纳为一个个组别。——译者注

[③] 数据饱和（data saturation），即在一种类别下不再出现新的或相关性信息，并且该类别已被很好地概念化并予以检验。——译者注

估项目水准并建议。若给出的反馈表明研究手段尚存在较多弊端，研究者则可能需要重新审视阶段 2 中的不足之处。

阶段 4：对初始手段予以初步试验

初始手段成型后，通过现场试验方式予以检验颇为必要，从而评估混合研究中每项环节的适用度，对环节是否表述清晰、操作简便、前后连贯、用词得当、回答所需时间合理等方面尤其是文化感知性进行评议。由于本阶段样本容量较小，计算和解释得分信度和效度的相关系数时则不可过度推论。如此，本阶段的关注点应是初始研究手段的内容性效度和编制效度。无法处理的额外数据亦可被吸纳进来，如专家和知情人透露的辅助性信息。若反馈表明该设计手段在内容性效度方面十分欠缺如样本效度不甚理想，或在文化契合（cultural relevancy）方面付之阙如，可能需要重新审视阶段 3 中存在的弊端并再设计一个初始研究手段。

阶段 5：对所修订手段进行再构思并开展现场试验

研究者现在可以决定精炼或舍弃哪些数据。当初始手段进行修订之后，可在更大范围内现场测试。此时，样本容量应足够大以符合探索性因子分析，从而在一个相对严格的置信区间内计算出某个（子）项目得分的信度水平[①]，依据"研究工具优化与概念建构验证"框架的审视结果有理由认为传统的定量主义标准化技术并不尽如人意，因为它过于依赖定量数据来进行研究手段中心理测量特征的检验工作，我们由此推荐定性化的选项来辅助定量操作。这些定性数据可以与定量问题的答案进行相关或对比分析，既优化研究手段，亦对概念的建构情况予以检验。定性数据所起的最大作用是引导问题回答的同时考虑到参与者的文化关联性观念，而文化观念对于研究手段选取的影响不言而喻。这种借助同一组参与者的定性问答来完善定量数据的尝试有助于混合研究的样本设计，我们称其为**"同一样本，并行设计"**。

---

① 此时应遵循探索性因子分析对于样本容量的原则性规定。譬如，推崇精确"个案—变量"比的学者认为定量手段中（如李克特量表的赋值区域）该比例的最低标准为 5∶1，想要得到更理想结果需至少达到 10∶1（Cattell, 1978）。

阶段 6：检验修订的手段——定量分析阶段

收集定量和定性的问题回复以后，接下来分析定量数据。主要目标是检验内容性效度、标准性效度和编制效度。以内容性效度下的项目效度为例，选取不同的项目分析指数取决于定量测量方法是否适合认知的、情感的或精神运动的领域。如果认知领域成立，项目选取者可以决定、分析和解释大量的指标①，还可以采用经典测试或项目回应理论来辅助。标准性效度下的共时与预测效度可以通过相关性指数来检验，该法亦适用编制效度下聚合、区别、分歧诸效度。最后，探索性因子分析可以检验结构效度。情感性领域的影响，上述指数大多适用，本阶段重中之重还是探索性因子分析。

阶段 7：检验修订的手段——定性分析阶段

本阶段将突出定性数据分析的作用，同时亦解释回应了格林等人（1989）提出的混合定量和定性数据的五个目的性原则，即三角化测量/推论、互补性、优化性、原创性及扩张性。分析定性数据时可以利用多种不同分析工具，包括常量比较分析、语境关键词分析、字数分析、经典内容分析、频域分析、范畴分析、成分分析、对话分析、语义分析、二手资料分析、成员类属分析、叙事分析、定性化比较分析、符号学、表面/潜在内容分析、文本挖掘及微观对话分析②。

阶段 8：检验修订的手段——混合分析阶段，定性主导的交叉分析

上文提到的九种交叉分析方法在本阶段将多加运用，亦呼应阶段 6 中利用定量数据进行的定性分析，以及阶段 7 中以定性资料来开展定量分析。至于前者，定量数据可以通过"叙事轮廓构成法"（narrative profile formation）转化成定性数据。这些轮廓性描述包括模式轮廓、平均轮廓、整体轮廓、比较轮廓及规范轮廓。而后者，许多策略可供选取但最有效的技术还是以因子

---

① 例如，项目难度、项目差异性、点二列相关、二列相关、平均项目的难度水平、phi 相关系数、四项相关系数、项目信度指数和效度指数、教学敏感性、一致性指数、差异项目功能指数。参见（Crocker & Algina, 1986）。

② 欲更多了解这些定性数据分析技术，我们推荐读者参考 Leech 和 Onwuegbuzie 的综述性文章（2007，2008）。

分析阐释主题①。给一个主题赋值"1"代表一个人明确支持或暗中强烈认同与此主题相关的内容，不支持则赋值"0"。这种二分法即为"被试间矩阵"（interrespondent matrix，亦称"参与者×主题"矩阵），包括0和1的组合，体现出哪些人对于阶段7中的哪些主题予以回应。定性资料信息经过探索性因子分析处理，所得因子变量即为"元主题"（meta-theme），代表更高抽象水平的主题概括，而非初始的未经处理的主题。由于定量的探索性因子分析用于处理定性信息，而这些杂乱无章的初始信息事先经由定性处理法（如常量比较法）实现了有效精炼，所以说因子分析之于"元主题"是组合式数据精简法的体现。

阶段9：检验修订的手段——混合分析阶段，定量主导的交叉分析

本阶段需要进行一组或多组定量为主的交叉分析。研究者仍可选取多种不同数据分析工具，而又以上述诸阶段为基础。例如，阶段8中通过对初始主题进行因子分析而得到的因子赋值（定性式），可以与阶段6中经由探索性因子分析生成的因子分数（定量式）进行相关性分析。另外，阶段7中所得主题式结果可以与阶段6中的因子分数进行相关性分析，而阶段8中的"元主题"亦可与阶段6中的因子分数进行相关性检验。

阶段10：分析工具手段优化与概念建构检验的过程，并对最终结果予以评估

本阶段是对过程和结果的综合性评估。所谓"结果"（product）即为修订后的手段，可以通过阶段6至9中产生的结果进行评估。我们于2008年提出的框架可以审视研究人员的成果，帮助研究者反思"研究工具优化与概念建构验证"进程以便了解他们对整个进程的认知情况，来决定哪些数据搜集和分析性策略是有用的，并挖掘进一步完善优化的空间。以评估数据为基础，研究者可能要重新回顾阶段5来进一步修订方案，再重复阶段6到9。甚至要返回阶段1对理论/研究假设再概念化、重新评估自我价值取向和研究猜想、向专家或知情人收集额外数据。因此，"研究工具优化与概念建构验证"框架

---

① 昂威格布齐（2003）最先提出了"主题法因子分析"的概念。——译者注

是一种反复迭代（iterative）、周期循环的操作进程，对于更严密地去优化研究手段和检验概念建构大有裨益。

按最严苛标准，研究者设计和建立一个综合性、以混合研究为导向的评估系统。该系统可能需要借助评估系统性项目的标准化模型，如斯塔弗尔比姆（Stufflebeam，2002）的 CIPP 框架性指导模型①。另外还有适用于教学设计的"迪克（Dick）& 凯瑞（Carey）"模型（2004），以系统工程的特征为依托，通过课程教学的理论原则推广运用来完成评估工作，而这些理论原则也是"研究工具优化与概念建构验证"的检验对象。

四、案例分析及理论应用

（一）研究背景

为了说明混合研究在优化定量手段和完善"研究工具优化与概念建构验证"方面的作用，本篇概括性指出已有研究曾使用的优化策略，即"学校范围内文化理解力的参与观察备忘录"（SCCOC）。"文化理解力备忘录"曾与其他手段相结合来评估学校的文化实力，亦称"文化审计"（cultural audit）②。此过程由我设计编制，具体阶段名称如下。阶段 1：跨学科文献综述；阶段 2：德尔菲研究；阶段 3："文化理解力备忘录"优化设计；阶段 4：对初始"文化理解力备忘录"手段进行初步测试；阶段 5：对修订的"文化理解力备忘录"进行现场试验；阶段 6：检验修订的"文化理解力备忘录"；阶段 7：检验修订的"文化理解力备忘录"；阶段 8：检验修订的"文化理解力备忘

---

① CIPP 分别代表文本（context）、录入（input）、过程（process）和结果（product）。——译者注

② "文化审计"是一种从多样化渠道中收集组织运作数据的方法，用来衡量学校或周边社群范围内的文化理解力，或者一个学校的政策、教学项目和具体实践多大程度反映出不同文化族群和语言环境生活下的学生们的各类需求与经历（Bustamante，2006）。

录";阶段 9:检验修订的"文化理解力备忘录";阶段 10:分析工具手段优化与概念建构检验的过程,并对最终结果予以评估。

(二) 操作流程阐释

阶段 1:对所关注的观念构想进行概念化——跨学科文献综述

"文化理解力备忘录"的初始设计环节需要进行广泛且系统性的文献回顾,从而探究个人或组织的"文化实力"理念在不同学科中如何被定义与阐释。"文化理解力"概念深嵌于文化系统中,首先需对"文化"含义进行概念化处理,而人类学、社会学、跨文化传播学、文化比较心理学及组织理论诸领域的相关概念可供参考。其次,校园环境中的"文化理解力"概念梳理也需借助文献综述,如跨文化交流、多元文化教育及实力、文化精通度、文化响应式/包容式学校、学校平等程度考核指标、企业环境中的多样性和跨文化领导力。跨学科文献综述对于辨析相似(或重复)的主题概念大有裨益。此外,研究者还审视了自我信念价值体系,我们发现对组织环境的考量借助的是一种文化视角,其中包括具体学习环境中的文化相对主义及多元主义倾向,以及整体意义上的实用主义、建构主义和批判主义理论价值观念。

阶段 2:定义和描述阐释核心概念的行为——德尔菲研究

明晰概念内涵后,我们将与学校高层的专家人士一道,开展德尔菲研究。我们会让专家填写四轮调查问卷直到达成共识,此时对于主题的理解应已充分。依据所获叙述信息,我们了解到学校场域中"文化理解力"的具体内涵,但这些内容大多限于国际类学校范畴。因此,德尔菲研究揭示出学校环境下测量文化理解力与精熟度(proficiency)的各类适用范围与指标,需要进行更广泛的文献梳理以对初始的研究手段设计奠定基础。

阶段 3:设计并编制初始的"文化理解力备忘录"研究工具

在初始的研究设计中编制了 43 个问题选项,这些问题涉及潜在的文化理解力方面的政策、课题项目与实际活动,让实地参与者对陈述性选项回答"是"或"否"(定量阶段)。需要注意的是,问题选项的设定要基于德尔菲研究确定的各类领域，如果在校园文化理解力/精通度的文献中发现有价值信息，都可以补充到选项中。

阶段4：对初始手段予以初步试验

邀请一些工作于学校的毕业生来参与我们的目标群体研讨会（定性阶段）。根据研究要求，他们在实际教学工作中按照"文化理解力备忘录"进行日常观察与自我反思，制订出一套完整的开放性主观题库来对初始手段使用情况和不足之处进行反馈，我们随后考虑了这些反馈并对"文化理解力备忘录"进行修订（二稿）。此修订稿（不需发表）将问题选项减至33个，但如果手段适用度和精确性仍有不足，就应该继续修订直至满意为止。

阶段5：对修订的研究手段进行再设计并现场试验——精确度考察

此阶段需要设计出电子版调查问卷，以期获取对于"文化理解力备忘录"考察"文化理解力"适用性的反馈认知，这需要更大样本的配合即广大的学校高层人士，他们由151名学校领导组成，包括教学组长、职业学校指导教师、系主任、校长助理和校长。参与者需对评估校园文化理解力诸指标的重要性进行打分（定量），并用自己的语言来分类或者描述每项指标（定性）。有关定量部分，我们设计了一个四分项的李克特量表，"1"代表强烈同意，"4"意味着强烈反对。

阶段6：检验修订的研究手段——定量阶段，探索性因子分析

本阶段目的在于测试"文化理解力备忘录"的研究手段精确度，借助探索性因子分析来揭示"文化理解力备忘录"的因素构成。结果显示：有两个因子即"政策"（22个选项）和"实际活动"（11个选项）的总方差解释度在72.1%，其信度相关性系数分别为0.97和0.89。为了检验分歧效度，可以比较"文化理解力备忘录"各选项和"校园职业健康与风气"调查的相关选项，因为长久以来学校"风气"（climate）与"文化"（culture）这两个不同概念常被学界混为一谈。前者特指校园内的短暂现象，包括关于学校设施、行政员工、学校安全、规章制度和现有教师士气等因素的某种感知（Freiberg, 1998）。而后者则与人类学中的"文化"相关内涵基本一致，指的是根深蒂固的某种特性，如共享并经久不衰的价值观、传统和交谈方式。

阶段 7：检验修订的研究手段——定性分析阶段

除了完成 33 个选项的"文化理解力备忘录"和"重要程度"赋值量表，我们还让参与者在同一份网络调查的附带文本框中对这些选项的特征予以评论（定性阶段），借助常量比较法来分析这些评论条目。通过此迭代分析过程，发现有四个主题对"文化理解力备忘录"的精确性具有重要影响：（1）高层政策；（2）具体活动；（3）学校风气和文化；（4）校园文化理解力的阻碍因素，即权责不明、资源掣肘、文化响应式教学法应用不足。

阶段 8：检验修订的研究手段——定性为主的交叉混合分析

借助多种交叉分析方法以求整合定量与定性结果（混合分析阶段）。要对每个主题进行量化，即定性资料需要转化为数值型编码如频率分布的计算。探索性因子分析用来阐明支配四个主题的内在结构。本案例中因子分析确定了主题概念中的因子数量（即元主题），如此每个元主题都会包含一个或多个初始主题。我们确定的两个元主题为（a）政策与具体活动，方差解释度为 33%；（b）学校风气与文化、文化理解力的阻碍因素，方差解释度为 29.49%——二者综合对于总方差的解释度为 62.5%。

阶段 9：检验修订的研究手段——定量为主的交叉混合分析

本阶段利用多种交叉分析法以求解答下列问题："文化理解力备忘录"中的学校领导评分与他们对于校园文化理解力的认知有何相关性？量化的主题通过一系列的 Bonferroni 校正卡方分析法与重要性量表评级产生关联，而这些主题也跟阶段 4 中 33 个选项"文化理解力备忘录"的探索性因子分析双因子结论相互影响。这些分析结果对于进一步检验"文化理解力备忘录"的工具精确度大有裨益。

阶段 10：分析工具手段优化与概念建构检验的过程，并对最终结果予以评估

本阶段对于上述操作过程与最终结果予以广泛评估。评估表明"文化理解力备忘录"具有不错的表面效度、项目效度、结果效度、推广普遍性及结构效度。定量分析结果显示它也具有较高水平的样本效度和实质效度，但经定性与混合分析发现此两类效度尚有不足，因为"文化理解力备忘录"对于两类初始主题（校园风气与文化、文化理解力的阻碍因素）的测量效果并不明显。这种非一致性结果即格林所谓"异常点"（inconsistency），使得布斯塔曼特等人又回到阶段5来重新规划并现场试验所修订之研究工具，但不可否认原来的"文化理解力备忘录"策略已然在检验"政策与实践"维度方面具有极高的心理测量学水平。因此，"研究工具优化与概念建构验证"进程并不排斥对工具精确度进行重新审视，这对于优化目标的精益求精以及适应校园环境变迁的实际需要都是应有之义。

五、结论

布斯塔曼特等人在2009年所进行的混合研究试验，其结果对于"文化理解力备忘录"优化与工具精确度检验都给予有益启示，这比之采用传统的定量化效度/信度检验研究可谓更有深度。两个辅助性主题、三个分主题、两大元主题通过基于定性资料与交叉分析的常量比较而使其概念内涵更为明晰，而单纯采用传统的探索性因子分析法对李克特量表的答案进行处理，所得结果的效度会大打折扣。

同时，采用混合数据收集和分析，比之单独采用定量方法来检验"文化理解力备忘录"测量整体文化审计中的"校园文化理解力"概念，会演绎出更为丰富的结论，而学校领导心目中对这种研究工具能否适用于文化理解力的探索，其看法与评价也会更为明朗。更重要的是，使用混合研究方法来分析"文化理解力备忘录"的精确度亦可向读者补充说明文化审计进程和其中错综复杂的互动结构。

因此，"研究工具优化与概念建构验证"体现了有关优化定量手段和检验概念建构的更广泛且严谨的技术流程，它亦体现了一种"扩张性"——对于混合研究导向的推广，正如"多重特质—多重方法矩阵"融合了交叉检验框架的所有元素。再者，"研究工具优化与概念建构验证"将定量与定性数据的收集、分析熔为一炉，从而经由交叉分析策略完成了更大规模的交叉检验过程。最后，"研究工具优化与概念建构验证"方法的流线型（fluidity）模式也使得研究者能够重新审视之前的阶段，以发现进一步修改余地，同时反思工具精确度的持续完善策略以及效度水平的提高方法。正如希区柯克（Hitchcock，2005）所说，"文献中付之阙如的正是社会科学各领域对于如何整合定量、定性方法论来完善检验概念建构所应该进行的探讨工作"。"研究工具优化与概念建构验证"正是弥补此缺憾的大势所趋之举，因此希望研究者可以审视"研究工具优化与概念建构验证"的优势，或者对不足之处提出完善建议，并在优化研究手段和检验概念建构时能够达到满意效果。

参考文献

Brewer, J., & Hunter. A., *Foundations of Multimethod Research：Synthesizing Styles*. Thousand Oaks, CA：SAGE. 2006.

Campbell, D. T., & Fiske, D. W., "Convergent and Discriminant Validation by the Multitrait-multimethod Matrix", *Psychological Bulletin*. 56（1959）：81-105.

Collins, K. M. T., Onwuegbuzie, A. J., & Sutton, I. L., "A Model Incorporating the Rationale and Purpose for Conducting Mixed Methods Research in Special Education and Beyond", *Learning Disabilities：A Contemporary Journal*. 4（2006）：67-100.

Denscombe, Martyn. "Communities of Practice：A Research Paradigm for the Mixed Methods Approach", *Journal of Mixed Methods Research* 2.3（2008）：270-283.

Dick, W., Carey, L., & Carey, J. O., *The Systematic Design of Instruction*（6th ed.）. Boston：Allyn & Bacon. 2004.

Freiberg, H. J., "Measuring School Climate：Let Me Count the Ways", *Educational Leadership*. 56（1998）：336-343.

Hitchcock, J. H., Nastasi, B. K., Dai, D. C., Newman, J., Jayasena, A., Bernstein-Moore, R., et al., "Illustrating a Mixed-method Approach for Identifying and Validating Culturally Specific Constructs." *Journal of School Psychology* 43（2005）：259-278.

Johnson, R. B., Onwuegbuzie, A. J., & Turner, L. A., "Toward a Definition of Mixed Methods Research", *Journal of Mixed Methods Research*. 1（2）（2007）：112-133.

Messick, S. Validity, *Educational Measurement*（3rd ed.）, in R. L. Linn（ed.）. Old

Tappan. NJ: Macmillan. 1989: 13 - 103.

Stufflebeam, D. L., "CIPP Evaluation Model Checklist: Fifth Installment of the CIPP Model", Kalamazoo, MI: The Evaluation Center. 2009.

定性研究与田野实验的融合前景*

[美] 伊丽莎白·列维·帕伦克（Elizabeth Levy Palucke）**

导读：随机田野实验（Field Experiments）在定性研究中应占据更为重要的地位。本篇通过分析多种定性方法中的测量工具和研究问题来阐述田野实验的兼容性。田野实验将定性和定量分析结合，可以超越简单的平均处理效应分析，进而探索并确定因果效应影响机制。一个更新鲜的提议是利用田野实验构建档案、民族志及诠释性研究方法的框架，把民族志方法列为"实验民族志"测量的主要来源。长期的追踪研究和理论上的特异性可以一定程度上克服定性研究与田野实验方法中看似非兼容性的特征。如，小样本分析作为研究过程的一部分是可接受的，基于历史形态建构的理论或者罕见事件研究可以分解为若干因果联系，进而在相关理论背景中用田野实验进行测验。

---

* 编译自：Elizabeth Levy Palucke, "The Promising Integration of Qualitative Methods and Field Experiments", *The Annals of the American Academy of Political and Social Science*, Vol. 628, March 2010, pp. 59 – 71.

** 伊丽莎白·列维·帕伦克（Elizabeth Levy Palucke），普林斯顿大学心理学与公共国际事务学院的副教授，也是家庭冲突网络（Households in Conflict Network）和治理与政治实验网络（Network on Experiments in Governance and Politics）的成员。

政治科学分析的艺术——方法论的分野、实验及融合

一、导语

在过去几十年中，政治学界提出，定性研究需要遵循主流的定量法和实验法的逻辑（Brady and Collier, 2004; Gerring and McDermott, 2007; King, Keohane, and Verba, 1994）。大多数定性学者倾向于通过逆向论证进而从观测数据中得出结论，虽然认为实验法是因果推论的理想方法，但当前却极少采用。这也似乎表明在大多数定性研究中采用实验法是不切实际的，进而认为实验法更适用于定量研究。总之，定性研究者更倾向于运用实验思维，而不是实验方法本身，来建构反事实进行因果推论。

本篇认为实验——特别是田野实验——可以且应当在定性研究中发挥更大的作用。在论证之前，首先应该明确什么是田野实验，什么不是田野实验。田野实验是在现实生活中推断因果关系最有效的方法之一，并不局限于定量研究。

将实验对象（个人、团体、组织）随机分为两组，田野实验只对其中一组实施介入"行为"（比如一个媒体项目、一项土地再分配政策、一个精英谈判会议），从而可以比较出两组的不同之处。观察研究的通病存在于实验前，对于实验组的可比较性会产生无法测量的假设，而田野实验的因果推理可以避免这一问题，这也就成为实地测验一大优势。

田野实验被认为是定量研究方法一种，最直接的原因是人们受易得性直觉（availability heuristic）这一心理学概念的影响（Kahneman, Slovic, and Tversky, 1982）。由于采纳定性方法，或研究传统上与定性调查相关问题的田野实验少之又少，因此，人们认为实验的本质就是定量的。而之所以没有在田野实验中利用定性测量法或解决传统定性研究议题，更多的是因为学者没能跳出这种易得性直觉，而不是因为方法论和认识论之间存在无法逾越的界线。

以最近关于性别与政治领导的实验为例，该实验主要是定性方法为主，但却引人注目地运用了一系列田野实验方法。查拖帕迪亚、迪弗洛等人

(Chattopadhyay and Duflo, 2004; Beaman et al., 2012) 在实验中测试了居于领导地位的女性对于公共支出、性别认知和政治态度的影响，以及对应的选民行为。研究者在印度进行了一项政策实验，政府在西孟加拉邦随机选取一些村民委员会，将其中的三分之一的席位保留给女性候选人，然后在保留席位和未保留席位的村庄中收集选民意见和公共支出的记录。

研究者发现：在某些情况下，女性领导人会提高女性的政治参与，与男性领导不同，女性领导会根据自己的偏好来分配公共物品，而非根据女性选民的抱怨，削弱了公共领域中女性地位的刻板印象。但是，在女性长期的领导之后，选民对女性领导的支持才有所增加。

举这个例子并不是为了说明定性测量会使得实验结果更加"丰富"或者更加详尽，虽然这也是毋庸置疑的事实。在田野实验中运用定性研究方法可以更好地理解因果效应，识别出可能变化的因果机制和影响平均处理效应变量的来源，在以实验评估社会变化案例的框架下，解释社会变革中权威、民主和性别的新内涵。

譬如，对女性领导人在村委会以外进行的观察——比如她们在家中接待女客人——会看到她们在这些非正式场合是否会受到女性选民的影响。通过大量的采访，可以比较分别由男性和女性领导村庄的社会进程，由此揭示人们对于女性领导人能力的看法是如何转变的。再比如，村委会的其他成员、长者或者宗教领袖是否对女性领导人或者对给女性保留席位的体系发表公开讲话？女性和男性分别当政的村庄在社会情绪上产生巨大分歧的临界点是否存在？这类定性研究得出的结论对身份、领导力、政治和社会变革等一般理论也做出了贡献。此外，民族志研究也可以比较女性与男性分别领导的村委会中对于权威和政治合法性的理解。第一批女性领导者是否激发了人们对于女性政权及其合法性的全新理解？又或者在解释女性新的权力和地位时引用的还是传统的性别看法？这些问题只能用定性的方法来回答。

从这个简单的例子也可看出定性方法和田野实验融合的潜在问题。如，定性方法与定量的数据收集相比，需要更多的时间和实地工作。在田野实验中，是否有额外的时间，是否值得花费这些时间？在样本足够大的对比实验中，如何用参与法与民族志的方法测量结果和过程？更具有挑战性的是，田野实验如何在类似历史形态、制度、精英以及罕见事件等传统的定性或观察研究问题中发挥作用？

在下文中，我会解释以上问题，并就田野实验和定性方法融合给出若干建议。首先，采用我之前在中非做的一些实验为例，说明实地田野研究中定性和定量测量整合的好处。本篇认为，田野实验中采用定性测量能够更好地理解因果效应，提供更可信的因果解释，并且揭示一些远距离看不到的新过程。接下来，会介绍定性研究中的常用工具，比如民族志和诠释法。这些方法可以在实验中更清楚地展现事实、社会进程和概念。有时也会为"实验民族志"（Sherman and Strang, 2004）提供一些因果推论的基础性数据。会提到在实验中出现样本数量少以及随机分配时实验对象不足的问题。最后，将回到传统上由定性和观察研究所解决的问题，包括历史或罕见事件。本篇认为，田野实验在以上很多问题上都可以发挥作用，这就需要将复杂的理论拆分，用理论来详细解释当今实验中的问题。

本篇目的，不仅是鼓励定性研究者使用田野实验的方法，也鼓励田野实验者在研究中采用更多定性方法。

二、田野实验中定量与定性测量融合：整体大于部分之和

实验中收集的数值数据、分类数据和有序数据，简化了实验组间的对比。研究者也可以从采访、参与式观察和档案中收集定性数据。只有融合了以上两种类型的数据，才可以更好地论证推断，这是普遍公认的。定性数据可以增强、修改，甚至完全改变对定量数据的解释，并描述研究对象产生变化的重要条件。

定性实证与定量实证的融合更适用于田野实验。与实验室实验相比，田野实验能在复杂的现实环境中捕捉实验对象的行为，田野实验通常可以测量研究对象行为的结果，但很少能捕捉到行为背后所包含的内容。使用定性研究方法可以探寻到行为的意义、产生行为的社会和政治模式，以及由此引发

的连锁反应等。

在刚果民主共和国东部的一项田野实验中，我随机选择了地区内一半的无线电广播脱口秀节目。整个地区都播放一部关于减少冲突的肥皂剧，剧后有一半地区播放脱口秀（Paluck, 2008）。这个实验旨在测量脱口秀是否可以增加人们关于减少冲突这一主题的讨论，以及这种讨论能否让人们产生对于减少社会冲突方法的积极态度。实验在播放和不播放脱口秀的地区随机选取了样本测量结果，采用的方法包括封闭式调查问卷以及定量和定性的行为测量。

调查最后，研究者给每位参与者一个装了两公斤盐的袋子作为参与调查的奖品。同时，一个当地非政府组织找到些需要被帮助的群体，他们询问了调查参与者是否愿意捐出一部分盐给这个群体。如果参与者询问给哪个群体，研究者会统一问他们是否不愿意捐盐给某个特定的群体。事实上，有四个参与者问了这个问题，他们都说出了一个自己不喜欢的群体①："穆伦格人（Banyamulenge）；莱加人（Rega）；卢旺达解放民主力量（FDLR）。"研究者继续问："实际上这个群体正是你们要捐赠的，你们还愿意捐赠么？"有些参与者捐出了一部分盐，有一些则扎好了袋子没有捐赠。非政府组织和受调查者讨论了捐与不捐的原因、对于捐赠的看法、捐赠带来的结果，以及他们与自己最不喜欢的群体的故事。研究者尽可能地记录了整个讨论过程。

这一定性和定量方法的研究融合有四重效果。我可以用定量法记录每个参与者是否捐赠以及捐赠了多少盐（每天采访结束后我都会测量收到了多少盐）；收集参与者不喜欢群体特性的定性数据；以及参与者对于捐助或者不捐助某个群体的原因、感受以及期待。为了测量脱口秀的影响，我用这些数据和问卷的结果比较播放和未播放脱口秀地区的听众。

首先，对参与者有关捐盐一事的定性讨论进行分类。他们讨论了关于分享的定义（"刚果人有传递礼物的传统"）、关于同理心和换位思考（"在我需要帮助的时候，陌生人伸出援手对我意义重大"），关于战略上的考虑（"如

---

① 根据沙利文、皮尔森和马库斯（1982）提出的"内容控制"（content-controlled）方法。

果我给他们盐,他们也许会停止袭击我的家人"),也有人表达了纯粹的愤怒("他们杀了我们的家人,让我们变得贫穷——就算让我死,我也不会帮助他们")。虽然这些信息不是在实验中获得的,但是理论上讲都是很有价值的。我可以在定量问卷中探索参与者的原因和动机,他们有不同的经济状况、教育程度、对冲突的经历,以及其他变量。

在实验中,这些定性数据再一次印证了我对脱口秀影响的推测。定量问卷的结果显示,收听脱口秀的影响是负面的——脱口秀的听众更不愿意和他们最讨厌的群体调和冲突,并且更加支持诸如"武力在刚果的政治中是必要的"这种说法。捐盐测试也显示脱口秀听众更不愿意捐盐给需要帮助但是自己讨厌的群体(播放脱口秀地区的听众有55%捐盐,未播放脱口秀地区的听众有74%捐盐)。可见,定性讨论和定量问卷都反映了脱口秀的负面影响。进一步研究发现,在捐盐事件的讨论中,脱口秀的听众对自己不喜欢的群体明显表达出了更多愤怒的情绪(针对侵犯人权的报道)。实际上,定性数据的收集方法和定量数据不同,但都增强了我的推论,即脱口秀讨论对听众产生了负面影响。更强的三角测量辅助还可以包括不同时间、不同环境下的定性观察或者采访。

三、因果解释的产生

定性研究的发现为这一负面结果提供因果性解释,脱口秀引发的讨论让听众回想起所讨厌群体伤害自己的行为,因此听众更加愤怒。总体上,在解释变化的潜在过程和机制上田野实验结果更加有用。理论可以指导研究者关注特定情景和数据来源来解释一系列的事件,但对于探索性研究(如,童年被诱拐到民兵组织对成年后政治参与的影响;Blattman, 2009)来说,深入的情景研究(定性词汇中的"浸润和突进","soaking and poking" in qualitative lexicon; Fenno, 1986)可以更好地解释实验结果。

在童子军案例中,童子军在成年后更愿意参与投票。布拉特曼(Blattman)对之前被诱拐过的童子军、社区领导人和社会工作者进行了半结构式访谈，为这一现象探寻因果解释。定性数据表明，在民兵组织的经历让童子军更加成熟，更具领导才能（Blattman，2009：243）。定性研究得出的因果性解释可以在后续的田野实验中得到验证。我之所以在刚果民主共和国东部进行田野实验，是因为在之前关于减少冲突肥皂剧的定性研究中，发现"对话题的讨论"在社会规范和行为变化中是非常重要的机制（Paluck，2009）。刚果实验可以验证我之前的推测。在之前的实验中，我观察了收听干预后的广播节目的实验组和收听对照组的广播节目，发现对于情节发展和角色行为等话题，听众会以一定的频率产生感叹、评论和交流。并且，在广播结束后，人们会继续与其他人分享自己对节目的想法，消化节目传达的信息。因此我假设社区成员通过面对面的关于媒体地讨论，可以影响对于社会可接受行为的理解，或者至少影响对一个群体内可接受行为的理解。在刚果东部的实验试图检验这一因果解释，其方式是通过一个实验，就是在随机选择的区域，通过脱口秀鼓励听众讨论媒体节目。①

总而言之，对于定性研究者来说，田野实验的优势在于既能产生很强的因果推理，又能让研究者"近距离获取新想法"（Collier，1999），长期运用混合方法的研究者已经意识到这一点了。即便如此，混合研究方法仍然不是田野实验的常见特征。

四、民族志、参与式观察和诠释性工作

在田野实验中，比结合定性和定量数据更有挑战的是采用定性方法。其需要大量的时间投入以及实地参与，比如参与式观察、深度访谈、深描以及民族志法。这些方法经常用于诠释性工作——比如，将文化、民主和权力等

---

① 在刚果实验中缺失了重要一环（因为后勤原因），就是第三对照组不收听肥皂剧，而肥皂剧提供了脱口秀和讨论的主题。不收听肥皂剧和脱口秀的对照组会显示出：（1）肥皂剧产生的影响；（2）由关于肥皂剧的脱口秀引发的讨论而产生的附加影响。我在苏丹南部进行的一个关于和平与民主的广播运动的实验中设计了第三对照组，在实验中随机对几个对照组播放广播节目、讨论、播放广播并讨论，或者不进行干预（Paluck，2008）。

社会科学概念复杂化、历史化（Wedeen，2002）。在某些情况下，将诠释性工作嵌入田野实验中会更有帮助。在下文中，我将分析如何在田野实验中运用这些方法研究因果关系。

选择一定数量的观察对象，在实验组和对照组中仔细比较测量（参见Tarrow，2004年关于定量研究中的定性调查），是直接将深度访谈、案例研究或民族志融合到实验中的一种方法。政策实验就曾用过这种策略，例如，美国城市的"搬向机遇"（the Moving to Opportunity）实验，政府给低收入居民租赁券，让他们住进更好的社区（Turney et al.，2006）。政府将租赁券随机分配，有些人可以得到，有些人需要等待，社会学家和人类学家对这些人进行了深入的多次采访。一般来说，实验中所需的定性测量样本可以从每个实验组中随机选取，以此来探索实验评估出的因果效应的环境特性和异质性。

（一）实验民族志

一个更宏伟的想法是对田野实验中所有的观察对象进行民族志个案研究，这也就是谢尔曼和斯特朗（Sherman and Strang，2004）所定义的"实验民族志"。

> 在大样本、随机、对照的实验的强内部有效性背景下，实验民族志可以解释为何使用程序化方法来解决人类问题……通过这种方法，实验不仅可以找到因果关系，还可以从一个个人物、案例和故事中清晰地分析出因果关系是如何产生的。（p.205）

从项目评估者的角度，谢尔曼和斯特朗讨论了最近在英格兰和澳大利亚随机施行的恢复性司法（restorative justice）政策。该项目邀请受害者、犯罪者和所有受到犯罪影响的人聚集在一起，讨论犯罪者应该如何向社会偿还罪债。当警官向未经审讯的犯罪者和受害人介绍这个项目时，告诉双方由于项目正在试验阶段，如果双方都接受项目，将会有一半的可能召开见面会。

谢尔曼和斯特朗指出，民族志描述了恢复性司法实施中和实施后犯罪者、受害者和他们家属的感受，这对充分理解项目的作用非常重要[①]。特别的，实验民族志可以利用理论发展的重复过程，测试通常和定性方法或扎根理论（Glaser and Strauss，1967）相关。"通过对一个案例的采访和观察得出的假设，很快可以被其他案例中的新数据所验证。虽然实验民族志会花费额外的时间和精力，但没有民族志，这些假设和验证根本就不会产生（即便之后它们会变成定量的形式）。这也就证明了实验民族志的价值"（Sherman and Strang 2004：211）。

通过分析受害者对犯罪行为的反应的定性数据，谢尔曼和斯特朗提出了这样的假设：恢复性司法项目对受害者心理健康的益处与受害者在犯罪中受到的伤害程度是成比例相关的。在实验组和对照组之间多次比较中，定性数据在"发现"了这一假设的同时，也提供了验证的方法。这个案例也说明定性数据能够揭示实验对象在实验干预下的互动和不同反应。发现实验对象的互动可以让我们超越过于简单化的平均处理效应，更深刻地了解因果效应。谢尔曼和斯特朗指出，如果实验中的所有案例都可以包含在一个民族志里，实施这种理论测试是最好的，在"样本约一百左右"时可行（2004：211）。

（二）小样本研究问题

谢尔曼和斯特朗的研究反映了实验中重要的权衡取舍问题，定性研究者总是在广度和深度之间徘徊，最终选择小样本实验。在其他情形下，定性研究者的研究对象是有限的，这也就限制了样本的容量——例如，只有六个国家满足研究主题的条件，或者在实验地区内只有12个不重叠的广播区域。在这种权衡取舍的问题上，有两个建议。

在实验中对所有实验对象进行民族志研究，一个可行的办法是合作。由

[①] 他们还指出，那些没有同意参加该项目的受害者和犯罪者的民族志资料有利于探索恢复性司法的影响范围，也就是说只有部分人口代表参与的实验测量因果效果的能力。

几个定性研究者组成团队，每人负责实验组和对照组的一部分实验对象。对一部分实验对象，可以由几名研究者共同研究，由此不时保证研究者研究方法和观察可比性。这种合作性民族志研究在社会学中并不罕见（Wilson and Taub, 2006），且可以激发民族志研究者对于比较性与特殊性的讨论。要想比较研究者们的民族志数据从而得出因果推论，就要求民族志研究者（或者解释工作者、参与式观察者等）将他们的实验过程——定义解释、观察过程，地点和对象的选择——透明化、可复制化。只有增强民族志研究的可比性才能够实现可合作的研究。虽然在一些民族志研究传统中（特别是人类学），反对可复制的实验过程和观察，但是这种合作研究也可以方便支持这些传统的民族志研究者达成他们的比较目标。

开展持续性的研究项目是解决小样本田野实验的另一个方法①。在小样本实验中，研究者可能无法推测出比较微弱或微小的影响，也可能会高估或者低估某些较大的影响。我和我的搭档唐纳德·格林（Donald Green）认为，在这种情况下，应该开展持续性的研究（Paluck and Green，即将出版）。对同一个大问题进行反复的实验，平均下来就可以得到真实的结果，样本容量的累计可以增加预测结果的准确性。

（三）与观察法和定性调查相关的典型问题

田野实验方法不被研究者采用常见的一个原因是：某些研究话题历史性太强，若使用随机安排进行测试，则有悖伦理或者根本不可能。比如，国家形成的历史形态、革命和种族屠杀爆发的原因、精英对于核威慑的决策、民

---

① 除了存在可能无法找到因果关系的问题，小样本意味着简单的随机分配更有可能导致对比不均衡。例如，在样本为12个工厂的实验中，随机分配可能选取的5个都是汽车厂。通过匹配规则优先于随机分配的原则可以解决分配不均衡的问题可以——简单的方法是将样本按照实验规则进行分层再随机分配，也就是说，这个实验，在汽车厂和药厂两个门类中分别随机分配，或者更复杂的方法是通过数据软件进行多层次匹配（如"粗略精确匹配"，Iacus, King, and Porro, 2008）。我在中部非洲的几次小实验中，就用这种分层匹配的方法随机选择了实验村庄和广播区域。

主和平论的假设都属于这类范畴。观察和定性研究者有时会引用这些话题来证明研究"重要的"或者"大的"问题不能采用实验法。

田野实验（以及似乎随机的"自然"实验；Dunning，2008）已经解决了很多重要问题，而此前人们认为实验法并不能解决这些问题。迄今为止，没有明确使用定性方法的实验已经解决的问题如下：政治运动的影响（D. Green and Gerber，2008；Nickerson，2008；Wantchekon，2003），警察搜捕与犯罪威慑（Sherman et al.，2002），大众媒体规划（Paluck，2009；Green and Vavreck，2008），种族多样性（Habyarimana et al.，2007；Posner，2004），国际选举监督（Hyde，2007），协商民主的方式（Farrar et al.，即将出版；Wantchekon，2008），性别与政治（Beaman et al.，即将出版；J. Green，2008），腐败（Olken，2007），就业歧视（Pager，2007），受教育程度（Sondheimer and Green，即将出版），医疗保健（King et al.，2007），奴隶制与信任（Nunn and Wantchekon，2009），以及童子军（Blattman and Annan，即将出版）。我认为，在田野实验中应用定性研究法会拓宽研究范围。

然而，有历史背景或是涉及到精英、暴力和国家层面的因果关系问题，以及诸如社会运动和革命等罕见事件，都不能通过实验解决。对这些问题随机分配猜想的原因有悖伦理，在逻辑上也不可能，除非有专制的权力或时间机器。范围较窄的田野实验可以积累"能够激发理论创新的坚固事实"（D. Green，2005：100），通过逐渐收集这些客观的因果事实，就可以建立起更为复杂的理论，这就是解决上述困境的一种方式。

本篇从相反的角度提出另一个观点。与其在相对狭隘的经验事实中建立理论，研究者倒不如从高级复杂的理论入手，将理论分解，使得田野实验可以在特定层面解释多种因果联系。譬如，关于种族灭绝的理论为暴力的产生提供了多种因果解释。可能导致种族灭绝的原因包括精英受到权力转移的威胁、利用官僚或其他工具进行种族分化、土地短缺等等。一次田野实验无法验证所有这些原因，但是可以检验一些在随机选定的地区或人群中逐步推行的政策，也就是"随机部署"（"random rollout"）增强或减弱种族分化（身份证或公民证书）或土地再分配政策的效果。

将田野实验与传统观察研究项目的融合需要理论特异性、战略案例选择（定性研究者在这方面尤为擅长）以及（在某些情况下）与政策制定者或者政治精英合作。研究者在定义当今理论测试的必要环境条件时，需要有高度的理论特异性和清晰度。有些理论只适用于历史事件（Skocpol, 1979），在这种情况下，田野实验显然是不适用的。如果要将理论延伸到当今的语境下，研究者则需要为田野实验的环境拟定充分必要条件。

通过运用理论来描述现象的充要条件，定性研究者已经在案例选择上发展出了系统方法（Seawright and Gerring, 2008），需要掌握对情景和历史知识的深入了解。研究者若要运用田野实验来验证关于历史事件的理论，选择当今相关的案例是至关重要的。最后，有些田野实验的验证需要与政策制定者和政治精英进行合作，因为有很多问题是与结构、经济和制度变化相关的。很多新政策（如发展中国家的土地召回政策）产生了重要的变化，这些政策可以随机实施。与政府以及非政府组织或国际组织合作会产生很多道德与实际的困境，但也不是说这种合作是完全不可能的。目前，田野实验正在逐渐得到政策制定者和国际组织的重视和兴趣，这主要归功于将田野实验纳入经济发展政策的制定所带来的深刻影响以及一些政治科学家们的努力。① 随着经济学家通过实验验证发展理论，这些重要的实验也引起了利益相关者的兴趣，他们还亲身参与实验，与政治精英一起进行实验（甚至是把他们当作实验对象），这将使得在观察研究项目中运用实验法成为可能。

五、结论

研究者不应该排除在定性或观察研究项目中进行田野实验的可能性，也不能排除在田野实验中采用定性测量的可能性。将田野实验融入到定性研究项目中虽然有难度，但具有创新性且富有成效。这要求研究者具备案例分析

---

① 管理和政治实验（EGAP）中有政治科学家和政策机构的参与，是机构合作实验的一个新案例。

知识、理论清晰度以及能带来可比较的有意义的测量结果。从案例选择到访谈再到参与式观察，定性方法在一定程度上都是成功的田野实验中不可缺少的。因此，定性研究者和田野实验者可以在合作中得到收获。定性方法与田野实验的融合应鼓励调查者间全新有趣的合作以及对多种方法的相互学习。

参考文献

Beaman, Lori, Raghabendra Chattopadhyay, Rohini Pande, and Petia Topalova, "Powerful Women: Does Exposure Reduce Bias?" Forthcoming, *Quarterly Journal of Economics*.

Blattman, Christopher, "From Violence to Voting: War and Political Participation in Uganda", *American Political Science Review*. 103 (2) (2009): 231 – 247.

Blattman, Christopher, and Jeannie Annan, "The Consequences of Child Soldiering", forthcoming. *Review of Economics and Statistics*.

Brady, Henry, and David Collier (eds.), *Rethinking Social Inquiry: Diverse Tools, Shared Standards*". Lanham, MD: Rowman & Littlefield. 2004.

Chattopadhyay, Raghabendra, and Esther Duflo, "Women as Policy Makers: Evidence from a Randomized Policy Experiment in India", *Econometrica* 72 (5) (2004): 1409 – 1443.

Collier, David, "Data, Field Work and Extracting New Ideas at Close Range", *APSA-CP: Newsletter of the APSA Organized Section in Comparative Politics* 10 (1) (1999): 1 – 2, 4 – 6.

Dunning, Thad, "Improving Causal Inference: Strengths and Limitations of Natural Experiments", *Political Research Quarterly* 61 (2) (2008): 282 – 293.

Farrar, Cynthia, James Fishkin, Donald P. Green, Christian List, Robert Luskin, and Elizabeth L. Paluck, "Disaggregating Deliberation's Effects: An Experiment Within a Deliberative Poll", forthcoming. *British Journal of Political Science*.

Fenno, Richard F., "Observation, Context, and Sequence in the Study of Politics", *American Political Science Review* 80 (1) (1986): 3 – 15.

Gerring, John, and Rose McDermott, "Experiments and Observations: Towards a Unified Framework of Research Design", *American Journal of Political Science* 51 (2007): 688 – 701.

Glaser, Barney, and Anselm Strauss, "*The Discovery of Grounded Theory: Strategies for Qualitative Research*", Chicago: Aldine. 1967.

Green, Donald P, "On Evidence-based Political Science", *Daedalus* 134 (3) (2005): 96 – 100.

Green, Donald P., and Alan S. Gerber, *Get Out the Vote: How to Increase Voter Turnout.* (2nd ed.), Washington. DC: Brookings Institution. 2008.

Green, Donald P., and Lynn Vavreck, "Analysis of Cluster-randomized Experiments: A Comparison of Alternative Estimation Approaches", *Political Analysis* 16 (2) (2008): 138 – 152.

Habyarimana, James, Macartan Humphreys, Daniel Posner, and Jeremy Weinstein, "Why Does Ethnic Diversity Undermine Public Goods Provision?" *American Political Science Review* 101 (4) (2007): 709 – 725.

Hyde, Susan, "The Observer Effect in International Politics: Evidence from a Natural Experiment", *World Politics* 60 (1) (2007): 37 – 63.

Kahneman, Daniel, Paul Slovic, and Amos Tversky, *Judgment under Uncertainty: Heuristics and Biases.* New York: Cambridge University Press. 1982.

King, Gary, Emmanuela Gakidou, Nirmala Ravishankar, Ryan T. Moore, Jason Lakin, Manett Vargas, Martha. María Téllez-Rojo, Juan Eugenio Hernández Ávila, Mauricio Hernández Ávila, and Héctor Hernández Llamas, " A 'Politically Robust' Experimental Design for Public Policy Evaluation, With Application to the Mexican Universal Health Insurance Program", *Journal of Policy Analysis and Management* 26 (3) (2007): 479 – 506.

King, Gary, Robert O. Keohane, and Sidney Verba, *Designing Social Inquiry: Scientific Inference in Qualitative Research.* Princeton, NJ: Princeton University Press. 1994.

Nickerson, David W., "Is Voting Contagious? Evidence from Two Field Experiments", *American Political Science Review* 102 (1) (2008): 49 – 57.

Olken, Benjamin, "Monitoring Corruption: Evidence from a Field Experiment in Indonesia", *Journal of Political Economy* 115 (2007): 200 – 249.

Pager, Devah, "The Use of Field Experiments for Studies of Employment Discrimination: Contributions, Critiques, and Directions for the Future", *The Annals of the American Academy of Political and Social Science* 609 (2007): 104 – 133.

Paluck, Elizabeth Levy, "*A Field Experiment Testing Discussion and Media in Southern Sudan.*" Unpublished manuscript. 2008.

Paluck, Elizabeth Levy, "Reducing Intergroup Prejudice and Conflict Using the Media: A

Field Experiment in Rwanda", *Journal of Personality and Social Psychology* 96 (2009): 574 – 587.

Posner, Daniel, "The Political Salience of Cultural Difference: Why Chewas and Tumbukas are Allies in Zambia and Adversaries in Malawi", *American Political Science Review* 98 (4) (2004): 529 – 545.

Seawright, Jason, and John Gerring, "Case Selection Techniques in Case Study Research: A Menu of Qualitative and Quantitative Options", *Political Research Quarterly* 61 (2) (2008): 294 – 308.

Sherman, Lawrence, Dennis Rogan, Timothy Edwards, Rachel Whipple, Dennis Schreve, Daniel Witcher, William Trimble, Robert Velke, Mark Blumberg, Anne Beatty, and Carol Bridgeforth, "Deterrent Effects of Police Raids on Crack Houses: A Randomized, Controlled Experiment", *Justice Quarterly* 12 (4) (2002): 755 – 781.

Sherman, Lawrence, and Heather Strang, "Experimental Ethnography: The Marriage of Qualitative and Quantitative Research", *The Annals of the American Academy of Political and Social Science* 595 (2004): 204 – 222.

Skocpol, Theda, *States and Social Revolutions: A Comparative Analysis of France, Russia, and China.* Cambridge: Cambridge University Press. 1979.

Sondheimer, Rachel M., and Donald Green, "The Brody Paradox Revisited: Using Experiments to Estimate the Effects of Education on Voter Turnout", Forthcoming. *American Journal of Political Science.*

Tarrow, Sidney, "Bridging the Quantitative-qualitative Divide", In *Rethinking Social Inquiry: Diverse Tools, Shared Standards.* Henry E. Brady and David Collier (eds). Lanham. MD: Rowman & Littlefield. 2004: 171 – 180.

Wantchekon, Leonard, "Clientelism and Voting Behavior: Evidence from a Field Experiment in Benin", *World Politics* 55 (2003): 399 – 422.

Wedeen, Lisa, "Conceptualizing Culture: Possibilities for Political Science", *American Political Science Review* 96 (2002): 713 – 728.

Wilson, William Julius, and Richard Taub, *There Goes the Neighborhood: Racial, Ethnic, and Class Tensions in Four Chicago Neighborhoods and Their Meaning for America.* New York: Knopf. 2006.

混合方法研究的批判性评估[*]

［比利时］米克·海威特（Mieke Heyvaert）
［比利时］卡林·汉内斯（Karin Hannes）
［比利时］比·梅斯（Bea Maes）
［比利时］帕特里克·昂格纳（Patrick Onghena）[**]

导读： 在社会科学、行为科学、卫生科学以及人文学科的众多子领域，混合方法研究逐渐兴起，通过将定性、定量分析所整合的数据信息与问题元素相结合，实现解决不同学科的研究问题。相应的，通过系统性文献综述方法（systematic review）来分析当前混合方法的使用及其研究成果，其重要性也越发明显。毋庸置疑，对这类文献进行批判性评述是方法论研究完善的应有之义。本篇通过建构批判性评估框架（CAFs），进而审视相关混合方法研究的基础性文献。并通过比较评析探讨本评估框架的构建标准和研究效果。

---

[*] 编译自 Mieke Heyvaert, Karin Hannes, Bea Maes, and Patrick Onghena, "Critical Appraisal of Mixed Methods Studies", *Journal of Mixed Methods Research*, Vol. 7, No. 4, October 2013, pp. 302–327. 原文约两万字。

[**] 米克·海威特（Mieke Heyvaert），卡林·汉内斯（Karin Hannes），比·梅斯（Bea Maes），帕特里克·昂格纳（Patrick Onghena），均就职于天主教鲁汶大学。

第四部分　混合研究方法兴起与评估

一、导言

过去数十年，混合方法研究（MMR）备受学界推崇，将定量与定性分析要素相结合的研究方法正在社会科学、行为科学、卫生科学以及人文学科的诸多子领域中成为常态。相应的，以此趋势为导向的基础性方法论文章，在相关领域涉及多种研究主题整合的实证类成果中占有较大比重。

众多学者[①]和科研机构都对如何进行定量与（或）定性方法文献的综述提供了明确的分步指导，如侧重于文献检索方法、批判性评估方法、数据导出和对搜索结果的综合整理。然而，对于如何基于现有标准的系统性综述，对混合方法文献进行基础性整理，尚无足够的研究成果。最近，一些学者使用混合方法研究的策略，实现了在系统性文献综述中大量整合定性、定量和混合方法内容的目的，堪称开拓性成果。已知用来综述的框架性方法包括：整合性综述（integrative review）、元需求综述（meta-needs assessment）、混合方法的研究综合（mixed methods research synthesis）、混合方法综合（mixed methods synthesis）、混合研究综合（mixed research synthesis）、混合领域综述（mixed studies review）和现实主义综述（realist review）等。众所周知，对文献进行批判性评述是方法论研究完善健全的应有之义。毕竟，如果系统性文献综述中的方法论前提有所缺陷，便会使文献综述的结论存在重大偏差。因此，学者和机构才设计出框架性方法来评估基础性定量和定性研究的方法论水平。不过，专门用以评估混合方法研究文献的方法论水平的批判性评估框架（CAFs），至今在学界中仍然鲜见。有些学者提出使用"混合研究"的思路进行系统综述的框架性方法，同时亦明确提及对所有基础性研究论文的方法论使用水平进行批判性评述的必要性，然而，他们对于基础性混合方法研

[①] 有关这些学者的论文，请参考 Cooper, 2010；Cooper, Hedges & Valentine, 2009；Higgins & Green, 2009；Petticrew & Roberts, 2006。科研机构主要指科克伦医学研究同盟会（the Cochrane Collaboration）和坎贝尔社会保障研究同盟会（the Campbell Collaboration），二者即为非营利的非政府组织，主要从事相关学术领域的系统性文献综述工作，以期为实际从业者提供有益的帮助。——译者注

究文献的方法论检验却语焉不详。因为混合方法研究并不只是定量和定性研究各部分的简单叠加，若只是把定性和定量的批判性评价标准"混在一起"，根本无法很好地审视混合方法研究文献的方法论水准。因此，本篇将对现有的批判性评估框架予以概述，以期实现对基础性混合方法研究文献的方法论水平进行检验。此外，我们也对框架进行对比式评析，探讨其构建标准和研究效果。

当今学界常以实用主义视角作为混合方法的哲学出发点，倡导以问题导向的哲学逻辑将定量与定性研究方法整合于一项研究中。也就是说，根据研究需要回答的问题来选择不同的研究方法组合和分析方式，可以是单一研究方法，抑或混合方法研究。实用主义强调演绎式推论、主体间性和可迁移性，以"效用"（utility）的问题为目标导向，为研究者在（后）实证主义和建构主义的二元对立选择之外提供了另一种可能。

二、文献检索策略和筛选标准

本篇检索了于 2009 年 12 月 31 日以前发表的有关上述批判性评估框架的文章，此日期也被定为文献检索的分界点，文献检索之后的数据整理工作从 2010 年 1 月开始算起。我们检索了当下最重要的几个数据库：如学术期刊集成全文数据库（Academic Search Premier）、医学文献大全（Allied and Complementary Medicine）、不列颠教育学索引（British Education Index）、护理学与泛健康科学文献多重索引（Cumulative Index to Nursing and Allied Health Literature）、医学文摘数据库（Embase）、教育学信息资源中心（Education Resources Information Center）、弗朗西斯出版物系统（Francis）、全网医学文献分析和检索系统（Medline）、心理学文摘数据库（PsycINFO）、医学文献检索服务系统（PubMed）和社会学本篇导读检索系统（Sociological Abstracts）。同时还将搜索范围拓展至"灰色文献"（grey literature）①、硕士/博士论文数据

---

① 灰色文献，通常指不经赢利性出版商控制，而由各级政府、科研院所、学术机构、工商业界等所发布的非秘密的、不作为正常商业性出版物出售，而又难以获取的各类印刷版与电子版文献资料。——译者注

库：如科迪斯图书馆（the CORDIS Library）、教育技术与在线学习数据库（Educational Technology and E-Learning）、加拿大学术评审委员会的灰色文献数据库（the Grey Literature Database of the Canadian Evaluation Society）、会议论文集索引数据库（the Index of Conference Proceedings）、大不列颠与爱尔兰硕博论文索引数据库（the Index to Theses in Great Britain and Ireland）、国家社会科学文献索引（the International Bibliography of the Social Sciences）、专业搜索图书馆的硕博论文子系统（ProQuest Dissertations & Theses）、社会科学研究社群电子图书馆（the Social Science Research Network eLibrary）、欧洲灰色文献信息集成系统（the System for Information on Grey Literature in Europe）和加拿大硕博论文数据库（Theses Canada）。

另外，我们又通过纸质版本检索了十本介绍混合类研究方法论问题的老牌期刊：如《教育学研究者》（Educational Researcher）、《田野调查研究方法》（Field Methods）、《多重研究方法国际期刊》（International Journal of Multiple Research Approaches）、《教育学研究及方法国际期刊》（International Journal of Research and Method in Education）、《社会研究方法论国际期刊》（International Journal of Social Research Methodology）、《混合方法研究期刊》（Journal of Mixed Methods Research）、《定性方法调查》（Qualitative Inquiry）、《定量研究报告》（Qualitative Report）、《质与量》（Quality & Quantity）和《校园研究》（Research in the Schools）。并对这些纸质期刊中的文章标题和本篇导读进行了筛选。我们还对所有已筛选文章的文献列表进行了检索（反向检索），再通过搜索"科学网"（Web of Science）中的三大引文数据库[1]收集到了最近发表的期刊文献（正向检索）[2]。

最后，若上述文献的作者还有在别处或尚未发表的作品，我们会联系他

---

[1] 三大引文数据库即：人文艺术类引文索引（Arts & Humanities Citation Index）、科学引文索引及扩展版（the Science Citation Index Expanded, SCI）和社会科学引文索引（the Social Sciences Citation Index, SSCI）。——译者注

[2] 有关这一部分文献，由于数量庞杂，我们只能通过电子版的摘要来获取信息而非通读全文。

们以了解详情。具体的检索过程是将涉及"混合方法研究设计"或"批判性评估框架"的关键词汇总起来，以它们为检索输入条目。我们起先选择与"设计"贴近的关键词进行检索，包括整合式综述、元需求评估、混合方法、混合方法综合、混合研究综合、混合领域综述、多重方法和现实主义综述。然而，由于这类关键词的对应搜索结果较少，因此我们又增加了"元分析、综述与综合"这三个检索词。与"批判性评估框架"相关的检索词包括评估框架、检核表（checklist）、批判性评估、效果评估、效果检验和效果评议。以上两种检索词皆按照布尔代数的逻辑（Boolean logic）来进行输入与合并。需要指出的是，我们只将那些探讨混合方法研究批判性评估框架的文献纳入到研究当中。[①]

三、筛选文献、提取数据和分析结果

（一）筛选过程

本篇第一作者负责文章的检索工作。为保证文献选取的标准统一，从各个数据库选取的文献都需交由另一位独立研究者进行二审，以确定文献是否能被纳入到本研究中。我们总共对1422篇文献进行交互核对，即所谓的"编码者间一致性"检验（inter-coder agreement）。通过对所有提供混合方法研究批判性评估框架的文献进行概述，并对其所包含的评估标准进行交叉比较和列表说明。比较的方法是将相似的评估标准归于同一个自设主题下，这种归类对于文献阐释与强调颇有助益。此外，我们也以一种批判性视角对混合方法研究的评估框架与其内在标准予以评议。

[①] 文献的写作语言并无限制。当不同文章介绍了同一个评估框架的不同版本，我们选择那篇最综合地体现此框架的版本。当几篇文章所介绍的内容完全相同时（比如文章在不同地方发表），我们只选择最先发表的那篇文献。

（二）结果与分析

1. 文献检索和研究者共识（interrater agreement）检查

被纳入本研究的文献数量情况如下：通过数据库检索出三篇，通过灰色文献数据库和硕博士论文数据库检索出一篇，通过纸质版期刊检索出五篇，通过筛选参考文献检索出12篇，通过三大引文数据库检索出六篇。随后，我们又与23位相关文献作者和混合方法研究专家取得联系，其中16人给予回复：六位表示他们不了解其他的批判性评估框架，或与此主题有关的非收录性文献；11位通过邮件告知我们至少一篇未被我们关注到的相关论文，总共有14篇。但其中有八篇发表于2009年12月31日以前，而这部分中也只有一篇符合我们的选取标准。再经过一轮筛选，只留下18篇文献，其中有五篇又被剔除，因为它们和另外一篇文章探讨的是同一种框架①，所以最后只剩下13篇文献即13个不同的评估框架②，研究者共识率为99.93%③。

2. 批判性评估框架的对比式分析

接下来对于这13个批判性评估框架进行了总结。借助各种比较方法，我们把每篇文章中相似的评估标准归于一个个自设框架主题之下：（1）定性部分研究标准；（2）定量部分研究标准；（3）研究方法的混合和整合标准；（4）混合已知研究方法的原理；（5）理论框架；（6）研究目标和问题；（7）设计；（8）抽样和数据收集；（9）数据分析；（10）阐释、结论、因果推论和影响；（11）文本语境；（12）调查者施加的影响；（13）框架透明度。依此顺序，第一和第二个主题下的评估框架可以分别测量出某项研究中定量和

---

① 该文作者在原文最后的参考文献中以前注"＊＊"的形式进行了标示。——译者注
② 原文参考文献中这13篇文章在前面以"＊"来标示。——译者注
③ 研究者共识率＝对于文献选取达成一致的意见数量/一致和不一致意见数量的总和。

定性部分的方法论水平。第三和第四个主题包括了与混合方法研究直接相关的评估标准,比如如何混合或系统整合方法要素和理论部分,以及混合方法研究实践运用的原理。其他九个主题涉及的是通行性标准,它们也经常与基础性定量或定性研究的批判性评估工具结合起来应用。这九个主题都是在研究报告中必须清晰阐明的基础性元素,研究者应检验在具体方法操作中这些标准是否都完全体现了出来。表1对上述评估框架所包含的标准予以概述,并归纳了每个标准在框架中出现的次数。

表1 13个混合方法研究批判性评估框架所包含的评估标准汇总

(数字为每个评估标准的出现频次)

批判性评估标准	出现频次
分别对定量和定性部分方法论水平评估的标准	
定性部分	9
定量部分	9
与混合方法研究直接相关的评估标准	
各种方法的混合和整合	9
混合方法研究实践应用的原理	4
通行性的批判评估标准	
设计	9
阐释、结论、因果推论和影响预测	8
数据分析	7
研究目标和问题	5
抽样和数据收集	4
理论框架	3
调查者施加的影响	3
框架透明度	2
文本语境	2

3. 混合方法研究中分别对定量和定性部分评估的标准

根据表1所示,在13个批判性评估框架中,内容涉及对于定量和定性部分方法论水平的评估分别有九个。由此，布莱曼（Bryman，2006）将其称为"单独评估模式"（separate criteria approach）。这些文章中大多数作者所制定的标准差异不大，从普卢耶等人（Pluye et al.，2009）提出的"设计导向"（design-dependent）标准便可见一斑。

4. 混合方法研究批判性评估的具体标准

我们总结出两类与混合方法研究相关的标准：各种研究方法的混合和整合、混合方法研究实践应用的原理。布莱曼用"定制标准"（bespoke criteria）一词来描述那些专门用于评估混合研究方法论水平的规范。我们搜集的文献中有九个框架明确包括了整合不同研究方法的标准。几个框架只是提出了一个问题：研究中的定量和定性部分是否真正实现了整合，整合是否充分？萨勒（Sale）与布若吉尔（Brazil，2004）进而强调了批判性评估混合方法研究的四个一般性标准，即真伪值、适用性、一致性和中立性。

奥凯塞恩等人（O'Cathain et al.，2008）提出了九个问题来检验混合方法研究的整合程度，这些问题体现在整合类型及其与设计的匹配度、严格性、整合工作的时间分配及团队协作。特德利与塔什考瑞（Teddlie and Tashakkori，2009）引入了"整合效用"（integrative efficacy）的概念用作评估方法混合和整合的标准，他们意在回答"元推论是否充分包括了研究中每个部分的推论"以及"当推论之间不一致时是否会有理论上的解释"的问题，而此标准也被他们归类为"整合效用"的一部分即"整合的严格性"（integrative rigor）。此外，奥韦戈布兹与约翰逊（Onwuegbzie and Johnson，2006）阐释了九种合法化（legitimation）模型来对检验混合和整合程度进行标准化，而德林杰与利奇（Dellinger and Leech，2007）则在他们的检验框架中包含了昂氏、约氏、特氏与塔氏所提出的标准，笔者经过对比发现其中未有补充或完善，这说明二人完全同意其他作者的观点。

此外，所搜集的文献中有四个分析框架探讨了混合方法研究实践应用的原理。这些标准意味着研究者需要为混合定量和定性研究提供清晰的、有说服力的依据，而这种清晰表述亦有利于使研究设计和实施过程更为缜密周全。

格林、卡拉切里和格拉厄姆（Greene, Caracelli and Graham, 1989）的混合方法研究原理框架颇具影响力。基于对各种理论总结，他们提出了 5 个概括性的研究实施原理：三角化测量（triangulation）、互补性（complementarity）、开发性、原创性和扩张性。在最近的研究中，柯林斯等人（Collins et al., 2006）列出了不同作者提出的研究实践原理，并把它们归类为：样本广泛性、工具精确性、操作完整性和显著性水平提升。同样在 2006 年，布莱曼对 232 个混合方法研究进行了内容分析（content analysis）并研究了实际操作的原理。他设计了包含 16 个原理的机制：三角验证、补偿、完整性、过程、不同的研究问题、解释、未预期的结果、工具开发、抽样、信度、文本语境、图示、功效、确定和发现、观点多样性，以及进一步提升研究水平。

5. 通行性的批判性评估标准

如导言中所述，在基础性定量和定性初始研究的批判性评估工具中，这九个标准经常以一种更分门别类的方式来评价某项混合研究中认识论和方法论方面的严格性。虽然对于研究报告而言，清晰陈述数据的分析步骤是必要前提，但 13 个框架中只有七个明确包含了这一准则。评估"研究目标和问题"的标准只在五个框架中出现。评估"数据抽样和收集步骤"的标准仅在四个框架中出现。类似的，13 个框架中只有三个框架提到了"理论框架"，而研究者在研究过程和产出中的影响理应被明确评估，但事实上也只在三个框架中有所涉及。此外，如实描述"研究的文本语境背景"和"研究步骤的透明度"标准各只出现在两个框架中。对于这些标准出现较少的一个解释是，虽然一些作者在描述评估指标或概括地阐述与研究设计相关的各类议题时提到了这些标准，但通常不把它们作为独立的标准单独列出。比如，对于"研究所用的设计是否合适"这个标准包含几个不同的指标，分别适用于数据分析、研究的目标和问题、理论框架、数据抽样和收集等。所选取评估框架的作者很可能没有单独介绍这些人尽皆知的标准，因为它们并非特定适用于混合方法研究。

然而，在批判性评估框架中引入无限多的具体标准将为研究者带来麻烦，使其在运用这些框架时很难判断某个标准下的所有指标是否都得到了充分阐述和介绍,这会让随后的全面性标准评估环节变得十分困难。因此,为了便于研究者评估,应选取适当数量的清晰标准及其所属指标。九个通行性评估标准中有两个的出现频次较高(分别为 9 次和 8 次),一个是关于研究设计的,另一个是关于当下研究的阐释、结论、推论和影响的。在"设计"一项中,几个框架只是为了解决设计规划是否清晰或设计是否适用于研究目标之类的问题。卡拉切里和里金(Riggin,1994)添加了诸如三角验证、不同方法的优缺点结合和方法间共有误差最小化等细节性问题。奥凯塞恩等人(2008)加入了检验设计可行性、成效及严格性等问题。特德利与塔什考瑞(2009)将"设计质量"(design quality)评估指标归于三个标准:设计适用性、设计精确性和设计内部一致性。如此,他们为与设计相关的评估标准提供了有用的分类方法,使得其他五个框架中的同样标准亦可有的放矢,德林杰与利奇(2007)便原封未动地借用了以上分类法。在"阐释、结论、推论和影响"一栏,我们发现一些作者虽然对该标准有所提及,但 13 个框架中有五个并未将其单独列出。值得一提的是,虽然可以将此栏近一步细分,但我们还是将它视作一个整体,因为关于阐释、结论、推论和影响的标准在所有框架中常共同出现,若将其拆分将对评估框架的准确性造成偏差。克莱斯威尔和普莱诺·克拉克(Creswell and Plano Clark,2007)在其框架中提出"所得结论或推断是否合情合理"这一普遍性问题,而汉森等人(Hanssen et al.,2007)进一步提出了"检验结论是否陈述清晰明确"和"检验研究实践的学术价值是否被阐明"的问题。奥凯塞恩等人(2008)提出应明确指出某种方法推导出了某种结果,方法与结果之间是否相悖,并反思所做出的因果推论是否合理。

格林(2007)从更加抽象的层面提出,为了保证推论、结论和阐释的合理性,需采用多元的评价标准,包括(a)关注推论的数据支持,尤其是多样化数据;(b)不同方法论传统的标准和视角;(c)将推论的依据视作一种有说服力的论点,随后再进行充分翔实的框架性标准评估;(d)对此混合方法研究设计的本质和范围予以更好的理解。特德利与塔什考瑞(2009)又一次使用特定名词来描述此类标准,即"解释的严格性"(interpretive rigor)和"推论的迁移性"(inference transferability)。前者包括解释的连贯性、解释的共识性、解释的权威性和解释的契合性。德林杰与利奇(2007)亦借用这个标准,并加入了对转化精确性(translation fidelity)和推论连贯性(inferential consistency)的考虑,以及对效用和重要性的反思。最后,卡拉切里和里金(1994)着重提出了有关指标的权重分配(assigned weights)、误差、全面性、阐释力,以及研究对利益相关者和政策导向的价值等问题。

四、为混合方法研究建立不同评估框架的必要性

在对混合方法研究进行批判性评估时,仅仅将研究中的定性和定量部分予以单独评估是不够的,因为它并非定量和定性元素的简单叠加。我们将解释为什么在对混合研究各部分进行评估的同时,也要对该研究中起基础性作用的方法论水平进行评估。

首先,基于方法论的评估可以让读者明白,该研究的定量和定性分析过程在哪些方面相辅相成,或者有所互斥。通过将不同的部分混合在一起,一种方法的优势可以弥补另一种方法的不足,如此当多种分析元素相辅相成时对理论范式无疑是一种有力的验证,当分析元素相斥时,这种基础性的混合方法分析可以批判性地审视研究中所用方法。第二,当一个部分的内容是另一部分设计过程的前提时,比如当前一个定性部分产生了新的假设,其中附带的案例可以在随后的定量部分中得以检验,此时各部分很难被单独评估,我们应考虑使用混合方法进行分析,随后才是单独的评估过程。第三,当两个部分相互补充共同创造了新的研究路径,从而解释了一个总体性研究问题下的不同子问题时(比如采用何种方法进行介入、对象是谁、适用于何种情况、用于哪些方面、为何要介入),对于一位有条理的研究者而言,基础性混合方法分析的方法论水平就显得尤为重要,这是分别评估定量和定性标准的必要性前提。根据本领域顶尖学者的定义,混合方法研究最突出的特点是对定量和定性元素的混合或组合。另外,这些学者强调了混合方法研究实践原

理的重要性。

因此,"定量和定性部分是否混合得当"和"为混合方法研究提供原理性指导"这两个标准应当被纳入每一个评估框架中。总而言之,我们认为对于那些对混合方法研究进行文献综述的学者们,应当借助专门为该方法制定的标准来进行他们的评估——仅仅单独运用定量或定性的评估工具是不够的,而只运用那些通行性的批判性评估工具也是不够的。这些标准都无法体现出定性和定量元素的微妙整合以及混合方法研究实践原理的重要性。混合研究中的定性和定量部分不应只解决各部分的具体标准问题,而是应适当地混合以回答研究的初始问题。与此同时,一种原理性的指导对于研究实践非常重要,研究须从整体上达到完整一致并具有深刻见解。

五、批判性评估框架中的标准评价

(一)先验性的主题架构

本篇对批判性评估框架的分析是归纳性的,通过大量对比分析方法将框架中相似的标准归纳到同一个主题项目下。归纳法以外,通过先验性的主题架构来比较这些框架也是有意义的。这些既定架构列举出了混合方法研究中最重要的议题,从而可以检验各框架是否很好地涉及了这些议题或是存在空白。我们把克莱斯威尔(Creswell,2010)建立的架构用作参考架构,它包括五个范畴:

1. 混合方法的本质范畴

包括诸如混合方法研究命名原理(nomenclature)和方法的本质等方面。本篇选取的批判性评估框架中只有克莱斯威尔和普莱诺·克拉克(Piano Clark,2007)的研究符合此范畴标准,他们明确使用"混合方法"等相关词来描述自己的研究。

2. 哲学范畴

包括了混合方法研究的范式层面。譬如，克莱斯威尔和克拉克（2007）深入探寻研究者的预设范式立场，德林杰和利奇（Dellinger and Leech, 2007）提出"范式性混合"（paradigmatic mixing）概念，昂威格布齐与约翰逊（Onwuebuzie and Johnson, 2006）对此概念予以补充和完善，格林（2007）开创性的将范式性和思维性方法模型进行混合操作，这些批判性评估框架都明确体现了此范畴的内涵标准。有关哲学范畴和立场的问题将在下一部分详细讨论。

3. 流程范畴

包括研究设计、效度和评估、调查逻辑、混合方法研究技巧，以及研究原理等问题。本篇介绍的所有批判性评估框架都包含了此范畴标准。

4. 采纳和应用范畴

包括项目合作、传授和解读研究方法、学科发展和国际化推广。布莱曼的"透明度"框架，卡拉切里和里金的"研究结果报告标准"框架，克莱斯威尔和克拉克的关于流程汇报步骤研究，德林杰和利奇对于功效/历史因素的探讨，格林提出的"因果推论依据既是论点也是标准"，奥凯塞恩看重的研究成效与团队合作标准，以及昂威格布齐进一步讨论的研究者受内外因素影响的合理性问题，这些研究都是明确探讨此范畴标准的框架。

5. 政策范畴

包括受众、观点的呈现和传达、目标群体、资助机会以及混合方法研究合理性的宣传等方面。具体到批判性评估框架，阿尔玻兹（Alborz）探讨了"政策相关性"，卡拉切里提出"利益相关者"的标准，德林杰注重社会结果性的因素，其他学者谈到研究实践的价值与政治导向上的学术支持。综上所述，关于克莱斯威尔列出的这五个范畴架构，我们所选取的评估框架中至少会有一个标准符合某个范畴。然而，各个评估框架所涵盖的范畴数目却差别不小，没有一个框架囊括所有范畴。有四个框架分别包含了其中四个范畴的标准，它们是克莱斯威尔和克拉克（2007）、德林杰和利奇（2007）、格林（2007）、昂威格布齐和约翰逊（2006）。因此，这四个评估框架是13个框架中方法论水平最为全面的。以上五个范畴在不同评估框架中出现的次数差别也很大。流程范畴在所有评估框架中都被涉及，政策范畴和采纳/应用范畴分别出现六次和七次。哲学范畴被四个框架讨论，只有一个框架包含了混合方法本质范畴的标准。

（二）哲学立场

当借助评估框架对混合研究的方法论水平进行解读时，每个框架背后的哲学立场是一个重要因素。框架开发者受到或明或暗的哲学预设立场影响，会特别"看重"（value）混合研究中的某个方面，并相应地建立自己的评估框架。格林与豪尔（Greene, Jennifer C., and J. Hall, 2010）列举了混合方法研究中的五个哲学性范式：(1) 纯粹主义（purist），(2) 互补优势，(3) 辩证主义（dialectic），(4) 去范式主义（aparadigmatic），(5) 以实用主义为替代范式（pragmatism as alternative paradigm）。持有以上不同立场的研究者对"研究实践中哲学假设的重要性和角色是什么"这一问题有不同的回答。持有前三种立场的研究者认为哲学假设非常重要，持有去范式主义立场的研究者认为这并不重要，而实用主义者则不抱有明确答案。我们期待那些重视哲学假设的研究者至少可以在他们的评估框架中包含一条诸如"研究者是否反思过自己的范式立场"的标准。结合具体框架分析，13个评估框架中有四个没有包含与哲学假设相关的标准，它们倾向于去范式化的评估；五个框架的评估标准没有明确包含哲学假设，但在文字说明中提到了哲学假设的重要性，这些框架倾向于实用主义，具有较强的功利取向；四个框架的评估标准明确包含了哲学假设；有三个框架的评估标准是典型实用主义风格的，却具有更强的哲学假设取向。具有鲜明特色的是格林，她倡导辩证主义的取向，其框架中包括了哲学假设、文本语境和理论化指导等各式观点，它们都旨在解决调查研究方案如何开展的问题。

　　另一个需考虑的重要因素是批判性评估框架使用者的哲学立场，比如进行二次研究（如文献综述）的学者。从我们的实用主义视角出发，我们认为对批判性评估框架的选择应当基于框架对于综述的"功效"和"目标适用（fit for purpose）"。比如一个研究者进行社会转型—解放（transformative-emancipatory）的基础性混合研究，就要使用匹配"转型—解放"标准的批判性框架，框架应试图解答如下问题：作者广泛参考了他所关注的社区问题吗？是否揭示了他的理论视角？研究问题或目的是否以一种支持的立场来阐述？文献综述是否包括了对社区多元化和压迫（oppression）的讨论？作者认为研究对象的被标签化（labeling）现象是否合理？数据收集和结果是否使社区受益？研究结论是否阐释了权力关系结构、是否加速了社会变迁？利益相关者是否参与了研究项目、是否因本研究而获得了更多的赋权（empowered）？作者是否阐明了对转型框架的使用？在实用主义的"目标适用"以外，对评估框架的选择可明示或暗示使用者的哲学立场。正如框架开发者会持有各种哲学立场，二次研究者亦不免如此，他们会比别人更"看重"一些评估框架及其中的某些标准。

　　比如，一个十分看重研究效度的批判现实主义研究者会更倾向于"所有论点应以数据为基础"和"调查者对研究结果的影响应当被揭示"的框架或标准；一个解释主义研究者则会认为调查者的影响固有地存在于研究方式中，因而可能更倾向于评估诸如"深描"（thick description）和"结论的创新性"等方面。最后，我们来探讨三种批判性评估框架的选择。第一种，对所有基础性混合方法研究使用同一种普遍的评估框架。使用单一评估工具的好处之一是各研究评估的可比性。然而，考虑到当下混合方法研究实例的差异性和个人哲学立场的迥然有异，使用同一类评估标准似乎并不可取。第二种选择是为所有的混合研究提供一组满足最低要求的一般性标准，同时允许二次研究者基于研究类型或哲学立场自行添加标准。第三种选择是"精挑细选（pick-and-choose）"式的，二次研究者自己可制定并运用一套标准。由于该种选择没有为所有混合方法研究制定一般性标准，如此，研究者可能只挑选了内容性的标准，而将方法论的评估标准排除在外。

（三）批判性评估框架

在批判性评估框架的创建方面。首先，我们认为框架中包含的标准应是互斥的，并且应当反映研究对象最重要的方面。第二，一个人性化的批判性评估工具应当简单、直观和表述清晰。因此，它应当被设计成包含有限数量标准的评估工具，每个标准内设几个描述清晰的指标。此外，评估混合研究方法论水平的指南应尽可能清晰明确。一些人可能会选择数字评分的方式，而另一些人更喜欢叙述性评估方式。还需清晰说明如何从标准导向的方法转到评估方法论水平的一般性方法。承接上文的三种选择，我们认为第二种选择更为适宜，即为每种标准（整项研究）提供一套符合最低要求的指标（标准）。如何对研究进行最终评估也应当明确说明，没有达到最优得分的研究是否应该从综述评估中排除？被排除的研究其潜在影响是否应该在灵敏度分析（sensitivity analysis）中予以审视？最后，我们建议批判性评估工具也应当接纳具有心理测量学（psychometric）特性的研究元素（如评分的效度和信度）。

（四）批判性评估框架的人性化（user-friendliness）程度

本篇研究的批判性评估框架在内容和建构上具有实质性差异。混合方法研究在近二十年才吸引了大量关注，而如何评估其方法论水平的问题仅仅在近十年才开始被一些学者探讨。对此议题的回答也以多种形式呈现：探索性文章、检验性框架、评分规则不清的调查问卷，以及可操作性评估清单。但是，在评估混合研究方法论水平以及评估标准归类的问题上尚无统一意见。因此，绝对意义上，任何一个本篇研究的评估框架都不能被真正称为"批判性评估工具"。一个框架若要成为好的评估工具，需要有用户指南、清晰的评分或评判体系、在终端使用者试用后的工具优化环节，以及心理测量学特性的指标。我们发现，首先，本篇研究的评估框架往往只是列举出了评估工具的各种标准，尚未形成一个完整的评估体系。第二，只有几位作者提供了能够协助使用者的评分架构。第三，根据我们目前的了解，除设计者本身以外，还没有终端使用者试用过这些评估框架。在对定性、定量和混合方法的基础性研究进行系统性综述时，与人性化相关的一个因素是这些评估框架的初始目的：13个评估框架中只有4个说明了该框架是专为系统性综述而设计的。其他框架开发者或是间接提到系统性综述是"顺便而为"，或是直接阐明设计框架是为了应付资助团体的方法论质量"审计文化"（audit culture）。因此，有学者建言：这些评估框架不能仅仅作为是否将某些研究纳入系统性综述的评估工具，还要为机构审议人、社区、顾问、期刊编审、学术从业者等群体所用。值得一提的是，德林杰和利奇强调了评估框架在学者群体中的思维策源作用，而萨勒和布若吉尔（Sale and Brazil，2004）提到了评估框架可用于促进混合研究标准清单的完善。

（五）最新进展

我们在本篇中系统性地综述了2009年12月31日以前用于评估基础性混合研究方法论水平的批判性评估框架，很多文献目前已被更新。在评估混合研究方面，克莱斯威尔和克拉克（2011）最近建议对定量和定性部分使用既有标准，然后再考虑补充如下评估方法：（1）同时收集定量和定性数据；（2）在数据收集和分析方法中运用有说服力的和严谨的步骤；（3）将两种数据来源整合；（4）包含混合研究的特有设计并尝试融合所有与设计一致的特性；（5）将研究纳入哲学假设框架内；（6）使用与当下混合方法领域相同的术语表达。奥凯塞恩（O'Cathain，2010）提议建立从属于八个范畴的、拥有44个评估标准的框架，八个范畴为规划质量、设计质量、数据质量、解释严格性、推论可迁移性、报告质量、合成性（synthesizability）和功效。他将系统性研究中的多个框架标准进行了综合，提供了建立混合研究综合评估框架的有益尝试。然而，正如作者自己所述，这个框架包含了过多的重合标准。为解决这个不足，他设想在跨国层面运用德尔菲法

(Delphi study)①，将这个冗长清单上的关键性标准定位。这种尝试为建立综合的批判性评估工具带来了希望。

六、结论

当下的基础性混合方法研究发表量在不同研究领域稳定增长，研究者需应对挑战，将不同类型的研究纳入他们的系统性综述中。然而，在混合研究的批判性评估上尚缺乏共识。我们希望通过对这些批判性评估框架及其所包含标准的归纳总结为批判性评估的进一步发展做出贡献。本篇并不以开发一种新的批判性研究框架为目的，不过，本篇探讨的评估标准列表可以促进学界交流，为那些蓄势待发的批判性评估研究提供方法论意义上的必要建议。

参考文献

Alborz, A. & McNally, R., "Developing Methods for Systematic Reviewing in Health Services Delivery and Organization: An Example from a Review of Access to Health Care for People with Learning Disabilities", Evaluation of the Literature—A Practical Guide. Part 2. *Health Information and Libraries Journal* 21 (2004): 227 – 236.

Bryman, A., "Paradigm Peace and the Implications for Quality", *International Journal of Social Research Methodology*. 9 (2006): 111 – 126.

Bryman, A., "Integrating Quantitative and Qualitative Research: How is It Done?" *Qualitative Research*. 6 (2006): 97 – 113.

Caracelli, V. & Riggin, L., "Mixed-method Evaluation: Developing Quality Criteria Through Concept Mapping", *Evaluation Practice*. 15 (1994): 139 – 152.

Collins, K. M. T., Onwuegbuzie, A. J. & Sutton, I. L., "A Model Incorporating the

---

① 德尔菲法，又称专家规定程序调查法。该方法主要是由调查者拟定调查表，按照既定程序，以函件的方式分别向专家组成员进行征询，而专家组成员又以匿名方式提交意见。经过几次反复征询和反馈，专家组成员的意见逐步趋于集中，最后获得具有很高准确率的集体判断结果。——译者注

Rationale and Purpose for Conducting Mixed-methods Research in Special Education and Beyond", *Learning Disabilities: A Contemporary Journal.* 4（2006）：67 – 100.

Creswell, J. W., "Mapping the Developing Landscape of Mixed Methods Research", in A. Tashakkori & C. Teddlie（eds.）, *Sage Handbook of Mixed Methods in Social & Behavioral Research*（2nd ed.）. Thousand Oaks, CA: Sage. 2010: 45 – 68.

Creswell, J. W. & Plano Clark, V. L., *Designing and Conducting Mixed Methods Research*. Thousand Oaks, CA: Sage. 2007.

Creswell, J. W. & Plano Clark, V. L., *Designing and Conducting Mixed Methods Research*（2nd ed.）. Thousand Oaks, CA: Sage. 2011.

Dellinger, A. B. & Leech, N. L., "Toward a Unified Validation Framework in Mixed Methods Research", *Journal of Mixed Methods Research.* 1（4）（2007）：309 – 332.

Greene, J. C., *Mixed Methods in Social Inquiry*. San Francisco, CA: Jossey-Bass. 2007.

Greene, J. C., Caracelli, V. J. & Graham, W. F., "Toward a Conceptual Framework for Mixed-method Evaluation Designs", *Educational Evaluation and Policy Analysis.* 11（1989）：255 – 274.

Greene, J. C. & Hall, J. N., "Dialectics and Pragmatism: Being of Consequence", in A. Tashakkori & C. Teddlie（eds.）. *Sage Handbook of Mixed Methods in Social & Behavioral Research*（2nd ed.）. Thousand Oaks, CA: Sage. 2010: 119 – 143.

O'Cathain, A., Murphy, E. & Nicholl, J., "The Quality of Mixed Methods Studies in Health Services Research", *Journal of Health Services Research & Policy.* 13（2008）：92 – 98.

Onwuegbuzie, A. J. & Johnson, R. B., "The Validity Issue in Mixed Research", *Research in the Schools.* 13（1）（2006）：48 – 63.

Pluye, P., Gagnon, M. P., Griffiths, F. & Johnson-Lafleur, J., "A Scoring System for Appraising Mixed Methods Research, and Concomitantly Appraising Qualitative, Quantitative, and Mixed Methods Primary Studies in Mixed Studies Reviews", *International Journal of Nursing Studies.* 46（2009）：529 – 546.

Sale, J. E. M. & Brazil, K., "A Strategy to Identify Critical Appraisal Criteria for Primary Mixed-method Studies", *Quality & Quantity.* 38（2004）：351 – 365.

Teddlie, C. & Tashakkori, A. *Foundations of Mixed Methods Research: Integrating Quantitative and Qualitative Approaches in the Social and Behavioral Sciences*. Thousand Oaks, CA: Sage. 2009.

政治学研究方法：个体主义和整体主义的协调*

［英］克里斯丁·李斯特（Christian List）
［英］凯·施皮克尔曼（Kai Spiekermann）**

导读：政治科学的研究方法正在被分化为方法论的个体主义，即试图参照个体及其行为来解释政治现象；和方法论的整体主义（非简化论），即探究国家、制度、文化等更高层次的、在本体论和因果关系上更重要的社会存在或社会属性。在哲学研究的基础上，我们提出了这两个视角之间的某种协调特征。在制定出一套对每种观点不同变式的分类系统之后，我们观察到：(1) 虽然政治现象是由潜在的个体态度及行为导致的，但是个体层面的描述并不总能获得所有显著的可解释性（explanatorily salient）特性；(2) 当社会规律对其个体层面变化表现较为稳健时，就需要非简化论的解释。本篇描述了需要使用非简化论解释现象和允许个体主义解释现象之间的分界线，并且给出了来自族群冲突、社会网络理论及国际关系理论等研究的范例。

---

* 编译自：Christian List and Kai Spiekermann, "Methodological Individualism and Holism in Political Science: A Reconciliation", *American Political Science Review*, Vol. 107, No. 4, November 2013, pp. 629 - 643. doi：10.1017/S0003055413000373。

** 克里斯丁·李斯特，伦敦政治经济学院政府与哲学系政治科学与哲学专业，教授；凯·施皮克尔曼，伦敦政治经济学院政府系政治哲学专业，副教授。

政治科学分析的艺术——方法论的分野、实验及融合

一、引言

有学者认为政治学研究的科学方法源自方法论的个体主义，也有研究中认为这一观点是没有希望的简化论。概况而言，**方法论个体主义（methodological individualism）**是：好的社会科学解释应当仅参照个体以及它们相互作用的事实，而非较高层次的社会实体、特性或是动机。而与之相对的是**整体主义（holism）**，或是更为中立的**非简化论（nonreductionism）**。受经济学方法论影响的政治学家，尤其是那些理性选择理论家，通常是方法论个体主义的支持者；然而具备社会学或历史意识的学者，还有一些制度主义分析者、国际关系学者，以及规范政治理论家倾向于非简化论。争论中的一个关键点是诸如国家、民族、种族、文化、政党以及其他机构等实体研究对象的地位。这些仅仅是个体行为的副产品，还是具有独立的本体论和/或因果意义呢？

本篇提出这两种观点之间的某种协调，并且表明二者当中都存在着一定的洞见和错误。我们必须承认这些洞见并克服错误来取得方法论的进步。一旦我们认识到每种观点不仅仅具有一个版本而是有很多种，且不同方法论中互相包含并不矛盾时，某种协调便成为可能。本篇观点是建立在心灵哲学和社会科学哲学，以及政治科学的现有争论观念的基础之上。

方法论个体主义的以下观点是正确的：世界终究是许多个体相互作用的**结果**，任何未能接受这个基本前提的理论都是基于故弄玄虚的形而上学的假说。这一前提观点为"随附性个体主义"（supervenience individualism）。"随附性"是一个哲学术语，指用另一组事实来对一组事实进行必要确定（necessary determination）。例如，关于分子或化合物的事实，是随附于（由……决定）组成它们的原子和微粒的。与之相似，关于社会现象的事实**随附于**个体及其相互作用的事实。然而，并不能由此推断出所有的社会现象都可仅用个体主义来**解释**。这也反映出如此的观察结果，即尽管化学和生物学现象随附于微观物理学现象，化学和生物学的**解释**并不是必然能够还原为纯粹物理学的解释。即，"随附性"并不意味着"解释的可还原性"（explanatory reducibility）。

因此，在坚持一些社会科学解释必须采用非个体主义上，整体主义又是正确的。是**社会**特性而非**个体层面**的特性在一些社会现象中展现出最系统的因果关系，是完全可能的。例如，利率和通货膨胀之间的关系，要比任何特定的个体层面的传导机制更具稳健性。但"解释性整体主义"并不意味着"激进的社会事实整体主义"。鉴于政治科学是如此支离破碎，在这些问题上有着许多困惑，而且对于学科应当具备个体主义或是整体主义的程度鲜有共识。这里提出的协调，意在使争论摆脱其目前僵局。

分析结果可以在索亚（Sawyer）对社会科学中"非简化个体主义"的辩护（2002，2003，2005）中找到，这是一种"接受（根本上）个体主义存在，但拒斥方法论个体主义"（2002：537）的认知。索亚是最早着手于将心灵哲学中的相关观点广泛地转化到社会科学哲学的学者。在这里，我们应对的是政治科学中的方法论争论，其尚未对来自相关哲学争论的洞见加以谈论。我们发展出一种对个体主义和整体主义不同形式的精炼分类系统，并考察政治科学家在何处对它们感兴趣，且通过对"心理因果关系"，尤其是与微观意识的改变有紧密联系的较高层面因果关系的研究工作予以关注，提供了对一种需要非简化论解释现象的一个特性描述。

我们从方法论个体主义和整体主义的历史梗概开始，接着分析每种观点不同变式的分类系统。然后提出对"随附性个体主义"与"因果解释性整体主义"之间兼容性的论证。进而得以重新考虑政治科学中的争论，并且确认需要使用整体主义而非个体主义解释来描述系统或现象的条件。为了阐明这些条件，还简要地考虑了诸如对族群冲突与内战、社会网络理论的研究，以及国际关系理论中对于解释合理层次的争论。

二、个体主义与整体主义的历史梗概

（一）个体主义

关于个体应当成为社会分析的最终单位的观点，最早可以追溯到霍布斯

政治科学分析的艺术——方法论的分野、实验及融合

和洛克的社会契约论,并且体现在密尔(Mill)所声称的"社会法则必然是衍生自个体心理法则"(Mill, 1974 [1843];Udehn 2001: 43-49)的论断中。韦伯社会学解释中对诸如"人民"(Volk)、"阶级"、"社会"等一些集体概念地滥用做出了著名的批判,还称我们可以仅仅通过诠释个体的主观行为来理解(Verstehen)社会问题①:

> 集体应当被看作是个体特定行为的结果和组织模式,因为这些可以被当作是在一系列主观合理行为中的行动者。(Webb, 1978 [1922]: 13)

这种被熊彼特(Schumpeter, 1908)称为"方法论个体主义"的观点②,曾被哈耶克(Hayek)和波普尔(Popper)效仿,认为应当在社会学解释中避免诸如"社会"、"经济体系"、"资本主义"等"抽象概念"③。在这种观点下,"对其他更大规模的社会现象(如充分就业)而言,大规模社会现象(如,通货膨胀)的解释"不过是"妥协"(half-way)而非"彻底"(rock-bottom)的解释:

> 直到我们从关于性格、信念、资源和个体内部关系的陈述中推论出对它们的详尽解释,否则我们不能对如此大规模政治现象做出彻底的解释。(Watkins, 1957: 106)

较之更近的,埃尔斯特(Elster, 1985)辩护道,"所有社会现象的学说……原则上是可以用这样的方式解释的,即仅仅包括个体——它们的特性、目标、信念和行为"。他拒斥马克思主义的功能主义倾向,声称诸如"资产阶

---

① 对于韦伯来说,只有个体才是有意识的行为体。如果集体能成为行为体(List & Pettit, 2011),他或许会接受集体是分析的基本单元。

② 他并没有将其辩解为总体的方法论的原则,而是提倡方法论的多元化。由研究的问题来引导正确的分析单元。

③ 对于哈耶克来说,方法论个体主义应当"避免将这些伪实体视作'事实',并且……系统地起源于引导个体行为并且不来自于个体行为推理结果的概念"(1942: 286)。

级保持高失业率以镇压工人阶级",是将意识归于集体,而没有认识到个体是有意识、有目的的行动者。他提出,个体主义的解释"减少了解释项和待解释项之间的时间跨度",带来伪相关性等误解释的风险。在本体论上,"社会生活的基本单元是个体人类行为"。正如所见,方法论个体主义由本体论和解释性视角的组合来支持。

(二)整体主义

"整体主义"术语是由有争议的南非政治家和业余学者扬·史末资(Jan Smuts)在其1926年作品《整体主义与演化》(*Holism and Evolution*)中提出。与史末资相联系可能会给予这一术语负面意义。众所周知,他支持过南非的种族隔离政策(但也参与了《联合国宪章》序言的创作,与爱因斯坦通信,并在国外提倡人道主义价值观)。现在这一术语经常被它的反对者用作是不合理形而上学论断的标志。然而我们所使用的"整体主义"指的是个体主义的对立面,不具任何相关的负面内涵。

社会科学研究的非个体主义方法,还可以至少追溯到涂尔干(1982 [1901]),他提出了"社会事实"(social fact)概念:

> 社会事实是能够对个体施加外部约束的任何行动方式,无论确定与否;或是在一个给定社会的整体是普遍的,同时有它自身存在的一般原则,独立于其个体表现形式。(p. 59)

对于涂尔干来说,社会事实超越了它的"个体表现形式":

> 无论何种要素在何时结合,它们凭这种组合引起新现象。因此不得不将这些现象设想为存在的,不是在诸要素中,而是在由这些要素的联合而形成的实体中。活体细胞并不包含除了化学粒子之外的任何东西,正如社会无非是由个体组成的。然而说生命的特征现象存在于氢原子、

氧原子、碳原子和氮原子中，是非常不可能的描述。（p.39）

与之相似，涂尔干认为，社会能够拥有不可再分割为个体特性的一些特征。这种特性的整体主义与"社会仅仅由个体组成"的论断相一致，之后我们再回到这个观点。个体行为和社会约束是如何确切地联系在一起的，这常被称为"结构—行为"问题。帕森斯找出了在结构性和个体性解释之间的中间地带，将社会结构阐释为可作为个体行为理由的规范体系，但是仍然将社会结构考虑为因果相关的。

在近期研究中，我们找出了至少三种非简化论解释的动机。第一，在政治科学及相关学科的几个领域中，存在着某种"系统性"（systemic）或"制度转向"。"体系"或"制度"的特性不仅被视为**待解释项**（或因变量），同时也是**解释项**（或自变量）。例如，民主理论家将他们的关注转向大规模的"协商民主制度"，包括"规范，惯例和民主制度"（Mansbridge et al., 2012），并将研究视域从地区扩展到全球。"社会生态体系"是近期社会科学中可持续研究的单位，并且制度有时被看作是社会进化过程的选择单位，虽然对于这些解释最终是否能转化为个体层面仍是有争议的①。

整体主义的第二个动机，来自对于社会本体论的再次关注。虽然大多数学者认同诸如集体意识、社会规范、传统、制度和群体行为等现象最终都是由个体态度和行为所导致的，但是一些人怀疑仅仅从个体态度和行为能否充分地**解释**这些现象，就像"保守党想成为关心环境问题的政党"的陈述，并不需要被直接地还原为关于党员个人态度的一系列陈述。集体意识可能是存在的，即使不是它们中所有的，大多数的集体成员也具有相对应的个体意识。政党可能由于早期承诺而坚持一些观点，而与目前其成员的态度无关。与之相似，我们对印刷纸张作为货币，还有相随的各种规矩的接受，如果不参照

---

① 还原的或非还原的进化理论的形式在生物哲学中也存在争议。虽然分子遗传学提出了生物进化的一个微观基础（Dawkins, 1986），进化进程的复杂性质使这一还原过程面临困难（Kitcher, 1984; Rosenberg, 1997）。如今，对有机体或系统——而非基因——的关注占主要地位（如 Godfrey-Smith, 2009）。

共同意识或是社会本体概念的话可能是难以解释的。

　　整体主义的第三个动机是复杂性问题。整体主义者坚持认为将社会学的解释还原为个体层面，虽然**在逻辑上**具有可能性，**在实际上**却是不可能的，如果这要求"我们现存的理论可以被能够进行还原的较高层次理论所拓展或替代"。整体主义者可能赞同所有的社会特性最终是由潜在的个体特性决定的。但这并不意味着还原论是可行的，尤其是因为同样的社会特性可以由不同系列的个体特性具像化（instantiated）：即"多重实现"（multiple realizability）问题。"日本有着高储蓄率"的事实，就一定现象而言是具有解释性意义的，但它可由多种不同方式实现，以至于还原论的分析是不可行的。与之相似，诸如形成和传播政治意见的社会网络等复杂社会体系，应当就聚合特性来分析。仅参照个体层面，而非诉诸其系统特性来试图进行理解是没有希望的。

三、个体主义和整体主义的变式

　　个体主义和整体主义之间的某种协调所需的关键洞见是，一个研究者可以在某些方面一贯是个体主义者，同时在其他方面是整体主义者。一些最具说服力的个体主义命题，是与最合理的整体主义完全兼容的。政治科学中的争论常常会忽略这点，而将每种观点的不同变式瓦解为单一的教条，例如，在本体论和解释性的论断之间犹豫不定。正如海依（Hay，2006）所指出，许多争论主要考虑的是"两种相互排斥的立场……经常被相互对立地定义"，还有"未被承认的本体论选择支持着主要的理论争端"。[①]

[①] 他继续写道："同时这些分歧在认识论和方法论的选择上有可能是显性的，而这些仅仅是最终的决定性本体论假设的副现象。"（p.79）阿罗（Arrow，1994：1）定义了方法论个体主义中一种存在性解释的合并，提出因为"'个体的'决定会对经济的运作造成影响"，所以"推断个体的决定构成了一整套的解释变式似乎是普遍的。"与之相似，韦尔默勒（Vermeule，2011：9）则关注了两种政治科学中的常见谬误："如果一个共同体的成分……有特定的特性，那么这一共同体……也一定具有这种特性"，并且"如果共同体有某种特性，那么它的成分……也一定具有同样的特性。"最终，"个体主义"经常被等同于以理性选择解释为原则的理论。韦登（Wedeen，2002：717）写道："到目前为止个体主义假设具有前瞻性的战略家会一直计算成本和利益，在大多数理性选择和解释主义理论家之间将会有严格的本体论和认识论的区分。"

现在我们以结构相似的心灵哲学中的分类系统（Stoljar, 2009, 2010）为基础，提出一套针对个体主义和整体主义不同变式的分类系统。心灵哲学家对生理现象和心理现象之间的关系感兴趣。相关的生理现象是那些可以通过将有机组织和大脑视作生理体系（如：神经状态和大脑生理过程）来描述的，并且心理现象是那些需要心理学用语（如：信念，欲望和意识）来描述的。中心问题是：个体的心理状态是如何与他（她）的大脑和身体状态相联系的，还有身体中的生理过程是如何引起诸如意识和第一人称体验（first-person experience）等较高层次现象的。如果我们用"个体"代替"生理"，用"社会"代替"心理"，那么很明显这些问题和我们的问题是相似的。虽然这些相似之前曾被认同（如Greve, 2012; Pettit, 1993; Sawyer, 2002, 2003），然而对哲学观点的相关分类系统及其逻辑结构，在社会科学中却没有得到应有的广泛赞同。①

心灵哲学家在"物理主义"的至少四种变式之间加以判别，每种都是对现象在生理和心理层面是如何相关的不同命题。它们从这两个层面考虑**事实**间的关系，在**特定对象**之间（如：实体、事件和进程，下文将作具体解释）、**总体特性**之间，还有在**因果解释**之间。每种命题都有政治科学的对应。它们的否定则相当于整体主义的不同变式。

（一）一种关于事实的命题

科学的理论通常指的是，并且解释的是特定**事实**领域。正如预期那样，

---

① 我们遵循并适当修改了心灵哲学中斯图嘉（Stoljar）的分类系统。这些关键元素在索亚（Sawyer）的架构中也可见，虽然有时形式有微妙的不同，并且出于我们的目的使其更加具体。如：索亚认为"象征身份"理论只与事件相关（在他所描述的"特性理论"原则下）并且用它来喻示随附性个体主义。我们承认一种更为普遍的本体论，与斯图嘉所提出的一致。在这里，随附性个体主义与标记整体主义是可比的，更普遍地被解释为一种关于特定对象的理论（可适用于诸如Facebook、最高法院等社会实体）。

不同的理论使用不同的概念和类别来描述它们所关注的事实。① 每个氧原子只包含一个质子,以及人类能够进行语言交流,分别是物理和心理事实。最基本的物理主义命题如下:

随附性物理主义:物理事实充分决定了心理事实,亦即,任何在所有物理事实上等同的可能世界(possible world),必然在所有心理事实上是等同的。

随附性物理主义是多数以科学为基础的世界观的标志;虽然从非物理学来**描述**,但是心理事实其实是由更基础的物理事实来充分**决定**的。② 难以想象这样一个世界,其中所有的物理粒子、力等等,都**准确的**以它们在我们的世界完全相同的方式加以组合——包括所有构成生物和环境的粒子——但是一些心理的特征却不同。随附性物理主义的苛求性强弱取决于我们对于"物理"的事实范围界定的狭义或广义程度。③ 在社会学的对应部分,正如前文所提到的,如下:

随附性个体主义:个体层面的事实充分决定了社会事实,亦即,在所有个体层面事实上等同的可能世界,必然会在所有社会事实上是等同的。

个体层面事实的实例,是 2012 年 11 月 6 日在美国的个体以特定方式的行动,而且一些人去了投票站。社会事实的实例是奥巴马再度当选总统,而投票率随着法律使选民登记变得更难而下降,其他条件则不变。与随附性物理主义相似,随附性个体主义的苛求性强弱取决于我们对个体层面事实的看法。在狭义的定义下,这些会被局限在每个孤立个体的态度和行为的事实中。在广义的定义下,则可能也包括个体与其所处环境状态关系的事实。据称为个体主义的不同理论,在其描述性概念和类别的限制或宽容程度上有所区别。

---

① 启发性的,对于事实的描述是可以正确地转化为"在这种情况下……。"格式的解释的。形式上,事实是可以由命题呈现的。

② 随附性物理主义在特性方面也有同等的定义。然而由于我们尚未引进客体和特性的概念,在这里我们仅仅给出了事实方面的定义。这方面的理论包括,(例如)查莫斯(Chalmers,1996)的阐述。

③ 如果我们将物理的事实定义的过于广泛,以至于包括所有的事实,那么随附性物理主义虽然仍然正确,却过于琐碎。然而一旦我们将物理事实定义的相对狭窄,例如,仅仅包括基础物理学术语可描述的事实,那么随附性物理主义将是一个有趣而重要的理论。

随附性物理主义的优势很明显：除非我们对什么是个体层面事实使用一种不合理的评定的限制条件，否则很难想象在一个假想的当今世界的副本中，个体层面事实都保持不变，但是社会事实却有所不同。确实，很难预见会有不能溯源为无论多么微小的个体层面差别的社会层面差别的存在。因此，随附性个体主义似乎是对于社会事实重要而"毫无疑问"的限制（亦见 List & Pettit, 2011）。随附性个体主义的否定，将是一种非常激进的——并且我们认为是不合情理的——"社会事实整体主义"形式：

社会事实整体主义：个体层面的事实不能充分决定社会事实，亦即，在所有个体层面事实上等同的可能世界，在一些社会事实上却是不一致的。

（二）一种关于特定客体的命题

第二种物理主义命题与**特定客体**有关。科学的理论均具有某种本体论承诺：它将一些客体作为"本体论本原的"（ontologically primitive）。例如，粒子物理在本体论上承认电子、中子和质子的存在，同时心理学则承认心理状态、信念、意识等等。进而，在理论本体论中的客体不必限定为普通意义上的**实体**，而同时包括**事件或过程**。心理事件或过程是认知科学本体论的客体，正如历史性事件或过程是历史或政治科学本体论的客体。关于特定客体的物理主义命题如下：

标记物理主义：一切心理层面本体论中的特定客体，均等同于物理层面本体论中的某些客体（至多存在描述上的差异）。

这种观点是，心理学本体论中存在的一切实体、事件或过程——比如，某种特定的意识态度（intentional attitude）、感知或思考过程——与某些物理的实体、事件或过程相符，尽管其传统的是从心理学来描述。原则上，就诸如事件等某些种类的客体，可以采用标记物理主义，但就诸如实体或进程等其他客体，就要对此加以拒斥。试图找到每种心理现象相关的神经关联的热门研究项目，就反映出某种标记物理主义的观点。在这里，脑成像技术被用来识别任何特定心理状态或过程的大脑状态或神经过程——例如，某种特定的疼痛体验或视觉感知——都与之相符。标记物理主义在社会科学中的对应如下：

标记个体主义：在我们社会本体论中的所有特定客体，均等同于个体层面本体论中的某些客体（至多存在描述上的差异）。

如果这点是正确的话，每个我们通常描述为"社会性的"特定实体、事件或者过程，都必须承认某种个体层面的重新描述。因此诸如国家、政党或大学等任何实体，都等同于个体的某种特定集合或组合，而且诸如2008年美国总统大选，或是2011年欧盟对希腊的紧急援助等任何社会事件或过程，都必然等同于能够完全从个体层面充分描述的事件或过程。如同标记物理主义那样，就诸如事件等某些种类的客体而言，标记个体主义是可行的，但在诸如实体或特性等其他方面对此并不认同。

标记个体主义对于任意的客体是否站得住脚，取决于其构造是广义还是狭义的。如果我们在一个给定的时间点对某个大学或民族截面素描，那么认为其等同于对当时个体的某种集合或组合，或许并不是荒唐的（虽然有些牵强）。与之相似，如果我们将某个特定的紧急援助解释为个体行为的特定结果，那么标记个体主义的立场在理论上是可行的。

然而一旦我们将社会实体视为可以具有一定延续性的，或者将某个社会事件或过程视作能够在不同情境下发生的事物，这样的界定则成为了一种延伸。数目不确定的个体层面思想，或许会产生出被视为相同的社会实体、事件或过程。① 例如Facebook等实体明显地存在于我们的社会中，然而找出在个体层面的描述与之确切吻合的实体是不可能的。如果这一观点是正确的话，就有可能支持一种"标记整体主义"的形式：

标记整体主义：在我们社会本体论中的一些特定客体，是区别于（而且

---

① 我们越是将某个给定的社会实体视为对一段时间内特定人群概貌的延伸，或是将某个社会事件或进程视为可以通过不同的个体行为发生，标记个体主义的立场就将越是不合理。因此，较高层次的事物不一定等同于低层次的事物。一旦我们承认它是持续存在的，并且在不同的假设的情景下也是存在的，伦敦大学（一个社会的特定对象并且是"大学"分类中的代表）就可能在个体层面上是多重实现的，这里我们背离了索亚接受象征身份，并认为其与事件相关的观点。

不可重新描述为）个体层面本体论中任何客体的。[1]

（三）一种关于特性的命题

第三种，还是更为苛求的物理主义命题，涉及的是**特性**。科学的理论不仅仅参照诸如实体、事件或进程等**特定客体**，同时也考虑这些客体的**总特性**。特性归属在解释中发挥非常重要的作用，正如下面的讨论。物理特性的例子，是"带电荷"，或是"具有某种动力"，而关于心理特性的例子有"相信或渴望某物"，"经历恐惧或希望"，"感知某个物体"等等。关于特性的物理主义即是如下的命题。

类型物理主义：一切心理特性都等同于某种物理特性（至多存在描述上的差异）。

这是一种有相当要求的论断。总特性通常可以由各种方式加以具体化，并且不能**从物理上**详细说明，例如会形成"肯尼迪会在 1963 年被暗杀"的信念的所有不同大脑状态的共同点。类型物理主义在社会科学中对应如下：

类型个体主义：一切社会特性都等同于某些个体层面的特性（至多存在描述上的差异）。

一个社会特性的范例，是"拥有 20 美元"。要知道称这一特性等同于某些个体层面特性的要求程度，则需考虑对此加以具体化的所有不同方式。有的人可能在口袋里或是其他地方有一些钞票或硬币，有的人可能有一个银行账户，而反过来这也可以由多种不同方式具体化（过去会登记在纸质账簿中，现在则储存在电脑系统中）。更广泛的，一个人可能与其他人有一定的合约关系，这也可以有无数种不同形式。即使对"拥有 20 美元"特性的每个**标记实体**均可转化为个体层面的复杂组合，当涉及**总特性**本身时，这种转化势必无法完成。（具体论证见 Fodor, 1974 和 Sawyer, 2002）。这支持了如下命题：

---

[1] 这里的及后来的整体主义理论的诠释合理与否，取决于我们对于"不可再描述性"的理解。可能的诠释有从"原则上不可再描述"到"实践中不可轻易地再描述"的各种观点。

类型整体主义：一些社会特性，区别于（而且不可重新描述为）任何个体层面的特性。

（四）一种关于因果解释的命题

最后一种物理主义的命题，其在社会科学中的对应也是我们希望考虑的，是关于因果解释方面的：

因果解释性物理主义：每种（科学解释能够描述的）因果关系，都等同于某种物理的因果关系（至多存在描述上的差异）。

这种观点是，可以由"彻底的解释"界定的真正因果关系只存在于物理层面。在这种情况下，明显的较高层面的因果关系至多是"附带现象的"（epiphenomenal）。例如，当某人形成抬起胳膊的意识并以此行动，由此产生的身体动作的原因不是此人的意识（一种较高层次的心理状态），而是他或她的大脑状态（一种较低层次的物理状态）。所谓的"排他性论证"主张在因果封闭的物理世界中，所有真正的因果关系都是物理上的，我们将在下节回到这一点。对应的社会科学命题如下：

因果解释性个体主义：每种（社会科学解释能够描述的）每种因果关系，都等同于某种个体层面的因果关系（至多存在描述上的差异）。

这种观点的一个含义，是我们所观察的任何较高层次的社会模式或规则性，仅能被转化为关联，并且不是真正的因果关系，除非我们辨识出了潜在的个体层面原理。例如，当我们观察到一个经济体中失业率和通货膨胀之间的反比关系时，我们仅能将这种关系——所谓的"菲利普斯曲线"——解释为一种关联。在微观基础缺乏的条件下，我们不能合理地称这两者之间存在因果关系。在政治科学和微观经济学中，这种观点被广泛接受，虽然很少被详细地审查。在下一节，我们将更为详尽地检验因果理论性个体主义的情况。我们所要辩护的这一命题的否定如下：

因果解释性整体主义：（社会科学解释能够描述的）一些因果关系，区别于（而且不可重新描述为）个体层面的因果关系。

（五）不同的命题是如何在逻辑上互相关联的？

个体主义和整体主义的不同变式彼此相差甚远，强调了对它们加以区分的必要性，而且虽然每种个体主义命题都具有一种整体主义的对立面，但是一些个体主义命题和其他的整体主义命题相一致。逻辑关系如下：

命题：

（i）随附性个体主义并不包含任何其他三种个体主义命题；

（ii）随附性个体主义是逻辑上独立（尤其是指不包含也不被包含）于标记个体主义的；

（iii）类型个体主义包含了随附性个体主义，标记个体主义和因果解释性个体主义。

推论：

（i）社会事实整体主义并不包含于其他的任何整体主义命题；

（ii）社会事实整体主义是逻辑上独立（尤其是指不包含也不被包含）于标记整体主义的；

（iii）类型整体主义包含于社会事实整体主义，标记整体主义和因果解释性整体主义。

在一份网络附录中，我们为所有这些论断概述了一种分析观点（与Stoljar，2009一致）。现在我们来关注我们对个体主义和整体主义协调的最主要论断［包括在命题及其推论的（i）中］：

兼容性命题：随附性个体主义与因果解释性整体主义是兼容的。

四、随附性个体主义与因果解释性整体主义兼容的原因

正如已经指出的，方法论个体主义通常会得出结论，即所有的社会现象在原则上都可以从个体层面来解释，前提是社会是许多个体以多种方式行动的结果。与我们的兼容性命题相反，因此他们假设随附性个体主义包含因果

解释性个体主义（亦见 Kincaid，1986）。由于对这种论断的论证很少被详细地表述（值得注意的例外包括 Sawyer，2003 和 Greve，2012）①，因而值得对此进行重构，并展示它的失败之处。

（一）排他性论证

这个论证是被哲学家称为"排他性论证"的版本（如 Kim，1998，2005）。考虑一个可以在多个层次上描述的系统：

（1）较低的层次：例如在心理—生理事件中的大脑层次，或是社会事件中的个体层次；以及

（2）较高的层次：例如心理或社会层次。

让我们进一步地接纳随附性物理主义（在心理—生理事件中）或随附性个体主义（在社会事件中），亦即，所有随附于低层次事实的高层次事实。假设我们希望解释体系中的一定特性——称之为"效果"E——通过识别导致它的特性或特性组合。我们面临如下的方法论问题：

关键的方法问题：我们是应该从较低层次（如：在心理—生理事件中的大脑状态，或者社会事件中的一系列个体行为），还是较高层次（如：心理状态或者社会模式的总和）的描述，来识别效果 E 的原因？

为了回应这一问题，将时常援引两种原则：

较低层次（如：物理或个体）的因果封闭：任何效果 E（无论 E 是在较低层次或是较高层次被描述），必然最终具有一个较低层次的原因，称之为 C。

排他性原则：如果较低层次的特性 C 是 E 的原因，则随附于 C 的确切的较高层次特性 C∗不能再作为 E 的一个原因（因此 C∗至多是"真正"原因

---

① 索亚（Sawyer）讨论并回应了这一论点，格雷夫（Greve）则批评了他的回应。我们发现无论是索亚对社会因果的辩护还是格雷夫的批判都无法完全令人满意。这里我们提供了另外一种回应，建立在产生影响的因果理论的基础上。

的"附带现象")。

从这两种原则,可以得出 E 的原因必然是某种较低层次的特性 C,而不是随附于它的某种确切的较高层次特性 $C*$。

例如,假设我们希望解释为什么伦敦希斯罗机场的移民队伍变长了——一个效果——然后我们提及政府收紧了移民政策——一个较高层次的特性——作为原因。因果封闭和排他性原则会表明这是错误的因果归属,或者只是真正原因的一个附带现象。真正原因一定是一系列复杂的个体行为,即移民官员要对每个抵达的旅客进行广泛的检查,这反过来使得等待时间增加。在这个情况下,较高层次的特性仅作为对其随附的真正微观原因的"简略表达"(shorthand)。总结为:

论证:鉴于随附性个体主义,因果封闭和排他性原则表明(一种版本的)因果解释性个体主义。

由于我们将随附性个体主义认为是对社会事实"毫无疑问"的限制,我们仅通过否定因果封闭原则或排他性原则,或是以上两种,就可以否定这个论证的结论。这些原则是否能经受考验,取决于我们对"原因"取何意义。凭借近期哲学上的工作(List & Menzies, 2009;Menzies & List, 2010),现在我们称,如果我们以社会科学中最常见的方式来定义原因,那么这两种原则总体上都是不合理的。

(二) 两种因果概念

广义来讲,至少有两种确定原因的方法(如 Hall, 2004):"以生产或机制为基础"(production-or mechanism-based)的方法,和"产生影响"(difference-making)的方法(有时被称为"反事实"方法)。两种方法均可视为对传统"原因和效果"概念的阐释,但是它们采用了不同的方式。第一种专注于"产生"出特定结果的**过程**或**机制**,第二种则专注于特定事件处在真实和反事实条件下的**规律性**。

认为因果典范性地包含着彼此相互影响、转移力量,以及因此互相推动的物理客体或主体（想想台球相互碰撞的场景）的传统观点，是对"以生产或结构为基础"的方法的最好解释。因此因果被理解为产生特定结果的过程或机制。罗素（Russell，1913）通过进一步发展这一观点，提出诸如牛顿力学等现代科学并没有将物理的过程"分割"为分离的事件（例如互相分离的"原因"和"效果"），而是描述了获得"总的因果法则"连续的泛函数关系：系统随时间变化的机制，例如太阳系中的行星等客体在种种条件下的相互作用。① 例如宏观经济学的微观基础等强调社会现象是由层层递进的个体结构"产生"的社会科学方法，最好被解释为是"以生产或机制为基础"的方法。（Hedström & Ylikoski，2010；Tilly，2001）。

与之相对，"产生影响"的方法并非从过程或机制，而是从一定事件或事件类型的规律性角度来明确因果。这种方法在许多特殊的（即非实体的）学科中用途广泛，尤其是当包括有意识的抉择或其他较高层次现象时。在科学中，从医学和生态学到政治科学和经济学，我们经常对一些"自变量"（或"原因"变量）是如何（例如，通过干预）系统的与某些"因变量"（或"结果"变量）中的变化相关联的感兴趣。在"产生影响"的方法中，因果关系是某些变量或特性之间稳健的规律性（Brady，2008；Lewis，1973；Woodward，2009；亦见 Fearon，1991）。所以，当且仅当某个特性 C（在一个利益系统之内）系统的对另一个特性 E 产生影响时，C 是 E 的原因。在以 C 和 E 为二元特性的说明性案例中，这可以由以下两种条件来大致地说明：

正面追踪（positive tracking）：如果 C 发生了（其他条件不变），那么 E 也会发生。形式上，E 存在于 C 所存在的所有最接近的可能世界（相对于现实世界的）。

反面追踪（negative tracking）：如果 C 未发生（其他条件不变），那么 E 也不会发生。形式上，E 不存在于 C 不存在的所有最接近的可能世界（相对于现实世界的）。

---

① 对于罗素来说，没有必要称这些法则为"因果的"，我们同样也可称其为"物理法则"或"自然法则"。

我们从诸如回归分析等统计中获得因果关系证据的方式，很大程度上与这种考虑因果的方式一致：如果因果被定义为是"产生影响"的，那么稳健的相关性——控制了足够的诸多其他因素——就确定是因果的**证据**。

（三）一种对排他性论证的回应

当以"生产或机制为基础"的方式来理解因果（如 Kim，1998，2005）时，排外性论证最有吸引力，至少在隐含着任何给定现象的最为精细的机制分析中，达到了我们所最终感兴趣的结果。因此毫不惊讶的是，诸如宏观经济学的微观基础程序等社会科学中"以机制为基础"的方法，是最为强力的个体主义方法。与之相对，当因果被理解为"产生影响"时，在最为系统的规律性中，是否能够在较高或较低层次的描述中发现某个社会系统的效果 E，是一个经验性的问题。

正如之前提到的，科学家通常试图通过寻找即使在严谨的实验和数据控制下仍然持续的稳健关联，来发现因果关系的证据。假设我们在一个体系（这里是经济）中找到了某个较高层次的"原因"特性（如：中央银行的利率）和某些"效果"特性（如：通货膨胀）之间的稳健关联。在之后我们可以问，效果是否会继续在其假定的较高层次原因的较低层次实现的变化中持续。如果在某种这些变化当中效果继续出现（其他条件不变），我们称这种较高层次的因果关系为"对其微观实现中的变化具备稳健性"，简称为"微观实现稳健"。虽然缺乏这种稳健性的因果关系可以还原为较低层次的描述，但是具有稳健性的并非如此。在后面的情况下，对于"产生影响"的因果的两种"追踪条件"（tracking conditional）由较高层次的特性满足，**而非由潜在的较低层次特性**[在 List & Menzies，2009 中，对"微观实现稳健"的术语是"实现迟钝"（realization-insensitivity）]。

图 1（改编自 List & Menzies，2009）给出了详细的介绍。在这个二维空间中的每一点都代表了一个可能世界（一个"可能的方案"），中心点代表现实世界（"现实方案"）。以之为圆心的同心圆包括逐渐变远的可能世界，符合

的**均同条件**（ceteris paribus）越来越少。假设我们想要解释是什么导致某些结果 E 确实发生，而且会发生在所有可能世界的最内围（阴影部分）的原因。E 的一个可能原因是较高层次的特性 C_H，我们发现它位于处于左边大的阴影部分的所有可能世界当中。相关于 E 的 C_H 满足上述的两种追踪条件。在 C_H 存在的最近可能世界（相对于现实世界），E 也存在，因此满足正面追踪；在 C_H 不存在的最近可能世界（向右移动），E 也不存在。假设现实世界中较高层次特性 C_H 的较低层次实现是较低层次特性 C_L。由于它只是 C_H 诸多可能实现中的一种，因此它并不呈现在与 C_H 对应的整个阴影区域内，而是仅仅在其中较小的半椭圆中。如果接受排他性论证的话，那么 C_L 就会被认为是 E 的原因，并且仅仅将 C_H 当作是附带现象。但是只有两个追踪条件的一种——正面追踪——由相关于 E 的 C_L 所满足：在 C_L 存在的最近的可能的世界（相对于现实世界），E 也存在。由于在 C_H 不存在的最近可能世界（向右移动），E 却并非不存在；然而，即使较高层次的特性 C_H 有某个不同的较低层次实现，E 继续存在，因此违背了反面追踪。由此，我们得到了一个因果微观实现稳健的例子。

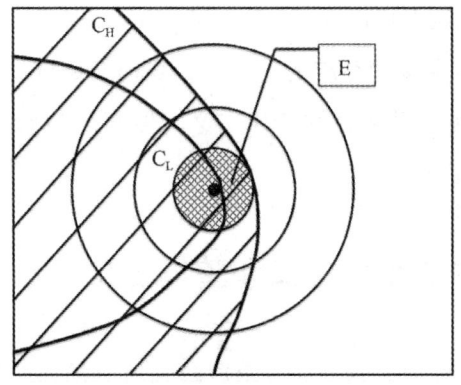

图 1　较高层次因果关系的稳健性

注：改编自 List & Menzies, 2009

将失败的 2010 年哥本哈根气候峰会作为形式化的现实世界事例,泄露出的视频给出了在最后阶段谈判如何停滞的细节。被触怒的温家宝总理返回了他的宾馆房间,通过手机对他的首席谈判官做出指示;萨科齐(Nicolas Sarkozy)大发雷霆;默克尔(Angela Merkel)则径自退场。最终,辛格(Mammohan Singh)、卢拉(Lula da Silva)以及其他领导人与奥巴马达成了一个极初步的协议(Rapp, Schwagerl and Traufetter, 2010)。这种个体层面的解释虽然很有趣,但作为因果解释而言作用是有限的。正如很多分析家都发现,是诸如派系数量众多、缺乏共同利益、联合国气候变化框架公约程序法律框架的无效,以及美国总统没有获得作出重大让步的民主授权等结构性原因导致了峰会的失败(如参见 Victor, 2011:ch.7)。这些较高层次的因果关系是微观实现稳健的,因为即使温家宝没有指派首席谈判官,萨科齐控制住情绪,或另一群不同的政治家在基本相似的条件下一同讨论同样的主题,峰会仍有可能失败。

最重要的是,一旦因果被理解为是"产生影响"的,因果封闭和排他性原则就不再是关于因果的概念性真理,而是适用于某些因果体系的可能原则,对其他体系则并非如此。一个给定的系统适合哪一边,取决于它是否展示出微观实现稳健的较高层次规律性(List & Menzies, 2009)。当我们在解释界定需要因果解释性整体主义的系统的标准时,我们会回到这一点。总之,随附性个体主义**并不**包含因果解释性个体主义,但充分包含了因果解释性整体主义。

五、政治科学中的个体主义和整体主义

由于将随附性、标记、类型和因果解释领域混淆,政治科学中的个体主义和整体主义之间的争论往往缺乏条理。现在我们将从关于理性选择方法的争论开始,回到这些争论中的重要领域。

（一）理性选择理论与政治经济

正如莱弗（Laver, 1997：vii）所回顾的，

> 曾经有一段时间，如果一个学者（最通常是一个哲学家或社会学家）指责某人是还原论者，是致命的……在20世纪80年代我也曾被中伤为还原论主义者，但现在我却能诚实地说，我确实不认为这有什么错误。自从阅读了一些关于政治的"非简化论"的作品多年以来，并未使我相信它具有优越性。

但是对莱弗的指责到底是什么样的呢？我们的分类系统使我们能够提出更详细的问题：Laver究竟是被指责为支持随附性个体主义、标记个体主义、类型个体主义、因果解释性个体主义，还是这些立场的结合呢？莱弗并没有准确地说明，但是"还原论"的指责却给出了暗示。首先，可以将随附性命题搁置一边，因为正如我们所见，随附性个体主义并不需要将所有社会层面的可还原性都传递到个体层面，甚至涂尔干型整体主义也是可以接受的。第二，标记个体主义自身也并不包含有意思的解释性还原形式：如果我们社会本体论中所有的特定客体——例如特定的事件——都能被重新描述为个体层面的客体，我们当然可以将所有标记性客体加以还原，但这对总体的社会规律性言之甚少。莱弗和他的批评者之间的焦点，在于类型和因果解释的还原。这个指责**既**表明莱弗是一个认为所有的社会特性都同等于个体层面的特性的类型个体主义者；**或者**，更合理地（因为类型个体主义是不合常理的）指责他是一个认为合理的解释应当仅仅从个体层面陈述的因果解释性个体主义者。这是理性选择理论家的一个共同立场。但正如我们所称，当在较高层次的描述中可以发现最稳健的规律性时，因果解释性个体主义是失败的。

个体主义对理性选择理论的关注，可追溯至其创建者。布坎南和塔洛克（Buchanan & Tullock, 1962）描述了一种在国家的"系统的概念"的一方，和

作为"主要的哲学实体"的个体的另一方之间的方法论和规范性的黑白选择，告诫说系统的概念在个体当中"假定了一种难以解释的总体意志的出现，它独立于决策过程而衍生"（p.12）。社会事实整体主义中难以接受的神秘主义，是布坎南和塔洛克对方法论个体主义的论据。但是黑白选择过于牵强：正如我们所见，社会事实整体主义的错误性并不说明整体主义其他形式的错误性。

并不是每个人都持有政治学中的经济分析仅仅需要纯粹个体主义解释的观点，即使是在理性选择一边。例如，萨茨和弗里基（Satz & Ferejohn, 1994）称解释有不同种类，有些是在微观层面运作，提供对行为的具体心理学解释，有些则在宏观层面运作，关注聚合的行为模式（亦见 Scharpf, 1997）。结果是广义来讲，理性选择理论并不执着于因果解释性个体主义。包含类型和因果解释性整体主义的广义理性选择理论方法的一个例子，是新兴的网络分析领域（如 Christakis & Fowler, 2009），我们之后会回到这一点。

（二）情境和制度

在政治科学的诸多领域，其中较高层次的聚合、制度、政党、文化、群体和社会情境自然地作为手头的论题，使得对因果解释性整体主义的承诺成为必要。例如，"现代比较政治的中心原则是……情境——结构的、文化的、制度的和战略性的；社会的、经济的和政治的；国际的、国内的和当地的——是重要的"（Franzese, 2009：29）。这里提到的所有解释性变量都指社会特性。为了看出这种方法的本体论承诺，暂时假设那种个体主义是正确的。这意味着所有的社会特性都等同于个体层面的特性，而且由此所有那些"情境"特性都可还原为个体层面特性。很明显，那不是大多数比较政治学者所相信的。对于很多学者来说，正是结构性的、社会层面的特性中的不可还原性，使得比较分析成为一种值得采用的研究模式。而对不可还原的"情境"变量的这种承诺，则需要类型整体主义。如果假设不可还原的社会层面特性是最好的解释形式［正如弗兰泽塞（Franzese）所提出的］，那么会得出因果解释性整体主义。

与之相似,"新制度主义"转向,使对"相对的制度自主"而非"个体行为的集体后果"的政治现象分析得以复兴,(March & Olsen, 1984: 734; cf. Peters, 2012)。然而,将社会特性用作自变量的研究者不需要假设难以理解的"整体"的存在(并且很多新制度主义者关心个体层面的基础,如:见于 North, 1993)。正如之前提出的,类型和因果解释性整体主义与随附性个体主义,以及更为合理的、较弱的标记个体主义形式是兼容的。

(三) 国家和其他集体实体

在政治科学的另一领域——国际关系理论中,个体是否应被看作是分析中的最终单位的问题尤其迫切,因为解释的常见单位是国家。就国家而言的类型个体主义者认为,一个国家的所有特性无非是构成它的个体的特性,而因果解释性个体主义者相信,国际关系理论中的所有解释都能够仅以个体层面进行,而非将国家自身视为行为者。如果类型和因果解释性个体主义是正确的,国际关系理论的这个分支将可被还原为个体行为理论。为抵制这一观点,并像我们一样,借助于心灵哲学中的非还原物理主义,温特(Wendt, 2004)称,将个体视为我们本体论中的基本单位,并不意味着从国家到个体层面的还原是可行的。这与我们的随附性个体主义并不包含任何其他形式的个体主义主张是一致的。

关于较高层次单位的本体论状态及解释性意义的问题,也会在诸如立法机关、委员会、政党、利益集团和非政府组织等其他政治学的集体实体中被问及。例如,海依(Hay, 2006: 88 - 89) 如下写道:

> 在政治分析和更广义的社会科学哲学中,没有什么问题比个体与社会集体或群体之间的关系更根深蒂固……集体行为体(国家、政党、社会运动、阶级等等)是可以实际的,或仅仅是的确有效的被称为是存在的吗?如果是,它们会展现出结构的特征,使得它们的特性或本能不会被还原为构成它们的单位(一般为个体行为者)行为的聚合吗?这样的

实体是……合适的政治学分析主体吗？而且若是，哪种行为特征解释能够归因于它呢？

最近，对一种命题的兴趣日渐增长，即对于这些集体行为最简约的解释经常包括将它们模式化为就其自身而言目的性的、理性的行为体，虽然前者随附于后者，但是对其的偏好和评论不必是潜在的个体偏好和评论的简单函数。一个中心观点是，集体实体行为中的较高层次规律，有时可能会依据被丹尼特（Dennett, 1987）称为是对它们的"有意识的立场"。甚至宏观经济学家会使用这种立场看待一些集体，例如他们将企业模式化为企业理论中的统一理性行为者。当然，很多人会认为对企业的行为体归因无非是功利有效的模型简化，并且群体行为体的概念仍是有争议的。

（四）一个新的共识？

海依（Hay, 2006：90）提出，近年来在政治科学领域中出现了一个"常识地带"。应当包含了几个论断，即（i）存在不可还原的社会整体；（ii）这些整体有自身特性，不能被明显地看作它们组成部分的特性，然而（iii）这些整体最终仅由它们的部分组成，因此没有其他额外本体论部分的存在。在我们看来，海依接受随附性个体主义、类型整体主义和因果解释性整体主义，并且没有采取标记性范畴的立场。（i）、（ii）、（iii）的联合也回应了索亚的"非还原性的个体主义"（2002, 2003）。

我们不确定这一"常识地带"是否如在海依所提出的原则中一样牢固，这一节的简单调查引出了一些疑问。或许对这个问题的总的共识甚至是不可取的，因为不同的现象会需要不同的方法路径。现在我们对何种系统需要"整体主义"的方法论，何种需要"个体主义"的方法论提出标准。

六、需要整体主义或个体主义方法论的系统

我们已经展示了，当所研究的系统或现象展现出的稳健的因果规律性——在"产生影响"的意义上——是在较高的、聚合的层次上，而非在较低的、个体的层次上，因果解释性整体主义是合理的。运用我们的分析，我们以三个形式条件来描述这样的体系或现象，而且给出政治科学的解释。

（一）因果解释性整体主义的三个条件

当且仅当同时符合三个充要条件时，一个社会系统需要解释性整体主义：

多重描述层次：系统承认较低和较高层次描述的存在，与不同层次的具体特性相关（如：个体层次的特性，或是集体层次的特性）。

较高层次特性的多重可实现性：系统中较高层次特性，是由其较低层次特性决定的，但是能由它们的无数种不同组合实现，因此不可由较低层次的特性重新描述。

微观实现稳健的因果关系：系统的某些较高层次特性所处的因果关系，对其较低层次实现的变化具有稳健性。

所有的社会系统或现象几乎常常满足第一个条件。较低层次的描述通常指个体及其特性，而较高层次指的是社会聚合的特性。

第二个条件要求，虽然较高层次的事实随附于较低层次的事实，但是较低层次特性的多种组合都可显示出同样的较高层次特性。这种多重可实现性意味着较高层次的特性至多相当于较低层次特性的复杂列举（"无限制的分离"，在 Sawyer, 2002, 2003 中有讨论）。明显地，许多社会层面的特性（如：8％的失业率，偏好的单峰值概况，议会中保守党占多数等）可由许多个体层面特性的不同组合实现。想想与8％的失业率相对应的所有工作和待业者的不同可能分布，不同的可能偏好概况，还有保守党议员不同的"可能获

胜联盟"。

对于第三种条件,回顾一下当一个较高层次的特性是对另一特性"产生影响"的原因(满足正面和反面追踪)时,如果至少是在其推定原因中的较低层次实现发生某些变动时效果特性仍会持续发生,那么这种因果关系是"微观实现稳健"的。正如我们所见,虽然缺乏这种稳健性的因果关系能够被还原为较低层次的描述,但具有微观实现稳健性的因果关系则不然(List & Menzies, 2009)。因此较高层次的描述对包含微观实现稳健因果关系的系统进行因果解释时,是不可缺少的。

(二)族群冲突和内战研究

为了解释这些条件,首先考虑《美国政治学评论》中引用最多的文章之一,费伦(Fearon)和莱丁(Laitin)所著的《种族,暴动和内战》(2003)。他们的中心论断是:

> 促使暴动的条件——尤其是由贫困,人口过多和不稳定所标志的国家软弱——而非民族和宗教多样性的指标,是对哪个国家处在内战危险的更好预测因素。(p.88)

首先注意的是,这种利益现象明显承认**多重层次的描述**。我们可以将它们描述为聚合性的国家或群体层次,或者个体层次。虽然费伦和莱丁偶然地提出了较低层次机制大抵是什么的大致梗概,但他们关注的是界定较高层次特性之间的因果关系。第二,**较高层次特性的多重实现**也被满足。虽然国家软弱和暴动的事实随附于特定的个体层面事实(关于个体事实的总和,决定了关于国家和人口学的聚合事实)时,这些聚合的事实却可以由无数种不同方式实现,以至于很难估量所有可能的实现条件。例如,诸如"国家软弱"等聚合特性可以由个体的无数种组合来具现化,对此的枚举既是不可行的,也是无用的。第三,由于界定的较高层次规律性不随个体层面实现的改变而改变，费伦和莱丁合理地发现了**微观实现稳健的因果关系**。正如即使是不同的政治行为者在场哥本哈根气候峰会仍有可能失败那样，国家软弱将导致暴动，而与它到底是如何实现的无关。如果费伦和莱丁是对的，那么国家软弱和暴动之间的因果关系应当不受其具现化的个体行为细节影响，因为这一因果关系在过去和未来都会被坚持，而未来的个体实现是无法知道的。

（三）社会网络理论

作为第二个例子，来考虑新兴的网络分析。克里斯塔基斯和富勒（Christakis & Fowler, 2009：32）提出：

"如果我们想理解社会是如何运作的，我们需要填补个体之间被忽略的联系。我们有必要理解人们之间的相互联系和相互作用，是如何导致个体自身所不能呈现的全新层次的人类经验的。"

例如，假设网络结构的某种特性（如：路径平均长度或"无标度"特性）决定了政治信息的传播速度有多快。存在着**多重的描述层次**，即一方面是个体（网络节点），另一方面也有聚合的网络特性（联系的结构）。等同的网络特性可以由个体的多种不同组合来实现，这显示出某些**较高层次的特性是多重实现的**。最重要的是，较高层次的因果关系（例如，以路径平均长度和信息传播之间的相关性为基础）是合理的具有**微观实现稳健性**的。网络理论研究项目的重点，在于界定体现在特定因果关系中的网络结构特性，即使是将它们具现化的特定网络也会有着巨大的差异。例如，具有相当不同的本地拓扑和节点的两个网络，也能具有同样的聚合特性（如"无标度"等）。无标度的特性稳健的与特定的效果相关，并且这种关联并不取决于精确的本地拓扑结构或是个体节点的特性。

（四）国际关系中的国家

正如已经提到的，国际关系学者面临着在国际政治解释分析中的恰当单位应当是什么的问题：是个体、政府、国家，还是更大的单位？这里再一次地运用到因果解释性整体主义所符合的三个条件。首先，存在多重层次的描述，因为可以在国家层面、个体层面，或不同的次国家和超国家层面来描述国际关系中的现象。第二，较高层次特性的多重实现成立，因为一个国家的同一行为可能由个体层次的多种不同方式实现。第三，如果国际关系理论揭示了超越单一事例的真正因果关系，那么这些在定义上必然是微观实现稳健的。例如可以考虑根据"民主和平假设"而得的"民主政体不会互相开战，因为妥协和合作的规范使他们的利益冲突不至于升级为暴力冲突"（如 Maoz & Russett, 1993：624）。较高层次的特性"是民主主义者"，随附于个体层次的特性，亦即，它一定最终由复杂的个体态度、信念、行为等的混合来具现化。然而，列出个体层次的所有可能组合是不可能的。此外，民主和平假设的重点是，存在着使民主政体能够避免互相开战的结构性特征，而不论在每个情况中的个体政治细节如何（如：当时政治家的个性、对此问题的具体公众辩论、立法机构的投票模式，甚至是民主制度本身的细节）。因此，如果"是民主主义者"和"避免互相开战"之间确实存在因果关系，那么必然是微观实现稳健的。

七、结语

关于政治科学中个体主义和整体主义的讨论中的许多僵局，可以认为是由于（1）对个体主义和整体主义的定义不甚严密；（2）未能充分清晰地区别每种观点的不同变式；（3）将本体论和解释性的论断混为一谈；（4）对随附性是否意味着解释性的还原论，以及因果解释性整体主义是否向我们承诺了更为激进的社会事实的一些困惑。通过引进和发展来自心灵哲学和社会科学哲学中的观点，我们致力于解决这些问题。

大多数政治科学家会赞同随附性个体主义，而且否定最激进的社会事实整体主义形式。在个体主义和整体主义其他形式之间的选择——类型、标记以及因果解释性理论——取决于研究的客体是什么。正如要准确地界定与诸如 Facebook 和最高法院等实体相对应的个体层面客体是很有难度的，标记个体主义是一种有相当要求的观点。然而，即使我们倾向于标记个体主义，当涉及到为获取较高层次的社会和政治现象制定描述性分类时，多重实现的问题会排除类型个体主义，并支持类型整体主义。当（1）我们想要界定与最为精细的机制相对的"产生影响"的原因，及（2）较高层次的规律性具有微观实现稳健性时，因果解释性整体主义才最终可以采用。虽然我们可能会预想微观实现稳健的规律性在许多社会现象中是常见的，它们出现在何处却是经验的问题，而经验研究也会揭示取决于其在个体层面实现细节的一些规律性。对于后者而言，并且对于任何最为精细的因果机制的研究而言，我们的论证支持因果解释性个体主义。

值得注意的是，甚至因果解释性个体主义的支持者也含蓄地支持我们所提出的非还原解释情形的至少一个方面。人类个体自身就是一种由无数细胞所组成的综合的系统，多数社会科学解释中关于个体特性对整体重要作用的假设，就像细胞在生命有机体中的作用一样，大都源于相关规律性对其在细胞层次微观实现变化具有相当影响力的前提。我们想指出的是，非还原性解释的情形不应止步于个体层次。

我们专注于本体论和解释性的争论，而且没有讨论与评估和规范性问题有关的个体主义和整体主义的相似争论。在那些争论中，中心问题是（非手段性的）价值或道德关切的客体是什么，或谁——例如，个体或更大的社会实体——及权利和义务的承担者应当是谁。虽然这些问题超出了本篇的范围，我们所解决的本体论和解释性的争论能够**表明**我们对这些问题的观点。例如，无论我们是否承认特定的集体——如公司、政党或是国家——作为来自某个本体论或解释性视角的行动者，规范地说，都会与我们是否将它们视为恰当的义务载体**相关**（如 French, 1984；List & Pettit, 2011）。与之相似，对被视为价值或道德关注客体的某物而言，其必然很有可能在我们全盘考虑的，站得住脚的本体论中发挥作用。因此，我们发展出的框架，能够使规范性政治理论家和更一般的政治科学家同样感兴趣。

参考文献

Brady, H. E., "Causation and Explanation in Social Science", In *The Oxford Handbook of Political Methodology*, D. Collier, H. E. Brady, and J. M. Box-Steffensmeier (eds). Oxford: Oxford University Press. 2008.

Buchanan, J. M. and G. Tullock, *The Calculus of Consent: Logical Foundations of Constitutional Democracy*. Ann Arbor: University of Michigan Press. 1967.

Christakis, N. A., and J. H. Fowler, *Connected: The Surprising Power of Our Social Networks and How They Shape Our Lives*. New York: Little Brown. 2009.

Dennett, D., *The Intentional Stance*. Cambridge, MA: MIT Press. 1987.

Elster, J., *Making Sense of Marx*. Cambridge, UK: Cambridge University Press. 1985.

Fearon, J. D., "Counterfactuals and Hypothesis Testing in Political Science", *World Politics* 43 (2) (1991): 169–195.

Fearon, J. D. and D. Laitin, "Ethnicity, Insurgency, and Civil War", *American Political Science Review* 97 (1) (2003): 75–90.

Fodor, J., "Special Sciences (or: The Disunity of Science as a Working Hypothesis)", *Synthese* 28 (2) (1974): 97–115.

Franzese Jr., R. J., "Multicausality, Context-conditionality, and Endogeneity", In *The Oxford Handbook of Comparative Politics*. S. C. Stokes and C. Boix (eds). Oxford: Oxford University Press. 2009: 27–72.

French, P., *Collective and Corporate Responsibility*. New York: Columbia University Press. 1984.

Greve, J., "Emergence in Sociology", *Philosophy of the Social Sciences* 42 (2) (2012): 188–223.

Hall, N., "Two Concepts of Causation", In *Causation and Counterfactuals*. J. Collins, N. Hall, and L. A. Paul (eds). Cambridge. MA: MIT Press. 2004: 225–276.

Hay, C., "Political Ontology", In *The Oxford Handbook of Contextual Political Analysis*. R. E. Goodin and C. Tilly. (eds) Oxford: Oxford University Press. 2006: 78–96.

F. A. v. Hayek, "Scientism and the Study of Society", *Economica* 9 (35) (2004):

267 – 291.

Hedstrom, P. and P. Ylikoski, "Causal Mechanisms in the Social Sciences", *Annual Review of Sociology* 36 (2010): 49 – 67.

Kim, J., *Mind in a Physical World: An Essay on the Mind-Body Problem and Mental Causation*. Cambridge, MA: MIT Press. 1998.

Kim, J., *Physicalism or Something Near Enough*. Princeton: Princeton University Press. 2005.

Kincaid, H., "Reduction, Explanation, and Individualism", *Philosophy of Science* 53 (4) (1986): 492 – 513.

Laver, M., *Private Desires, Political Action: An Invitation to the Politics of Rational Choice*. Revised edition. London: Sage Publications. 1997.

Lewis, D., *Counterfactuals*. Oxford: Blackwell. 1973.

List, C. and P. Menzies., "Non-reductive Physicalism and the Limits of the Exclusion Principle", *Journal of Philosophy* CVI (9) (2009): 475 – 502.

List, C. and P. Pettit, *Group Agency: The Possibility, Design, and Status of Corporate Agents*. Oxford: Oxford University Press. 2011.

Maoz, Z. and B. Russett, "Normative and Structural Causes of Democratic Peace, 1946 – 1986", *American Political Science Review* 87 (3) (1993): 624 – 638.

March, J. and J. Olsen, "The New Institutionalism: Organizational Factors in Political Life", *American Political Science Review* 78 (3) (1984): 734 – 749.

Mansbridge, J., J. Bohman, S. Chambers, T. Christiano, A. Fung, J. Parkinson, D. F. Thompson and M. E. Warren, "A Systemic Approach to Deliberative Democracy", In *Deliberative Systems*. J. Parkinson and J. Mansbridge. (eds) Cambridge: Cambridge University Press. 2012: 1 – 26.

Menzies, P. and C. List, "The Causal Autonomy of the Special Sciences", In *Emergence in Mind*. C. Mcdonald and G. Mcdonald. (eds) Oxford: Oxford University Press. 2010: 108 – 128.

J. S. Mill, *A System of Logic: Ratiocinative and Inductive*. Toronto: University of Toronto Press. 1974.

North, D., "Economic Performance through Time", Lecture to the Memory of Alfred Nobel, December 9, 1993.

Peters, B. G. , *Institutional Theory in Political Science.* （3rd ed）. New York and London: Continuum. 2012.

Pettit, P. , *The Common Mind.* Oxford: Oxford University Press. 1993.

Popper, K. R. , *The Open Society and Its Enemies.* London: Routledge. 1945.

Russell, B. , "On the Notion of Cause", *Proceedings of the Aristotelian Society* 13 （1913）: 1 – 26.

Satz, D. and Ferejohn J. , "Rational Choice and Social Theory", *Journal of Philosophy* 91 （2）（1994）: 71 – 87.

Sawyer, R. K. , "Nonreductive Individualism. Part I—Supervenience and Wild Disjunction"; *Philosophy of the Social Sciences* 32 （4）（2002）: 537 – 59.

Sawyer, R. K. , "Nonreductive Individualism. Part II—Social Causation", *Philosophy of the Social Sciences* 33 （2）（2003）: 203 – 224.

Sawyer, R. K. , *Social Emergence: Societies as Complex Systems.* Cambridge, UK: Cambridge University Press. 2005.

Scharpf, F. W. , *Games Real Actors Play: Actor-centered Institutionalism in Policy Research.* Boulder: Westview Press. 1997.

Schumpeter, J. , *Das Wesen und der Hauptinhalt der Theoretischen Nationaloekonomie.* Leipzig: Duncker & Humblot. 1908.

Smuts, J. C. , *Holism and Evolution.* London: Macmillan. 1926.

Stoljar, D. , "Physicalism", In *The Stanford Encyclopedia of Philosophy.* E. N. Zalta. ed. 2009.

Stoljar, D. , *Physicalism.* Abingdon and New York: Routledge. 2010.

Tilly, C. , "Mechanisms in Political Processes", *Annual Review of Political Science* 4 （1）（2001）: 21 – 41.

Udehn, L. , *Methodological Individualism: Background, History and Meaning.* London and New York: Routledge. 2001.

Victor, D. G. , *Global Warming Gridlock: Creating More Effective Strategies for Protecting the Planet.* Cambridge and New York: Cambridge University Press. 2011.

Watkins, J. , "Historical Explanation in the Social Sciences", *The British Journal for the Philosophy of Science* 8 （30）（1957）: 104 – 117.

Weber, M. , *Economy and Society*. G. Roth and C. Wittich. Transl. Vol. 1. Berkeley: University of California Press. 1978.

Wendt, A. , "The State as Person in International Theory", *Review of International Studies* 30 (2) (2004): 289 –316.

Woodward, J. , "Agency and Interventionist Theories", In *The Oxford Handbook of Causation*. H. Beebee, C. Hitchcock, and P. Menzies (eds). Oxford: Oxford University Press. 2009: 234 – 262.